RÉPUBLIQUE FRANÇAISE

MINISTÈRE DES FINANCES

BUREAU DE STATISTIQUE ET DE LÉGISLATION COMPARÉE

LOI DE FINANCES DE 1922

EXTRAIT

DU

RECUEIL MENSUEL DES LOIS, DÉCRETS ET ARRÊTÉS

CONCERNANT L'ADMINISTRATION DES FINANCES

PARIS

IMPRIMERIE NATIONALE

MCMXXII

SOMMAIRE.

SOMMAIRE

MINISTÈRE DES FINANCES

BUDGET DE L'EXERCICE 1922

LOI

RELATIVE AUX CONTRIBUTIONS DIRECTES (IMPOSITIONS DÉPARTEMENTALES ET COMMUNALES) DE L'EXERCICE 1922.

Loi du 16 Juillet 1921.

(Promulguée au *Journal officiel* du 17 juillet 1921.)

LE SÉNAT ET LA CHAMBRE DES DÉPUTÉS ont adopté,

LE PRÉSIDENT DE LA RÉPUBLIQUE promulgue la loi dont la teneur suit :

ARTICLE 1er. — Le maximum des centimes ordinaires sans affectation spéciale que les conseils généraux peuvent voter, en vertu des articles 40 et 58 de la loi du 10 août 1871, modifiés par la loi du 30 juin 1907, est fixé, pour l'année 1922 : 1° à vingt-cinq centimes (0 fr. 25) en ce qui concerne les contributions foncière et personnelle-mobilière; 2° à huit centimes (0 fr. 08) en ce qui concerne à la fois les contributions foncière, personnelle-mobilière, des portes et fenêtres et des patentes.

2. — Le maximum des centimes ordinaires spéciaux que les conseils généraux sont autorisés à voter, pour l'année 1922, pour concourir par des subventions aux dépenses des chemins vicinaux, est fixé à quinze centimes (0 fr. 15) en ce qui concerne les quatre contributions visées à l'article précédent.

3. — En cas d'insuffisance des recettes ordinaires des départements pour faire face à leurs dépenses annuelles et permanentes, les conseils généraux sont autorisés à voter, pour l'année 1922, vingt centimes ordinaires (0 fr. 20) portant sur les quatre contributions susvisées.

4. — Le maximum des centimes extraordinaires que les conseils généraux peuvent voter pour des dépenses accidentelles ou temporaires, en vertu des articles 40 et 59 de la loi du 10 août 1871, modifiés par la loi du 30 juin 1907, est fixé, pour l'année 1922, à douze centimes (0 fr. 12) portant sur les quatre contributions susvisées.

5. — Le maximum de l'imposition spéciale à établir sur les contributions foncière, personnelle-mobilière, des portes et fenêtres et des patentes en cas d'omission ou de refus d'inscription dans le budget départemental d'un crédit suffisant pour le payement des dépenses obligatoires ordinaires ou extraordinaires ou pour l'acquittement des dettes exigibles est fixé, pour l'année 1922, à deux centimes (0 fr. 02).

6. — Les conseils généraux ne pourront recourir aux centimes de toute nature portant à la fois sur les contributions foncière, personnelle-mobilière, des portes et fenêtres et des patentes qu'autant qu'ils auront fait emploi des vingt-cinq centimes portant sur les contributions foncière et personnelle-mobilière.

7. — Ils n'auront de même la faculté de voter les impositions autorisées par des lois ou des décrets spéciaux pour des dépenses annuelles et permanentes qu'autant qu'ils auront fait emploi des centimes ordinaires mis à leur disposition par la présente loi.

8. — Les conseils généraux ne pourront voter les impositions extraordinaires autorisées par des lois ou des décrets spéciaux en vue de dépenses accidentelles ou temporaires qu'autant qu'ils auront fait emploi des centimes extraordinaires mis à leur disposition par la présente loi.

9. — Le maximum des centimes que les conseils municipaux peuvent voter, en vertu de l'article 133 de la loi du 5 avril 1884, est fixé, pour l'année 1922, à cinq centimes (0 fr. 05), sur les contributions foncière et personnelle-mobilière.

10. — Le maximum des centimes extraordinaires et des centimes pour insuffisance de revenus que les conseils municipaux sont autorisés à voter et qui doit être arrêté annuellement par les conseils généraux, en vertu de l'article 42 de la loi du 10 août 1871 et de la loi du 7 avril 1902, ne pourra dépasser, en 1922, trente centimes (0 fr. 30).

11. — Lorsque, en exécution du paragraphe 5 de l'article 149 de la loi du 5 avril 1884, il y aura lieu, par le Gouvernement, d'imposer d'office, sur les communes, des centimes additionnels pour le payement de dépenses obligatoires, le nombre de ces centimes ne pourra excéder le maximum de dix centimes (0 fr. 10), à moins qu'il ne s'agisse de l'acquit de dettes résultant de condamnations judiciaires, auquel cas il pourra être élevé jusqu'à vingt centimes (0 fr. 20).

12. — Les centimes pour frais d'assiette et non-valeurs sur le montant des impositions départementales et communales, ainsi que les centimes pour frais de perception des impositions communales et des impositions pour frais de bourses et chambres de commerce, continueront à être perçus, pour 1922, d'après les quotités fixées par les lois antérieures.

13. — La mise en vigueur des paragraphes 2 et 3 de l'article 47 de la loi du 31 juillet 1917, modifié par l'article premier de la loi du 25 juin 1920, est suspendue pour les années 1920 et 1921.

14. — Sont autorisées pour 1922, l'émission et la mise en recouvrement des rôles de prestations pour chemins vicinaux et ruraux, ainsi que des rôles spéciaux de la taxe vicinale.

15. — La taxe à percevoir en application des dispositions de la loi du 25 novembre 1916, relative aux mutilés de la guerre victimes d'accidents du travail, est fixée pour 1922, à 8 dix millimes par franc du principal fictif de la contribution des patentes pour les exploitations visées par la loi du 9 avril 1898, y compris tous les ateliers; à 3 dix millimes par franc du principal fictif de la même contribution pour les exploitations exclusivement commerciales visées par la loi du 12 avril 1906, y compris les chantiers de manutention et de dépôt, et à 9 dix millimes par hectare concédé pour les mines.

Fait à Paris, le 16 Juillet 1921.

LOI

PORTANT FIXATION DU BUDGET GÉNÉRAL DE L'EXERCICE 1922.

(Loi du 31 décembre 1921.)

Le Sénat et la Chambre des députés ont adopté,

Le Président de la République promulgue la loi dont la teneur suit :

TITRE PREMIER.

BUDGET GÉNÉRAL.

§ 1er. — *Crédits ouverts.*

Article 1er. — Des crédits sont ouverts aux Ministres pour les dépenses du budget général de l'exercice 1922, conformément à l'état A annexé à la présente loi.

Ces crédits s'appliquent :

1° A la dette publique, pour....................	12,647,161,236f
2° Aux pouvoirs publics, pour...................	40,564,930
3° Aux services généraux des ministères, pour.....	9,350,949,959
4° Aux frais de régie, de perception et d'exploitation des impôts et revenus publics, pour	2,454,425,723
5° Aux remboursements, restitutions et non-valeurs, pour..	194,857,100
Total......................	24,687,958,948f

§ 2. — *Impôts et revenus autorisés.*

2. — Sont abrogées, à partir du 1er janvier 1922, les dispositions relatives aux remises effectuées sur petites cotes foncières qui font l'objet des alinéas 2 à 11 de l'article 30 de la loi du 29 mars 1914, modifié par l'article 48 de la loi du 31 juillet 1917.

3. — Les paragraphes 2 et 3 de l'article 47 de la loi du 31 juillet 1917, modifié par l'article 1er de la loi du 25 juin 1920, sont abrogés.

4. — Les propriétaires d'immeubles ayant droit à une indemnité pour perte de loyers dans les conditions prévues par l'article 29 de la loi du 9 mars 1918 peuvent exiger que le montant des impositions et des taxes municipales, recouvrées par les percepteurs, restant dues, pour les années 1914 à 1919 inclusivement, en ce qui concerne l'immeuble au titre duquel est réclamée l'indemnité, soit imputé sur le ou les premiers termes de ladite indemnité.

Les demandes visées par le précédent alinéa doivent être déposées, sous peine de forclusion, dans un délai de trois mois à partir de la promulgation de la présente loi.

Le Trésor est autorisé, en vue d'opérer l'imputation ainsi demandée, à escompter pour leur valeur en capital et dans leur ordre d'exigibilité les annuités prévues par l'article 29 de la loi du 9 mars 1918.

Le Ministre des Finances déterminera les conditions dans lesquelles aura lieu cet escompte, ainsi que la forme et la procédure d'examen des demandes visées par le présent article. Lesdites demandes ne seront pas passibles de l'impôt du timbre.

5. — Les contributions et taxes pour lesquelles l'imputation sera demandée dans les conditions prévues par le précédent article seront soldées sur les rôles des années auxquelles elles se rapportent et feront l'objet d'un rôle spécial dont le recouvrement sera opéré comme en matières de contributions directes. Le délai de trois ans à l'issue duquel les percepteurs sont déchus, à défaut de poursuites, de leurs droits et actions envers les redevables partira, pour toutes les contributions et taxes reportées sur le rôle spécial, de la date de publication dudit rôle.

6. — Les propriétaires qui, sans pouvoir bénéficier de l'indemnité pour pertes de loyers prévue par l'article 29 de la loi du 9 mars 1918, ont droit à un dégrèvement sur le montant des contributions et taxes afférentes à l'immeuble, dans les conditions prévues par l'article 31 de ladite loi, peuvent, sur leur demande, surseoir au payement de la partie des contributions dont ils sont fondés à demander le dégrèvement.

Les demandes à cette fin devront être déposées dans un délai de trois mois à dater de la promulgation de la présente loi; elles devront faire connaître les bases du dégrèvement sollicité ou si, à défaut d'une décision de la commission arbitrale, ces bases ne sont pas encore déterminées, donner une indication approximative du montant de ce dégrèvement.

Les contributions et taxes qui auront fait l'objet d'une demande dans les conditions prévues par les alinéas ci-dessus seront soldées sur les rôles des années auxquelles elles se rapportent et rapportées sur le rôle spécial institué par l'article précédent.

Elles deviendront immédiatement exigibles :

1° Si la demande du dégrèvement n'est pas formée dans le **mois de la** décision de la commission arbitrale ;

2° Dans le cas contraire, dès qu'il aura été statué sur ladite **demande de** dégrèvement.

7. — Toute personne se livrant en France, ailleurs qu'en boutique ou magasin, à des ventes d'objets ou marchandises quelconques, est tenue, à toute réquisition des magistrats et fonctionnaires visés à l'article ci-après, de justifier, soit qu'elle est inscrite au registre du commerce, soit qu'elle opère en qualité de commis ou employé pour le compte d'une personne inscrite audit registre, et, à défaut, de produire une carte de commerce, qui lui est délivrée après payement d'une somme suffisante pour garantir le recouvrement des droits dus au titre de l'impôt sur le chiffre d'affaires et des impôts sur les revenus.

8. — Le droit de réquisition prévu à l'article précédent est exercé par les maires, adjoints, juges de paix et tous officiers ou agents de police municipale ou judiciaire, ainsi que par les agents des administrations financières et par ceux du service de la répression des fraudes.

9. — Faute par les intéressés de produire les justifications prévues par l'article 7 ou de représenter la carte de commerce visée audit article, les marchandises mises en vente sont saisies à leurs frais, jusqu'à ce qu'ils se soient conformés aux prescriptions de la loi.

Si, dans un délai de huit jours, ils n'ont pas satisfait à ces prescriptions, les marchandises saisies sont vendues publiquement pour désintéresser le Trésor, les contrevenants étant en outre passibles d'une amende de 100 à 5,000 francs, prononcée par le tribunal correctionnel. En cas de récidive, les marchandises seront confisquées.

S'ils s'agit de marchandises périssables, la vente est effectuée immédiatement, sous réserve des droits des intéressés.

10. — Un décret fixera les conditions dans lesquelles sera délivrée la carte de commerce prévue par l'article 7 et le mode de détermination du montant des sommes au versement desquelles cette délivrance sera subordonnée.

11. — L'Administration des postes et des télégraphes communique au service des contributions directes les changements de domicile dont elle a connaissance.

12. — La taxe sur les billards publics ou privés, dont le taux est fixé par les articles 1er de la loi du 16 septembre 1871 et 7 de celle du 30 décembre

1919, sera constatée et perçue à partir du 1er janvier 1922 par l'administration des contributions indirectes et suivant les formes propres à celle-ci.

A partir de la même date, les taxes municipales sur les billards seront, pour le compte des communes, constatées et perçues par la même administration et dans les mêmes conditions.

13. — Tout détenteur d'un billard public ou privé doit en faire la déclaration à la recette buraliste des contributions indirectes dans les trente jours suivant l'entrée en possession.

Toutefois, les possesseurs de billards ayant déjà effectué la déclaration à la mairie en exécution de l'article 4 du décret du 27 décembre 1871 sont dispensés de la formalité édictée au paragraphe précédent.

Les dispositions de la présente loi ne sont pas applicables aux fabricants et marchands pour les billards qu'ils détiennent en vue de la vente.

14. — Les taxes visées à l'article 12 sont exigibles pour l'année entière, quelle que soit la date de l'entrée en possession. Elles sont recouvrables en une seule fois, d'année en année, dès le 1er janvier, tant que le détenteur n'a pas fait à la recette buraliste des contributions indirectes la déclaration que le ou les billards pour lesquels il était imposé ne sont plus en sa possession.

En cas de cession en cours d'année, la taxe d'État acquittée par le vendeur profite à l'acheteur, mais le droit complémentaire est dû si l'acheteur habite une localité plus imposée que celle où résidait le vendeur.

15. — Les contraventions aux articles 12, 13 et 14 seront constatées et poursuivies comme en matière de contributions indirectes. Elles seront punies, d'une part au profit de l'État, d'autre part au profit des communes, le cas échéant, d'une amende de 50 francs en principal et du quintuple des droits fraudés ou compromis, sans préjudice de la confiscation des billards saisis.

En cas de contravention commune, l'administration des contributions indirectes sera exclusivement chargée du soin de transiger ou de poursuivre ; les condamnations recouvrées ou les sommes payées en vertu de transactions seront réparties dans les conditions prévues à l'article 13 du décret du 5 août 1920.

16. — L'article 4 de la loi de finances du 31 décembre 1907 est abrogé et remplacé par les dispositions suivantes :

« A partir du 1er janvier 1922, la taxe annuelle des poids et mesures est due en raison des poids, appareils et instruments de pesage et de mesurage que les assujettis ont en leur possession et conformément aux tarifs en vigueur.

« Elle est perçue chaque année en prenant pour base les recensements précédents et en tenant compte des déclarations d'ouverture et de fermeture d'établissements d'augmentation et de diminution de matériel qui auraient été faites au bureau du vérificateur de la circonscription.

« Lorsque le vérificateur constate, au cours de la tournée ordinaire de vérification périodique, que l'assujetti est porté au rôle pour une taxe supérieure à celle qui correspond au matériel possédé, il inscrit la cote ou partie de cote en excédent sur un état de dégrèvement ; par contre, s'il constate au cours d'une tournée quelconque que des poids, mesures ou instruments de pesage ou de mesurage ne figurent pas au rôle, il fait comprendre ces éléments d'imposition dans un rôle supplémentaire.

« Les marchands ambulants, déballeurs, colporteurs et généralement toute personne qui, accidentellement ou non, vend au poids ou la mesure dans les halles, foires, marchés ou places publiques, doivent acquitter la **taxe préalablement** à la vérification de leur matériel. »

17. — A partir du 1ᵉʳ janvier 1922, les droits de visite des pharmacies, et les droits d'inspection des fabriques et dépôts d'eaux minérales, dont la quotité continuera à être fixée d'après les dispositions actuellement en vigueur, seront dus annuellement en raison du seul fait de l'exercice des professions assujetties aux inspections et visites.

18. — L'article 146 de la loi du 3 frimaire an VII et l'article 13 de la loi du 31 décembre 1918 sont remplacés par les dispositions suivantes :

« Les contributions directes, les taxes assimilées, l'impôt général sur le revenu, ainsi que les impôts cédulaires recouvrés comme en matière de contributions directes sont exigibles mensuellement à partir du premier jour du mois qui suit la publication du rôle et en autant de fractions égales qu'il reste de mois à courir depuis ce jour jusqu'à la fin de l'année. Toutefois, lorsque le rôle a été publié postérieurement au 31 août, les contributions sont exigibles mensuellement en quatre fractions égales.

« Si, à la date où la moitié au moins des fractions calculées conformément à la règle ci-dessus est devenue exigible. le contribuable ne s'est pas acquitté du montant des fractions échues, il peut être poursuivi pour la totalité de la contribution.

« Ces dispositions ne s'appliquent pas dans tous les cas où l'exigibilité de l'impôt est déterminée par des dispositions législatives spéciales. »

19. — La publication des rôles de contributions directes effectuée dans les formes prévues par la loi du 4 messidor an VII (art. 5) aura lieu le troisième dimanche qui suivra la remises des rôles au percepteur.

20. — Le délai de trois mois fixé pour les réclamations par l'article 8 de la loi du 21 avril 1832 et l'article 8 de le loi du 4 août 1844 part du premier jour du mois qui suit la publication du rôle.

21. — Les séries spéciales d'obligations émises à l'étranger par les sociétés, compagnies ou entreprises françaises, depuis le 11 novembre 1918 jusqu'à l'expiration des cinq années qui suivront la promulgation de la présente loi, pourront, sur autorisation du Ministre des Finances, être soumises, pour toute leur durée, au régime fiscal applicable aux titres émis par les sociétés

étrangères qui n'acquittent pas par abonnement les taxes de timbre et de transmission et la taxe sur le revenu.

Les conditions d'application de cette mesure seront réglées par décret.

22. — Les actes nécessaires à la constitution des sociétés fondées uniquement en vue du reboisement et dont les statuts auront été préalablement approuvés par le Ministre de l'Agriculture sont dispensés du timbre et enregistrés gratis, s'ils remplissent les conditions prévues à l'article 68, paragraphe 3, n° 4 de la loi du 22 frimaire an VII.

En cas d'abonnement contracté conformément aux dispositions de l'article 22 de la loi du 5 juin 1850, les titres ou certificats d'actions desdites sociétés sont exonérés de la taxe de timbre tant qu'il n'y a pas de répartition de dividendes.

Les mêmes sociétés sont dispensées, pour leurs titres d'actions, de l'avance de l'impôt sur le revenu afférent au premier exercice social.

Ces immunités sont applicables aux sociétés existantes pour les droits ou taxes dont elles peuvent être redevables envers le Trésor.

23. — A compter de l'entrée en vigueur de la présente loi, les débiteurs de droits afférents à des successions ouvertes entre le 1er février 1914 et le 17 juillet 1922 sur le territoire des communes envahies par l'ennemi ou situées sur la ligne de feu bénéficieront d'un escompte sur le montant de l'impôt exigible, lorsqu'ils souscriront leurs déclarations avant l'expiration du délai fixé par le n° 1 de l'article 2 de la loi du 16 juillet 1921. Pour chaque mois entier restant à courir jusqu'au 17 janvier 1923, le taux de cet escompte sera de 0 fr. 50 p. 100 des droits exigibles.

24. — Est porté à 3 p. 100 sans décimes, le droit de 1 p. 100 en principal applicable, en vertu de l'article 69, paragraphe 3, n° 3, de la loi du 22 frimaire an VII, aux actes portant obligations hypothécaires au profit du porteur de la grosse, aux billets à ordre notariés contenant constitution d'hypothèque, ainsi qu'à tous autres titres d'obligation hypothécaires dont la cession, pour être parfaite, n'est pas soumise aux dispositions de l'article 1690 du code civil.

Le même tarif est également applicable aux actes d'obligations hypothécaires nominatives, lorsqu'ils constatent ou autorisent la création de billets à ordre en représentation desdites obligations.

25. — Le notaire qui reçoit un acte d'obligation est tenu de donner lecture aux parties des dispositions des articles 38 et 40 de la loi du 31 juillet 1917, 50 (1er alinéa) et 52 (1er alinéa) de la loi du 25 juin 1920.

Mention expresse de cette lecture sera faite dans l'acte à peine d'une amende de 100 francs.

26. — En ce qui concerne les sociétés qui, par suite de réduction de leur capital, payent la taxe d'abonnement au timbre sur un capital supérieur à leur capital existant, lors de la promulgation respective des lois du 29 mars

1914 et du 25 juin 1920, les augmentations de tarifs édictées par l'article 40, dernier alinéa, de la loi du 29 mars 1914 et par l'article 48 de la loi du 25 juin 1920, ne peuvent être appliquées qu'au capital réel de ces sociétés tel qu'il existait lors de la promulgation de chacune des lois dont il s'agit.

27. — Le produit de la perception, en 1922, du décime additionnel à l'impôt sur le chiffre d'affaires institué par l'article 63 de la loi du 25 juin 1920, sera réparti entre les communes et entre les départements, au prorata de la population municipale totale et de la population départementale déterminée par le recensement de 1921. En ce qui concerne les communes directement atteintes par les événements de guerre, les résultats du recensement de 1911 continueront à être retenus si le recensement de 1921 fait apparaître une diminution du nombre d'habitants.

La moitié approximativement évaluée de ce produit sera versée par quart aux communes et aux départements les 30 avril, 30 juin, 30 septembre et 31 décembre 1922 ; le solde sera versé le 31 mars 1923.

Une loi spéciale fixera le mode de répartition applicable au produit du décime additionnel pour les exercices 1923 et suivants.

28. — L'article 67 de la loi du 23 juin 1920 est modifié comme il suit :

« Les personnes visées à l'article précédent sont tenues :

« 1° De fournir aux agents des contributions directes, ainsi qu'à ceux des autres services financiers, qui seront désignés par un règlement d'administration publique pour chaque catégorie de commerçants, tant au principal établissement que dans les succursales ou agences, toutes justifications nécessaires à la fixation du chiffre d'affaires ;

2° « De remettre chaque mois, de la manière et dans le délai qui seront fixés par le règlement d'administration publique prévu au premier alinéa du présent article, un relevé qui indiquera le montant total du chiffre de leurs affaires pendant le mois précédent et distinctement, s'il y a lieu, la fraction de ce chiffre passible de la taxe de 10 p. 100 ainsi que d'acquitter le montant des taxes exigibles d'après ce relevé dans les conditions qui seront arrêtées par le même règlement.

« Sont dispensés, sur leur demande et moyennant le versement d'un forfait annuel, des obligations stipulées à l'article 67, paragraphe 1ᵉʳ, de la loi du 25 juin 1920, les redevables dont le chiffre d'affaires n'a pas excédé, pendant l'année précédente, 120,000 francs s'il s'agit de redevables dont le commerce principal est de vendre des marchandises, denrées, fournitures ou objets à emporter ou à consommer sur place et de fournir le logement, ou 30,000 fr. s'il s'agit d'autres redevables.

« Le payement sera fait par quart, tous les trois mois.

« Cette faculté pourra être retirée par l'administration aux redevables ayant commis des contraventions à la présente loi.

« Le règlement d'administration publique pourra déterminer les conditions auxquelles l'administration aura la faculté de dispenser les redevables désignés à l'alinéa qui précède, de certaines des obligations édictées par l'article 66

et de celles édictées sous le n° 2 ci-dessus, moyennant le versement d'un forfait annuel, ou de modifier exceptionnellement les délais de déclaration et
de payement fixés audit numéro.

« Par exception, le premier des relevés prescrits ci-dessus ne sera envoyé et
le premier versement de l'impôt ne sera effectué que le troisième mois qui
suivra la promulgation de la présente loi. Ce premier relevé comprendra,
avec le chiffre de chaque mois, le montant total du chiffre d'affaire depuis la
mise en vigueur de la loi jusqu'à la fin du mois précédant son envoi. »

29. — Est abrogée la loi 31 août 1920 relative à l'exportation des objets
d'ameublement antérieurs à 1930, des œuvres des peintres, graveurs, dessi-
nateurs, sculpteurs, décorateurs décédés depuis plus de vingt ans et des
objets provenant des fouilles pratiquées en France.

30. — Sont exclus de l'exonération prévue au troisième alinéa de l'article 72
de la loi du 25 juin 1920, et supportent, en conséquence, l'impôt de 10 p.
100 édicté par les articles 59 et 63 de ladite loi, les affaires s'appliquant à
des opérations de vente effectuées par les antiquaires ou pour le compte et
portant sur les curiosités, antiquités, livres anciens, ameublement ou objets
servant à l'ameublement, objets de collections ainsi que les affaires de ventes
portant sur les peintures, aquarelles, pastels, dessins, sculptures originales,
gravures ou estampes.

Toutefois, continueront à bénéficier de l'exemption les affaires portant sur
les collections d'histoire naturelle, les peintures, aquarelles, dessins, pastels,
sculptures originales, gravures, estampes, émanant d'artistes vivants ou morts
depuis moins de vingt ans et dont l'origine sera justifiée dans les formes qui
seront prescrites par un arrêté ministériel.

31. — Les contraventions aux dispositions de l'article qui précède seront
punies des peines édictées par les articles 68 et 112 de la loi du 25 juin 1920.

32. — L'arrêt ministériel prévu à l'article 30 déterminera les justifications
que pourra exiger le service des douanes lors de l'exportation des objets, pour
établir l'acquittement ou la non-exigibilité de l'impôt.

33. — Il sera adressé un état des objets mobiliers propriétés privées existant en France à la promulgation de la présente loi et qui, connus comme
présentant un intérêt exceptionnel d'histoire ou d'art, seraient de nature à
figurer dans les collections nationales.

L'inscription sur cet état sera notifiée au propriétaire et entraînera pour
lui l'obligation d'aviser le Ministre des Beaux-Arts de tout projet d'aliénation
concernant l'objet inventorié.

Le Ministre devra, dans un délai de quinze jours pleins à dater de la notification qui lui sera faite dudit projet, faire connaître à l'intéressé s'il entend
soit poursuivre l'acquisition de l'objet, soit provoquer son classement dans les
conditions prévues par l'article 35 de la présente loi.

Les prescriptions ci-dessus ne s'appliqueront pas aux objets importés postérieurement à la promulgation de la présente loi.

34. — L'article 14 de la loi du 31 décembre 1913 sur les monuments historiques est complété ainsi qu'il suit :

« Sont applicables aux objets mobiliers les dispositions de l'article 1er, paragraphe 3, de ladite loi. »

35. — Le paragraphe 2 de l'article 16 de la loi du 31 décembre 1913 est ainsi modifié :

« A défaut du consentement du propriétaire, le classement est prononcé par décret en Conseil d'Etat dans les conditions prévues par l'article 5, paragraphe 2. »

36. — En cas de vente publique de curiosités, antiquités, livres anciens et tous objets de collections, de peintures, aquarelles, pastels, dessins, sculpture originale et de tapisseries anciennes, il sera perçu au profit de la caisse des monuments historiques une taxe spéciale de 1 p. 100. La perception de cette taxe est confiée à l'administration de l'enregistrement. Elle est soumise aux règles qui gouvernent l'exigibilité, la restitution et le recouvrement de la taxe de 10 p. 100 édictée par les articles 58 et 71 de la loi du 25 juin 1920.

37. — L'État pourra exercer, sur toute vente publique d'œuvres d'art, un droit de préemption par l'effet duquel il se trouvera subrogé à l'adjudicataire. La déclaration faite par le Ministre des Beaux-Arts qu'il entend éventuellement user de son droit de préemption sera formulée, à l'issue de la vente, entre les mains de l'officier public ou ministériel dirigeant les adjudications. La décision du Ministre devra intervenir dans le délai de quinze jours.

38. — Un règlement d'administration publique déterminera les détails d'application des articles 33 à 37.

39. — Les dispositions contenues dans les articles 29 à 38 pourront être étendues à l'Algérie par un règlement d'administration publique qui déterminera dans quelles conditions et suivant quelles modalités elles y seront applicables.

40. — Les établissements où sont organisés des bals ou des séances de patinage sont, pour la perception de l'impôt créé par l'article 92 de la loi du 25 juin 1920, classés en trois catégories d'après leur nature ou leur importance. Ce classement est effectué par les commissions départementales et la commission supérieure instituée par l'article 64 de la loi du 25 juin 1920, et suivant les règles édictées par cet article de loi.

L'impôt qui atteint les établissements est de 25 p. 100 pour la première catégorie, 12 p. 100 pour la deuxième, 6 p. 100 pour les autres établissements. L'impôt ainsi que le droit des pauvres, et, le cas échéant, la taxe municipale portent sur le prix net des entrées, et lorsqu'il n'y a pas de prix d'entrée ou que ce prix d'entrée est inférieur au montant de la première consommation, sur le montant de cette consommation elle même. Les règles fixées par l'article 92 de la loi du 25 juin 1920 pour les entrées gratuites ou à prix réduits, en ce qui concerne les établissements des trois premières catégories visées audit article, sont applicables.

Les recettes autres que celles énumérées ci-dessus sont assujetties, d'après le classement des établissements, à un droit de 25, 12 ou 6 p. 100, qui porte sur la recette nette et dont le produit comprend par parts égales l'impôt d'État et le droit des pauvres, aucune taxe communale ne pouvant exister sur ces recettes.

Jusqu'à ce que le classement des établissements ait été effectué, l'impôt prévu à l'article 92 de la loi du 25 juin 1920 continuera d'être appliqué. Ce classement devra intervenir deux mois au plus tard après la promulgation de la présente loi.

41. — A partir du 1ᵉʳ janvier 1922, les tarifs fixés par l'article 23 de la loi du 30 janvier 1907 seront portés à 5 francs par place pour les vélocipèdes ordinaires et à 20 francs, également par place, pour les vélocipèdes et appareils analogues munis d'une machine motrice.

Toutefois, ces tarifs ne seront pas applicables aux vélocipèdes ordinaires et aux vélocipèdes et appareils analogues munis d'une machine motrice, lorsque ceux-ci seront achetés pour leurs usages personnels par des mutilés de la guerre paralysés ou amputés de l'un ou des deux membres inférieurs.

42. — Le deuxième paragraphe de l'article 1ᵉʳ de la loi du 28 décembre 1910, réglementant la fabrication, la vente et la détention des briquets et allumeurs automatiques, est modifié comme suit :

« La vente et la mise en vente des appareils n'ayant pas plus de 10 centimètres sur une quelconque de leurs dimensions ne pourront avoir lieu que dans les bureaux de tabacs ou dans les magasins des fabricants autorisés. Toutefois, ceux en or, en argent ou en platine pourront être vendus chez les orfèvres et les bijoutiers. »

43. — Le texte de l'article 1ᵉʳ de la loi du 29 mars 1920, portant relèvement des taxes postales, télégraphiques et téléphoniques, est modifié comme il est indiqué ci-après :

Art. 1ᵉʳ. — . . . .

II. — *Papiers de commerce et d'affaires.*

L'ancien texte est remplacé par le suivant :

« Les taxes et conditions d'admission sont les mêmes que celles des lettres et paquets clos. Par exception, les factures, relevés de comptes ou de factures et notes d'honoraires non acquittés, expédiés sous bandes ou sur carte à découvert et ne comportant pas d'indications manuscrites autres que celles afférentes à la date, au nom et à l'adresse du débiteur et du créancier, à la nature des marchandises, à leur quantité, à leur prix, au mode d'envoi, à la

natûre et au montant des honoraires, à la date, au lieu et au mode de payement, sont admis au tarif de o fr. 15 jusqu'au poids de 20 grammes.

44. — Les colis, jusqu'au poids maximum de 10 kilogrammes, déposés
dans les bureaux de poste et transportés par avions entre Paris et Strasbourg
sont passibles des taxes indiquées ci-après :

Colis jusqu'à 1 kilogramme..................... 2 fr. 50

Colis de 1 kilogr. 001 à 5 kilogrammes.......... 6 fr. 50

Colis de 5 kilogr. 001 à 10 kilogrammes.......... 10 fr. 00

Droit proportionnel d'assurance pour les colis avec déclaration de valeur :
40 centimes par 100 francs ou fraction de 100 francs du montant de la déclaration.

Droit spécial applicable aux colis contre remboursement : 1 p. 100 du
montant du remboursement, avec minimum de perception de o fr. 50.

Les quotes-parts des taxes revenant au Trésor pour les colis jusqu'au poids
maximum de 10 kilogrammes à destination ou en provenance de l'étranger,
déposés dans les bureaux de poste ou distribués par ces bureaux et transportés
par avions sont fixées comme suit :

Colis jusqu'à 1 kilogramme..................... 1 fr. 50

Colis de 1 kilogr. 001 à 5 kilogrammes........... 2 fr. 50

Colis de 5 kilogr. 001 à 10 kilogrammes........... 4 fr. 50

Le montant total des taxes principales et accessoires applicables auxdits
colis, compte tenu des quotes-parts revenant aux offices étrangers et aux services de transit, sera fixé par décret.

La perte, la spoliation ou l'avarie des colis transportés par avions à l'intérieur de la France continentale donnera lieu, au profit de l'expéditeur et, à
défaut ou sur la demande de celui-ci, du destinataire, à une indemnité cor-
respondante au montant réel de la perte, de la spoliation ou de l'avarie, sans
que cette indemnité puisse toutefois dépasser :

25 francs pour les colis jusqu'à 1 kilogramme ;

65 francs pour les colis de 1 kilogr. 001 à 5 kilogrammes ;

100 francs pour les colis de 5 kilogr. 001 à 10 kilogrammes.

Pour les colis avec valeur déclarée, l'indemnité pourra s'élever jusqu'au
montant de cette valeur, mais, en cas de déclaration frauduleuse d'une valeur
supérieure à la valeur réelle du colis, l'expéditeur perdra tout droit à une
indemnité, sans préjudice des poursuites judiciaires que comporte la législation sur la matière.

L'expéditeur d'un colis perdu ou d'un colis détruit ou spolié complètement aura droit, en outre, à la restitution des frais d'expédition, non compris le droit d'assurance, le cas échéant.

En cas de perte des sommes perçues à titre de remboursement ou en cas de livraison des colis au destinataire sans que le montant du remboursement ait été encaissé, l'expéditeur aura droit au payement intégral des sommes perdues ou non encaissées.

La responsabilité encourue à raison des colis à destination ou en provenance de l'étranger, déposés dans les bureaux de poste ou distribués par ces bureaux et transportés par avions, sera fixée par décret ratifié par la plus prochaine loi de finances.

45. — Est approuvé le décret du 31 octobre 1920 fixant les bases applicables aux correspondances télégraphiques échangées entre la France, l'Algérie et la Tunisie, d'une part, et la zone française du Maroc et Tanger, d'autre part.

46. — Sont approuvés :

Le décret du 13 janvier 1921, portant réduction des surtaxes applicables aux correspondances transportées par avions de France au Maroc ;

Le décret du 22 février 1921, fixant les surtaxes applicables aux correspondances postales transportées par avions de Paris ou de Strasbourg à Prague et à Varsovie ;

Le décret du 1er mai 1921, fixant les surtaxes applicables aux correspondances postales transportées par avions de Paris à Londres ;

Le décret du 1er mai 1921, fixant les surtaxes applicables aux correspondances postales transportées par avions de Paris à Bruxelles, Rotterdam et Amsterdam ;

Le décret du 1er juin 1921, fixant les surtaxes aériennes applicables aux correspondances transportées par avions de Bayonne à Bilbao ou à Santander.

47. — A partir du 1er janvier 1922, seront soumis aux règles de la comptabilité des fonds de concours les versements effectués, à titre de part contributive, en exécution de la loi et du décret du 29 mars 1920, pour l'établissement des lignes principales et supplémentaires d'abonnement téléphonique, ainsi que pour les travaux de lignes nécessités par le transfert des abonnements existants.

48. — La contribution de l'Algérie aux dépenses militaires de la métropole est fixée, pour l'exercice 1923, à la somme de 25 millions de francs.

Cette somme sera inscrite au budget des recettes, paragraphe 4 : « Recettes d'ordre. — Recettes en atténuation de dépenses ».

Pour chacun des exercices 1924 à 1937, la contribution ci-dessus sera fixée à 6 p. 100 du montant des prévisions du budget ordinaire de l'Algérie tel qu'il aura été arrêté dans les conditions fixées par la loi du 19 décembre 1900, ce pourcentage ne devant pas se calculer toutefois sur le montant de la contribution elle-même. En aucun cas, celle-ci ne pourra être inférieure à 25 millions de francs.

49. — A partir de la promulgation de la présente loi, il sera perçu au profit du Trésor une redevance de 5 centimes par mètre de film cinématographique soumis au contrôle institué au ministère de l'instruction publique et des beaux-arts par le décret du 25 juillet 1919. Le visa du contrôle vaut autorisation de représenter sur tout le territoire français.

Les conditions de perception de cette redevance seront fixées par un décret contresigné par le Ministre de l'instruction publique et des beaux-arts et par le Ministre des finances.

Le produit de cette redevance sera inscrit au budget des recettes, paragraphe 4 : « Recettes d'ordre. — Recettes en atténuation de dépenses ».

50. — Toute infraction au décret du 25 juillet 1919, concernant le contrôle des films cinématographiques, sera punie d'une amende de 100 à 5,000 francs, sans préjudice des peines édictées contre tous actes constituant des crimes ou délits.

Si la responsabilité personnelle du directeur ou gérant de l'établissement où le film a été représenté est établie, le jugement pourra, en outre, ordonner la fermeture de l'établissement pendant une période de quinze jours à trois mois.

51. — La taxe des brevets d'invention, établie par l'article 4 de la loi du 5 juillet 1844, sera payable, à dater du 1er janvier 1922, pour les annuités venant à échéance et acquittées à partir de cette date suivant le tarif fixé ci-après :

Pour les 1re, 2e, 3e, 4e et 5e annuités, 125 francs;

Pour les 6e, 7e, 8e et 9e et 10e annuités, 200 francs;

Pour chacune des annuités ultérieures, 300 francs.

En conséquence, le versement à effectuer en conformité de l'article 7 de la loi du 5 juillet 1844, au moment du dépôt de toute demande de brevet d'invention, est porté, à dater du 1er janvier 1922, à la somme de 125 francs,

D'autre part, la taxe à verser conformément au paragraphe 3 de l'article 16 de la loi du 5 juillet 1844 au moment du dépôt de toute demande de certificat d'addition est fixée, à dater du 1er janvier 1922, à la somme de 100 francs.

A partir du 1er janvier 1922 également, les brevets d'invention et les certificats d'addition seront délivrés dans les conditions prévues par la loi du 5 juillet 1844, modifiée par la loi du 7 avril 1902, lorsqu'il aura été justifié du versement à l'Office national de la propriété industrielle de la taxe de délivrance de 10 francs établie par la loi du 25 juin 1920.

Faute de l'acquittement de cette somme dans un délai de trois mois à dater de la notification adressée à cet effet au demandeur, la demande de brevet ou d'addition sera réputée non avenue. La taxe versée lors du dépôt restera dans ce cas acquise au Trésor.

52. — La contribution des colonies aux dépenses militaires de la métropole est fixée, pour l'exercice 1922, à la somme de 14,850,000 francs, ainsi répartie par colonie :

Indo-Chine..............................	13,000,000[f]
Afrique occidentale.......................	900,000
Madagascar.............................	700,000
Martinique.............................	100,000
Guadeloupe............................	75,000
Réunion	75,000
Total égal...............	14,850,000[f]

Cette somme sera inscrite au budget des recettes, paragraphe 4 : « Recettes d'ordre. — Recettes en atténuation de dépenses ».

53. — La contribution des colonies aux dépenses de l'aéronautique militaire coloniale est fixée, pour l'exercice 1922, à la somme de 475,000 francs, ainsi répartie par colonie :

Indo-Chine..............................	375,000[f]
Afrique occidentale.......................	100,000
Total égal.................	475,000[f]

Cette somme sera inscrite au budget des recettes, paragraphe 4 : « Recettes d'ordre. — Recettes en atténuation de dépenses ».

54. — La contribution des colonies aux dépenses d'entretien de l'École coloniale est fixée, pour l'exercice 1922, à la somme de 263,000 francs, ainsi répartie par colonie :

Indo-Chine..............................	168,000[f]
Afrique occidentale.......................	41,000
Madagascar.............................	29,000
Afrique équatoriale......................	25,000
Total égal...............	263,000[f]

Cette somme sera inscrite au budget des recettes, paragraphe 4 : « Recettes d'ordre. — Recettes en atténuation de dépenses ».

55. — La contribution des colonies aux dépenses d'entretien de l'Agence générale des colonies est fixée, pour l'exercice 1922, à la somme de 462,800 francs, ainsi répartie par colonie :

Indo-Chine....................................	167,800ᶠ
Afrique occidentale française....................	123,700
Afrique équatoriale française....................	41,100
Madagascar et dépendances....................	100,700
Martinique....................................	6,300
Réunion....................................	6,300
Guadeloupe....................................	6,300
Guyane....................................	5,000
Nouvelle-Calédonie et dépendances...............	2,000
Établissements français dans l'Inde...............	1,500
Établissements français de l'Océanie...............	1,000
Côte des Somalis....................................	900
Saint-Pierre-et-Miquelon....................................	200
TOTAL ÉGAL....................	462,800ᶠ

Cette somme sera versée au budget des recettes de l'Agence générale des colonies.

56. — La contribution de la colonie de la Réunion aux charges de la garantie d'intérêts du chemin de fer et du port de la Réunion prévue par l'article 1ᵉʳ de la loi du 26 octobre 1919 est fixée, pour l'exercice 1922, à la somme de 602,100 francs.

Cette somme sera inscrite à la ligne de recettes du budget annexe du chemin de fer et du port de la Réunion : « Participation de la colonie aux charges de la garantie d'intérêts ».

57. — Tout aéronef atterrissant sur un aérodrome de l'État est passible d'une taxe d'atterrissage dont le montant et le mode de recouvrement seront fixés par décret contresigné par les Ministres des travaux publics et des finances et ratifié par la plus prochaine loi de finances.

Le produit de cette taxe sera inscrit au budget des recettes, paragraphe 4 : « Recettes d'ordre. — Recettes en atténuation de dépenses ».

58. — La contribution annuelle prévue au dernier alinéa de l'article 1ᵉʳ de la loi du 25 novembre 1916, relative aux mutilés de la guerre victimes d'accidents du travail, en ce qui concerne les organismes d'assurance et les exploitants dont la profession n'était pas, antérieurement à la loi du 31 juil-

let 1917, assujettie à la patente, est fixée, pour l'année 1922, au douzième des taxes établies :

1° Par la loi du 18 décembre 1917, pour l'application des alinéas 2 et 3 de l'article 5 de la loi du 12 avril 1906;

2° Par l'arrêté du Ministre du travail fixant les frais de contrôle et de surveillance des organismes d'assurance pour l'année 1921.

59. — Par dérogation au dernier alinéa de l'article 2 de la loi du 28 juin 1918, est autorisé le prélèvement sur le compte institué par ledit article d'une somme de 2,750 millions de francs, qui sera portée en recettes au budget de l'exercice 1922.

60. — Le dernier paragraphe de l'article 2 de la loi du 28 juin 1918 est remplacé par la disposition suivante :

« Les conditions dans lesquelles sera soldé le compte : « Règlement des opérations concernant la contribution extraordinaire sur les bénéfices de guerre » seront déterminées avant le 31 décembre 1925 par une loi spéciale ».

61. — En ce qui concerne la contribution extraordinaire sur les bénéfices de guerre, ne pourront faire l'objet d'un payement en rentes les portions de contribution qui n'auront pas été acquittées dans un délai de deux mois après la date de l'exigibilité légale.

Toutefois, les bénéficiaires de suspensions de payements ou de sursis accordés dans les conditions prévues par les articles 15 de la loi du 31 décembre 1918, 19 de la loi du 25 juin 1920 et 3 de la loi du 7 mars 1921 pourront être admis à s'acquitter des portions de contributions visées par lesdits sursis ou suspensions au moyen des titres de rentes dont ils justifieront être possesseurs dans le mois de la promulgation de la présente loi.

62. — Les recettes et les dépenses du budget d'Alsace et de Lorraine seront, à partir de l'exercice 1922, rattachées au budget général de l'État.

A titre transitoire, les crédits destinés à couvrir les dépenses ci-dessus visées seront rattachés pour ordre aux budgets des divers ministères intéressés et figureront dans une annexe spéciale du budget du ministère des finances; ils seront administrés par le Président du Conseil en ce qui concerne les crédits du service central et par le Commissaire général de la République à Strasbourg, sous l'autorité du Président du Conseil, en ce qui concerne les crédits des autres services.

63. — Continuera d'être faite, pour 1922, conformément aux lois existantes, la perception des divers droits, produits et revenus énoncés dans l'état B annexé à la présente loi.

§ 3. — *Évaluation des voies et moyens.*

64. — Les voies et moyens applicables aux dépenses du budget général de l'exercice 1922 sont évalués, conformément à l'état C annexé à la présente loi, à la somme totale de 24,701,334,912 francs.

TITRE II.

BUDGETS ANNEXES.

65. — Le fonds des approvisionnements généraux du service des poudres, fixé à 35o millions de francs pour les besoins temporaires de la période de guerre par l'article 20 de la loi du 29 septembre 1917, sera réduit à 3oo millions de francs dans le courant de l'année 1922.

66. — Sous le régime des chemins de fer d'intérêt général sanctionné par la loi du 19 octobre 1921, les émissions pour les besoins des chemins de fer de l'Etat continueront à être effectuées suivant les modalités prévues par la loi de finances du 13 juillet 1911, à l'exception du délai d'amortissement qui sera porté au maximum de soixante ans.

67. — Le Ministre des finances est autorisé à émettre pour les chemins de fer d'Alsace et de Lorraine, dans les conditions déterminées pour les chemins de fer de l'État, des obligations amortissables et à consentir à l'administration de ce réseau, en attendant la réalisation des émissions, des avances sur les ressources de la dette flottante dans la limite du maximum de 288 millions de francs prévu à l'article 163 de la présente loi.

68. — La caisse nationale d'épargne pourra être autorisée à consentir directement la location à des particuliers des locaux faisant partie d'immeubles dont elle est propriétaire et qui, exceptionnellement, ne seront pas utilisés par le service.

L'autorisation sera donnée pour chaque immeuble par un décret contresigné du Ministre des finances et du Ministre chargé des postes et des télégraphes.

En aucun cas, ces locataires ne pourront transformer ces locaux en meublés.

69. — L'article 31 de la loi de finances du 26 janvier 1892 est modifié ainsi qu'il suit :

« Une redevance de 2 fr. 5o est perçue au profit de la caisse des invalides de la marine pour chaque duplicata du fascicule de mobilisation qui est délivré aux inscrits maritimes en remplacement d'un fascicule adiré ».

70. — Les budgets annexes rattachés pour ordre au budget général sont fixés, en recettes et en dépenses, pour l'exercice 1922, à la somme de 3,66o,994,o17 francs, conformément à l'État D annexé à la présente loi.

TITRE III.

SERVICES SPÉCIAUX DU TRÉSOR.

71. — Le montant des cessions de matériel qui pourront être faites, pendant l'année 1922, à des gouvernements étrangers, au débit du compte spé-

cial institué par l'article 17 de la loi du 29 septembre 1917, ne pourra excéder la somme de 200 millions de francs.

72. — Par dérogation aux articles 3 et 7 de la loi du 9 août 1920 relatifs à la clôture des comptes spéciaux du ravitaillement créés par les lois des 16 octobre 1915 (art. 3) et du 9 août 1920 (art. 6), les opérations de recettes et de dépenses afférentes à des engagements antérieurs au 1er janvier 1922 continueront à être imputées sur ces comptes jusqu'au 30 juin 1922.

73. — Aucun engagement de dépenses ne pourra être effectué après le 31 décembre 1921 au titre des comptes de services spéciaux du Trésor suivants, dont la clôture a été prononcée par les articles 36 et 37 de la loi de finances du 30 avril 1921 :

1° Frais de reconstitution des voies ferrées d'intérêt général détruites ou endommagées par faits de guerre (loi du 29 juin 1917, art. 3, et loi du 30 décembre 1917, art. 22);

2° Frais de reconstitution des voies ferrées d'intérêt local détruites ou endommagées par faits de guerre (loi du 30 décembre 1917, art. 9);

3° Voies ferrées d'intérêt général et d'intérêt local (loi du 10 janvier 1919, art. 4).

Toutefois, le payement des dépenses engagées et le recouvrement des droits acquis antérieurement au 1er janvier 1922 pourront être inscrits à ces comptes jusqu'au 30 juin 1922.

Les opérations de recettes et de dépenses qui n'auraient pu être effectuées à cette dernière date seront rattachées au budget général de l'État ; l'imputation d'exercice sera déterminée, en ce qui les concerne, par la date du recouvrement ou par celle de l'ordonnancement ou du mandatement.

74. — Est clos, à la date du 31 décembre 1921, le compte spécial ouvert dans les écritures du Trésor par l'article 8 de la loi du 20 juin 1918 sous le titre : « Approvisionnements en produits chimiques agricoles ». Toutefois, le payement des dépenses engagées et le recouvrement des droits acquis antérieurement au 1er janvier 1922 pourront être inscrits à ce compte jusqu'au 30 avril 1922.

Il en sera de même des indemnités qui seront accordées au personnel chargé de l'apurement du compte et dont le montant total ne pourra dépasser 10,000 francs.

Les opérations de recettes et de dépenses qui n'auraient pu être effectuées au 30 avril 1922 seront rattachées au budget général de l'État; l'imputation d'exercice sera déterminée, en ce qui les concerne, par la date du recouvrement ou par celle de l'ordonnancement ou du mandatement.

75. — Les opérations de recettes et de dépenses afférentes à l'exploitation et à la liquidation des unités de la flotte d'État qui n'auront pas été vendues au 31 décembre 1921 continueront à être imputées sur le compte spécial :

« Flotte en gérance », créé par l'article 27 de la loi du 29 décembre 1919 et dont la clôture fixée au 31 décembre 1921, par l'article 1er de la loi du 10 août 1921, est reportée, en ce qui concerne lesdites opérations, au 30 avril 1922. Seront également imputés au débit de ce compte les frais de garde et d'entretien des navires vendus et non livrés ou en cours de vente, ainsi que toutes les dépenses nécessaires pour la conservation des navires actuellement désarmés et non vendus.

Continueront également jusqu'à la date du 30 avril 1922 à être imputées aux diverses sections du compte spécial des transports maritimes les recettes et les dépenses afférentes à des opérations résultant d'engagements antérieurs au 1er janvier 1922. Il en sera de même des frais nécessaires à la liquidation administrative, financière et contentieuse des opérations afférentes aux sections de ce compte.

76. — La date de la mise en vigueur des dispositions de l'article 34 de la loi de finances du 30 avril 1921, relatif à l'application de la procédure budgétaire aux comptes spéciaux du Trésor, est reportée du 1er janvier 1922 au 1er mars de la même année.

Les opérations de recettes ou de dépenses afférentes aux comptes spéciaux soumis à la procédure budgétaire et qui auront été effectuées, pendant les deux premiers mois de l'année 1922, dans les conditions actuellement en vigueur seront imputées sur les ouvertures de crédits et les autorisations de recettes qui seront ultérieurement accordées par le Parlement au titre desdits comptes spéciaux.

TITRE IV.

DISPOSITIONS SPÉCIALES.

77. — L'effectif total des personnels civils de tous ordres rémunérés sur le budget de l'État, sur les budgets annexes et sur les budgets des établissements publics nationaux devra être diminué, en plus des réductions opérées au projet de 1922, de 50,000 unités au cours de l'année 1922.

Cette réduction commencera dès la mise en vigueur de la présente loi pour être poursuivie sans interruption de manière à s'achever le 31 décembre 1922.

La répartition entre les divers services des réductions à opérer sera fixée par un décret contresigné par le Président du Conseil et par le Ministre des finances et inséré au *Journal officiel* dans le mois suivant la promulgation de la présente loi.

Le relevé des suppressions effectuées, établi trimestriellement par le Président du Conseil et le Ministre des finances, sera adressé aux Commissions des finances de la Chambre des députés et du Sénat.

78. — A dater du 1er janvier 1922, les employés auxiliaires, soit temporaires, soit permanents, quelles que soient les fonctions qu'ils exercent, ne pourront être titularisés que dans les limites et les conditions déterminées par la loi.

79. — Le délai fixé par la loi du 30 avril 1921 pour la suppression des indemnités exceptionnelles de cherté de vie de 720 francs par an, allouées aux personnels civils de l'État, est prorogé jusqu'au 30 juin 1922.

80. — Les Ministres sont autorisés à instituer, dans leur département respectif, dans la limite des crédits budgétaires mis chaque année à leur disposition pour allocations de bourses, des fonds de prêts, remboursables en faveur des jeunes gens des deux sexes qui ne sont pas dans des conditions de fortune leur permettant de poursuivre leurs études.

Ces prêts seront, en principe, remboursables par les boursiers dans le cours de la dixième année qui suivra le terme de leurs études. Les sommes ainsi reversées à l'État, soit directement par les bénéficiaires, soit par l'intermédiaire des associations d'anciens élèves, seront rattachées à titre de fonds de concours aux chapitres correspondants des budgets des divers ministères.

81. — Aucun emprunt de l'État ne peut être contracté, sous quelque forme que ce soit, qu'en vertu d'une loi spéciale.

La loi annuelle de finances autorise, en fixant le montant, leur nature et leur durée, l'émission de valeurs du Trésor applicables au remboursement des valeurs du Trésor échéant dans l'année et au service de la trésorerie.

Aucune émission suplémentaire ne peut être faite qu'en vertu d'une loi.

Les conditions et modalités des émissions sont fixées par les décrets insérés au *Journal officiel*.

82. — Le montant des titres de rente remis en payement de la contribution extraordinaire sur les bénéfices de guerre, en vertu de l'article 4 de la loi du 26 octobre 1917, sera imputé, à concurrence de la valeur libératoire des mêmes titres, sur les crédits du fond d'amortissement.

Les rentes correspondant aux titres remis en payement seront annulées au Grand-Livre de la dette publique, à l'exception toutefois des rentes 5 p. 100 amortissables, auxquelles continueront à s'appliquer les dispositions de l'article 4 de la loi du 2 août 1920.

83. — A partir du premier jour du trimestre en cours lors de la promulgation de la présente loi, les dispositions de la loi du 9 juin 1853 seront applicables au personnel titulaire des trésoreries générales et des recettes des finances.

Les employés en exercice à cette date seront admis à faire valoir pour la constitution du droit à pension les services rénumérés qu'ils ont rendus depuis leur majorité dans les trésoreries générales les, recettes particulières et les perceptions.

Pour la liquidation de leur pension, ces mêmes employés pourront faire admettre le temps de service pendant lequel ils auront été rétribués tant sur les crédits du fonds d'abonnement des trésoreries générales à partir du 1er janvier 1891, que sur les crédits affectés aux traitements du personnel titulaire des trésoreries générales et des recettes des finances à partir du 1er janvier 1908.

Le bénéfice de cette dernière disposition pourra être appliqué aux anciens employés qui, devenus percepteurs, seront encore en fonctions à la date sus-indiquée.

Les agents intéressés devront faire connaître, dans le délai d'une année à dater de la promulgation de la présente loi, s'ils désirent faire admettre pour la liquidation de leur pension le temps de service visé à l'avant-dernier alinéa ; dans ce cas, ils seront astreints à verser rétroactivement les retenues légales du premier douzième et du vingtième sur les traitements qu'ils auront perçus pendant le temps de service considéré.

Toutefois le décompte de ces retenues rétroactives sera diminué du montant total des retenues de 5 p. 100 qu'auront déjà supportées les agents sur ledit traitement pendant le temps de service considéré, pour versement à la caisse nationale des retraites pour la vieillesse conformément aux dispositions du décret du 6 novembre 1907, ainsi que les versements effectués volontairement par les agents à la même caisse du 1er janvier 1891 au 31 décembre 1907.

Le versement des retenues rétroactives pourra être effectué à la demande de l'intéressé par termes mensuels, dans un délai qui ne devra pas excéder trois années à dater de la promulgation de la présente loi.

La rente viagère correspondant aux versements effectués à la caisse nationale des retraites pour la vieillesse à partir du 1er janvier 1891 et à la bonification versée par l'État viendra en déduction du montant de la pension. Cette rente viagère sera calculée pour les agents ayant effectué les versements à capital réservé, comme si ces versements avaient été effectués à capital aliéné.

84. — A partir de la date indiquée au premier alinéa de l'article précédent, les dispositions de la loi du 9 juin 1853 seront applicables au personnel des perceptions.

Les commis et les dames employées en exercice à cette date seront admis à faire valoir pour la constitution du droit à pension les services rémunérés qu'ils ont rendus depuis leur majorité, soit dans les perceptions, soit dans les trésoreries générales et les recettes des finances.

Pour la liquidation de leur pension, ces mêmes agents pourront, sur leur demande, faire admettre le temps de service pendant lequel ils auront été rétribués par l'État à partir du 1er janvier 1920, à condition d'effectuer le versement des retenues rétroactives du premier douzième et du vingtième sur les traitements qu'ils auront perçus pendant le temps de service considéré. Ce versement pourra être effectué en douze termes mensuels.

85. — A partir de la date indiquée au premier alinéa de l'article 83, les dispositions de la loi du 9 juin 1853 seront applicables au personnel titulaire de la recette centrale et des perceptions de la Seine.

Les commis et les dames employées en exercice à cette date seront admis à faire valoir pour la constitution du droit à pension les services rémunérés qu'ils ont rendus depuis leur majorité, soit dans les perceptions, soit à la recette centrale, dans les trésoreries générales et les recettes des finances.

Un règlement d'administration publique rendu dans un délai d'un an à dater de la promulgation de la présente loi déterminera les conditions dans lesquelles sera réparti, pour être versé à la caisse nationale des retraites pour la vieillesse au nom des bénéficiaires éventuels de pension, le capital de la caisse commune des retraites.

86. — L'allocation temporaire prévue en faveur des petits retraités de l'État par les lois des 23 février et 21 octobre 1919 sera maintenue à l'égard des ayants droit actuels tant qu'ils ne bénéficieront pas de majorations de pensions analogues à celles instituées par la loi du 25 mars 1920.

87. — Les résultats de la comptabilité des opérations d'achat et de vente des alcools par l'État, telle qu'elle est prévue par l'article 2 du décret du 13 août 1919, seront soumis trimestriellement aux Chambres dans les mêmes conditions que la situation des comptes spéciaux.

88. — Les dispositions de la loi du 3 avril 1918 réglementant l'exportation des capitaux et l'importation des valeurs mobilières sont maintenues en vigueur jusqu'au 31 mars 1922, avec les modifications et les additions contenues dans l'article 13 de la loi du 28 février 1921.

89. — Est prorogée jusqu'au 31 décembre 1922 la disposition prévue par le décret du 11 décembre 1914, ratifié par la loi du 26 décembre suivant, aux termes de laquelle le remboursement des fonds de dépôts versés aux trésoreries générales ou aux recettes particulières des finances et dont les trésoriers-payeurs généraux continuent à être personnellement responsables est garanti à titre subsidiaire par l'État.

90. — Est autorisée la création, à l'administration centrale du ministère des finances, pour une durée de cinq ans, d'un emploi de chef de bureau.

91. — Par dérogation à la loi du 31 juillet 1879, le Ministre des finances est autorisé à faire fabriquer par l'industrie privée des monnaies françaises de billon.

92. — A titre temporaire, et pendant un délai maximum de deux ans, les juges assesseurs auront qualité pour remplir temporairement, à titre auxiliaire et hors cadres, les mêmes fonctions que les substituts au tribunal de la Seine. Ils seront affectés par ordonnance du premier président, prise d'accord avec le procureur général, aux services du parquet.

Les juges assesseurs pourront, dans le même délai, être également affectés aux services du ministère de la justice pour les naturalisations, et à ceux du ministère des pensions ainsi qu'aux fonctions de président ou de membre des tribunaux temporaires et commissions organisées pour l'application des lois sur les dommages de guerre.

93. — Le nombre des magistrats affectés à l'administration centrale du ministère de la justice dans les conditions visées à l'article 7 de la loi du 4 octobre 1919 est ramené de 6 à 5.

94. — Le paragraphe 3 de l'article 57 de la loi de finances du 30 avril 1921, qui a institué des suppléments de traitements en faveur des magistrats, est remplacé par la disposition suivante :

« Il est fixé à 800 francs par an pour les greffiers de toutes les juridictions. A cette somme est ajoutée, pour les greffiers des autres juridictions que les justices de paix, une allocation de 600 francs pour rétribution supplémentaire à leur personnel non appointé par l'État ».

95. — L'article 31 de la loi du 29 avril 1921, relatif aux pensions de retraite des fonctionnaires admis dans les administrations de l'Etat après l'âge de trente ans, est ainsi complété :

« Toutefois, les dispositions de l'article 15 de la loi du 30 avril 1920 ne seront pas applicables aux magistrats et aux jugées de paix admis au service de l'État avant l'âge de quarante-cinq ans ».

96. — Les barreaux institués près des cours d'appel et les tribunaux de première instance seront, sur leur demande, autorisés par décret revêtu du contre-seing du Ministre des finances et du Ministre de la justice à appliquer aux besoins des œuvres de prévoyance fonctionnant sous leur contrôle et organisées au profit de leurs membres les allocations accordées par les tarifs pour droits de plaidoirie.

A dater de la publication au *Journal officiel* du décret visé au paragraphe précédent, les avocats n'auront plus le droit de réclamer à titre individuel le payement de ces allocations.

La perception de ces allocations sera effectuée par l'administration de l'enregistrement au moment de la formalité donnée aux sentences de justice pour le compte du barreau, sous déduction, au profit du receveur, d'un droit de 1 franc si la sentence est contradictoire et de 0 fr. 50 si elle est par défaut. Cette perception sera soumise à toutes les règles qui gouvernent l'exigibilité, la restitution et le recouvrement des taxes d'enregistrement applicables aux jugements et arrêts auxquels ces allocations s'ajoutent de plein droit.

Le mode de liquidation et de reversement à la caisse du bureau des allocations ainsi perçues sera déterminé par décret, revêtu du contreseing du Ministre des finances et du Ministre de la justice.

97. — Les nominations et promotions dans l'ordre national de la Légion d'honneur et les concessions de médailles militaires cesseront d'être insérées au *Bulletin des lois* ; cette mesure s'appliquera rétroactivement à tous les décrets ou arrêtés qui n'auront pas encore été insérés au jour de la promulgation de la présente loi.

Les lois des 25 juillet 1873 et 4 juillet 1890 sont abrogées en ce qu'elles ont de contraire aux présentes dispositions.

98. — Est autorisée la création à l'administration centrale du ministère de l'intérieur d'un emploi de directeur.

Sera corrélativement supprimé un emploi de chef de service.

99. — Les membres des conseils de préfecture bénéficieront du supplément temporaire de traitement de 4,000 francs accordé par l'article 57 de la loi du 30 avril 1921 aux membres du Conseil d'État et de la Cour des comptes ainsi qu'aux magistrats, secrétaires et greffiers en chef dénommés audit article.

100. — L'effectif budgétaire total des hommes de troupe de l'armée française à la charge du budget de la guerre, du budget des dépenses recouvrables ou du compte spécial d'occupation est fixé, pour 1922, à 630,000 hommes (troupes auxiliaires comprises et compte tenu de tous congés ou autres causes d'absence).

En vue de maintenir les effectifs dans les limites fixées ci-dessus, le Ministre de la guerre est autorisé, en 1922, à titre exceptionnel et par dérogation aux dispositions de l'article 38 de la loi du 7 août 1913, à accorder, soit pour les travaux agricoles, soit pour la reconstitution économique du pays, des permissions supplémentaires sans solde et des congés.

101. — L'effectif budgétaire des officiers de l'armée active pourvus d'un grade à titre définitif entretenus sur le budget de la guerre, le budget des dépenses recouvrables ou le compte spécial d'occupation ne peut, en aucun cas, dépasser l'effectif global prévu aux tableaux annexés au projet de budget de l'exercice 1914, y compris les cadres créés spécialement pour les besoins du Maroc.

L'effectif budgétaire des sous-officiers de l'armée active est fixé à 63,000 (compte tenu de tous congés ou autres causes d'absence).

102. — L'effectif budgétaire total des chevaux de l'armée française, à la charge du budget de la guerre, du budget des dépenses recouvrables ou du compte spécial d'occupation est fixé, pour 1922, à 179,500 chevaux.

103. — L'avant dernier alinéa de l'article 85 de la loi du 31 juillet 1920, relatif aux conditions d'attribution des congés de longue durée sans solde, est abrogé et remplacé par le suivant :

« Ce maximum est porté à la durée entière des congés accordés antérieurement à la promulgation de la présente loi pour les officiers et assimilés bénéficiaires desdits congés ».

104. — Par dérogation aux dispositions de l'article 1er de la loi du 11 avril 1911 créant la position dite en réserve spéciale, le nombre des officiers des différentes armes ou services des troupes métropolitaines ou coloniales que le Ministre de la guerre est autorisé à mettre, pendant l'année 1922, dans cette position, dans les conditions fixées par ladite loi, modifiée par les articles 87 et 88 de la loi de finances du 31 juillet 1920, est porté à 1,000.

Le bénéfice de cette mesure sera étendu aux officiers qui, comptant au minimum douze ans de services dans l'armée active, auront accompli cinq ans de ces services en qualité d'officier.

105. — Par application de l'article 2 de la loi du 7 juillet 1877, relatif à l'organisation des services hospitaliers de l'armée dans les hôpitaux militaires et dans les hospices civils, les hôpitaux militaires de Givet et de Longwy sont supprimés.

106. — L'effectif budgétaire des officiers de l'armée active entretenus sur le budget de la marine ou sur le compte spécial d'occupation ne pourra, en aucun cas, en 1922, dépasser le chiffre de 4,403 unités, dont 775 pour les corps non navigants.

107. — L'effectif budgétaire total des marins de tous grades des équipages de la flotte (élèves officiers, pompiers auxiliaires et marins indigènes compris) à la charge du budget de la marine, du budget des dépenses recouvrables ou du compte spécial d'occupation est fixé, pour 1922, au chiffre moyen de 55,000 hommes.

108. — Dans l'effectif budgétaire total prévu à l'article précédent, le nombre des officiers mariniers de tous grades ne pourra, en aucun cas, dépasser 9,800 unités (compte tenu de tous congés ou autres causes d'absence).

109. — Sont abrogées les dispositions des articles 71 et 72 de la loi du 13 avril 1898, relative à la réglementation dite des « crédits-matières » dans le département de la marine.

110. — Le département de la marine est dispensé de fournir chaque année, à l'appui du budget, les états M, N et P, prévus par les lois de finances des 29 juillet 1881, article 29; 29 décembre 1888, article 22; 16 avril 1895, article 65; 13 avril 1898, article 109; 13 avril 1900, article 56; 30 janvier 1907, article 104.

111. — Pour les opérations effectuées, tant dans les forces navales qu'à l'intérieur avant le 1er janvier 1920 et concernant les bâtiments et services administrés comme tels et les officiers sans troupes, le Ministre de la marine est dispensé de faire établir les justifications relatives à la liquidation :

1° Des allocations en deniers du service de la solde et des vivres ;

2° Des distributions en nature du service des subsistances.

Restent réservés les droits des tiers qui réclameraient le rappel d'allocations qui leur seraient dues, comme le droit du Ministre de la marine de poursuivre, le cas échéant, le recouvrement des trop-perçus qui viendraient à être constatés.

112. — L'article 4, paragraphe 1er, de la loi du 11 mai 1921, est complété ainsi qu'il suit :

« Tous les archivistes départementaux actuellement en fonctions, qui ont opéré des versements aux caisses départementales de retraites, auront la faculté, s'ils en font la demande dans le délai de trois mois à dater de la promulgation de la présente loi, de continuer à participer aux charges et aux bénéfices des caisses départementales auxquelles ils sont affiliés. Les retenues qui auraient été faites sur leur traitement par application de la loi du 9 juin 1853 seront versées à la caisse départementale ».

113. — L'article 43 de la loi du 29 avril 1921 est modifié ainsi qu'il suit :

« L'exemption des frais d'externat simple dans les lycées nationaux, les collèges et cours secondaires communaux est accordée aux enfants des membres du personnel enseignant, des chefs de travaux, préparateurs, assistants, aides-bibliothécaires des facultés et établissements d'enseignement public supérieur dont le traitement ne dépasse pas 16,000 francs. Pour deux enfants, l'exemption sera accordée jusqu'à la limite de 18,000 francs ; pour trois enfants, jusqu'à 20,000 francs et sans limitation de traitement pour quatre enfants au moins.

« Les enfants morts pour la France sont considérés comme vivants pour la détermination du nombre des enfants ».

114. — Les professeurs de l'enseignement secondaire chargés de cours pourront être titularisés dans la proportion de 15 p. 100 au maximum, sous la réserve qu'ils auront un minimum de vingt années de services, dont quinze comme chargés de cours.

115. — Pendant cinq années à partir du 1er janvier 1922, les subventions accordées aux départements et aux communes, en vertu de la loi du 20 juin 1885 sur les constructions scolaires, pourront être étendues aux dépenses entraînées par des travaux de grosses réparations.

116. — Par dérogation à l'article 41, paragraphe 1er, de la loi du 31 décembre 1920, lorsque le montant total de la dépense prévue pour les travaux visés soit audit article, soit à l'article précédent de la présente loi, n'excède pas 10,000 francs, les subventions que l'Etat est autorisé a accorder en ce qui concerne les immeubles de l'enseignement secondaire et de l'enseignement primaire peuvent être versées en capital dans les conditions prévues par l'article 66, paragraphe 1er, de la loi du 26 juillet 1893.

117. — Des indemnités temporaires sont accordées au personnel des services extérieurs des beaux-arts conformément aux tableaux annexés à la présente loi.

Ces indemnités, en attendant qu'il ait été procédé à la revision générale des traitements prévue par l'article 39 de la loi du 30 avril 1921, ou à la réforme du régime des retraites, ne sont pas soumises à retenues et n'entrent pas en compte pour le calcul de la retraite.

Elles seront allouées aux ayants-droit à partir du 1er janvier 1922 en deux annuités de manière que la totalité soit attribuée à partir du 1er janvier 1923.

118. — L'administration des beaux-arts est autorisée à percevoir, à l'exception des dimanches et jours fériés et des après-midi de jeudi, un droit d'entrée dont le maximum est fixé à 1 franc pour la visite des musées, collec-

tions et monuments appartenant à l'État et dont elle est affectataire. Dans le cas où des expositions temporaires et exceptionnelles y seraient organisées, ce maximum pourrait atteindre 10 francs.

Ces dispositions ne s'appliquent pas aux édifices visés par l'article 17, paragraphe 6, de la loi du 9 décembre 1905.

119. — Le droit de peindre, dessiner, photographier et cinématographier dans les musées, collections et monuments précités donnera lieu à la perception d'une taxe spéciale.

120. — Le produit des différentes taxes prévues par les deux articles précédents sera, suivant leur provenance, versé à la caisse des musées nationaux ou à celle des monuments historiques ou rattaché aux budgets des établissements intéressés.

Dans un délai de six mois, à dater de la promulgation de la présente loi, un règlement d'administration publique déterminera le taux et le mode de perception de ces taxes, ainsi que les catégories de personnes auxquelles des réductions et des dispenses de taxes pourront être accordées.

121. — Les dispositions des articles 118 à 120 pourront être étendues à l'Algérie par des règlements d'administration publique qui détermineront dans quelles conditions elles y seront applicables.

122. — Par dérogation aux dispositions de l'article 12 de la loi du 13 mars 1917, les avances consenties à la caisse centrale des banques populaires ne peuvent excéder le quintuple du capital versé en espèces.

123. — Les dispositions de l'article 1er de la loi du 9 juillet 1921, portant ratification du décret du 7 mai 1921 relatif aux conditions d'obtention des licences d'importation des huiles et essences de pétrole, sont prorogées jusqu'à l'entrée en vigueur du régime définitif d'importation du pétrole.

124. — Le deuxième paragraphe de l'article 12 de la loi du 31 mars 1919 est abrogé.

Les sommes recouvrées sur les avances faites aux sociétés ou unions de sociétés coopératives de consommation des régions libérées seront versées au fonds de dotation des sociétés coopératives de consommation pour être employées conformément aux dispositions de la loi du 7 mai 1917 portant création dudit fonds.

Les avances qui seraient consenties aux sociétés ou unions de sociétés pour le ravitaillement des régions libérées continueront à ne pas être soumises aux dispositions de l'article 11, premier alinéa, de la loi du 7 mai 1917, qui limitent le montant des avances à la moitié de l'actif net dont justifient les sociétés emprunteuses.

125. — L'article 3 de la loi du 16 juillet 1921 est modifié comme suit :

« Les dispositions de la loi du 18 avril 1919 cesseront d'être applicables à partir du 1er janvier 1922 à la liquidation des stocks français.

« Toutefois, le service de la liquidation des stocks continuera à assurer, dans les conditions de la loi du 18 avril 1919, la vente des stocks mis avant le 1er janvier à sa disposition par les divers départements ministériels pour être aliénés. Il restera également chargé de la surveillance des marchés en cours et de la régularisation des opérations antérieures ».

126. — L'article 29 de la loi de finances du 25 février 1901 est abrogé et remplacé par les dispositions suivantes :

« A partir du 1er janvier 1922, la colonie de l'Afrique occidentale française participera pour la moitié dans les avances à faire par l'État à la compagnie concessionnaire des chemins de fer de Dakar à Saint-Louis, soit au titre de la garantie d'intérêts, soit pour l'exécution des travaux ou des fournitures complémentaires, en application des articles 2, 4 et 6 de la convention de concession du chemin de fer de Dakar à Saint-Louis, approuvée par la loi du 29 juin 1882, ou des dispositions des conventions postérieures passées entre l'État et ladite compagnie.

« Cette contribution, dont le montant sera fixé chaque année par la loi de finances, sera inscrite parmi les dépenses obligatoires du budget général de l'Afrique occidentale française et versée, à titre de provision, au Trésor français avant le 1er juillet de l'année à laquelle elle s'applique.

« Lorsque, en application de la convention et des conventions ultérieures, la compagnie versera à l'État des sommes qui seront affectées au remboursement soit comme capital et intérêts, soit comme annuités, des avances faites au titre du budget de l'exercice 1922 ou des exercices ultérieurs, ces sommes seront partagées entre l'État et la colonie de l'Afrique occidentale française, proportionnellement aux avances en capital supportées pour ces années par les budgets de l'État et de la colonie.

127. — Est supprimé à l'administration centrale du ministère de l'agriculture un emploi de chef de service.

128. — L'article 9 de la loi du 1er août 1905 sur la répression des fraudes dans la vente des marchandises et des falsifications des denrées alimentaires et des produits agricoles est modifié et complété ainsi qu'il suit :

« Les amendes prononcées en vertu de la présente loi seront réparties d'après les règles tracées à l'article 11 de la loi de finances du 26 décembre 1890, modifiée par l'article 45 de la loi de finances du 29 avril 1893 et par l'article 84 de la loi de finances du 13 avril 1898.

« Les délinquants condamnés aux dépens auront à acquitter de ce chef, en dehors des frais ordinaires et au profit de l'État, des départements ou des communes, les frais de prélèvement et d'analyse engagés pour la recherche et la constatation des infractions.

« La détermination et le remboursement de ces frais s'opéreront à la demande du service chargé de la répression des fraudes, dans les conditions fixées par les règlements d'administration publique prévus à l'article 11 de la loi du 1er août 1905.

« La commission départementale peut, sur la proposition du préfet, accorder aux communes qui auront concouru à la répression des fraudes, dans les formes prescrites par les règlements d'administration publique susvisés, des subventions prélevées sur le reliquat disponible du fonds commun ».

129. — À dater du 1er janvier 1922, il sera fait recette au budget de l'institut des recettes agronomiques des droits d'études de bibliothèque et de travaux pratiques acquittés par des élèves suivant tarifs fixés par le Ministre de l'agriculture, ainsi que des frais d'analyses, d'essais ou de recherches effectués à titre onéreux par les laboratoires et stations dépendant de l'Institut.

Les ressources provenant de ces recettes ne pourront être affectées qu'aux objets suivants : dépenses de laboratoires, bibliothèques et collections, construction et entretien des bâtiments, attribution de missions et de subventions.

130. — L'effectif des étalons nationaux entretenus par l'administration des haras sera, à titre exceptionnel, à partir du 1er juillet 1922, ramené de 3,450 à 3,300 têtes, par une diminution annuelle de 50 étalons.

131. — L'emploi de directeur des chemins de fer au ministère des travaux publics est transformé en un emploi de directeur général des chemins de fer.

132. — Pendant l'année 1922 et jusqu'à la mise en application de dispositions législatives nouvelles concernant les majorations ou bonifications de pensions des fonctionnaires retraités, les grands réseaux d'intérêt général alloueront à leurs agents retraités des bonifications additionnelles de pensions égales aux deux tiers des bonifications résultant de l'application des taux prévus par l'accord du 13 septembre 1920, étendus conformément à l'article 14 de la loi relative au nouveau régime des chemins de fer d'intérêt général.

Les grands réseaux d'intérêt général présenteront, dans un délai d'un an à dater de la promulgation de la présente loi, à l'homologation du Ministre des travaux publics, un projet de statut des retraités.

133. — Sont prorogées jusqu'au 1er avril 1922 les dispositions de la loi du 14 février 1920, autorisant, sous certaines conditions complétées par la loi du 29 octobre 1921, un relèvement temporaire des prix de transport sur les grands réseaux d'intérêt général et sur les deux ceintures de Paris, ainsi que des taxes concernant les embranchements particuliers.

Le Ministre des travaux publics est autorisé à homologuer, sans formalités préalables d'affichage, la prorogation desdits relèvements.

Il est également autorisé à proroger, dans les mêmes conditions, les modifications temporaires de tarifs dont la durée a été limitée à la période d'application du relèvement temporaire susvisé.

134. — Le Ministre des travaux publics est autorisé à homologuer, dans les conditions prévues à l'article précédent, la prorogation, jusqu'au 1er juillet

1922, des majorations des prix de transport appliquées sur les chemins de fer d'Alsace et de Lorraine, en vertu de la loi du 31 décembre 1920, approuvant le décret du 12 mars 1920.

135. — Dans les départements où le service des routes nationales est fusionné avec le service de la voirie départementale ou vicinale, le Ministre des travaux publics peut, d'accord avec le conseil général du département, confier le service ordinaire des ponts et chaussées à des agents-voye‑s

136. — L'article 16 de la loi du 7 avril 1902 sur la marine marchande, modifié par l'article 57 de la loi de finances du 31 juillet 1920, est de nouveau modifié comme suit :

« L'alinéa commençant par ces mots : « Jusqu'au 31 décembre 1921 » est remplacé par le suivant :

« Des décrets rendus sur le rapport du Ministre du commerce pourront relever provisoirement les péages dans la limite des maxima ci-dessus, après consultation de la chambre de commerce ou du conseil d'administration du port, de la commission permanente d'enquête instituée par la loi du 12 juin 1920 concernant l'autonomie des ports de commerce et après avis du Ministre des travaux publics ».

137. — Jusqu'au 31 décembre 1922, les tarifs maxima d'usage des outil‑lages des ports maritimes pourront être provisoirement relevés par arrêté du Ministre chargé de la marine marchande, après avis de la chambre de com‑merce.

Dans les ports autonomes, ce pouvoir sera exercé dans les mêmes conditions par le conseil d'administration.

Les mêmes dispositions sont applicables aux tarifs des outillages et des ser‑vices de halage des voies navigables qui pourront être provisoirement relevés par arrêté du Ministre des travaux publics, après avis des chambres de com‑merce intéressées.

138. — Il est alloué aux grands invalides titulaires d'une pension d'in‑firmité égale ou supérieure à 85 p. 100, ou régulièrement proposés pour une pension de cette nature, des allocations spéciales temporaires du taux ci-après :

Allocations n° 1 : accordées pour invalidité de 85 p. 100, 500 francs par an ;

Allocations n° 2 : accordées pour invalidité de 90 p. 100, 600 francs par an ;

Allocations n° 3 : accordées pour invalidité de 95 p. 100, 800 francs par an ;

Allocations n° 4 : accordées pour invalidité de 100 p. 100, 1,000 francs par an ;

Allocations n° 5 : accordées aux invalides bénéficiaires de l'article 12 de la loi du 31 mars 1919, 3,500 francs par an ;

Allocations n° 5 *bis* : accordées aux invalides bénéficiaires de l'article 10 de la loi du 31 mars 1919, 5,000 par an.

Ces allocations spéciales ne peuvent être cumulées.

Les titulaires de l'allocation spéciale temporaire reçoivent, en outre, pour chacun des enfants ouvrant droit à majoration de pension, une majoration supplémentaire temporaire du taux ci-après :

Majoration n° 1 : accordée pour invalidité de 85 p. 100, 170 francs par an ;

Majoration n° 2 : accordée pour invalidité de 90 p. 100, 180 francs par an ;

Majoration n° 3 : accordée pour invalidité de 95 p. 100, 190 francs par an ;

Majoration n° 4 : accordée pour invalidité de 100 p. 100, 200 francs pas an.

Les allocations spéciales temporaires et les majorations supplémentaires temporaires sont soumises aux mêmes règles que les pensions ou majorations de la loi du 31 mars 1919, en ce qui concerne notamment leur attribution, leur payement, leur suspension, l'incessibilité, l'insaisissabilité, ainsi que le cumul avec un traitement civil.

139. — Le délai de cinq ans imposé aux départements par l'article 5 de la loi du 7 septembre 1919, pour assurer l'hospitalisation dans les sanatoriums des tuberculeux relevant du service de l'assistance médicale gratuite, est porté à dix ans.

140. — A titre exceptionnel, pour l'année 1922, il sera réservé sur l'ensemble des fonds du pari mutuel prélevés en faveur des œuvres locales de bienfaisance, en conformité de la loi du 2 juin 1891 et de l'article 36 de la loi du 12 août 1919, une somme de 3 millions de francs, qui sera affectée aux dépenses d'aménagement, d'agrandissement et de réfection des sanatoriums visés par la loi du 9 septembre 1919.

141. — Sont prorogées jusqu'au 31 décembre 1922, les dispositions des articles 5 et 6 de la loi du 28 juin 1918 majorant de 10 francs chacune, à la charge exclusive de l'État les allocations mensuelles attribuées aux bénéficiaires des lois du 14 juillet 1905 sur l'assistance aux vieillards, aux infirmes et aux incurables et du 14 juillet 1913 sur l'assistance aux familles nombreuses.

142. — Le premier alinéa de l'article 5 de la loi du 12 avril 1906, modifié par l'article 2 de la loi du 23 décembre 1912, par l'article 1er de la loi du 24 octobre 1919 et par l'article 128 de la loi du 31 juillet 1920, est modifié ainsi qu'il suit :

« Les avantages concédés par la présente loi s'appliquent aux maisons destinées à l'habitation collective lorsque la valeur locative de chaque logement ne dépasse pas, au moment de la construction, les maxima determinés ci-après :

DÉSIGNATION.	LOGEMENTS comprenant 3 pièces habitables ou plus, de 9 mètres superficiels au moins avec cuisine et water-closets et ayant une superficie totale d'habitation entre les murs et cloisons de		LOGEMENTS comprenant 2 pièces habitables de 9 mètres superficiels au moins avec cuisine et water-closets et ayant une superficie totale d'habitation entre les murs et cloisons de	
	35 à 45 mètres carrés. 1	plus de 45 mètres carrés. 1 *bis*	25 à 35 mètres carrés. 2	plus de 35 mètres carrés. 2 *bis*
	francs.	francs.	francs.	francs.
1° Communes de moins de 40,000 habitants..........................	672	728	546	595
2° Communes de plus de 40,000 habitants et banlieue de ces communes dans un rayon de 20 kilomètres ...	840	910	672	728
3° Ville de Paris et département de la Seine..........................	1,008	1,092	840	940

DÉSIGNATION.	LOGEMENTS comprenant 1 pièce destinée à l'habitation de 9 mètres superficiels au moins et cuisine et ayant une superficie totale d'habitation entre les murs et cloisons de		LOGEMENTS comprenant une chambre isolée de 9 mètres superficiels au moins et ayant une superficie totale d'habitation entre les murs et cloisons de	
	15 à 25 mètres carrés avec ou sans water-closets. 3	plus de 25 mètres carrés avec water-closets. 3 *bis*	9 à 15 mètres carrés avec ou sans water-closets. 4	plus de 15 mètres carrés avec water-closets. 4 *bis*
	francs.	francs.	francs.	francs.
1° Communes de moins de 40,000 habitants..........................	420	455	210	231
2° Communes de plus de 40,000 habitants et banlieue de ces communes dans un rayon de 20 kilomètres ...	504	546	294	322
3° Ville de Paris et département de la Seine..........................	588	637	336	364

TITRE V.

MOYENS DE SERVICE ET DISPOSITIONS ANNUELLES.

143. — La nomenclature des services votés pour lesquels il peut être ouvert, par décrets rendus en Conseil d'État, des crédits supplémentaires

pendant la prorogation des Chambres, en exécution de l'article 5 de la loi du 14 décembre 1879, est fixée, pour l'exercice 1922, en ce qui concerne les budgets ordinaire et extraordinaire, conformément à l'état E annexé à la présente loi.

144. — Le Ministre des finances est autorisé à pourvoir au remboursement des obligations à court terme et bons du Trésor de diverses natures échéant en 1922 au moyen d'émissions de valeurs du Trésor, dont la date de remboursement ne pourra dépasser l'année 1932.

Est également autorisée la négociation, en remplacement des obligations à court terme et bons du Trésor émis à l'étranger échéant en 1922 de valeurs du Trésor, dont la date de remboursement ne pourra dépasser l'année 1932.

145. — Le Ministre des finances est autorisé à émettre en 1922, pour le service de la trésorerie et jusqu'à concurrence d'un capital de 10 milliards de francs, des bons du Trésor et des obligations à court terme payables à une échéance qui ne pourra pas excéder dix années.

146. — Il est ouvert au Ministre des finances un crédit de 19,650,000 francs pour l'inscription au Trésor public des pensions civiles (loi du 9 juin 1853) à liquider dans le courant de l'année 1922.

147. — Il est ouvert au Ministre des pensions, des primes et des allocations de guerre, pour l'inscription au Trésor public des pensions à liquider dans le courant de l'année 1922, un crédit de 35,904,000 francs ainsi réparti :

Pensions militaires de la guerre et pensions militaires des troupes coloniales...............	17,799,000[f]
Pensions militaires de la marine	18,000,000
Pensions militaires de la marine marchande.....	105,000
TOTAL ÉGAL..................	35,904,000

148. — Il est ouvert au Ministre des colonies un crédit de 375,000 francs pour l'inscription au Trésor public des pensions militaires de son département à liquider dans le courant de l'année 1922.

149. — Est fixé a 100 millions de francs, pour l'année 1922, le maximum du compte courant à ouvrir au Trésor pour les sommes non employées appartenant aux caisses d'assurances régies par la loi du 5 avril 1910 sur les retraites ouvrières et paysannes et dont la gestion financière est confiée à la caisse des dépôts et consignations en vertu de l'article 15 de ladite loi.

Le taux de l'intérêt servi par le Trésor sera le même que celui du compte courant de la caisse des dépôts et consignations.

150. — La ville de Paris est autorisée à mettre en circulation, pendant l'année 1922, des bons de la caisse municipale pour une somme qui ne pourra excéder 150 millions de francs.

151. — La ville de Paris est autorisée à émettre, pendant l'année 1922, en conformité des dispositions de l'article 11 de la loi du 19 avril 1919, des obligations à court terme pour une somme qui ne pourra excéder 50 millions de francs et qui sera employée aux opérations de déclassement de l'enceinte fortifiée de Paris.

152. — Le Ministre de l'intérieur est autorisé à engager, pendant l'année 1921, dans les conditions déterminées par la loi du 12 mars 1880 et par le décret du 10 avril 1914, pour le programme vicinal de 1922, des subventions qui ne pourront excéder la somme de 20 millions de francs et qui seront imputables tant sur les crédits de l'exercice 1922 que sur les crédits à ouvrir ultérieurement.

Le délai d'exécution des travaux de vicinalité compris dans les programmes de 1912 à 1920 est reporté au 31 décembre 1923.

153. — Le maximum, pour l'année 1922, de la subvention de l'État pour les dépenses de la police municipale de Paris est fixée à la somme de 39 millions 311,437 francs.

154. — Le nombre des congés de longue durée sans solde que le Ministre de la guerre est autorisé à accorder aux officiers et assimilés pendant l'année 1922, dans les conditions déterminées par l'article 85 de la loi de finances du 31 juillet 1920, est fixé au chiffre maximum de 10,000.

155. — Le Ministre de l'instruction publique est autorisé, en exécution de l'article 49 de la loi de finances du 27 février 1912 et de l'article 41 de la loi du 31 décembre 1920, à engager au profit des universités, pendant l'année 1922, pour le service des constructions de l'enseignement supérieur, des subventions s'élevant au maximum à 500,000 francs, à titre de participation de l'État aux dépenses de construction et d'installation de bâtiments à leur usage.

Le montant de la part de l'État ne pourra, en aucun cas, excéder 25 p. 100 de la dépense totale.

Ces subventions seront imputables soit sur les crédits de payement ouverts par la présente loi, soit sur les crédits à ouvrir aux budgets des exercices suivants.

Les crédits d'engagement qui n'auraient pas été utilisés au cours de l'année 1922 pourront être reportés législativement à l'année suivante.

Ceux qui auraient été affectés à des projets n'ayant pas reçu de commencement d'exécution dans les deux années qui suivront celle au cours de laquelle la participation de l'État aura été accordée seront annulés.

156. — Le Ministre de l'instruction publique est autorisé à accorder, pendant l'année 1922, pour le service des constructions scolaires (enseignement secondaire), en exécution de la loi du 20 juin 1885, de l'article 65 de la loi de finances du 26 juillet 1893 et de l'article 125 de la loi de finances du 31 juillet 1920 et de l'article 41 de la loi du 31 décembre 1920, des sub-

ventions s'élevant à 13,500,000 francs, dont 10 millions de francs pour les lycées et collèges de garçons et 3,500,000 francs pour les lycées et collèges de jeunes filles.

Les annuités correspondant à ces subventions seront imputables soit sur les crédits de payement ouverts par la présente loi, soit sur les crédits à ouvrir aux budgets des exercices suivants.

Les crédits d'engagement qui n'auraient pas été utilisés au cours de l'année 1921 pourront être reportés législativement à l'année suivante.

Ceux qui auraient été affectés à des projets n'ayant pas reçu de commencement d'exécution dans les deux années qui suivront celle au cours de laquelle la participation de l'État aura été accordée seront annulés.

157. — Le Ministre de l'instruction publique est autorisé à accorder, pendant l'année 1922, pour le service des constructions scolaires (enseignement primaire), en exécution de la loi du 20 juin 1885, de l'article 93 de la loi du 31 juillet 1920 et de l'article 41 de la loi du 31 décembre 1920, des subventions s'élevant à 25 millions de francs.

Les annuités correspondant à ces subventions seront imputables soit sur les crédits de payement ouverts par la présente loi, soit sur les crédits de payement à ouvrir aux budgets des exercices suivants.

158. — Le Ministre de l'instruction publique est autorisé à accorder, pendant l'année 1922, pour création, agrandissement ou reconstruction d'écoles pratiques de commerce et d'industrie et d'écoles de métiers, des subventions payables par annuités, dans les conditions prévues par les lois du 28 décembre 1912 et du 25 juillet 1919, et dont le montant total ne pourra dépasser 5 millions de francs.

Ces subventions seront imputables soit sur les crédits de payement ouverts par la présente loi, soit sur les crédits de payement à ouvrir aux budgets des exercices suivants.

159. — Le Ministre de l'agriculture est autorisé à accorder, pendant l'année 1922, des subventions pour travaux d'hydraulique et du génie rural jusqu'à concurrence de 15 millions de francs.

Ces subventions seront imputables, soit sur les crédits de payement ouverts par la présente loi, soit sur les crédits de payement à ouvrir aux budgets des exercices suivants.

160. — Le montant total des subventions ou avances en capital que le Ministre des travaux publics peut s'engager, pendant l'année 1922, à allouer aux concessionnaires de chutes d'eau ou aux organismes collectifs institués entre les concessionnaires ou les permissionnaires établis sur les cours d'eau d'une même vallée ou d'un même bassin, dans les conditions déterminées par les articles 7, 10 et 28 de la loi du 16 octobre 1919, ne devra pas excéder la somme de 20 millions de francs.

161. — Le montant total des subventions annuelles que le Ministre des travaux publics peut s'engager, pendant l'année 1922, à allouer aux entre-

prises de voies ferrées d'intérêt local, en vertu de la loi du 31 juillet 1913, ne devra pas excéder la somme de 5 millions de francs.

162. — Le montant total des subventions annuelles que le Ministre des travaux publics peut s'engager, pendant l'année 1922, à allouer aux entreprises de services réguliers d'automobiles, en vertu de l'article 65 de la loi de finances du 26 décembre 1908, de l'article 79 de la loi de finances du 30 juillet 1913, des articles 4 de la loi du 29 mars 1917 et 17 de la loi du 4 août 1917 complétés par l'article 5 de la loi du 29 mars 1919, ne devra pas excéder la somme de 6 millions de francs.

163. — Le montant total des obligations que les grands réseaux de chemins de fer d'intérêt général sont autorisés à émettre en 1922, pour quelque cause que ce soit, et, notamment, pour l'application des articles 13, 16 et 25 de la convention du 28 juin 1921 approuvée par la loi du 29 octobre 1921, est fixé, à titre provisionnel, à 4,651 millions de francs, répartis ainsi qu'il suit :

Pour le réseau de l'État.....................................	1,039,000,000ᶠ
Pour le réseau d'Alsace et de Lorraine...............	288,000,000
Pour le réseau du Nord.....................................	750,000,000
Pour le réseau de l'Est.....................................	350,000,000
Pour le réseau du P.-L.-M..................................	610,000,000
Pour le réseau d'Orléans..................................	1,084,000,000
Pour le réseau du Midi.....................................	500,000,000
Pour le réseau de Ceinture...............................	30,000,000
TOTAL ÉGAL...................	4,651,000,000ᶠ

Le montant maximum des avances que le Trésor est autorisé à faire, en 1922, au fonds commun des grands réseaux de chemins de fer d'intérêt général, par application de l'article 13 de la convention ci-dessus visée, est fixé à titre provisionnel à 500 millions de francs.

164. — Les travaux à exécuter, pendant l'année 1922, soit par les compagnies de chemins de fer, soit par l'État, à l'aide des avances que ces compagnies mettent à la disposition du Trésor, conformément aux conventions ratifiées par les lois du 20 novembre 1883, ne pourront excéder le maximum de 178 millions de francs.

En dehors des travaux de parachèvement sur les lignes ou sections de lignes en exploitation, ou des études de lignes dont l'exécution n'est pas commencée, aucune dépense imputable sur les avances remboursables en annuités ne pourra être engagée sur des lignes autres que celles qui sont inscrites à l'État F annexé à la présente loi.

Les versements des compagnies seront portés à un compte intitulé : « Fonds de concours versés par les compagnies de chemins de fer en exécution des conventions de 1883 ».

Les crédits nécessaires au payement des dépenses seront ouverts par décrets de fonds de concours, à mesure de la réalisation des versements effectués par les compagnies.

Les crédits non employés à la fin de l'exercice 1922 et les ressources correspondantes ne pourront être reportés aux exercices suivants qu'en vertu d'une loi.

165. — Pour l'application de l'article 2, paragraphe 3, de la loi du 28 avril 1920, qui a modifié temporairement les articles 14, 17, 26 et 27 de la loi du 31 juillet 1913, relative aux voies ferrées d'intérêt local, le taux pour la transformation en annuité de la part supplémentaire de subvention donnée par le département ou la commune est fixé à 7 p. 100.

166. — En ce qui concerne les chemins de fer exécutés par l'État, en dehors des travaux de parachèvement sur les lignes ou sections de lignes en exploitation ou des études de lignes dont l'exécution n'est pas commencée, aucune dépense ne pourra être engagée sur des lignes autres que celles qui sont inscrites à l'état G annexé à la présente loi.

167. — Le montant des travaux complémentaires de premier établissement (c'est-à-dire de ceux qui deviennent nécessaires postérieurement à la mise en exploitation des lignes) à exécuter en 1922, et dont le Ministre des travaux publics pourra autoriser l'imputation au compte de ces travaux, est fixé, non compris le matériel roulant, à la somme de 751 millions de francs, ainsi répartie par compagnie :

Compagnie du Nord.	300,000,000^f
Compagnie de l'Est.	80,000.000
Compagnie de Paris à Lyon et à la Méditerranée.	104,000,000
Compagnie de Paris à Orléans.	150,000,000
Compagnie du Midi.	115,000,000
Réseau des ceintures.	2,000,000
TOTAL ÉGAL	751,000,000^f

En ce qui touche les travaux complémentaires ayant pour but le remplacement d'ouvrages anciens par des ouvrages nouveaux, il ne pourra être imputé, sur les sommes sus-énoncées, que les plus-values, positives ou négatives, des installations nouvelles sur les installations qu'elles auront remplacées.

L'autorisation donnée par le paragraphe 1er du présent article ne sera valable que jusqu'à concurrence des sommes réellement dépensées dans le cours de l'exercice 1922.

168. — Le montant des travaux complémentaires à effectuer sur le chemin de fer de Dakar à Saint-Louis à l'aide d'avances à faire par l'État et par la colonie de l'Afrique occidentale française, dans les conditions de l'article 4 de le convention de concession du 31 octobre 1880 et à l'article 126 de la présente loi, dont le Ministre des colonies pourra approuver les projets pendant l'année 1922, sous la réserve de l'inscription au budget du ministère des colonies et au budget général de l'Afrique occidentale française des crédits nécessaires à l'exécution, ne pourra excéder le maximum de 6 millions de francs.

169. — La contribution mise à la charge du budget de l'Afrique occidentale française en application de l'article 126 de la présente loi, à titre de participation aux charges incombant à l'État du fait de l'application des dispositions de la convention de concession du chemin de fer de Dakar à Saint-Louis, est fixée, pour l'exercice 1922, à la somme de 632,500 francs.

170. — Le montant total en capital des engagements que le Ministre des travaux publics peut contracter, pendant l'année 1922, pour l'amélioration et l'extension des ports maritimes, en vertu de l'article 87 de la loi de finances du 30 avril 1921, ne devra pas excéder la somme de 60 millions de francs.

171. — Le montant total des subventions annuelles que le Ministre des travaux publics peut s'engager, pendant l'année 1922, à allouer aux entreprises de services réguliers de navigation aérienne, en vertu de l'article 103 de la loi de finances du 31 juillet 1920, ne devra pas excéder la somme de 26,500,000 francs.

172. — Le crédit ouvert pour l'année 1922, conformément au deuxième paragraphe de l'article 6 de la loi du 10 avril 1908, relative à la petite propriété et aux maisons à bon marché, modifié par l'article 2 de la loi du 24 octobre 1919, est fixé à la somme de 80 millions de francs.

173. — Le crédit ouvert pour l'année 1922, conformément à l'article 2 de la loi du 26 février 1921, relative aux habitations à bon marché, est fixé à la somme de 120 millions de francs.

174. — La nomenclature des renseignements à fournir aux Chambres par les différents ministères ou services est fixée, pour l'année 1922, conformément à l'état H annexé à la présente loi.

175. — Il est interdit aux Ministres de prendre des mesures nouvelles entraînant des augmentations de dépenses imputables sur les crédits ouverts par les articles 1er, et 70 et qui ne résulteraient pas de l'application de lois antérieures ou de dispositions de la présente loi.

Les Ministres ordonnateurs et le Ministre des finances seront personnellement responsables des décisions prises à l'encontre de la disposition ci-dessus.

176. — Toutes contributions directes et indirectes autres que celles qui sont autorisées par les lois en vigueur et par la présente loi, à quelque titre ou sous quelque dénomination qu'elles se perçoivent, sont formellement interdites, à peine, contre les autorités qui les ordonneraient, contre les employés qui confectionneraient les rôles et tarifs et ceux qui en feraient le recouvrement, d'être poursuivis comme concussionnaires, sans préjudice de l'action en répétition pendant trois années contre tous receveurs, percepteurs ou individus qui en auraient fait la perception.

Seront également punissables des peines prévues à l'égard des concussionnaires tous détenteurs de l'autorité publique qui, sous une forme quelconque et pour quelque motif que ce soit, auront, sans l'autorisation de la loi, accordé des exonérations ou franchises de droits, impôts et taxes publics, ou auront effectué gratuitement la délivrance de produits des établissements de l'État.

Ceux qui auront bénéficié de ces faveurs seront poursuivis comme complices.

La présente loi, délibérée et adoptée par le Sénat et par la Chambre des députés, sera exécutée comme loi de l'État.

Fait à Paris, le 31 Décembre 1921.

A. MILLERAND.

Par le Président de la République :

Le Ministre des finances,
Signé : PAUL DOUMER.

[TABLEAUX ANNEXES.]

ANNEXE À LA LOI DE FINANCES.

TABLEAU des traitements des personnels des beaux-arts.

ÉTABLISSEMENTS ET FONCTIONS.	TRAITEMENTS y compris L'INDEMNITÉ.
	francs.
Personnel des inspections et des services extérieurs.	
Inspecteurs généraux des beaux-arts et des musées....................	15,000
Inspecteur général des arts appliqués.....................	15,000
Inspecteur général de l'enseignement musical....................	8,000
Inspecteur de l'enseignement musical....................	6,500
Inspecteurs de l'enseignement du dessin et des musées....................	9,000
Inspecteur adjoint du dessin et des musées....................	6,000
Académie de France à Rome.	
Directeur.....................	30,000
Secrétaire général.....................	14,000 à 18,000
Chef cuisinier.....................	8,000
École nationale supérieure des beaux-arts.	
Directeur.....................	22,000
Sous-directeurs.....................	13,000 à 18,000
Secrétaire agent comptable.....................	11,000 à 14,000
Conservateur.....................	10,000 à 11,000
Conservateurs adjoints.....................	8,000 à 10,000
Sous-bibliothécaires.....................	7,000 à 9,000
Professeurs.....................	12,000
—	11,000
—	9,500
—	7,000
—	6,000
—	5,000
—	3,500
Professeur des galeries.....................	6,500
Examinateur des mathématiques.....................	5,000
Prosecteur d'anatomie.....................	3,000
Préparateur de physique et de chimie.....................	3,000
École nationale des arts décoratifs de Paris.	
Directeur.....................	20,000
Inspecteur.....................	7,000 à 12,000
Archiviste bibliothécaire.....................	5,000 à 6,000
Professeur.....................	9,900
—	9,000
—	8,500
—	8,300
—	7,000
—	6,400
—	6,000
—	5,700
—	5,600
—	5,000
—	4,800
Examinateur.....................	2,000
—	1,950
Préparateur.....................	1,900
—	1,600
Professeur d'anatomie.....................	1,000
Correcteur d'épures (J G.).....................	1,500
— (J. F.).....................	800

ÉTABLISSEMENTS ET FONCTIONS.	TRAITEMENTS y compris L'INDEMNITÉ.
	francs.
École nationale des beaux-arts de Dijon.	
Directeur chargé des cours	14,000
Secrétaire surveillant général	5,000 à 7,000
Surveillant concierge	3,800 à 5,200
Professeur d'architecture	8,500 à 13,500
— d'histoire de l'art	1,060 à 1,690
— de peinture et de dessin C. S.	8,500 à 13,500
— de dessin linéaire, mathématique	8,500 à 13,500
— de cours de dessin	4,770 à 7,605
— d'anatomie	1,800
École nationale d'art décoratif d'Aubusson.	
Directeur chargé de cours	13,500
Surveillant concierge	3,800 à 5,200
Surveillantes, 750 francs par an chacune	750
Professeur de tissage	8,500 à 13,500
École nationale d'art décoratif de Nice.	
Administrateur chargé de cours	15,000
Secrétaire agent comptable	5,000 à 8,000
Surveillants de cours	3,800 à 5,200
Surveillante de cours	3,800 à 5,200
Surveillant concierge	3,800 à 5,200
Professeur d'architecture	6,360 à 10,140
— de sciences et stéréotomie	8,500 à 13,500
— de dessin (C. M.) de stylisation	6,360 à 10,140
— de stylisation (J. F.)	2,650 à 4,225
— de composition décorative	6,360 à 10,140
— de cours professionnel de construction du bâtiment	3,180 à 5,070
— de dessin géométrique et industriel	3,180 à 5,070
— de sculpture	8,500 à 13,500
— de dessin (cours supérieur)	8,500 à 13,500
— de perspective	6,360 à 10,140
École nationale des arts décoratifs de Limoges.	
Directeur	15,000
Secrétaire	5,000 à 7,000
Commis d'administration	4,000 à 6,000
Surveillant-chef	4,000 à 6,000
Surveillants	3,800 à 5,200
Surveillantes	3,800 à 5,200
Professeurs de dessin de cours supérieur (J. H.)	8,500 à 13,500
— de dessin de cours moyen (J. F.)	8,500 à 13,500
— de céramique	8,500 à 13,500
— de modelage	5,300 à 8,450
— de cours d'architecture	2,650 à 4,225
— de dessin linéaire	2,120 à 3,380
— de dessin élémentaire (J. G.)	7,950 à 12,675
Professeurs de dessin élémentaire de jeunes filles (J. F.)	7,950 à 12,675
Adjoint de dessin linéaire	2,650 à 4,225
Broderie	1,500
Anatomie	1,800

ÉTABLISSEMENTS ET FONCTIONS.	TRAITEMENTS y compris L'INDEMNITÉ.
	francs.
École nationale des arts appliqués à l'industrie de Bourges.	
Directeur chargé de cours..	15,000
Secrétaire agent comptable...........................	5,000 à 8,000
Surveillant...............................	3,800 à 5,200
Surveillant-chef............................	4,000 à 6,000
Bibliothécaire............................	1,800
Professeur de modelage et sculpture.......................	5,300 à 8,450
— de dessin élémentaire à vue et de dessin mécanique préparatoire.....	5,300 à 8,450
Professeur de dessin et répétitrice (dame).....................	7,420 à 11,830
— d'architecture et dessin industriel....................	5,300 à 8,450
— de mécanique (2e cycle).....................	5,300 à 8,450
— de mécanique (1er cycle).....................	5,300 à 8,450
— de mathématiques.....................	3,180 à 5,070
— de dessin élémentaire (G.).....................	3,180 à 5,070
— de dessin géométrique élémentaire...................	3,180 à 5,070
— de dessin et peinture.....................	5,300 à 8,450
— de physique et de chimie.....................	3,180 à 5,070
École nationale supérieure des arts et industries textiles de Roubaix.	
Administrateur.............................	16,000 à 20,000
Secrétaire agent comptable, chef du service intérieur................	8,500 à 13,000
Commis surveillant la bibliothèque......................	3,800 à 5,200
Surveillant de cours...........................	3,800 à 5,200
Professeur de dessin préparatoire......................	5,300 à 8,450
— de dessin élémentaire et moyen...................	8,500 à 13,500
— de travaux pratiques d'ornement.................	2,120 à 3,380
— de composition décorative....................	8,500 à 13,500
— d'histoire de l'art.....................	1,060 à 1,690
— de sculpture et modelage....................	7,950 à 12,675
— de dessin supérieur et peinture....................	8,000 à 13,500
— d'architecture.....................	5,300 à 8,450
— de dessin d'art textile (C. S.).....................	4,770 à 7,605
— de mathématiques.....................	3,437 à 5,313
— de chimie et physique.....................	5,500 à 8,500
— d'électricité.....................	688 à 1,063
— de teinture, impression et apprêts..................	11,000 à 17,000
— de tissage (2e année).....................	11,000 à 17,000
— de tissage (1re année).....................	11,000 à 17,000
— de mécanique (enseignement général).................	6,188 à 9,563
— de mécanique appliquée à l'étude des métiers textiles.............	2,750 à 4,250
— de cours de chauffeurs mécaniciens.................	1,375 à 2,125
— de peignage et filature....................	2,750 à 4,250
— adjoint de peignage et filature...................	1,500 à 2,625
Répétiteur de mathématiques......................	2,287 à 3,968
Préparateur de teinture, impression et apprêts..................	6,100 à 10,600
— de chimie, physique, électricité.................	3,421 à 5,942
Conservatoire national.	
Directeur.............................	22,000
Secrétaire général..........................	14,000 à 18,000
Sous-chef du secrétariat........................	9,000 à 13,000
Conservateur du musée........................	6,000 à 9,000
Bibliothécaire............................	9,000 à 11,000
Professeurs...........................	8,000
—	8,000
—	5,000
—	3,000

ÉTABLISSEMENTS ET FONCTIONS.	TRAITEMENTS y compris L'INDEMNITÉ.
	francs.
Manufacture nationale de Sèvres.	
Administrateur	22,000
Ingénieur	13,000 à 16,000
Chef du matériel agent comptable	10,000 à 13,000
Secrétaire de la bibliothèque	5,000 à 9,000
Chef mécanicien	4,500 à 9,000
Chimiste en chef	12,000 à 16,000
Chef des ateliers de fabrication et des fours	13,000 a 16,000
— adjoint de la chimie, des moufles et des fours	6,500 à 12,000
Préparateur de chimie	5,000 à 7,000
Chef des travaux de décorations	12,000 à 16,000
Chef des laboratoires d'essais	12,000 à 16,000
Sculpteur chargé de la direction des travaux de biscuit	6,000 à 10,000
Surveillants techniques	4,500 à 9,000
Artistes peintres et sculpteurs	7,500 à 11,500
Décorateurs et modeleurs	5,000 à 10,000
Mouleurs, répareurs de figures, tourneurs de creux, dessinateurs d'épures	4,500 à 10,000
Chef ouvrier monteur en bronze	5,000 à 9,000
Tourneurs d'étuis, monteurs de grès	4,500 à 8,000
Briquetiers-fumistes, emailleurs polisseurs, poseurs de fonds	4,500 à 7,500
Chefs ouvriers de fours et du moulin	5,000 à 8,000
Enfourneurs	3,800 à 6,500
Calibreurs	4,500 à 7,000
Premier ouvrier au moulin	3,800 à 6,500
Chef ouvrier couleur de moules	5,000 à 9,000
Garnisseurs, mouleurs, mouleurs en plâtre, cuiseurs de moufles	4,500 à 8,000
Batteur de pâte	3,800 à 6,500
Observateur	10,000 à 13,000
École de céramique de Sèvres.	
Sous-directeur	8,000 à 12,000
	Taux horaire.
Heures aux professeurs chargés de cours	900 à 1,300
— aux professeurs, chefs de travaux pratiques	500 à 900
— aux instructeurs	300 à 400
Manufacture nationale des Gobelins.	
Administrateur	20,000
— adjoint	12,000 à 15,000
Chef du service intérieur	7,000 à 11,000
— du laboratoire et de l'atelier de teintures	11,000 à 12,000
Sous-chef teinturier	8,000 à 10,000
Teinturiers	5,300 à 9,500
Chef de l'atelier de haute lisse	12,000 à 15,000
Sous-chef d'ateliers	8,000 à 10,000
Artistes et apprentis tapissiers	4,500 à 9,500
Professeurs de dessin	5,000 à 6,000
Manufacture nationale de Beauvais.	
Administrateur	18,000
Secrétaire agent comptable	6,000 à 10,000
Professeur de dessin	5,000 à 6,000
Chef des ateliers	11,000 à 12,000
Sous-chef d'ateliers	8,000 à 10,000
Dessinateur	5,000 à 9,000
Artistes et élèves tapissiers	4,500 à 9,500

ÉTABLISSEMENTS ET FONCTIONS.	TRAITEMENTS y compris L'INDEMNITÉ.
	francs.
Musées nationaux.	
Directeur..	24,000
— du musée de Cluny	18,000
Conservateurs..	16,000 à 18,000
— adjoints....................................	11,000 à 15,000
Professeurs à l'école du Louvre............................	5,000
Chef du secrétariat..	15,000 à 18,000
Sous-chef du secrétariat....................................	8,000 à 13,000
Chef du service intérieur..................................	5,500 à 10,000
Secrétaire au musée de Cluny..............................	5,500 à 10,000
— agent comptable............................	11,500 à 14,500
Musée Guimet.	
Conservateur..	16,000 à 18,000
— adjoint......................................	11,000 à 15,000
Musée des arts décoratifs.	
Conservateur..	16,000 à 18,000
Secrétaire général	11,000 à 14,000
Conservateurs adjoints....................................	11,000 à 15,000
Secrétaire de la conservation	8,000 à 11,000
Bibliothécaire..	8,000 à 11,000
Conservation des palais nationaux.	
Conservateurs..	10,000
Mobilier national.	
Administrateur..	22,000
— adjoint......................................	12,500 à 15,500
Chef des travaux	10,000 à 11,500
Chefs d'ateliers..	9,000 à 10,500
Personnel des monuments historiques.	
Inspecteurs généraux des monuments historiques..........	18,000 à 22,000
— — adjoints des antiquités et objets d'art....	10,000 à 12,000
— des antiquités et objets d'art..................	6,500 à 8,500
Musée de sculpture comparée du Trocadéro.	
Directeur	16,000
Conservateur..	10,000 à 12,000
Bâtiments civils et palais nationaux.	
Inspecteurs généraux......................................	18,000 à 22,000
— des chantiers et de la comptabilité des travaux......	14,000 à 16,000
— faisant fonctions d'architectes ordinaires..........	7,000 à 10,000
Jardiniers chefs et jardiniers..............................	5,300 à 9,500

ANNEXE AU BUDGET DU MINISTÈRE DES FINANCES

présentant le groupement des crédits afférents aux services d'Alsace et de Lorraine.

(Application de l'article 62 de la présente loi.)

NUMÉROS D'ORDRE.	NUMÉROS des CHAPITRES de l'État A.	MINISTÈRES ET SERVICES.	MONTANT des CRÉDITS.
			francs.
		TITRE Iᵉʳ. — DÉPENSES ORDINAIRES.	
		CHAPITRES RATTACHÉS AU MINISTÈRE DES FINANCES.	
1	192	Dette publique : intérêts des rentes d'Alsace et Lorraine; impôts sur les rentes d'Alsace et Lorraine; amortissement; pensions; rentes de vieillesse, d'invalidité ou d'accident...............	12,132,300
2	193	Traitements du personnel de la direction générale des finances. — Allocations diverses....................	440,000
3	194	Matériel de la direction générale des finances. — Dépenses intéressant toutes les administrations....................	4,200,000
"	195	Indemnité exceptionnelle de cherté de vie pour l'ensemble des services d'Alsace et Lorraine....................	5,750,000
4	196	Personnel des services de la trésorerie générale. — Allocations diverses....................	3,736,340
5	197	Matériel des services de la trésorerie générale.................	130,000
6	198	Personnel de l'administration des contributions directes et du cadastre. — Indemnités et allocations diverses...............	4,787,580
7	199	Matériel et dépenses diverses des contributions directes et du cadastre....................	900,000
8	200	Personnel de l'administration de l'enregistrement. — Indemnités et allocations diverses....................	3,045,650
9	201	Matériel et dépenses diverses de l'administration de l'enregistrement....................	1,830,000
10	202	Personnel de l'administration des contributions indirectes. — Indemnités et allocations diverses....................	3,686,700
11	203	Matériel et dépenses diverses de l'administration des contributions indirectes....................	340,000
12	204	Dégrèvements et non-valeurs sur contributions directes et taxes assimilées....................	7,000,000
13	205	Répartition de produits d'amendes en matière de timbre attribués à divers....................	32,000
14	206	Remboursements sur produits indirects et divers...............	500,000
15	207	Répartition de produits d'amendes, saisies et confiscations attribuées à divers....................	200,000
16	208	Remboursements et restitutions....................	1,000
		CHAPITRES RATTACHÉS AU MINISTÈRE DE LA JUSTICE.	
		1ʳᵉ SECTION. — *Services judiciaires.*	
17	40	Traitements du personnel administratif de la justice au commissariat général....................	105,000
18	41	Matériel du service administratif de la justice....................	220,000
19	42	Traitements du personnel de l'administration judiciaire départementale....................	8,600,000
20	43	Dépenses diverses de l'administration de la justice...............	126,500

NUMÉROS D'ORDRE.	NUMÉROS des CHAPITRES de l'État A.	MINISTÈRES ET SERVICES.	MONTANT des CRÉDITS.
			francs.
		2ᵉ SECTION. — *Services pénitentiaires.*	
21	32	Traitements du personnel de l'administration du service pénitentiaire. — Allocations diverses. — Secours....................	80,000
22	33	Matériel de l'administration du service pénitentiaire.............	3,500
23	34	Personnel administratif de garde et de surveillance du service pénitentiaire. — Indemnités et allocations diverses.	2,200,000
24	35	Matériel et dépenses diverses de l'administration extérieure du service pénitentiaire.........................	3,300,000
25	36	Remboursement sur le produit du travail des détenus............	12,000
		CHAPITRES RATTACHÉS AU MINISTÈRE DES AFFAIRES ÉTRANGÈRES.	
26	57	Traitements du personnel du service d'Alsace et Lorraine à la présidence du conseil....................	119,500
27	58	Matériel du service d'Alsace et Lorraine à la présidence du conseil.	67,500
28	59	Traitement du commissaire général. — Traitements du personnel du commissariat général et du secrétariat général. — Frais de tournées, de déplacements et de déménagements.............	550,000
29	60	Matériel du commissariat général et du secrétariat général........	248,100
30	61	Conseil consultatif....................	94,000
31	62	Application éventuelle de la loi sur le statut des fonctionnaires....	Mémoire.
		CHAPITRES RATTACHÉS AU MINISTÈRE DE L'INTÉRIEUR.	
32	86	Traitements du personnel de l'administration de l'intérieur. — Allocations diverses. — Secours.	375,000
33	87	Matériel et dépenses diverses de l'administration de l'intérieur.....	225,000
34	88	Traitements des fonctionnaires administratifs des préfectures et sous-préfectures. — Personnel des bureaux des préfectures et sous-préfectures. — Allocations diverses. — Secours...........	2,269,500
35	89	Frais de matériel des préfectures et sous-préfectures.............	410,000
36	90	Dépenses de contrôle des étrangers....................	20,000
37	91	Personnel du tribunal administratif. — Frais de déplacements et de déménagements................	105,800
38	92	Matériel du tribunal administratif....................	22,000
39	93	Traitements du personnel des services généraux de police. — Indemnités et allocations diverses.................	6,467,250
40	94	Matériel des services généraux de police.................	500,000
41	95	Traitements du personnel du culte catholique. — Indemnités, allocations diverses, pensions et secours....................	8,883,483
42	96	Matériel du culte catholique....................	207,800
43	97	Traitements du personnel du culte protestant. — Indemnités et allocations diverses, pensions et secours....................	2,808,500
44	98	Matériel du culte protestant....................	68,000
45	99	Traitements du personnel du culte israélite. — Allocations diverses, pensions et secours....................	393,050
46	100	Matériel du culte israélite....................	16,000
		CHAPITRES RATTACHÉS AU MINISTÈRE DE LA GUERRE.	
47	O 224	Matériel des affaires militaires....................	70,000
48	O 225	Indemnités du personnel de la gendarmerie....................	1,610,000

NUMÉROS D'ORDRE	NUMÉROS des CHAPITRES de l'État A.	MINISTÈRES ET SERVICES.	MONTANT des CRÉDITS.
			francs.
		CHAPITRES RATTACHÉS AU MINISTÈRE DE L'INSTRUCTION PUBLIQUE ET DES BEAUX-ARTS.	
		1re Section. — *Instruction publique.*	
49	181	Traitements du personnel de la direction générale de l'instruction publique, de l'administration académique et de l'enseignement secondaire. — Allocations diverses. — Bourses	430,000
50	182	Matériel de l'administration de l'instruction publique	35,000
51	183	Personnel de l'inspection académique et de l'enseignement secondaire. — Allocations diverses. — Bourses	12,550,000
52	184	Matériel et dépenses diverses de l'inspection académique et de l'enseignement secondaire	280,000
53	185	Personnel de l'inspection de l'enseignement primaire. — Personnel des écoles normales et préparatoires d'instituteurs et d'institutrices. — Indemnités et allocations diverses	1,644,630
54	186	Frais généraux des écoles normales et préparatoires d'instituteurs et d'institutrices	1,550,000
55	187	Personnel de l'enseignement primaire. — Indemnités, allocations diverses. — Bourses	41,350,000
56	188	Subventions aux communes pour le fonctionnement des établissements scolaires communaux. — Subventions à des sociétés de secours mutuels d'instituteurs et d'institutrices, aux congrégations et aux écoles normales privées. — Subvention pour la création et l'entretien d'écoles moyennes et supérieures	2,800,000
57	189	Personnel des établissements de sourds-muets, aveugles et anormaux	113,500
58	190	Matériel et dépenses diverses des établissements scolaires	1,400,000
59	191	Traitements du personnel de l'enseignement supérieur	6,000,000
60	192	Matériel de l'Université	3,017,500
		2e Section. — *Beaux-Arts.*	
61	118	Traitements du personnel de l'administration des beaux-arts, des palais nationaux et des bâtiments civils de l'administration du mobilier national, des monuments historiques et des services d'architecture des bâtiments de l'État. — Indemnités et allocations diverses	1,100,000
62	119	Matériel et dépenses diverses de l'administration des beaux-arts, des palais nationaux et des bâtiments civils de l'administration du mobilier national, des monuments historiques et des services d'architecture des bâtiments de l'État	1,222,000
		3e Section. — *Enseignement technique.*	
63	51	Personnel de l'administration de l'enseignement technique. — Allocations diverses	156,000
64	52	Matériel de l'administration de l'enseignement technique	1,000
65	53	Personnel des écoles techniques et professionnelles	2,160,000
66	54	Matériel et dépenses diverses des écoles techniques et professionnelles	520,000
		CHAPITRES RATTACHÉS AU MINISTÈRE DU COMMERCE ET DE L'INDUSTRIE.	
67	44	Personnel du service du commerce et de l'industrie. — Allocations diverses	66,900
68	45	Matériel et dépenses diverses du service du commerce et de l'industrie	10,350

NUMÉROS D'ORDRE.	NUMÉROS des CHAPITRES de l'État A.	MINISTÈRES ET SERVICES.	MONTANT des CRÉDITS.
			francs.
69	46	Personnel du service des poids et mesures. — Allocations diverses .	283,000
70	47	Matériel du service des poids et mesures....................	50,000
71	48	Personnel du service du ravitaillement civil. — Frais de déplacements et de déménagements....................	40,000
72	49	Matériel et dépenses diverses du service du ravitaillement civil....	3,050
		CHAPITRES RATTACHÉS AU MINISTÈRE DU TRAVAIL.	
73	71	Personnel de l'administration du travail. — Allocations diverses. — Secours....................	260,000
74	72	Matériel et dépenses diverses de l'administration du travail......	7,000
75	73	Frais généraux de l'office régional de placement de Strasbourg...	16,900
76	74	Matériel de l'administration départementale du travail. — Subventions aux caisses de secours de chômage et aux bureaux publics de placement. — Fonds général de chômage....................	509,000
77	75	Personnel de l'inspection du travail. — Indemnités et allocations diverses....................	440,800
78	76	Dépenses d'encouragement aux syndicats professionnels et subventions aux sociétés d'habitations à bon marché....................	150,000
79	77	Personnel de l'office de statistique. — Allocations diverses.......	99,500
80	78	Matériel et dépenses diverses de l'office de stat'stique	70,000
81	79	Personnel de l'office général des assurances sociales. — Indemnités et allocations diverses, — Secours....................	420,500
82	80	Matériel et dépenses diverses de l'office général des assurances sociales....................	3,097,500
83	81	Personnel des offices supérieurs d'assurances. — Allocations diverses....................	120,000
84	82	Matériel et dépenses diverses des offices supérieurs d'assurances....	20,000
85	83	Dépenses de personnel des offices d'assurances....................	11,000
86	84	Frais de procédure des offices d'assurances....................	45,000
87	85	Personnel des instituts d'assurances. — Frais de déplacements.....	76,600
		CHAPITRES RATTACHÉS AU MINISTÈRE DE L'AGRICULTURE.	
88	116	Personnel du service des améliorations agricoles. — Indemnités et allocations diverses, — Secours....................	940,000
89	117	Matériel et dépenses diverses du service des améliorations agricoles.	900,000
90	118	Personnel de l'administration de l'agriculture. — Allocations diverses, — Secours....................	140,000
91	119	Matériel et dépenses diverses de l'administration de l'agriculture..	32,000
92	120	Personnel des services départementaux de l'agriculture...........	76,560
93	121	Matériel des services départementaux de l'agriculture..........	10,000
94	122	Personnel de l'enseignement agricole. — Indemnités et allocations diverses....................	614,000
95	123	Matériel et dépenses diverses des établissements d'enseignement agricole....................	650,000
96	124	Personnel des services sanitaires vétérinaires. — Allocations diverses. — Secours....................	232,560
97	125	Matériel et dépenses diverses des services sanitaires vétérinaires...	55,000
98	126	Personnel du haras. — Allocations diverses....................	213,000
99	127	Matériel et dépenses diverses du haras....................	290,000
100	128	Encouragements, subventions et secours agricoles....................	325,000
101	129	Personnel du service de la répression des fraudes. — Frais de tournées, de déplacements et de déménagements....................	72,450
102	130	Matériel et dépenses diverses du service de la répression des fraudes....................	60,000
103	131	Personnel de l'administration des eaux et forêts. — Indemnités et allocations diverses. — Secours....................	6,125,000
104	132	Matériel et dépenses diverses de l'administration des eaux et forêts.	7,372,000

NUMÉROS D'ORDRE.	NUMÉROS des CHAPITRES de l'État A.	MINISTÈRES ET SERVICES.	MONTANT des CRÉDITS.
			francs.
		CHAPITRES RATTACHÉS AU MINISTÈRE DES TRAVAUX PUBLICS.	
		1re SECTION. — *Travaux publics.*	
105	124	Personnel du service des mines. — Allocations diverses	315,000
106	125	Matériel et dépenses diverses du service des mines...............	50,000
107	126	Personnel de l'école des mines de Thionville. — Allocations diverses. — Secours......................	29,000
108	127	Matériel de l'école des mines de Thionville....................	3,000
109	128	Indemnités et allocations diverses des écoles préparatoires des mines de Lorraine. — Secours......................	21,500
110	129	Matériel des écoles préparatoires des mines de Lorraine	3,000
111	130	Personnel de l'administration des travaux publics et des voies de communication. — Allocations diverses. — Secours............	160,000
112	131	Matériel et dépenses diverses de l'administration des travaux publics et des voies de communication....................	160,000
113	132	Personnel de l'administration départementale des travaux publics et des voies de communication. — Allocations diverses.........	2,021,490
114	133	Matériel et dépenses diverses de l'administration départementale des travaux publics et des voies de communication...........	315,000
115	134	Voirie routière. — Construction et entretien. — Subventions. — Frais de contrôle des chemins de fer d'intérêt local et des distributions d'énergie électrique......................	5,465,000
116	135	Personnel du service de la navigation intérieure. — Indemnités et allocations diverses. — Pensions......................	1,797,465
117	136	Matériel du service de la navigation intérieure. — Rivières et canaux. — Entretien et établissement des voies navigables. — Frais généraux du service de surveillance de la pêche. — Bureau de tour de Strasbourg. — Frais de jaugeage des bateaux. — Subventions aux bacs. — Frais divers......................	7,100,000
		CHAPITRES RATTACHÉS AU MINISTÈRE DE L'HYGIÈNE, DE L'ASSISTANCE ET DE LA PRÉVOYANCE SOCIALES.	
118	79	Traitements du personnel de l'administration de l'assistance publique. — Frais de tournées, de missions spéciales et de déménagements......................	110,000
119	80	Matériel de l'administration de l'assistance publique............	5,500
120	81	Dépenses générales d'assistance. — Subventions...............	5,568,200
121	82	Traitements du personnel des services d'hygiène. — Indemnités et allocations diverses......................	400,000
122	83	Matériel et dépenses diverses des services d'hygiène............	510,000
		TOTAL pour les dépenses ordinaires	215,160,508
		TITRE II. — DÉPENSES EXTRAORDINAIRES.	
		CHAPITRES RATTACHÉS AU MINISTÈRE DES FINANCES.	
A	Q	Pensions militaires et civiles précédemment à la charge de l'Allemagne à l'exception des pensions des postes et télégraphes et des chemins de fer......................	60,000,000
		CHAPITRES RATTACHÉS AU MINISTÈRE DES AFFAIRES ÉTRANGÈRES.	
B	Q ter	Subventions et encouragements aux publications, représentations et manifestations d'intérêt national......................	450,000

NUMÉROS D'ORDRE.	NUMÉROS des CHAPITRES de l'État A.	MINISTÈRES ET SERVICES.	MONTANT des CRÉDITS.
			francs.
		CHAPITRES RATTACHÉS AU MINISTÈRE DE L'INTÉRIEUR.	
C	L	Rémunération d'auxiliaires des préfectures et sous-préfectures.....	420,000
D	M	Secours d'extrême urgence aux personnes nécessiteuses, victimes de calamités publiques..........................	5,000
		CHAPITRES RATTACHÉS AU MINISTÈRE DE LA GUERRE.	
E	E 29	Frais de casernement de la gendarmerie et achat de casernes......	1,400,000
		CHAPITRES RATTACHÉS AU MINISTÈRE DE L'INSTRUCTION PUBLIQUE ET DES BEAUX-ARTS.	
		1re Section. — Instruction publique.	
F	E	Service des constructions scolaires. — Établissements d'enseignement supérieur.....................	900,000
G	F	Service des constructions scolaires. — Établissements d'enseignement secondaire.....................	200,000
H	G	Service des constructions scolaires. — Établissements d'enseignement primaire......	250,000
I	H	Service des constructions scolaires. — Enseignement du français aux adultes..	725,000
		2e Section. — Beaux-Arts.	
J	B	Continuation des travaux de la cathédrale de Strasbourg.........	375,000
K	C	Conservation des vestiges de guerre................	50,000
		CHAPITRES RATTACHÉS AU MINISTÈRE DE L'AGRICULTURE.	
L	F	Achat de forêts séquestrées et de diverses parcelles de forêts......	508,000
M	G	Régularisation de l'Ill en amont d'Illhausern	125,000
N	H	Subvention pour la régularisation des cours d'eau non navigables et pour les travaux de réparation des dommages occasionnés par les crues de ces cours d'eau. — Régularisation de la Nied française inférieure..........................	150,000
		CHAPITRES RATTACHÉS AU MINISTÈRE DES TRAVAUX PUBLICS.	
		1re Section. — Travaux publics.	
O	D	Rachat et remise en état des voies ferrées d'intérêt local.........	900,000
P	E	Rivières et canaux. — Établissement et amélioration. — Rhin. — Canal du Rhône au Rhin. — Canaux de la Marne au Rhin et des houillères de la Sarre. — Études concernant le doublement des écluses des canaux de la Marne au Rhin, des houillères de la Sarre et de la canalisation de la Moselle..	3,500,000
Q	F	Rivières et canaux. — Établissement et amélioration. — Réseau navigable et port actuel de Strasbourg. — Déplacements de l'entrée du port de Strasbourg. — Études et projets relatifs à l'extension du port de Strasbourg.......................	2,100,000
R	G	Rivières et canaux. — Établissement et amélioration. — Fonctionnement de la direction des ports de Strasbourg et de Kehl. — Payement des indemnités dues aux propriétaires des installations de la zone B du port de Kehl.......................	658,600
S	H	Réparation des dommages de guerre sur les routes nationales.....	650,000
T	I	Réparation des dommages de guerre sur les routes départementales et chemins vicinaux	1,700,000

NUMÉROS D'ORDRE.	NUMÉROS des CHAPITRES de l'État A.	MINISTÈRES ET SERVICES.	MONTANT des CRÉDITS.
			francs.
		CHAPITRES RATTACHÉS AU MINISTÈRE DES RÉGIONS LIBÉRÉES.	
U	A	Dommages de guerre et reconstitution. — Administration centrale. — Traitements du personnel	234,000
V	B	Dommages de guerre et reconstitution. — Administration centrale. — Frais de tournées, de déplacements et de déménagements	21,000
W	C	Dommages de guerre et reconstitution. — Administration départementale. — Traitements du personnel	4,000,000
X	D	Dommages de guerre et reconstitution. — Administration départementale. — Frais de tournées, de déplacements et de déménagements	210,000
Y	E	Dommages de guerre et reconstitution. — Matériel	250,000
Z	F	Avances aux sinistrés	151,825,000
AA	G	Dommages de guerre. — Frais d'expertise et frais généraux	5,200,000
AB	H	Reconstitution. — Transport	1,850,000
AC	I	Reconstitution. — Approvisionnements	4,500,000
AD	J	Reconstitution des immeubles	14,000,000
AE	K	Reconstitution du sol	4,000,000
AF	L	Parc automobile. — Traitements du personnel d'exploitation. — Salaires des ouvriers d'ateliers du parc	230,000
AG	M	Frais de tournées, de déplacements et de déménagements	3,000
AH	N	Dépenses des exercices clos	Mémoire.
		CHAPITRES RATTACHÉS AU MINISTÈRE DES PENSIONS, PRIMES ET ALLOCATIONS DE GUERRE.	
AI	F	Personnel du service des pensions	320,000
AJ	G	Allocations d'attente payées aux mutilés alsaciens et lorrains et à leurs familles	1,500,000
AK	H	Allocations aux victimes civiles de la guerre	300,000
AL	I	Soins médicaux aux mutilés et réformés de guerre	1,200,000
AM	J	Participation de l'État aux secours complémentaires accordés par les communes, conformément à la législation locale, aux mutilés, aux veuves et aux orphelins de la guerre. — Secours spéciaux aux familles d'invalides de guerre, aux veuves et orphelins de la guerre, aux ascendants en instance de pensions ou d'allocations	1,800,000
AN	K	Honoraires médicaux pour délivrance de certificats à l'occasion des demandes d'allocations journalières et d'attente aux invalides de guerre ayant servi dans l'armée allemande. — Frais d'expertises médicales, de mise en observation, d'hospitalisation de centre d'aviation, indemnités de déplacement, etc.	90,000
AO	L	Indemnités aux Alsaciens-Lorrains internés ou expatriés au cours des hostilités par ordre des autorités françaises et qui ne pourraient se prévaloir des lois des 3 juillet 1877 et 17 avril 1919	100,000
AP	M	Subvention à l'office des mutilés et réformés de guerre à destination de l'institut des mutilés réformés et veuves de guerre d'Alsace et Lorraine	750,000
		CHAPITRES RATTACHÉS AU MINISTÈRE DE L'HYGIÈNE, DE L'ASSISTANCE ET DE LA PRÉVOYANCE SOCIALES.	
AQ	F	Subventions aux monts-de-piété	7,500
		TOTAL pour les dépenses extraordinaires	267,457,100

RÉCAPITULATION.

Titre Ier. — Dépenses ordinaires	213,160,508
Titre II. — Dépenses extraordinaires	267,457,100
TOTAL pour les services d'Alsace et de Lorraine	480,617,608

ÉTATS ANNEXÉS.

ÉTAT A.

Tableau, par ministère et par chapitre, des dépenses du budget général de l'exercice 1922.

CHAPITRES SPÉCIAUX.	MINISTÈRES ET SERVICES.	MONTANT DES CRÉDITS accordés.
		francs.
	MINISTÈRE DES FINANCES.	
	Titre Ier. — Dépenses ordinaires.	
	1re PARTIE. — *Dette publique.*	
	Dette consolidée.	
1	Rentes 3 p. o/o............................	590,732,138
2	Rentes 5 p. o/o............................	1,012,183,515
3	Rentes 4 p. o/o (emprunt 1917).............	388,352,501
4	Rentes 4 p. o/o (emprunt 1918).............	898,318,529
5	Rente 6 p. o/o emprunt (1920)..............	1,662,000,000
	Total pour la dette consolidée..............	4,551,586,783
	Dette remboursable à terme ou par annuités.	
6	Rentes 5 p. o/o amortissables 1920.........	937,116,345
7	Annuités pour le remboursement de la dette à terme et le service des rentes 3 p. o/o amortissables...............	156,800,000
8	Service des rentes 3 1/2 p. o/o amortissables (emprunt 1914) et remboursement...............	125,000
9	Service de l'emprunt contracté aux États-Unis en 1920............	136,200,000
10	Service de l'emprunt contracté aux États-Unis en 1921............	182,805,938
11	Intérêts des opérations à court terme faites à l'étranger............	128,155,060
12	Intérêts des obligations remises au gouvernement américain en représentation de ses avances...............	227,000,000
13	Annuité versée à la caisse des dépôts et consignations pour amortir une somme de rentes équivalente à celle émise en 1901............	14,300,000
14	Annuités aux compagnies de chemins de fer pour garanties d'intérêts de 1871 et 1872...............	2,482,303
15	Annuité à la compagnie des chemins de fer de l'Est (Loi du 17 juin 1873)...............	20,500,000
16	Annuité à la compagnie des chemins de fer de Paris-Lyon-Méditerranée (Loi du 18 février 1898)............	2,546,000
17	Annuité à la compagnie des chemins de fer d'Orléans pour les lignes échangées entre elle et l'État............	2,348,000
18	Remboursement de la dette du Trésor vis-à-vis de la caisse des dépôts et consignations au 1er janvier 1902............	49,040,000
19	Intérêts des prêts faits aux départements et communes des Bouches-du-Rhône et de Vaucluse, ainsi qu'aux propriétaires d'immeubles résidant dans ces départements (Loi du 23 juillet 1909)............	295,002
20	Intérêts des obligations de la défense nationale...............	33,277,000

CHAPITRES SPÉCIAUX.	MINISTÈRES ET SERVICES.	MONTANT DES CRÉDITS accordés.
		francs.
21	Intérêts des bons du Trésor à deux ans..............	324,900,00
22	Service des prêts consentis aux propriétaires d'immeubles ayant souffert des inondations de janvier et février 1910 (Loi du 18 mars 1916)...........	31,598
23	Redevance annuelle envers l'Espagne pour droit de dépaissance sur les deux versants de la frontière des Pyrénées..............	16,500
24	Annuités aux compagnies de chemins de fer..............	38,317,778
25	Remboursement à diverses compagnies des avances faites par elles comme conséquence de l'élévation du droit d'abonnement sur les titres des obligations de chemins de fer (Art. 40 de la loi du 29 mars 1914).............	61,428
26	Rachat de concessions de canaux (Lois des 28 juillet et 1er août 1860 et 20 mai 1863).............	206,730
27	Intérêts de la dette flottante du Trésor..............	3,540,000,000
28	Intérêts de capitaux de cautionnements..............	1.868,000
29	Amortissement de la Dette publique..............	1,500,000,000
	TOTAL pour la dette remboursable à terme ou par annuités.............	7,298,392,682

Dette viagère.

CHAPITRES SPÉCIAUX.	MINISTÈRES ET SERVICES.	MONTANT DES CRÉDITS accordés.
30	Pensions civiles (Loi du 22 août 1790; décret du 22 août 1791; loi du 19 frimaire an VII; décret du 13 septembre 1806; lois des 4 septembre 1835, 15 juin 1836, 9 août 1848, 18 mai 1858; sénatus-consulte du 12 juin 1860; lois des 20 mai 1863, 15 septembre 1871, 1er mars et 15 juin 1872, 15 juillet 1879, 30 décembre 1880, 22 août 1881, 11 mai et 2 août 1883, 29 décembre 1891, 27 novembre 1897, 8 juillet 1899, 12 janvier 1900, 1er août 1902, 7 février 1903, 13 juillet 1911 et 30 décembre 1913).............	493,000
31	Rentes viagères d'ancienne origine (Loi du 23 floréal an XI)........	790
32	Pensions de donataires dépossédés (Loi du 26 juillet 1821)...........	30,300
33	Pensions militaires de la guerre (Lois des 11 avril 1831, 26 avril 1855, 25 juin 1861, 10 juillet 1874, 13 mars 1875, 22 juin 1878, 5-18 août 1879, 23 juillet 1881, 16 mars 1882, 15 juillet 1889, 25 novembre et 26 décembre 1890, 27 juillet et 28 décembre 1895, 17 avril 1898, 11 juillet 1899, 5-28 avril et 2 juillet 1900, 18-15 février 1901, 7 mars, 7 avril et 13 décembre 1902, 11 février, 7 avril et 11 juillet 1903, 15 mars 1904, 21 mars et 25 septembre 1905, 31 décembre 1907, 13 et 30 juillet 1911, 18 juillet et 30 décembre 1913)........	228,200,000
34	Pensions militaires de la marine (Lois des 18 avril 1831, 24 novembre 1848, 26 avril 1855, 26 avril et 21 juin 1856, 26 juin 1861, 28 juin 1862, 10 avril 1869, 20 juin 1878, 5 et 18 août 1879, 22 mars 1885, art. 9, 28 décembre 1895, 16 juin 1896, 26 janvier et 12 février 1897, 13 avril 1898, 2 mai 1899, 13 avril 1900, 2 et 27 mars 1902, 31 mars 1903, 16 janvier, 22 avril et 29 juillet 1905, 22 mars et 17 avril 1906, 26 décembre 1908 et 30 décembre 1913)...........	64,100,000
35	Pensions militaires des colonies (Lois des 18 avril 1831, 26 avril 1855, 26 avril et 21 juin 1856, 26 juin 1861, 5 août 1879, 22 mars 1885, art. 9, 13 avril 1898, 25 février 1901, 31 mars 1903, art. 80, 22 avril 1905, art. 58 et 30 décembre 1913)...........	4,323,000
36	Pensions et indemnités viagères de retraite aux employés de l'ancienne liste civile et du domaine privé du roi Louis-Philippe (Lois des 23 juin 1835 et 8 juillet 1852, décrets des 13 et 25 juin 1853)......	667
37	Pensions à titre de récompense nationale (Loi du 13 juin 1850).....	800
38	Supplément à la dotation de l'ordre national de la Légion d'honneur pour les traitements viagers des membres de l'ordre et des médaillés militaires.............	39,409,660
39	Pensions civiles (Lois des 9 juin 1853 et 30 décembre 1913).........	161,100,000
40	Pensions des grands fonctionnaires (Loi du 17 juillet 1856)..........	83,000
41	Pensions ecclésiastiques sardes (Convention internationale du 23 août 1860 et décret du 21 novembre 1860)..............	533

CHAPITRES SPÉCIAUX.	MINISTÈRE ET SERVICES.	MONTANT DES CRÉDITS accordés.
		francs.
42	Suppléments de pensions aux anciens militaires ou marins et à leurs veuves...........	750,000
43	Indemnités viagères aux victimes du coup d'État du 2 décembre 1851 (Loi du 30 juillet 1881)...........	1,142,000
44	Pensions et indemnités de réforme de la magistrature (Loi du 30 août 1883)...........	157,000
45	Indemnités aux anciens professeurs des facultés de théologie catholique et protestante (Lois des 27 juin 1885 et 9 décembre 1905)...	33,721
46	Pensions viagères aux survivants des blessés de février 1848, à leurs ascendants, veuves ou orphelins (Loi du 18 avril 1888)...........	19,000
47	Part contributive de l'État dans les pensions de la préfecture de la Seine, de la préfecture de police et des services de l'Algérie (Décrets des 11 juin 1881 et 7 juin 1902)...........	131,000
48	Majorations et compléments de majorations aux titulaires de pensions fondées sur la durée des services...........	233,000,000
49	Allocations supplémentaires : 1° aux officiers, sous-officiers, soldats et assimilés des armées de terre et de mer et aux veuves, retraités sous les régimes antérieurs aux lois des 22 juin 1878, 5 août 1879, 23 juillet 1881 et 8 août 1883; 2° aux agents de tous grades du service actif des douanes et aux veuves de ces agents, retraités antérieurement à la loi du 26 février 1887; 3° aux agents forestiers énumérés à l'article unique de la loi du 4 mai 1892, ainsi qu'à leurs veuves, retraités avant l'application de cette dernière loi; 4° aux gardes d'artillerie, contrôleurs d'armes, adjoints du génie, chefs et sous-chefs ouvriers d'État, archivistes d'état-major, ainsi qu'à leurs veuves, retraités sous les régimes antérieurs à la loi du 15 novembre 1890...........	1,263,000
50	Compléments de pension aux officiers mariniers et assimilés, à leurs veuves et orphelins (Loi du 8 avril 1910, art. 82)...........	700,000
51	Pensions aux ministres des cultes (Loi du 9 décembre 1905)........	5,087,000
52	Pensions accordées en vertu de la loi du 21 mars 1885 ou provenant de la caisse des retraites ecclésiastiques...........	74,000
53	Allocations temporaires aux petits retraités de l'État...........	45,000,000
54	Rappels d'arrérages de pensions d'exercices clos...........	Mémoire.
	TOTAL pour la dette viagère...........	785,049,471
	TOTAL pour la 1re partie...........	12,635,028,036

2e PARTIE. — *Pouvoirs publics.*

CHAPITRES SPÉCIAUX.	MINISTÈRE ET SERVICES.	MONTANT DES CRÉDITS accordés.
55	Dotation du Président de la République...........	600,000
56	Frais de maison du Président de la République...........	700,000
57	Frais de voyage, de déplacement et de représentation du Président de la République...........	700,000
58	Dépenses administratives du Sénat et indemnités des sénateurs......	14,200,000
59	Dépenses administratives de la Chambre des députés et indemnités des députés...........	24,364,930
	TOTAL pour la 2e partie...........	40,564,930

3e PARTIE. — *Services généraux des Ministères.*

CHAPITRES SPÉCIAUX.	MINISTÈRE ET SERVICES.	MONTANT DES CRÉDITS accordés.
60	Traitements du Ministre et du sous-secrétaire d'État. — Personnel de l'administration centrale du ministère...........	13,400,000
61	Indemnités et allocations diverses. — Travaux supplémentaires de l'administration centrale du ministère...........	4,100,000

CHAPITRES spéciaux.	MINISTÈRES ET SERVICES.	MONTANT des crédits accordés.
		francs.
62	Traitements des contrôleurs des dépenses engagées n'appartenant pas à des corps de contrôle spécieux.................................	143,000
63	Indemnités de résidence des contrôleurs des dépenses engagées n'appartenant pas à des corps de contrôle spéciaux.................	9,500
64	Traitements du personnel de l'inspection générale des finances.......	1,264,750
65	Frais de tournées, de missions et d'examen de l'inspection générale des finances. – Frais de bibliothèque et dépenses diverses........	590,000
66	Traitements du personnel central des administrations financières....	5,323,351
67	Indemnités diverses du personnel central des administrations financières...	744,100
68	Frais relatifs au fonctionnement de divers commission de l'administration des contributions directes...............................	180,000
69	Allocations aux agents de la direction générale de l'enregistrement ayant participé à la liquidation des biens des congrégations dissoutes...	19,000
70	Matériel de l'administration centrale............................	3,100,000
71	Extension des services de l'administration centrale du ministère des Finances..	290,000
72	Frais de correspondance télégraphique...........................	139,000
73	Frais de correspondance télégraphique (territoire de la Sarre)......	4,000
74	Impressions..	13,200,000
75	Impressions relatives au service des allocations temporaires aux petits retraités de l'État...	40,000
76	Dépenses diverses de l'administration centrale...................	170,000
77	Frais de trésorerie..	90,000,000
78	Traitements des trésoriers-payeurs généraux et du receveur central de la Seine..	1,069,000
79	Indemnités de résidence aux trésoriers généraux.................	5,000
80	Traitements du personnel titulaire des trésoreries générales et des recettes des finances..	13,700,000
81	Indemnités diverses du personnel titulaire des trésoreries générales et des recettes des finances.................................	1,682,250
82	Frais du personnel des trésoreries générales et de la recette centrale de la Seine...	10,057,400
83	Frais de matériel des trésoreries générales et de la recette centrale de la Seine..	3,600,000
84	Traitements fixes des receveurs particuliers des finances...........	625,200
85	Commissions et indemnités aux receveurs particuliers des finances, comprenant les frais du personnel auxiliaire et du matériel à leur charge..	7,180,000
86	Frais de contrôle et de perception du prélèvement de 15 p. 100 sur le produit brut des jeux (Loi du 15 juin 1907)...................	Mémoire.
87	Traitements du personnel de la cour des comptes.................	3,536,000
88	Indemnités diverses du personnel de la cour des comptes...........	300,000
89	Matériel et dépenses diverses de la cour des comptes.............	166,250
90	Traitements du personnel du service des laboratoires.............	962,350
91	Indemnités diverses du personnel des laboratoires, frais de missions et secours...	110,380
92	Matériel et dépenses diverses du service des laboratoires..........	220,000
93	Répartition entre les communes des sommes rendues disponibles par la suppression du budget des cultes (Art. 41 de la loi du 9 décembre 1905)..	32,743,020
94	Attribution aux personnels civils de l'État d'allocations pour charges de famille...	18,303,000
95	Attribution aux personnels civils de l'État d'allocations pour charges de famille (territoire de la Sarre)............................	120,000
96	Indemnité exceptionnelle de cherté de vie.......................	20,719,000
97	Indemnité exceptionnelle de cherté de vie (territoire de la Seine)....	280,000
98	Avances remboursables aux fonctionnaires en instance de pension (application de l'article 28 de la loi du 31 décembre 1920)........	3,750,000
99	Indemnités exceptionnelles et temporaires anx fonctionnaires supérieurs de l'administration des finances..........................	3,605,000
100	Subvention à l'association nationale de porteurs français de valeurs mobilières..	1,000

CHAPITRES SPÉCIAUX.	MINISTÈRES ET SERVICES.	MONTANT DES CRÉDITS accordés.
		francs.
101	Emploi de fonds provenant de legs ou de donations..............	Mémoire.
102	Dépenses des exercices périmés non frappées de déchéance........	600,000
103	Dépenses de l'exercice 1914 (créances visées par les lois des 29 juin et 29 novembre 1915).................................	Mémoire.
104	Dépenses des exercices clos.................................	Mémoire.
	Total pour la 3ᵉ partie.............................	256,060,551
	4ᵉ Partie. — *Frais de régie, de perception et d'exploitation des impôts et revenus publics.*	
105	Personnel de l'administration des contributions directes et du cadastre..	18,500,000
106	Traitements des commis titulaires des directions des contributions directes et du cadastre.......................................	1,700,000
107	Indemnités diverses de l'administration des contributions directes et du cadastre..	16,500,000
108	Dépenses diverses de l'administration des contributions directes et du cadastre..	2,780,000
109	Pensions de retraite et indemnités diverses du personnel secondaire des directions des contributions directes et du cadastre..........	272,000
110	Frais relatifs aux travaux d'expédition et de calcul incombant aux directions et exécutés en régie...............................	6,450,000
111	Frais relatifs à l'application des lois des 29 mars 1914 (art. 30) et 31 juillet 1917 (art. 48) [Remises sur la contribution foncière des propriétés non bâties].....................................	48,000
112	Frais relatifs aux rôles des taxes assimilées.....................	1,649,000
113	Personnel spécial chargé de l'établissement de la contribution extraordinaire sur les bénéfices de guerre...........................	4,700,000
114	Rétribution des experts et frais judiciaires engagés en vue de la répression des fraudes en matières de contribution extraordinaire sur les bénéfices de guerre. (Loi du 1ᵉʳ juillet 1916. art. 20.).........	200,000
115	Frais de distribution des avertissements.........................	641,000
116	Traitements du personnel technique du service du cadastre........	174,250
117	Indemnités diverses du personnel technique du service du cadastre..	130,000
118	Subventions, triangulation, matériel et dépenses diverses du service extérieur du cadastre....................................	366,000
119	Évaluation des revenus fonciers...............................	5,000
120	Mutations cadastrales.......................................	1,200,000
121	Traitement des percepteurs et des percepteurs stagiaires...........	48,600,000
122	Subvention à la caisse commune du département en vue du payement des traitements et des indemnités au personnel de la recette centrale des finances, des recettes-perceptions et des perceptions de la de la Seine..	3,590,000
123	Indemnités et allocations diverses aux percepteurs et aux percepteurs stagiaires...	25,851,200
124	Traitements des commis de perception.........................	12,448,980
125	Secours, indemnités et allocations aux commis de perception.......	740,000
126	Indemnités et secours aux porteurs de contraintes et frais divers....	530,000
127	Frais divers de service de la perception.........................	101,000
128	Dépenses de nouvel aménagement des perceptions de la Seine......	1,500,000
129	Secours renouvelables aux anciens percepteurs, à leurs veuves et orphelins et secours accidentels.............................	300,000
130	Frais concernant les locaux communs à plusieurs services financiers. — Traitements des agents du service intérieur..................	75,225
131	Frais concernant les locaux communs à plusieurs services financiers. — Indemnités du personnel du service intérieur...............	31,400
132	Frais concernant les locaux communs à plusieurs services financiers. — Matériel...	161,000
133	Traitements du personnel départemental de l'administration de l'enregistrement, des domaines et du timbre......................	46 138,000
134	Traitements et salaires du personnel secondaire de l'administration de l'enregistrement, des domaines et du timbre.................	11,349,500

CHAPITRES spéciaux.	MINISTÈRES ET SERVICES.	MONTANT des crédits accordés.
		francs.
135	Indemnités diverses et secours du personnel départemental de l'administration de l'enregistrement, des domaines et du timbre......	17,460,040
136	Indemnités diverses et agents auxiliaires de l'administration de l'enregistrement, des domaines et du timbre..................	1 534,875
137	Allocations au personnel chargé de la gestion des biens ecclésiastiques et de la liquidation des biens des congrégations dissoutes..	241,000
138	Traitements du personnel de l'atelier général du timbre...........	1,056,090
139	Indemnités du personnel de l'atelier général du timbre...........	131.610
140	Matériel départemental de l'administration de l'enregistrement, des domaines et du timbre.................	750,000
141	Location, achat et aménagement d'immeubles pour l'installation des bureaux communs à plusieurs services financiers.............	7,000,000
142	Dépenses diverses de l'administration de l'enregistrement, des domaines et du timbre.................	3,846,000
143	Matériel de l'atelier général du timbre.................	4,000,000
144	Frais d'estimation, d'affiches et de vente de mobiliers et de domaines de l'État.................	450,000
145	Traitements du personnel de l'administration des douanes...........	121,336,250
146	Traitements du personnel de l'administration des douanes (territoire de la Sarre).................	3,694,000
147	Indemnités du personnel de l'administration des douanes...........	16,700,150
148	Indemnités du personnel de l'administration des douanes (territoire de la Sarre).................	3,971,000
149	Matériel et dépenses diverses de l'administration des douanes.......	7,650,000
150	Matériel et dépenses diverses de l'administration des douanes (territoire de la Sarre).................	290,000
151	Habillement, équipement et armement des officiers et agents des brigades des douanes et versement au fonds commun de la masse.	8,367,100
152	Habillement, équipement et armement des officiers et agents des brigades des douanes et versement au fonds commun de la masse (territoire de la Sarre).................	318,000
153	Traitements du personnel de l'administration des contributions indirectes. — Remises et émoluments divers.................	102,450,650
154	Indemnités du personnel de l'administration des contributions indirectes.................	18,672,450
155	Frais de perception de la taxe sur les spectacles.................	1,570.000
156	Matériel de l'administration des contributions indirectes...........	9,880,000
157	Frais de loyers, frais judiciaires et dépenses diverses de l'administration des contributions indirectes.................	7,439,000
158	Avances recouvrables par l'administration des contributions indirectes.................	1,200,000
159	Détaxes de distance.................	2,100,000
160	Dépenses des tabacs et des poudres à feu en Algérie.............	110,000
161	Poudres et salpêtres. — Prix des cessions faites par le service de la fabrication.................	35,000,000
162	Traitements du personnel commissionné de l'administration des manufactures de l'État.................	5,485,500
163	Indemnités du personnel commissionné de l'administration des manufactures de l'État et frais divers.................	906,300
164	Appointements, gages et salaires du personnel non commissionné des manufactures de l'État.................	129,211,600
165	Allocations du personnel non commissionné des manufactures de l'État.................	5,983,000
166	Pensions de retraite du personnel non commissionné des manufactures de l'État.................	7,435,800
167	Institutions destinées à améliorer la situation du personnel non commissionné des manufactures de l'État. — Appointements et salaires.................	194,700
168	Institutions destinées à améliorer la situation du personnel non commissionné des manufactures de l'État. — Indemnités et allocations diverses.................	17,000
169	Institutions destinées à améliorer la situation du personnel non commissionné des manufactures de l'État. — Secours et institutions diverses.................	3,019,000

CHAPITRES SPÉCIAUX.	MINISTÈRES ET SERVICES.	MONTANT DES CRÉDITS accordés.
		francs.
170	Matériel et dépenses diverses de l'administration des manufactures de l'État..	39,404,000
171	Bâtiments des manufactures de l'État....................................	4,588,000
172	Constructions nouvelles des manufactures de l'État....................	4,000,000
173	Avances recouvrables par l'administration des manufactures de l'État..	900,000
174	Achats et transports. — Service des tabacs............................	355,418,000
175	Achats et transports. — Service des allumettes........................	20,900,000
176	Réinstallation des services de la garantie de Paris et du laboratoire central du ministère des finances. — Dépôt des archives de la cour des comptes..	1,000,000
177	Appointements et salaires du personnel des manufactures de l'État affecté aux travaux de matériel et de bâtiments nécessités par le fonctionnement des diverses administrations financières..........	45,400
178	Indemnités et frais divers du personnel des manufactures de l'État affecté aux travaux de matériel et de bâtiments nécessités par le fonctionnement des diverses administrations financières..........	14,000
179	Achat et entretien de mobilier. — Fournitures diverses et menues dépenses du service des manufactures de l'État affecté aux travaux de matériel et de bâtiments nécessités par le fonctionnement des diverses administrations financières....................................	2,800
180	Transfert de l'Imprimerie nationale. — Construction et installation..	3,000,200
181	Transfert de l'Imprimerie nationale. — Personnel......................	46,000
182	Transfert de l'Imprimerie nationale. — Indemnités....................	23,300
183	Transfert de l'Imprimerie nationale. — Matériel......................	2,500
	Total pour la 4ᵉ partie...............	1,165,101,440

5ᵉ Partie. — *Remboursements, restitutions et non-valeurs.*

CHAPITRES SPÉCIAUX.	MINISTÈRES ET SERVICES.	MONTANT DES CRÉDITS accordés.
184	Dégrèvements et non-valeurs sur contributions directes et taxes y assimilées, y compris les taxes additionnelles pour fonds spéciaux (accidents du travail)..	42,000,000
185	Remboursements sur produits indirects et divers......................	43,308,000
186	Remboursements sur produits indirects et divers (territoire de la Sarre)..	35,000
187	Remboursements pour décharge de responsabilité en cas de force majeure et débets admis en surséance indéfinie....................	500,000
188	Répartitions de produits d'amendes, saisies et confiscations attribués à divers..	14,816,100
189	Répartition de produits d'amendes, saisies et confiscations attribués à divers (territoire de la Sarre)..	80,000
190	Remboursement, à l'exportation, du droit sur le sel employé à la préparation des viandes, des beurres et des conserves de cornichons..	25,000
191	Remboursements partiels à opérer en exécution de l'article 10 de la loi du 11 janvier 1892.....	6,000,000
	Total pour la 5ᵉ partie................	105,764,100

SERVICES D'ALSACE ET DE LORRAINE.

1ʳᵉ Partie. — *Dette publique.*

CHAPITRES SPÉCIAUX.	MINISTÈRES ET SERVICES.	MONTANT DES CRÉDITS accordés.
192	Dette publique : intérêts des rentes d'Alsace et Lorraine; impôts sur les rentes d'Alsace et Lorraine; amortissement; pensions; rentes de vieillesse, d'invalidité ou d'accident	12,132,300

3ᵉ Partie. -- *Services généraux des ministères*

CHAPITRES SPÉCIAUX.	MINISTÈRES ET SERVICES.	MONTANT DES CRÉDITS accordés.
193	Traitements du personnel de la direction générale des finances. — Allocations diverses..	440,000
194	Matériel de la direction générale des finances. — Dépenses intéressant toutes les administrations....................................	4,200,000
195	Indemnité exceptionnelle de cherté de vie pour l'ensemble des services d'Alsace et Lorraine..	5,750,000
	Total de la 3ᵉ partie...................	10,390,000

CHAPITRES SPÉCIAUX.	MINISTÈRES ET SERVICES.	MONTANT des CRÉDITS accordés.
		francs.
	4ᵉ PARTIE. —*Frais de régie, de perception et d'exploitation des impôts et revenus publics.*	
196	Personnel des service de la trésorerie générale. — Allocations diverses.	3,736,340
197	Matériel des services de la trésorerie générale	130,000
198	Personnel de l'administration des contributions directes et du cadastre. — Indemnités et allocations diverses	1,787,580
199	Matériel et dépenses diverses des contributions directes et du cadastre	900,000
200	Personnel de l'administration de l'enregistrement. — Indemnités et allocations diverses	3,015,650
201	Matériel et dépenses diverses de l'administration de l'enregistrement	1,830,000
202	Personnel de l'administration des contributions indirectes. — Indemnités et allocations diverses	3,686,700
203	Matériel et dépenses diverses de l'administration des contributions indirectes	340,000
	TOTAL de la 4ᵉ partie	18,456,270
	5ᵉ PARTIE. — *Remboursements, restitutions et non-valeurs.*	
204	Dégrèvements et non-valeurs sur contributions directes et taxes assimilées	7,000,000
205	Répartition de produits d'amendes en matières de timbre attribués à divers	32,000
206	Remboursements sur produits indirects et divers	500,000
207	Répartition de produits d'amendes, saisies et confiscations attribuées à divers	200,000
208	Remboursements et restitutions	1,000
	TOTAL de la 5ᵉ partie	7,733,000

RÉCAPITULATION DES DÉPENSES ORDINAIRES.

	MINISTÈRES ET SERVICES.	
	1ʳᵉ PARTIE. — *Dette publique.*	
	Services du ministère des finances	12,635,028,936
	Services d'Alsace et de Lorraine	12,132,300
	TOTAL de la 1ʳᵉ partie	12,647,161,236
	2ᵉ PARTIE. — *Pouvoirs publics : services du ministère des finances.*	40,564,930
	3ᵉ PARTIE. — *Services généraux des ministères.*	
	Services du ministère des finances	256,060,551
	Services d'Alsace et Lorraine	10,390,000
	TOTAL pour la 3ᵉ partie	266,450,551
	4ᵉ PARTIE. — *Frais de régie, de perception et d'exploitation des impôts et revenus publics.*	
	Services du ministère des finances	1,165,101,440
	Services d'Alsace et de Lorraine	18,456,270
	TOTAL pour la 4ᵉ partie	1,183,557,710
	5ᵉ PARTIE. — *Remboursements, restitutions et non-valeurs.*	
	Services du ministère des finances	105,764,100
	Services d'Alsace et de Lorraine	7,733,000
	TOTAL pour la 5ᵉ partie	113,497,100
	TOTAL des dépenses ordinaires	14,251,231,527

CHAPITRES SPÉCIAUX.	MINISTÈRES ET SERVICES.	MONTANT des CRÉDITS accordés.
		francs.
	Titre II. — Dépenses extraordinaires	
	3ᵉ Partie. — *Services généraux des ministères.*	
A	Service de la trésorerie et des postes aux armées. — Personnel.....	45,000
B	Service de la trésorerie et des postes aux armées. — Matériel.......	20,000
C	Indemnités spéciales aux fonctionnaires en résidence dans des localités dévastées..	6,000,000
D	Indemnités allouées aux petits propriétaires en vertu de l'article 29 de la loi du 9 mars 1918, relative aux modifications apportées aux baux à loyers par l'état de guerre.................................	116,000,000
E	Frais concernant l'exécution de la loi du 9 mars 1918 relative aux modifications apportées aux baux à loyer par l'état de guerre. — Traitements et salaires du personnel des administrations financières.	79,300
F	Frais concernant l'exécution de la loi du 9 mars 1918 relative aux modifications apportées aux baux à loyer par l'état de guerre. — Indemnités du personnel des administrations financières.........	1,210,000
G	Frais concernant l'exécution de la loi du 9 mars 1918 relative aux modifications apportées aux baux à loyer par l'état de guerre. — Matériel, impressions et frais divers des administrations financières.	1,030,000
H	Frais concernant l'exécution de l'article 15 de la loi du 31 mars 1919 relatif à l'allocation de remises d'impôt aux mobilisés ou à leurs ayants cause. — Indemnités du personnel...................	50,000
I	Frais concernant l'exécution de l'article 15 de la loi du 31 mars 1919 relatif à l'allocation de remise d'impôts aux mobilisés ou à leurs ayants cause. — Impressions..............................	5,000
J	Traitements du personnel de l'administration centrale du ministère. — Service des émissions de la défense nationale. — Bureaux des baux à loyer..	463,500
K	Rémunération du personnel auxiliaire de l'administration centrale du ministère. — Service des émissions de la défense nationale. — Bureau des baux à loyer. — Commission des changes. — Service des opérations de crédit. — Services divers..................	9,500,000
L	Indemnités diverses et travaux supplémentaires du personnel de l'administration centrale du ministère. — Service des émissions de la défense nationale. — Bureau des baux à loyer. — Commission des changes. — Service des opérations de crédit. — Services divers,...	1,600,000
M	Attribution aux personnels civils de l'État d'allocations pour charges de famille...	165,000
N	Matériel, impressions et frais divers de l'administration centrale du ministère. — Service des émissions de la défense nationale. — Bureau des baux à loyer. — Commission des changes. — Service des opérations de crédit. — Services divers....................	2,277,240
	Total de la 3ᵉ partie..............................	138,445,040
	5ᵉ Partie. — *Remboursements, restitutions et non-valeurs.*	
O	Dégrèvements et non-valeurs alloués en matière d'impôts directs par application de l'article 5 de la loi du 29 juin 1917 et de l'article 31 de la loi du 9 mars 1918....................................	20,000,000
P	Dégrèvements et non-valeurs alloués sur les contributions personnelle mobilière et des patentes par application de l'article 15 de la loi du 31 mars 1919..	10,000,000
	Total de la 5ᵉ partie.....................	30,000,000

SERVICE D'ALSACE ET DE LORRAINE.

CHAPITRES		
	3ᵉ Partie. — *Services généraux des ministères.*	
Q	Pensions militaires et civiles précédemment à la charge de l'Allemagne, à l'exception des pensions des postes et des chemins de fer........	60,000,000

CHAPITRES SPÉCIAUX.	MINISTÈRES ET SERVICES.	MONTANT des CRÉDITS accordés.
		francs.
	RÉCAPITULATION DES DÉPENSES EXTRAORDINAIRES.	
	3ᵉ PARTIE. — *Services généraux des ministères.*	
	Services du Ministère des Finances..............................	138,445,040
	Services d'Alsace et de Lorraine..............................	60,000.000
	TOTAL pour la 3ᵉ partie..............	198,445.040
	5ᵉ PARTIE. — *Remboursements, restitutions, non-valeurs.*	
	Services du Ministère des Finances..............................	30,000,000
	TOTAL pour les dépenses extraordinaires..........	228,445,040
	RÉCAPITULATION.	
	Titre Iᵉʳ. — Dépenses ordinaires..........................	14.251.231.527
	Titre II. — Dépenses extraordinaires..........................	228,445,040
	TOTAL pour le Ministère des Finances..........	14.479.676.567
	MINISTÈRE DE LA JUSTICE.	
	Iʳᵉ SECTION. — SERVICES JUDICIAIRES.	
	Titre Iʳᵉ. — Dépenses ordinaires.	
	3ᵉ PARTIE. — *Services généraux des ministères.*	
1	Traitement du Ministre, traitements du personnel de l'Administration centrale......................................	1,235,900
2	Traitements du personnel du service intérieur................	119,570
3	Indemnités du cabinet du Ministre. — Allocations pour travaux extraordinaires au personnel de l'Administration centrale et du Service intérieur. — Secours. — Indemnités diverses................	282,000
4	Matériel de l'Administration centrale.....................	180,750
5	Frais de correspondance télégraphique.....................	110,000
6	Conseil d'État. — Personnel. — Traitements................	2,500,000
7	Conseil d'État. — Personnel. — Indemnités et allocations diverses....	220,000
8	Conseil d'État. — Matériel.....................	90,750
9	Cour de cassation. — Personnel. — Traitements................	1,632,250
10	Cour de cassation. — Personnel. — Indemnités et allocations diverses.	132,826
11	Cour de cassation. — Matériel.....................	33,300
12	Cours d'appel. — Personnel — Traitements................	10,000,000
13	Cours d'appel. — Personnel. — Indemnités de résidence...........	660,000
14	Cours d'appel. — Frais de parquet, menues dépenses et entretien du mobilier.....................	350,000
15	Tribunaux de première instance. — Personnel. - Traitements.......	24,170,000
16	Tribunaux de première instance. — Personnel. — Indemnités, allocations diverses et secours.....................	1,590,000
17	Frais de déplacement nécessités par les inspections prévues au décret du 13 février 1908, modifié par celui du 28 juin 1910. — Frais de déplacement des magistrats appelés au Ministère de la justice pour les besoins du service.....................	2,500
18	Tribunaux de commerce.....................	189,000
19	Tribunaux de commerce. — Indemnités au secrétaire du tribunal de commerce de Paris.....................	2,000
20	Tribunaux de simple police. — Personnel. — Traitements...........	160,600
21	Tribunaux de simple police. — Personnel. — Indemnités diverses....	4,800

CHAPITRES SPÉCIAUX.	MINISTÈRES ET SERVICES.	MONTANT des CRÉDITS accordés.
		francs.
22	Justices de paix..	17,200,000
23	Justices de paix. — Indemnités de transport et de séjour aux juges de paix en cas de réunion de deux justices de paix. — Indemnités de résidence............................	740,000
24	Juridiction d'Andorre..................................	2,600
25	Frais de justice en France.............................	10,000,000
26	Frais de revision de procès criminels et secours aux individus relaxés ou acquittés...................................	25,000
27	Frais des statistiques et impressions diverses..............	130,000
28	Secours et dépenses imprévues. — Médailles aux conseils de prud'hommes..	80,000
29	Frais de reconstitution d'actes de l'état civil et de registres d'hypothèques...	Mémoire.
30	Bonification de l'État pour la constitution des pensions de retraite des agents des services de la justice.....................	35,000
31	Subvention à l'office de législation étrangère et de droit international.	78,000
32	Attribution aux personnels civils de l'État d'allocations pour charges de famille...	950,000
33	Indemnité exceptionnelle de cherté de vie................	1,626,000
34	Indemnités exceptionnelles et temporaires aux magistrats et assimilés aux juges de paix et aux commis greffiers et aux greffiers de diverses juridictions...................................	22,440,000
35	Avances remboursables aux fonctionnaires en instance de pension (application de l'article 28 de la loi du 31 décembre 1920)........	50,000
36	Emploi de fonds provenant de legs ou de donations..............	Mémoire.
37	Dépenses des exercices périmés non frappées de déchéance..........	Mémoire.
38	Dépenses de l'exercice 1914 (créances visées par les lois des 29 juin et 29 novembre 1915).................................	Mémoire.
39	Dépenses des exercices clos.............................	Mémoire.
	TOTAL.................................	97,022,846
	SERVICES D'ALSACE ET DE LORRAINE.	
40	Traitements du personnel administratif de la justice au commissariat général...	105,000
41	Matériel du service administratif de la justice..............	220,000
42	Traitements du personnel de l'administration judiciaire départementale...	8,600,000
43	Dépenses diverses de l'administration de la justice............	126,500
	TOTAL..................................	9,051,500
	TOTAL des dépenses ordinaires..................	106,074,346

Titre II. — Dépenses extraordinaires.

3ᵉ PARTIE. — *Services généraux des ministères.*

A	Indemnités spéciales aux fonctionnaires en résidence dans des localités dévastées...	375,000
B	Indemnités spéciales aux greffiers en résidence dans des localités dévastées...	80,000
C	Indemnités aux magistrats désignés pour présider les commissions arbitrales des loyers..................................	40,000
	TOTAL pour les dépenses extraordinaires..........	495,000

RÉCAPITULATION.

	Titre Iᵉʳ. — Dépenses ordinaires........................	106,074,346
	Titre II. — Dépenses extraordinaires....................	495,000
	TOTAL de la 1ʳᵉ section (Services judiciaires).....	106,569,346

CHAPITRES SPÉCIAUX.	MINISTÈRES ET SERVICES.	MONTANT des CRÉDITS accordés.
		francs.
	2ᵉ SECTION. — SERVICES PÉNITENTIAIRES.	
	3ᵉ PARTIE. — *Services généraux des ministères.*	
1	Traitements du personnel de l'Administration centrale et du service intérieur..	343,000
2	Indemnités au personnel de l'Administration centrale et du service intérieur..	53,450
3	Matériel, impressions et dépenses diverses de l'Administration centrale..	25,000
4	Frais de correspondance télégraphique...........................	7,000
5	Personnel administratif du service pénitentiaire. — Traitements......	1,940,000
6	Personnel de garde et de surveillance du service pénitentiaire. — Traitements..	13,900,000
7	Indemnités et allocations diverses au personnel administratif du service pénitentiaire..	700,000
8	Indemnités et allocations diverses au personnel de garde et de surveillance du service pénitentiaire...........................	1,686,000
9	Entretien des détenus.......................................	23,000,000
10	Application de la loi du 22 juillet 1912 sur les tribunaux pour enfants et adolescents et sur la liberté surveillée.................	2,400,000
11	Régie directe du travail.....................................	4,421,300
12	Remboursements divers occasionnés par le séjour des détenus hors des établissements pénitentiaires...........................	100,000
13	Transport des détenus et des libérés............................	623,000
14	Travaux ordinaires aux bâtiments pénitentiaires. — Mobilier. — Services à l'entreprise..	40,000
15	Travaux ordinaires aux bâtiments pénitentiaires. — Mobilier. — Services en régie..	830,000
16	Reconstruction des bâtiments détruits par un incendie à la maison centrale de Thouars..	Mémoire.
17	Exploitations agricoles......................................	180,000
18	Consommations en nature des établissements pénitentiaires...........	947,000
19	Dépenses accessoires et diverses du service pénitentiaire............	80,000
20	Subventions aux institutions de patronage.......................	75,000
21	Acquisitions et constructions pour le service pénitentiaire...........	6,000
22	Participation de l'État dans les dépenses de construction et d'aménagement des prisons cellulaires dans les conditions déterminées par les lois des 5 juin 1875 et 4 février 1893 et entretien des prisons cellulaires appartenant à l'État...........................	25,000
23	Secours personnels à divers titres..............................	20,000
24	Attribution aux personnels civils de l'État d'allocations pour charges de famille..	1,028,000
25	Indemnité exceptionnelle de cherté de vie.......................	1,406,500
26	Avances remboursables aux fonctionnaires en instance de pension (application de l'article 28 de la loi du 31 décembre 1920)........	200,000
27	Emploi de fonds provenant de legs ou de donations...............	Mémoire.
28	Dépenses des exercices périmés non frappées de déchéance..........	Mémoire.
29	Dépenses de l'exercice 1914 (créances visées par les lois des 29 juin et 29 novembre 1915).......................................	Mémoire.
30	Dépenses des exercices clos...................................	Mémoire.
	TOTAL pour la 3ᵉ partie.................................	56,036,250
	5ᵉ PARTIE. — *Remboursements, restitutions et non-valeurs.*	914,000
31	Remboursements sur le produit du travail des détenus.............	
	SERVICES D'ALSACE ET DE LORRAINE.	
	3ᵉ PARTIE. — *Services généraux des ministères.*	
32	Traitement du personnel de l'administration du service pénitentiaire. — Allocations diverses. — Secours...........................	80,000

CHAPITRES SPÉCIAUX.	MINISTÈRES ET SERVICES.	MONTANT des CRÉDITS accordés.
		francs.
33	Matériel de l'administration du service pénitentiaire.............	3,501
34	Personnel administratif de garde et de surveillance du service pénitentiaire. — Indemnités et allocations diverses..................	2,200,000
35	Matériel et dépenses diverses de l'administration extérieure du service pénitentiaire..................	3,300,000
	Total de la 2ᵉ partie..................	5,583,500
	5ᵉ Partie. — *Remboursements, restitutions et non-valeurs.*	
36	Remboursements sur le produit du travail des détenus.............	12 000
	RÉCAPITULATION.	
	3ᵉ Partie. — *Service généraux des ministères.*	
	Services pénitentiaires..................	56,036,250
	Services d'Alsace et de Lorraine..................	5,583,500
	Total pour la 3ᵉ partie..................	61,619,750
	3ᵉ Partie. — *Remboursements, restitutions et non-valeurs.*	
	Services pénitentiaires..................	914,000
	Services d'Alsace et de Lorraine..................	12,000
	Total..................	926,000
	Total pour les dépenses ordinaires.............	62,545,750
	Titre II. — Dépenses extraordinaires	
	3ᵉ Partie. — *Services généraux des ministères.*	
A	Indemnités spéciales aux fonctionnaires en résidence dans des localités dévastées..................	270,000
	Total pour les dépenses extraordinaires.........	270,000
	RÉCAPITULATION.	
	Titre Iᵉʳ. — Dépenses ordinaires..................	62,545,750
	Titre II. — Dépenses extraordinaires..................	270,000
	Total pour le Ministère de la Justice. — 2ᵉ section (Services pénitentiaires)..................	62,815,750
	RÉCAPITULATION.	
	1ʳᵉ section. — Services judiciaires..................	106,569,346
	2ᵉ section. — Services pénitentiaires..................	62,815,750
	Total pour le Ministère de la Justice.............	169,385,096

CHAPITRES SPÉCIAUX.	MINISTÈRES ET SERVICES.	MONTANT des CRÉDITS accordés.
		francs.
	MINISTÈRE DES AFFAIRES ÉTRANGÈRES.	
	Titre I. — Dépenses ordinaires.	
	3ᵉ Partie. — *Services généraux des ministères.*	
	I. — Dépenses administratives DU MINISTÈRE DES AFFAIRES ÉTRANGÈRES.	
1	Traitement du Ministre. — Traitements du personnel de l'Administration centrale..........................	2,320,000
2	Indemnités et allocations diverses au personnel de l'Administration centrale................................	379,000
3	Traitements du personnel de service..........................	460,294
4	Indemnités et allocations diverses au personnel de service.........	130,129
5	Matériel..	430,000
6	Fournitures de bureau et impressions.........................	515,000
7	Dépenses secrètes..	2,000,000
8	Traitements du personnel des services extérieurs................	17,096,200
9	Indemnités et allocations diverses au personnel des services extérieurs.	59,000
10	Personnel à la disposition du Ministre et en disponibilité.........	45,000
11	Frais généraux des postes diplomatiques......................	3,075,000
12	Frais de voyage...	1,647,000
13	Secours..	180,000
14	Indemnités de loyer.......................................	1,669,000
15	Frais d'établissement......................................	720,000
16	Frais de courriers et de valises.............................	700,000
17	Dépenses des résidences....................................	3,040,000
18	Frais de correspondance....................................	2,500,000
19	Frais de résidence de l'ambassade ottomane...................	97,400
20	Entretien des immeubles à l'étranger. — Achat et entretien de mobilier et de fournitures à l'étranger........................	1,046,000
21	Services administratifs de l'ambassade de France à Berlin.........	900,000
22	Dépenses de matériel des services installés dans l'annexe de la rue François-Iᵉʳ..	400,000
23	Présents diplomatiques.....................................	50,000
24	Frais de réception de personnages étrangers, missions extraordinaires à l'étranger et conférences internationales.................	15,000
25	Allocations à la famille d'Abd-el-Kader......................	70,000
26	Services français en Andorre................................	15,000
27	Archives. — Bibliothèque. — Publication de documents diplomatiques...	62,000
28	Attribution aux personnels civils de l'État d'allocations pour charges de famille..	90,000
29	Indemnité exceptionnelle de cherté de vie.....................	200,000
30	Indemnité complémentaire de cherté de vie au personnel des services extérieurs...	900,000
31	Avances remboursables aux fonctionnaires en instance de pension (application de l'article 28 de la loi du 31 décembre 1920)........	80,000
	II. — ŒUVRES FRANÇAISES À L'ÉTRANGER (SCOLAIRES, HOSPITALIÈRES, PROPAGANDE, ASSISTANCE SOCIALE).	
32	Service des œuvres françaises à l'étranger. — Personnel. — Traitements...	250,000
33	Service des œuvres françaises à l'étranger. — Personnel. — Indemnités...	20,000
34	Service des œuvres françaises à l'étranger. — Frais de service et de déplacement...	80,000
35	Service des œuvres françaises à l'étranger. — Frais de mission. — Expositions à l'étranger. — Réception de personnalités, d'universitaires et d'artistes étrangers...........................	546,000

CHAPITRES SPÉCIAUX.	MINISTÈRES ET SERVICES.	MONTANT des CRÉDITS accordés.
		francs.
36	OEuvres françaises en Europe...................	8,275,000
37	OEuvres françaises en Orient....................	5,385,000
38	OEuvres françaises en Extrême-Orient	3,250,000
39	OEuvres françaises en Amérique.................	1,805,000
40	OEuvres françaises en Éthiopie.................	100,000
41	Services français en Arabie	230,000
42	Subventions aux sociétés françaises de bienfaisance à l'étranger......	100,000
42 *bis*	Services d'information et de presse	500,000
	III. — DÉPENSES INTERNATIONALES ET DÉPENSES RÉSULTANT DES TRAITÉS DE PAIX.	
43	Contribution de la France dans les dépenses du Secrétariat international de la Société des Nations....................	3,470,000
44	Représentation diplomatique de la France à la Société des nations....	350,000
45	Service français de la Société des nations	200,000
46	Participation de la France aux dépenses de la cour d'arbitrage de la Haye. — Frais de justice et d'arbitrage international..............	118,500
47	Participation de la France à des dépenses internationales............	53,000
48	Commissions fluviales internationales....................	530,000
	IV. — DÉPENSES ADMINISTRATIVES DU SOUS-SECRÉTATIAT D'ÉTAT À LA PRÉSIDENCE DU CONSEIL.	
49	Traitements du Sous-Secrétariat d'État et du personnel du Sous-Secrétariat d'État....................	53,968
50	Indemnités et allocations diverses au personnel du Sous-Secrétariat d'État....................	40,000
51	Matériel......	40,000
	V. — DÉPENSES D'ORDRE ET DIVERS.	
52	Emploi de fonds provenant de legs ou de donations...................	Mémoire.
53	Dépenses des exercices périmés non frappées de déchéance..........	
54	Dépenses de l'exercices 1914 (créances visées par les lois des 29 juin et 29 novembre 1915).................	Mémoire. Mémoire.
65	Dépenses des exercices clos....................	Mémoire.
	TOTAL pour la 3ᵉ partie........................	66,396,491
	4ᵉ PARTIE. — *Frais de régie, de perception et d'exploitation des impôts et revenus publics.*	
56	Remises sur recettes des chancelleries....................	1,400,000
56 *bis*	Pertes de change sur recettes budgétaires perçues à l'étranger.......	24,000
	TOTAL pour la 4ᵉ partie.....................	1,424,000
	SERVICES D'ALSACE ET DE LORRAINE.	
	3ᵉ PARTIE. — *Service généraux des ministères.*	
57	Traitement du personnel du service d'Alsace et Lorraine à la Présidence du Conseil....................	119,500
58	Matériel du service d'Alsace et Lorraine à la Présidence du Conseil.	67,500
59	Traitement du commissaire général. — Traitement du personnel du commisariat général du secrétariat général. — Frais de tournées, de déplacements et de déménagements....................	550,000
60	Matériel du commissariat général et secrétariat général............	248,100
61	Conseil consultatif....................	94,000
62	Application éventuelle de la loi sur le statut des fonctionnaires.......	Mémoire.
	TOTAL de la 2ᵉ partie....................	1,079,100

CHAPITRES SPÉCIAUX.	MINISTÈRES ET SERVICES.	MONTANT des CRÉDITS accordés.
		francs.
	RÉCAPITULATION DES DÉPENSES ORDINAIRES.	
	3ᵉ PARTIE. — *Services généraux des ministères.*	
	Services du Ministère des Affaires étrangères...................	66,396,491
	Services d'Alsace et Lorraine................................	1,079,100
	TOTAL de la 3ᵉ partie....................	67,475,591
	4ᵉ PARTIE. — *Frais de régie, de perception et d'exploitation des impôts et revenus publics.*	
	Services du Ministère des Affaires étrangères...................	1,424,000
	TOTAL des dépenses ordinaires.................	68,899,591
	Titre II. — Dépenses extraordinaires.	
	3ᵉ PARTIE. — *Services généraux des ministères.*	
A	Services temporaires de l'administration centrale...................	100,000
B	Commission de gouvernement et de plébiscite..................	150,000
C	Haut Commissariat de la République française dans les provinces du Rhin...........................	1,637,000
D	Commissions diverses d'exécution des traités...................	400,000
E	Section des œuvres et concours étrangers....................	380,000
F	Subvention à l'office des biens et intérêts privés..................	500,000
G	Haut Commissariat de la République française en Syrie et Cilicie.....	50,000,000
H	Personnel des services extérieurs. — Rémunération d'auxiliaires temporaires................................	150,000
I	Fonds spéciaux pour dépenses des résidences à l'étranger...........	18,000,000
J	Indemnités aux agents des services extérieurs à raison de la baisse exceptionnelle du change................	10,000,000
K	Tribunal arbitral mixte....................	833,300
L	Dépenses des bureaux économiques en Suisse...................	96,000
M	Services de circulation, passeports, bureaux de contrôle. — Personnel.	1,000,000
N	Services de circulation, passeports, bureaux de contrôle. — Matériel.	335,000
N *bis*	Comité d'étude et de secours à la Russie....................	300,000
O	Services militaires du Haut Commissariat de Constantinople.........	100,000
O *bis*	Secours extraordinaires à des Français à l'étranger................	300,000
	TOTAL....................................	84,281,300
	SERVICES D'ALSACE ET DE LORRAINE.	
	3ᵉ PARTIE. — *Services généraux des ministères.*	
O *ter*	Subventions et encouragements aux publications, représentations et manifestations d'intérêt national................	450,000
	TOTAL des dépenses extraordinaires...........	84,731,300
	RÉCAPITULATION.	
	Titre Iᵉʳ. — Dépenses ordinaires...................	68,899,591
	Titre II. — Dépenses extraordinaires................	84,731,300
	TOTAL pour le Ministère des Affaires étrangères.....	153,630,891

CHAPITRES SPÉCIAUX.	MINISTÈRES ET SERVICES.	MONTANT des CRÉDITS accordés.
		francs.
	MINISTÈRE DE L'INTÉRIEUR.	
	3º Partie. — *Services généraux des ministères.*	
	I. — Services administratifs généraux.	
1	Traitements du Ministre et du Sous-Secrétaire d'État. — Traitements du personnel de l'Administration centrale....................	1,918,720
2	Indemnités du personnel de l'Administration centrale	393,000
3	Traitements du personnel du service intérieur....................	353,741
4	Indemnités du personnel du service intérieur	107,710
5	Personnel du service intérieur. — Rémunération d'auxiliaires.........	50,000
6	Matériel et dépenses diverses de l'Administration centrale...........	446,827
7	Impressions, achat d'ouvrages, abonnements....................	242,000
8	Inspections générales. — Traitements....................	289,000
9	Allocations fixes, frais de tournées et missions spéciales des inspections générales	106,000
10	Traitements des fonctionnaires administratifs des départements.........	9,478,000
11	Majorations de traitements des fonctionnaires administratifs des départements à raison de classes personnelles ou d'ancienneté de services	118,000
12	Indemnités aux fonctionnaires de l'administration préfectorale	1,234,950
13	Personnel des bureaux des préfectures et sous-préfectures	14,830,000
14	Frais matériels d'administration des préfectures	800,000
15	Frais matériels d'administration des sous-préfectures....................	750,000
16	Attribution aux personnels civils de l'État d'allocations pour charges de famille....................	2,158,180
17	Indemnité exceptionnelle de cherté de vie....................	3,300,000
18	Avances remboursables aux fonctionnaires en instance de pension (application de l'article 38 de la loi du 31 décembre 1920)........	160,000
	Total....................	36,736,128
	II. — Journaux officiels.	
19	Traitements du personnel de l'Administration des *Journaux officiels*...	274,500
20	Indemnités du personnel de l'Administration des *Journaux officiels*...	75,050
21	Indemnités du personnel de l'Administration des *Journaux officiels*. — Rémunération d'auxiliaires	90,000
22	Dépenses de composition, impression, expédition et distribution des *Journaux officiels*	3,850,000
23	Matériel des *Journaux officiels*......................	5,759,000
	Total....................	10,048,550
	III. — Administration départementale et communale.	
24	Subventions aux communes pour les sapeurs-pompiers et le matériel d'incendie	1,000,000
25	Frais de voyage et de séjour aux membres du conseil supérieur des sapeurs-pompiers. — Dépenses matérielles du conseil	6,000
26	Subventions aux sociétés de tir, de gymnastique, de préparation militaire, etc....................	Mémoire.
27	Subventions aux départements. (Loi du 10 août 1871.).............	3,682,000
28	Subventions pour le rachat des ponts à péage dépendant des routes départementales et des chemins vicinaux. (Loi du 30 juillet 1880.).	83,609
29	Dépenses du comité consultatif de la vicinalité....................	38,000
30	Subventions aux départements pour l'achèvement des chemins vicinaux.	8,000,000
31	Part contributive de l'État dans les dépenses résultant de la responsabilité civile des communes (Loi du 16 avril 1914)....................	80,000
32	Frais d'établissement des plans d'aménagement, d'embellissement et d'extension des villes. (Loi du 14 mars 1919, art. 3.)............	50,000

CHAPITRES SPÉCIAUX.	MINISTÈRES ET SERVICES.	MONTANT des CRÉDITS accordés.
		francs.
33	Frais de fonctionnement de la Commission supérieure d'aménagement, d'embellissement et d'extension des villes	11,000
34	Subventions aux communes pour érection de monuments commémoratifs aux morts de la grande guerre	2,300,000
35	Subvention exceptionnelle au département de la Corse pour travaux d'intérêt public. (Loi du 8 juillet 1912.)	500,000
	Total...............................	15,750,609

IV. — Sûreté générale.

CHAPITRES SPÉCIAUX.	MINISTÈRES ET SERVICES.	MONTANT des CRÉDITS accordés.
36	Traitements des fonctionnaires et agents de la police spéciale et de la police mobile	8,387,850
37	Indemnités de déplacement, de résidence et autres des fonctionnaires et agents de la sûreté générale........................	3,222,600
38	Agents secrets de la sûreté générale........................	1,500,000
39	Secours aux anciens commissaires de police, à leurs veuves et à leurs orphelins	60,000
40	Secours aux étrangers réfugiés.............................	10,000
41	Dépenses du service de l'émigration	3,000
42	Frais de rapatriement et de transport gratuit de personnes sans ressources	750,000
43	Application du décret du 2 avril 1917 portant création d'une carte d'identité à l'usage des étrangers. — Service central. — Personnel.	30,000
44	Application du décret du 2 avril 1917 portant création d'une carte d'identité à l'usage des étrangers. — Service central. — Matériel...	7,000
45	Frais d'application dans les départements du décret du 2 avril 1917 portant création d'une carte d'identité à l'usage des étrangers et dépenses concernant les cartes frontalières	90,000
46	Frais divers des services de police........................	815,000
47	Subventions aux villes pour le traitement des commissaires de police..	600,000
48	Police des communes du département de la Seine. — Personnel.....	11,263,483
49	Police des communes du département de la Seine. — Frais et indemnités diverses..	3,455,967
50	Subvention à la ville de Paris pour la police municipale.............	39,311,537
51	Frais de police de l'agglomération lyonnaise. — Personnel. — Traitements...	5,701,524
52	Frais de police de l'agglomération lyonnaise. — Personnel. — Indemnités..	1,268,220
53	Frais de police de l'agglomération lyonnaise. — Matériel...........	830,000
54	Dépenses d'ordre pour les services rétribués de la police lyonnaise.,....	70,000
55	Frais de la police marseillaise — Personnel. — Traitements.....	9,224,288
56	Frais de la police marseillaise. — Personnel. — Indemnités........	1,669,500
57	Frais de la police marseillaise. — Matériel	915,000
58	Dépenses d'ordre pour les services rétribués de la police marseillaise..	230,000
59	Police de Toulon et de la Seyne. — Personnel. — Traitements.......	1,792,350
60	Police de Toulon et de la Seyne. — Personnel. — Indemnités........	265,700
61	Police de Toulon et de la Seyne. — Matériel	205,000
62	Police de Nice. — Personnel. — Traitements	2,850,450
63	Police de Nice. — Personnel. — Indemnités	407,050
64	Police de Nice. — Matériel................................	240,000
	Total...............................	94,675,419

V. — Dépenses diverses.

CHAPITRES SPÉCIAUX.	MINISTÈRES ET SERVICES.	MONTANT des CRÉDITS accordés.
65	Récompenses pour belles actions........................	10,000
66	Médailles trentenaires aux sapeurs-pompiers................	14,000
67	Médailles trentenaires aux cantonniers de la voirie départementale et communale	18,000
68	Médailles aux agents de la police municipale et rurale, et aux employés d'octroi	9,000
69	Frais des élections sénatoriales........................	150,000
70	Application de la loi du 29 juillet 1913 modifiée et complétée par la loi du 31 mars 1914 ayant pour objet d'assurer le secret et la liberté du vote ainsi que la sincérité des opérations électorales...............	10,000

CHAPITRES SPÉCIAUX.	MINISTÈRES ET SERVICES.	MONTANT des CRÉDITS accordés.
		francs.
71	Frais de contentieux....................................	6,000
72	Bureau de l'Union internationale pour la protection des œuvres littéraires et artistiques..........................	10,000
73	Secours personnels à divers titres........................	300,000
74	Secours aux anciens ministres des cultes et à leurs familles........	240,000
75	Délimitation des frontières..............................	4,000
76	Célébration de la fête nationale..........................	150,000
77	Bureau télégraphique du ministère. — Personnel............	145,027
78	Frais d'envoi des télégrammes officiels....................	1,700,000
79	Subvention à la maison de la presse.......................	50,000
80	Frais d'administration et de contrôle concernant l'exécution de la loi du 15 juin 1907 sur les jeux. — Indemnités................	Mémoire.
81	Emploi de fonds provenant de legs ou de donations............	Mémoire.
82	Dépenses des exercices périmés non frappées de déchéance........	
83	Dépenses des exercices périmés non frappées de déchéance (Algérie).	Mémoire.
84	Dépenses de l'exercice 1914 (créances visées par les lois des 29 juin et 29 novembre 1915)................................	Mémoire. Mémoire.
85	Dépenses des exercices clos..............................	Mémoire.
	TOTAL..................................	2,816,027

RÉCAPITULATION.

I. — Services administratifs généraux......................		36,736,128
II. — Journaux officiels................................		10,048,550
III. — Administration départementale et communale..............		15,750,609
IV. — Sûreté générale................................		94,675,419
V. — Dépenses diverses..............................		2,816,027
TOTAL..................................		160,026,733

VI. — SERVICES D'ALSACE ET DE LORRAINE.

3ᵉ PARTIE. — *Services généraux des ministères.*

CHAPITRES SPÉCIAUX.	MINISTÈRES ET SERVICES.	MONTANT
86	Traitements du personnel de l'administration de l'intérieur. — Allocations diverses. — Secours..........................	375,000
87	Matériel et dépenses diverses de l'administration de l'intérieur.......	225,000
88	Traitements des fonctionnaires administratifs des préfectures et sous-préfectures. — Personnel des bureaux des préfectures et sous-préfectures. — Allocations diverses. — Secours	2,269,500
89	Frais de matériel des préfectures et sous-préfectures..............	410,000
90	Dépenses de contrôle des étrangers........................	20,000
91	Personnel du tribunal administratif. — Frais de déplacements et de déménagements....................................	105,800
92	Matériel du tribunal administratif........................	22,000
93	Traitements du personnel des services généraux de police. — Indemnités et allocations diverses........................	6,467,250
94	Matériel des services généraux de police....................	500,000
95	Traitements du personnel du culte catholique. — Indemnités, allocations diverses, pensions et secours....................	8,883,483
96	Matériel du culte catholique............................	207,800
97	Traitements du personnel du culte protestant. — Indemnités, allocations diverses, pensions et secours....................	2,808,500
98	Matériel du culte protestant............................	68,000
99	Traitements du personnel du culte israélite. — Allocations diverses, pensions et secours..................................	393,050
190	Matériel du culte israélite..............................	16,000
	TOTAL..................................	22,771,383
	TOTAL pour les dépenses ordinaires............	182,798,116

CHAPITRES spéciaux.	MINISTÈRES ET SERVICES.	MONTANT des CRÉDITS accordés.
		francs.
	Titre II. — Dépenses extraordinaires.	
	3ᵉ Partie. — *Services généraux des ministères.*	
A	Services des œuvres de guerre et commission de contrôle des œuvres de guerre du département de la Seine. (Application de la loi du 3o mai 1916.)...	11,000
B	Service des réfugiés...	18,000,000
C	Indemnités spéciales aux fonctionnaires en résidence dans des localités dévastées..	600,000
D	Subventions extraordinaires aux départements libérés................	8,000,000
E	Application des dispositions de la loi du 4 octobre 1919 relative aux subventions et avances à accorder aux communes directement atteintes par les événements de guerre pour leur permettre d'équilibrer leur budget. — Personnel...............................	60,000
F	Payement des annuités dues ou garanties par l'État, pour le remboursement des sommes versées aux communes par le Crédit foncier de France en exécution de la loi du 4 octobre 1919...............	13,200,000
G	Subventions exceptionnelles aux départements pour la remise en état des routes départementales et des chemins vicinaux...............	18,000,000
H	Part contributive de l'État dans les dépenses résultant de la responsabilité civile des communes à raison de dommages causés à des particuliers et provoqués par l'état de guerre. (Loi du 16 avril 1914.)..	450,000
I	Subvention extraordinaire aux communes des régions dévastées pour la reconstitution des services de police............................	1,600,000
J	Traitements des fonctionnaires et agents de la police spéciale et de la police mobile en service dans les régions libérées................	800,000
K	Indemnité exceptionnelle de cherté de vie..........................	82,000
	Total..	60,803,000

SERVICES D'ALSACE ET DE LORRAINE.

3ᵉ Partie. — *Services généraux des ministères.*

CHAPITRES spéciaux.	MINISTÈRES ET SERVICES.	MONTANT des CRÉDITS accordés.
L	Rémunération d'auxiliaires des préfectures et sous-préfectures........	420,000
M	Secours d'extrême urgence aux personnes nécessiteuses, victimes de calamités publiques..	5,000
	Total..	425,000
	Total pour les dépenses extraordinaires..........	61,228,000

RÉCAPITULATION.

	Titre Iᵉʳ. — Dépenses ordinaires................................	182,798,116
	Titre II. — Dépenses extraordinaires............................	61,228,000
	Total pour le Ministère de l'Intérieur.............	244,026,116

MINISTÈRE DE LA GUERRE.

1ʳᵉ SECTION. — TROUPES MÉTROPOLITAINES.

3ᵉ Partie. — *Services généraux des ministères.*

Intérieur.

CHAPITRES spéciaux.	MINISTÈRES ET SERVICES.	MONTANT des CRÉDITS accordés.
O 1	Traitement du Ministre. — Personnel militaire de l'administration centrale...	8,974,500

CHAPITRES SPÉCIAUX.	MINISTÈRES ET SERVICES.	MONTANT des CRÉDITS accordés.
		francs.
O 2	Personnel civil de l'administration centrale. — Traitements..........	5,575,745
O 3	Personnel civil de l'administration centrale. — Allocations diverses....	1,133,000
O 4	Matériel de l'administration centrale...........................	1,750,000
O 5	Imprimés..	3,400,000
O 6	Impressions nouvelles..	1,597,000
O 7	Bibliothèques..	148,000
O 8	Frais de correspondance télégraphique.........................	1,900,000
O 9	Musée de l'armée. — Personnel et matériel.....................	226,000
O 10	Musée de l'armée. — Personnel. — Allocations diverses...........	2,000
O 11	Musée de l'armée — Matériel..................................	33,000
O 12	Écoles militaires. — Personnels militaire et civil................	61,000,000
O 13	Écoles militaires. — Personnel. — Allocations diverses...........	11,500
O 14	Écoles militaires. — Matériel..................................	17,315,000
O 15	État-major général et services généraux de l'armée..............	24,700,000
O 16	États-majors particuliers de l'artillerie et du génie.............	32,338,920
O 17	Service de l'intendance.......................................	14,188,460
O 18	Service de santé...	15,474,190
O 19	Service des remontes et vétérinaires militaires.................	1,942,795
O 20	Infanterie...	172,809,800
O 21	Cavalerie..	40,321,580
O 22	Artillerie..	104,295,700
O 23	Génie...	12,597,788
O 24	Aéronautique..	36,133,800
O 25	Train des équipages militaires.................................	10,723,830
O 26	Troupes d'administration.....................................	8,060,460
O 27	Gendarmerie...	163,174,890
O 28	Frais de représentation des maréchaux de France................	180,000
O 29	Garde républicaine...	26,041,120
O 30	Cadre de réserve. — Réserve spéciale. — Soldes de non-activité et de réforme..	14,888,000
O 31	Instruction générale de l'armée et exercices techniques...........	30,826,000
O 32	Frais de déplacements..	22,087,400
O 33	Missions...	4,352,600
O 34	Transports...	3,121,000
O 35	Service du recrutement.......................................	6,245,290
O 36	Service de la justice militaire.................................	2,783,390
O 37	Service pénitentiaire...	3,879,470
O 38	Réparations civiles...	558,000
O 39	Service géographique. — Personnels militaire et civil............	3,626,910
O 40	Service géographique. — Personnel civil. — Allocations diverses......	1,000
O 41	Service géographique. — Matériel..............................	770,000
O 42	Service militaire des chemins de fer...........................	888,000
O 43	Établissements de l'artillerie. — Personnel civil du service général. — Traitements..	14,283,000
O 44	Établissements de l'artillerie. — Personnel civil du service général. — Allocations diverses..	6,000
O 45	Avantages divers au personnel des fabrications de l'artillerie. — Allocations diverses..	50,000
O 46	Établissements de l'artillerie. — Matériel......................	150,000,000
O 47	Primes d'achat et d'entretien aux propriétaires ou constructeurs de véhicules automobiles pouvant satisfaire à des besoins militaires spéciaux..	2,080,000
O 48	Munitions pour l'instruction du tir............................	17,000,000
O 49	Établissements du génie. — Personnel civil. — Traitements........	6,000,000
O 50	Établissements du génie. — Allocations diverses.................	3,600
O 51	Établissements du génie. — Matériel...........................	48,370,000
O 52	Établissements de l'aéronautique. — Personnel civil. — Traitements..	1,800,000
O 53	Établissements de l'aéronautique. — Personnel civil. — Allocations diverses..	1,000
O 54	Établissements de l'aéronautique. — Matériel...................	95,000,000
O 55	Remonte et recensement des chevaux..........................	28,156,190
O 56	Personnel civil des établissements de l'intendance, des états-majors et des dépôts. — Traitements..................................	34,500,000
O 57	Personnel civil des établissements de l'intendance, des états-majors et des dépôts. — Allocations diverses........................	18,000
O 58	Substitution de la main-d'œuvre civile à la main-d'œuvre militaire ..	2,000,000

CHAPITRES SPÉCIAUX.	MINISTÈRES ET SERVICES.	MONTANT des CRÉDITS accordés.
O 59	Alimentation de la troupe	210,158,300
O 60	Fourrages	137,000,000
O 61	Chauffage et éclairage	20,010,000
O 62	Carburants et ingrédients pour véhicules automobiles	29,000,000
O 63	Carburants et ingrédients pour avions	23,890,000
O 64	Habillement et campement	64,401,000
O 65	Harnachement et ferrage	9,000,000
O 66	Couchage et ameublement	11,397,400
O 67	Dépenses diverses	2,900,000
O 68	Établissements du service de santé. — Personnel civil. — Traitements	21,000,000
O 69	Établissements du service de santé. — Personnel civil. — Allocations diverses	3,000
O 70	Établissements du service de santé. — Matériel	62,146,000
O 71	Allocations aux militaires soutiens de famille	27,894,200
O 72	Œuvres militaires diverses	320,000
O 73	Frais de réception des missions étrangères à Verdun	150,000
O 74	Éducation physique avant et après le régiment	7,750,000
O 75	Instruction physique dans l'armée	1,000,000
O 76	Dépenses secrètes	8,000,000

Algérie-Tunisie.

CHAPITRES SPÉCIAUX.	MINISTÈRES ET SERVICES.	MONTANT des CRÉDITS accordés.
O 77	État-major général et services généraux	2,725,690
O 78	États-majors particuliers de l'artillerie et du génie	2,362,280
O 79	Service de l'intendance	1,626,710
O 80	Service de santé	2,831,390
O 81	Vétérinaires militaires et dépôts de remonte	511,610
O 82	Solde de l'infanterie	30,105,120
O 83	Solde de la cavalerie	7,850,230
O 84	Solde de l'artillerie	2,761,805
O 85	Solde du génie	1,273,733
O 86	Solde de l'aéronautique	1,936,490
O 87	Solde du train des équipages militaires	1,679,830
O 88	Solde des troupes d'administration	1,302,320
O 89	Instruction générale de l'armée et exercices techniques	2,693,000
O 90	Frais de déplacements	4,300,000
O 91	Transports	7,000,000
O 92	Service du recrutement	162,810
	Allocations aux militaires soutiens de famille	1,894,000
O 93	Justice militaire	451,721
O 94	Établissements pénitentiaires et sections d'exclus	6,171,460
O 95	Réparations civiles	188,000
O 96	Service géographique — Matériel	33,000
O 97	Établissements de l'artillerie. — Personnel civil et matériel	4,249,620
O 98	Établissements de l'artillerie. — Personnel civil. - Allocations diverses	2,000
O 99	Établissements du génie. — Personnel civil et matériel	4,320,000
O 100	Établissements du génie. — Personnel civil. — Allocations diverses	600
O 101	Établissements de l'aéronautique. — Personnel civil et matériel	8,000,000
O 102	Établissements de l'aéronautique. — Personnel civil. — Allocations diverses	200
O 103		
O 104	Remonte et recensement des chevaux	3,571,300
O 105	Établissements de l'intendance. — Personnel civil. — Traitements	4,150,000
O 106	Établissements de l'intendance. — Personnel civil. — Allocations diverses	800
O 107	Alimentation de la troupe	33,102,400
O 108	Fourrages	17,559,630
O 109	Chauffage et éclairage	1,260,000
O 110	Habillement et campement	10,500,630
O 111	Carburants et ingrédients pour véhicules automobiles	2,300,000
O 112	Carburants et ingrédients pour avions	1,500,000
O 113	Harnachement et ferrage	1,250,000
O 114	Couchage et ameublement	2,300,000
O 115	Dépenses diverses	300,000
O 116	Hôpitaux. — Personnel civil et matériel	9,200,000

CHAPITRES SPÉCIAUX.	MINISTÈRES ET SERVICES.	MONTANT des CRÉDITS accordés.
		francs.
O 117	Hôpitaux. — Personnel civil. — Allocations diverses...............	500
O 118	Éducation physique avant et après le régiment.................	285,000
O 119	Instruction physique dans l'armée.................	40,000
O 120	Subvention aux territoires du sud de l'Algérie.................	6,528,600
O 121	Gendarmerie de Tunisie. — Dépenses remboursables...............	1,315,030
	Divers.	
O 122	Attribution aux personnels civils permanents de l'État des allocations pour charges de famille.................	5,320,200
O 123	Indemnité exceptionnelle de cherté de vie aux personnels civils......	6,750,000
O 124	Avances remboursables aux fonctionnaires en instance de pension. (application de l'article 28 de la loi du 31 décembre 1920)........	126,700
O 125	Emploi de fonds provenant de legs ou de donations.............	Mémoire.
O 126	Dépenses des exercices périmés non frappées de déchéance..........	Mémoire.
O 127	Dépenses de l'exercice 1914 (créances visées par les lois des 29 juin et 29 novembre 1915).................	Mémoire.
O 128	Dépenses des exercices clos.................	Mémoire.
O 129	Rappels de dépenses payables sur revues antérieures à l'exercice 1921 et non frappées de déchéance.................	Mémoire.
	TOTAL pour la 1re section (troupes métropolitaines).....	2,108,159,197

2e SECTION. — TROUPES COLONIALES.

3e PARTIE. — *Services généraux des ministères.*

CHAPITRES SPÉCIAUX.	MINISTÈRES ET SERVICES.	MONTANT des CRÉDITS accordés.
O 130	Personnel militaire de l'administration centrale.................	537,550
O 131	Matériel de l'administration centrale.................	168,300
O 132	États-Majors.................	3,795,400
O 133	Service de l'intendance.................	1,516,427
O 134	Service de santé.................	2,822,719
O 135	Infanterie coloniale.................	79,108,580
O 136	Artillerie coloniale.................	15,853,370
O 137	Cadre de réserve. — Réserve spéciale. — Soldes de non-activité et de réforme.................	1,001,960
O 138	Manœuvres et exercices techniques.................	494,600
O 139	Frais de déplacements.................	15,662,000
O 140	Écoles. — Justice militaire et recrutement.................	850,000
O 141	Artillerie. — Matériel et munitions.................	4,974,000
O 142	Casernement des troupes coloniales.................	987,000
O 143	Remonte.................	1,000,100
O 144	Personnel civil employé dans les états-majors, le service de l'intendance, le service de santé et les corps de troupe.................	3,000,000
O 145	Subsistances. — Chauffage et éclairage.................	38,463,250
O 146	Habillement, campement, couchage et harnachement.............	15,900,000
O 147	Hôpitaux.................	6,480,000
O 148	Allocations aux militaires soutiens de famille.................	150,000
O 149	Secours.................	6,000
O 150	Troupes coloniales en Algérie.................	15,300,000
O 151	Corps d'occupation de Chine.................	11,343,380
O 152	Dépenses des exercices périmés non frappées de déchéance..........	Mémoire.
O 153	Dépenses de l'exercice 1914 (créances visées par les lois des 29 juin et 29 novembre 1915).................	Mémoire.
O 154	Dépenses des exercices clos.................	Mémoire.
O 155	Rappels de dépenses payables sur revues antérieures à l'exercice 1922 et non frappées de déchéance.................	Mémoire.
	TOTAL pour la 2e section (troupes coloniales)......	219,414,686

3e SECTION. — CONSTRUCTIONS ET MATÉRIELS NEUFS.

3e PARTIE. — *Services généraux des ministères.*

CHAPITRES SPÉCIAUX.	MINISTÈRES ET SERVICES.	MONTANT des CRÉDITS accordés.
O 156	Chemins de fer.................	14,155,000
O 157	Artillerie.................	58,412,500
O 158	Cavalerie.................	396,000

CHAPITRES SPÉCIAUX.	MINISTÈRES ET SERVICES.	MONTANT des CRÉDITS accordés.
		francs.
O 159	Génie..	13,247,500
O 160	Aéronautique militaire................................	57,462,700
O 161	Établissements et matériel de l'intendance militaire...	310,000
O 162	Établissements du service de santé....................	1,616,000
O 163	Installations en vue de l'éducation physique..........	160,000
O 164	Installations en vue de l'instruction physique dans l'armée...........	170,000
O 165	Dépenses des exercices périmés non frappées de déchéance...........	Mémoire.
O 166	Dépenses des exercices 1914 (créances visées par les lois des 29 juin et 29 novembre 1915)................................	Mémoire.
O 167	Dépenses des exercices clos...........................	Mémoire.
	TOTAL pour la 3ᵉ section (construction et matériels neufs)...	145,839,790

4ᵉ SECTION. — MAROC.

3ᵉ PARTIE. — Services généraux des ministères.

Troupes métropolitaines
et troupes auxiliaires indigènes mixtes.

CHAPITRES SPÉCIAUX.	MINISTÈRES ET SERVICES.	MONTANT des CRÉDITS accordés.
O 168	État-major général et services généraux..............	8,440,846
O 169	États-majors particuliers de l'artillerie et du génie..	2,175,474
O 170	Service de l'intendance...............................	1,393,060
O 171	Service de santé......................................	3,406,430
O 172	Vétérinaires militaires...............................	600,430
O 173	Solde de l'infanterie.................................	20,367,174
O 174	Solde de la cavalerie.................................	13,401,540
O 175	Solde de l'artillerie.................................	4,351,790
O 176	Solde du génie..	2,036,770
O 177	Solde de l'aéronautique...............................	2,973,092
O 178	Solde du train des équipages militaires...............	3,584,820
O 179	Solde des troupes d'administration....................	1,387,130
O 180	Gendarmerie...	1,141,610
O 181	Frais de déplacements.................................	2,200,000
O 182	Transport...	56,588,600
O 183	Justice militaire.....................................	110,320
O 184	Établissements pénitentiaires.........................	838,620
O 185	Réparations civiles...................................	224,000
O 186	Service géographique. — Matériel......................	128,500
O 187	Établissements de l'artillerie........................	28,000,000
O 188	Établissements du génie...............................	28,388,500
O 189	Service de l'aéronautique. — Matériel.................	19,200,000
O 190	Remonte...	6,233,680
O 191	Établissements de l'intendance. — Personnel civil.....	2,000,000
O 192	Alimentation de la troupe.............................	50,130,900
O 193	Fourrages...	32,000,000
O 194	Chauffage et éclairage................................	1,683,000
O 195	Habillement et campement..............................	14,000,000
O 196	Couchage..	2,459,900
O 197	Carburants et ingrédients pour véhicules automobiles et avions.......	9,900,000
O 198	Dépenses diverses.....................................	120,000
O 199	Harnachement et ferrage...............................	3,673,000
O 200	Hôpitaux..	11,423,000
O 201	Instruction physique dans l'armée.....................	30,000
O 202	Entretien des troupes auxiliaires marocaines..........	33,210,440
O 203	Dépenses des exercices périmés non frappées de déchéance...........	Mémoire.
O 204	Dépenses de l'exercice 1914 (créances visées par les lois des 29 juin et 29 novembre 1915)................................	Mémoire.
O 205	Dépenses des exercices clos...........................	Mémoire.
O 206	Rappels de dépenses payables sur revues antérieures à l'exercice 1922 et non frappées de déchéance........................	Mémoire.

CHAPITRES SPÉCIAUX.	MINISTÈRES ET SERVICES.	MONTANT des CRÉDITS accordés.
		francs.
	Troupes coloniales.	
O 207	États-majors	526,540
O 208	Service de l'intendance	588,860
O 209	Service de santé	262,750
O 210	Infanterie coloniale	17,332,220
O 211	Artillerie coloniale	4,824,990
O 212	Écoles. — Justice militaire et réparations civiles	23,000
O 213	Frais de déplacements et transports	2,554,000
O 214	Artillerie. — Matériel et munitions	2,700,000
O 215	Remonte	798,200
O 216	Subsistances. — Chauffage et éclairage	47,900,000
O 217	Habillement, campement, couchage et harnachement	6,000,000
O 218	Hôpitaux	2,350,000
O 219	Secours	21,000
O 220	Dépenses des exercices périmés non frappées de déchéance	Mémoire.
O 221	Dépenses de l'exercice 1914 (créances visées par les lois des 29 juin et 29 novembre 1915)	Mémoire.
O 222	Dépenses des exercices clos	Mémoire.
O 223	Rappels de dépenses payables sur revues antérieures à l'exercice 1922 et non frappées de déchéance	Mémoire.
	TOTAL de la 4e section (Maroc)	433,083,186

RÉCAPITULATION.

	1re section. — Troupes métropolitaines	2,108,459,197
	2e section. — Troupes coloniales	219,414,686
	3e section. — Constructions et matériels neufs	145,839,700
	4e section. — Maroc	433,083,186
	TOTAL pour le Ministère de la guerre	2,906,496,769

SERVICE D'ALSACE ET DE LORRAINE.

CHAPITRES SPÉCIAUX.		MONTANT des CRÉDITS accordés.
	3e PARTIE. — Services généraux des ministères.	
O 224	Matériel des affaires militaires	70,000
O 225	Indemnités du personnel de la légion de gendarmerie	1,610,000
	TOTAL	1,680,000
	TOTAL des dépenses ordinaires	2.908,176,769

Titre II. Dépenses extraordinaires.

5e SECTION. — DÉPENSES EXCEPTIONNELLES RÉSULTANT DES HOSTILITÉS.

CHAPITRES SPÉCIAUX.		MONTANT des CRÉDITS accordés.
	3e PARTIE. — Services généraux des ministères.	
E 1	Personnel civil temporaire de l'administration centrale. — Salaires et indemnités	799,700
E 2	Matériel de l'administration centrale	220,000
E 3	Missions extraordinaires à l'étranger	8,000,000
E 4	Transports	10,000,000
E 5	Frais de rapatriement de travailleurs coloniaux et étrangers	3,465,700
E 6	Frais de justice militaire	Mémoire.
E 7	Réparations civiles	17,972,000
E 8	Personnel civil temporaire du service géographique	200,000
E 9	Service militaire des chemins de fer	1,000,000
E 10	Service de l'artillerie	137,493,000
E 11	Fabrication de matériels divers à substituer aux fabrications de guerre	9,000,000

CHAPITRES SPÉCIAUX.	MINISTÈRES ET SERVICES.	MONTANT des CRÉDITS accordés.
		francs.
E 12	Emploi des mutilés de la guerre dans les établissements et services...	6,000,000
E 13	Service du génie..............	24,025,000
E 14	Cimetières militaires. — Acquisition de terrains.............	6,000,000
E 15	Personnel civil temporaire des établissements de l'intendance, des états-majors et des corps de troupes..............	555,750
E 16	Indemnités de logement et de cantonnement chez l'habitant. — Locations temporaires d'immeubles.............	4,036,000
E 17	Service de l'intendance..............	37,000,000
E 18	Service de santé..............	1,779,500
E 19	Entretien des prisonniers de guerre..............	50,000
E 20	Assistance aux militaires sous les drapeaux ou démobilisés. — Œuvres militaires diverses..............	184,000
E 21	Décorations diverses au titre de la guerre. — Diplômes d'honneur pour les familles des militaires morts pour la patrie.............	5,875,000
E 23	Indemnités spéciales aux personnels civils en résidence dans des localités dévastées	1,500,000
E 25	Attribution aux personnels civils d'allocations pour charges de famille.	10,000,000
E 22	Rapatriement des russes..............	3,000,000
	Total pour la 5e section.............	288,155,650

6e SECTION. — ENTRETIEN DES TROUPES D'OCCUPATION DU BASSIN DE LA SARRE.

3e PARTIE. — *Services généraux des ministères.*

E 25	Entretien des troupes d'occupation du bassin de la Sarre.............	31,462,020

7e SECTION. — ENTRETIEN DE L'ARMÉE DU LEVANT.

3e PARTIE. — *Services généraux des ministères.*

E 26	Entretien de l'armée du Levant..............	140,000,000

8e SECTION. — ENTRETIEN DE L'ARMÉE D'ORIENT.

3e PARTIE. — *Services généraux des ministères.*

E 27	Entretien de l'armée d'Orient..............	57,090,520

RÉCAPITULATION.

	5e section. — Dépenses exceptionnelles résultant des hostilités........	288,155,650
	6e section. — Entretien des troupes d'occupation du bassin de la Sarre.	31,462,020
	7e section. — Entretien de l'armée du Levant..............	140,000,000
	8e section. — Entretien de l'armée d'Orient..............	57,000,520
	Total..............	516,708,190

SERVICES D'ALSACE ET DE LORRAINE.

3e PARTIE. — *Services généraux des ministères.*

E 28	Frais de casernement de la gendarmerie et achat de casernes........	1,400,000
	Total des dépenses extraordinaires.............	518,108,190

RÉCAPITULATION.

	Titre 1er. — Dépenses ordinaires	2,900,176,769
	Titre II. — Dépenses extraordinaires	518,108,190
	Total pour le ministère de la guerre.............	3,426,284,959

CHAPITRES SPÉCIAUX.	MINISTÈRES ET SERVICES.	MONTANT des CRÉDITS accordés.
		francs.
	MINISTÈRE DE LA MARINE.	
	3ᵉ PARTIE. — *Services généraux des ministères.*	
	Titre Iᵉʳ. — Frais généraux d'administration. Entretien de la marine militaire.	
1	Traitements du Ministre et du personnel de l'administration centrale.	8,404,985
2	Indemnités et allocations diverses, travaux supplémentaires du personnel de l'administration centrale	138,802
3	Personnels divers en service à Paris.	2,463,000
4	Matériel de l'administration centrale.	470,800
5	Impressions. — Livres et reliures. — Archives. — Frais de justice. . . .	1,400,000
6	Personnel du service hydrographique.	1,119,877
7	Matériel et frais divers du service hydrographique.	1,000,000
8	Recherches scientifiques.	1,100,000
9	Contrôle de l'administration de la marine.	1,162,254
10	Officiers de marine et officiers des équipages de la flotte.	30,869,618
11	Officiers mécaniciens	6,198,664
12	Équipages de la flotte	144,508,899
13	Traitements de table. — Frais de réception des autorités à l'occasion de fêtes et missions officielles.	7,500,000
14	Justice maritime. — Police et surveillance des côtes, ports et établissements.	7,363,050
15	Personnels divers d'instruction.	574,721
16	Personnel du service de l'intendance maritime.	3,617,708
17	Service des subsistances. — Salaires.	1,700,000
18	Service des subsistances. — Matières et indemnités représentatives . . .	58,600,940
19	Service de l'habillement, du couchage et du casernement. — Salaires	700,000
20	Service de l'habillement, du couchage et du casernement. — Matières.	23,912,650
21	Service des approvisionnements de la flotte. — Salaires	1,050,000
22	Services des approvisionnements de la flotte. Matières et dépenses accessoires.	108,950,000
23	Personnel du service de santé	6,677,994
24	Service des hôpitaux. — Salaires.	1,300,000
25	Service des hôpitaux. — Matières.	6,800,000
26	Personnel du service des constructions navales.	15,500,000
27	Constructions navales. — Service général, y compris les dépenses indivises. — Salaires	30,000,000
28	Constructions navales. — Service général, y compris les dépenses indivises. — Matières.	17,500,000
29	Constructions navales. — Entretien et réparations de la flotte construite et du matériel flottant des mouvements du port. — Salaires	20,950,000
30	Constructions navales. — Entretien et réparations de la flotte construite et du matériel flottant des mouvements du port. — Matières.	23,500,000
31	Personnel du service de l'artillerie.	5,500,000
32	Artillerie navale. — Service général, y compris les dépenses indivises. — Salaires.	9,000,000
33	Artillerie navale. — Service général, y compris les dépenses indivises. — Matières	4,640,000
34	Artillerie navale. — Réfections. — Améliorations. — Entretien et écoles à feu. — Salaires.	7,200,000
35	Artillerie navale. — Réfections. — Améliorations. — Entretien et écoles à feu. — Matières.	14,405,000
36	Artillerie navale. — Défense des côtes. — Réfections. — Améliorations. — Entretien. — Écoles à feu.	900,000
37	Personnel du service des travaux hydrauliques.	1,500,000
38	Service des travaux hydrauliques. — Salaires.	1,530,000
39	Travaux hydrauliques. — Entretien. — Réfections. — Réparations. — Gros outillage	3,516,000
40	Services administratifs. — Personnel de gestion et d'exécution.	13,215,573
41	Frais de déplacement et de transport de personnel. Frais de séjour. . . .	12,000,000
42	Subventions. — Prix. — Frais d'école. — Cercles et foyers. — Distractions des équipages	3,207,326
43	Frais de justice et réparations civiles. — Indemnités pour dommages .	432,000
44	Allocations et secours aux personnels divers (allocations non tarifées).	72,320
45	Allocations diverses aux personnels technique et ouvrier des arsenaux et établissements.	5,112,500

CHAPITRES SPÉCIAUX.	MINISTÈRES ET SERVICES.	MONTANT des CRÉDITS accordés.
		francs.
46	Allocations diverses, tenant lieu de pension....................	2,623,240
47	Dépenses diverses à l'extérieur. Frais de communications télégraphiques, Dépenses diverses spéciales..........................	5,798,000
48	Allocations aux soutiens de famille..........................	800,000
49	Solde des officiers généraux et assimilés du cadre de réserve..........	1,613,081
50	Dépenses secrètes......................................	1,000,000
51	Attribution aux personnels civils de l'État d'allocations pour charges de famille..	10,450,000
52	Indemnités exceptionnelles de cherté de vie....................	3,795,000
53	Avances remboursables aux fonctionnaires en instance de pension (application de l'article 28 de la loi du 31 décembre 1920)........	10,000
	TOTAL pour le titre 1er.........................	643,354,002

Titre II. — Travaux neufs. — Approvisionnements de guerre.

CHAPITRES SPÉCIAUX.	MINISTÈRES ET SERVICES.	MONTANT des CRÉDITS accordés.
54	Approvisionnements divers de la flotte. — Constitution des stocks de guerre. — Gros outillage..................................	5,915,800
55	Constructions navales. — Constructions neuves. — Salaires........	250,000
56	Constructions navales. — Constructions neuves. — Matières........	4,190,000
57	Constructions navales. — Constructions neuves par l'industrie. — Achats..	11,185,000
58	Constructions navales. — Constructions neuves et approvisionnements : torpilles et mines...	5,500,000
59	Constructions navales. — Gros outillage. — Achats et installations nouvelles. — Transformations d'ateliers et de chantiers............	12,103,000
60	Artillerie navale. — Constructions neuves et stocks de ravitaillement. — Salaires..	1,900,000
61	Artillerie navale. — Constructions neuves et stocks de ravitaillement. — Matières...	10,557,000
62	Artillerie navale. — Gros outillage. — Achats et installations nouvelles. — Transformations d'ateliers et de chantiers................	7,560,000
63	Ouvrages maritimes. — Immeubles d'intérêt militaire et général. — Travaux neufs et grandes améliorations.......................	2,823,600
64	Travaux extraordinaires des ports de guerre et des bases d'opération de la flotte...	18,494,050
64 bis	Défense des côtes. — Constructions neuves. — Stocks et ravitaillement. — Installations et travaux immobiliers....................	4,920,000
65	Service de santé. — Constructions neuves. Immeubles. — Stocks de mobilisation...	387,500
66	Aéronautique maritime...................................	37,318,543
	TOTAL pour le titre II.........................	123,405,893

Titre III. — Dépenses d'ordre, d'exercices clos et d'exercices périmés.

CHAPITRES SPÉCIAUX.	MINISTÈRES ET SERVICES.	MONTANT des CRÉDITS accordés.
67	Emploi de fonds provenant de legs ou de donations..............	Mémoire.
68	Dépenses des exercices périmés non frappées de déchéance........	Mémoire.
69	Dépenses de l'exercice 1914 (créances visées par les lois des 29 juin et 29 novembre 1915)...................................	Mémoire.
70	Dépenses des exercices clos................................	Mémoire.
71 .	Rappels de dépenses payables sur revues antérieures à l'exercice 1921 et non frappées de déchéance..............................	Mémoire.

RÉCAPITULATION.

	Titre 1er. — Frais généraux d'administration. — Entretien de la marine militaire..	643,354,002
	Titre II. — Travaux neufs. — Approvisionnements de guerre........	123,405,893
	Titre III. — Dépenses d'ordre, d'exercices clos et d'exercices périmés..	Mémoire.
	TOTAL pour le Ministère de la marine..............	766,759,895

CHAPITRES SPÉCIAUX.	MINISTÈRES ET SERVICES.	MONTANT des CRÉDITS accordés.
		francs.
	Titre II. — Dépenses extraordinaires.	
	3ᵉ Partie. — *Services généraux des ministères.*	
	Titre 1ᵉʳ — *Frais généraux d'administration.* *Entretien de la marine militaire.*	
A	Indemnités de démobilisation..............................	2,300,000
B	Forces navales en missions extraordinaires. — Soldes. — Indemnités. — Traitements de table...........................	2,568.371
C	Forces navales en missions extraordinaires. — Vivres.............	812,138
D	Forces navales en missions extraordinaires. — Habillement...........	304,510
E	Forces navales en missions extraordinaires. — Combustibles. — Matières grasses. — Objets divers........................	2,000,000
F	Subvention à la mission des marins blessés, nécessiteux, convalescents ou rapatriés, ainsi qu'à leur famille....................	60,000
G	Service des approvisionnements de la flotte. — Frais d'abordages, d'avaries et de réquisitions........................	20,000,000
	Total....................................	28,035,019
	Titre II. — Travaux neufs. Approvisionnements de guerre.	
H	Constructions navales. — Constructions neuves par l'industrie. — Achats..	3,000,000
	Titre III. — Dépenses d'ordre, d'exercices clos et d'exercices périmés.	
I	Dépenses occasionnées par la répartition du produit des prises maritimes. (Loi du 16 mars 1916.).........................	Mémoire.
	Total pour les dépenses extraordinaires..........	31,045,019
	RÉCAPITULATION.	
	Titre 1ᵉʳ. — Dépenses ordinaires.....................	766,759,895
	Titre II. — Dépenses extraordinaires.................	31,045,019
	Total pour le ministère de la marine..............	797,804.914
	MINISTÈRE DE L'INSTRUCTION PUBLIQUE ET DES BEAUX-ARTS.	
	1ʳᵉ SECTION. — INSTRUCTION PUBLIQUE.	
	Titre 1ᵉʳ. — Dépenses ordinaires.	
	3ᵉ Partie. — *Services généraux des ministères.*	
1	Traitements du Ministre et du personnel de l'Administration centrale.	2,123,000
2	Services généraux de l'Administration centrale. — Indemnités, allocations diverses, secours, frais de mission....................	402,000
3	Matériel de l'Administration centrale.....................	268,000
4	Frais de correspondance télégraphique....................	15,000
5	Impressions....................................	240,000
6	Encouragements aux savants et gens de lettres. — Secours à leurs veuves ou à leurs familles.........................	168,000
	Total....................................	3,216,000

CHAPITRES spéciaux.	MINISTÈRES ET SERVICES.	MONTANT des crédits accordés.
		francs.
	II. — *Archives.*	
7	Archives nationales. — Personnel............................	473,000
8	Archives nationales. — Indemnités.........................	67,500
9	Archives nationales. — Matériel............................	50,000
10	Archives départementales. — Personnel....................	1,077.100
11	Archives départementales. — Indemnités..................	48,000
	Total............................	1,720,600
	III. — *Enseignement supérieur et grands établissements scientifiques.*	
12	Administration académique. — Personnel. — Traitements..........	1,248,417
13	Administration académique. — Personnel. — Indemnités, allocations diverses, secours..................................	110,100
14	Administration académique. — Matériel......................	175,000
15	Frais généraux de l'enseignement supérieur.................	110,000
16	Université de Paris. — Personnel. — Traitements.............	10,727,850
17	Université de Paris. — Subvention temporaire de l'État en vue de la revision générale des traitements du personnel..............	600,000
18	Universités des départements. — Personnel. — Traitements..........	25,030,450
19	Université des départements. — Subvention temporaire de l'État en vue de la revision générale des traitements du personnel..........	1,375,309
20	Universités. — Personnel. — Indemnités et allocations diverses......	3,286,750
21	Universités. — Matériel....................................	7,299,000
22	Bibliothèque d'art et d'archéologie.........................	100,000
23	Examens et concours de l'enseignement supérieur.............	681,000
24	Bourses (à titre remboursable) et remises de frais d'études aux étudiants des pays amis....................................	300,000
25	Bourses (à titre remboursable) de l'enseignement supérieur de médecine et de pharmacie.— Subsides pour frais d'études aux étudiants victimes de la guerre. — Université de Paris.................	817,567
26	Bourses (à titre remboursable) de l'enseignement supérieur de médecine et de pharmacie. — Subsides pour frais d'études aux étudiants victimes de la guerre. — Universités des départements..........	900,000
27	Bourses (à titre remboursable) d'études, de voyages et de séjour à l'étranger..	140,000
28	Subventions aux œuvres pour les étudiants..................	200,000
29	Souscription aux thèses de doctorat.........................	100,000
30	Fonds pour l'expansion universitaire et scientifique de la France à l'étranger..	1,077,000
31	École des hautes études. — Personnel......................	940,382
32	École des hautes études. — Indemnités, allocations diverses, secours.	101,200
33	École des hautes études. — Matériel........................	170,000
34	École normale supérieure. — Personnel.....................	347,083
35	École normale supérieure. — Indemnités, allocations diverses, secours..	68,500
36	École normale supérieure. — Matériel.......................	710,000
37	Collège de France. — Personnel............................	1,323,517
38	Collège de France. — Indemnités, allocations diverses, secours......	122,600
39	Collège de France. — Matériel.............................	310,000
40	École des langues orientales vivantes. — Personnel	513,750
41	École des langues orientales vivantes. — Indemnités, allocations diverses, secours..	50,200
42	École des langues orientales vivantes. — Matériel	57,600
43	École des chartes. — Personnel............................	173,750
44	École des chartes. — Indemnités, allocations diverses, secours......	18,400
45	École des chartes. — Matériel.............................	34,000
46	École française d'Athènes. — Personnel....................	116,442
47	École française d'Athènes. — Indemnités, allocations diverses, secours..	69,500
48	École française d'Athènes. — Matériel......................	160,000
49	École française de Rome. — Personnel......................	89,800
50	École française de Rome. — Indemnités, allocations diverses, secours..	33,000
51	École française de Rome. — Matériel.......................	55,000

6.

CHAPITRES SPÉCIAUX.	MINISTÈRES ET SERVICES.	MONTANT des CRÉDITS accordés.
		fr.ncs.
52	Muséum d'histoire naturelle. — Personnel	2,068,666
53	Muséum d'histoire naturelle. — Indemnités, allocations diverses, secours	281,000
54	Muséum d'histoire naturelle. — Matériel	836,000
55	Observatoire de Paris. — Personnel	475,500
56	Observatoire de Paris. — Indemnités, allocations diverses, secours	60,000
57	Observatoire de Paris. — Matériel	108,000
58	Publication de la carte photographique du ciel	97,000
59	Signaux télégraphiques horaires de la Tour Eiffel	20,000
60	Observatoire d'astronomie physique de Meudon. — Personnel	126,383
61	Observatoire d'astronomie physique de Meudon. — Indemnités, allocations diverses, secours	18,750
62	Observatoire d'astronomie physique de Meudon. — Matériel	113,930
63	Bureau des longitudes. — Personnel	226,333
64	Bureau des longitudes. — Indemnité, allocations diverses, secours	37,400
65	Bureau des longitudes. — Matériel	145,000
66	Subvention à la société des observatoires du Mont-Blanc	1,000
67	Institut national de France. — Personnel	171,100
68	Institut national de France. — Indemnités académiques aux membres de l'Institut et indemnités à divers	490,100
69	Institut national de France. — Matériel	412,000
70	Publication des travaux de la mission de l'Équateur	10,000
71	Académie de médecine. — Personnel	64,533
72	Académie de médecine. — Indemnités, allocations diverses, secours	43,500
73	Académie de médecine. — Matériel	60,000
74	Subventions à des sociétés savantes et à des établissements libres d'enseignement supérieur	130,000
75	Subvention à la caisse des recherches scientifiques	55,000
76	Voyages et missions scientifiques et littéraires	160,000
77	Musée d'ethnographie. — Personnel	59,500
78	Musée d'ethnographie. — Indemnités, allocations diverses, secours	11,900
79	Musée d'ethnographie. — Matériel	8,000
80	Institut français d'archéologie orientale au Caire	229,983
81	Publications diverses	270,000
82	Fouilles archéologiques en Perse	160,000
83	Bibliothèque nationale. — Personnel	1,240,000
84	Bibliothèque nationale. — Indemnités, allocations diverses, secours	235,470
58	Bibliothèque nationale. — Matériel	501,400
86	Bibliothèque nationale. — Catalogues	60,000
87	Bibliothèques publiques. — Personnel	378,500
88	Bibliothèques publiques. — Indemnité, allocations diverses, secours.	70,780
89	Bibliothèques publiques. — Matériel	100,000
90	Bibliothèque et musée de la guerre. — Documentation internationale pendant et depuis la guerre. — Personnel	430,000
91	Bibliothèque et musée de la guerre. — Documentation internationale pendant et depuis la guerre. — Indemnités et allocations diverses.	90,000
92	Bibliothèque et musée de la guerre. — Documentation internationale pendant et depuis la guerre. — Matériel	250,000
93	Catalogues des manuscrits et incunables	8,000
94	Services généraux des bibliothèques et des archives. — Personnel.	42,333
95	Services généraux des bibliothèques et des archives. — Indemnités, allocations diverses	20,800
96	Services généraux des bibliothèques et des archives. — Matériel	1,000
97	Souscriptions scientifiques et littéraires. — Bibliothèques municipales et populaires	120,000
98	Direction des recherches scientifiques et industrielles et des inventions.	1,405,200
99	Constructions et installations de l'enseignement supérieur	200,000
100	Aménagement de l'hôpital installé dans l'ancien petit collège des jésuites rue de Vaugirard	529,000
100 *bis*	Subvention exceptionnelles pour travaux aux universités	2,400,000
	TOTAL	74,767,228

IV. — *Enseignement secondaire.*

CHAPITRES SPÉCIAUX.	MINISTÈRES ET SERVICES.	MONTANT des CRÉDITS accordés.
101	Inspecteurs généraux de l'enseignement secondaire. — Traitements	502,625
102	Inspecteurs généraux de l'enseignement secondaire. — Indemnités	136,050
103	Frais généraux de l'enseignement secondaire	379,100

CHAPITRES SPÉCIAUX.	MINISTÈRES ET SERVICES.	MONTANT des CRÉDITS accordés.
		francs.
104	Subventions fixes quinquennales pour insuffisance de recettes des externats des lycées nationaux de garçons....................	38,000,000
105	Subventions pour insuffisance de recettes des internats des lycées nationaux de garçons....................	200,000
106	Frais généraux des lycées nationaux de garçons....................	150,000
107	Indemnités aux fonctionnaires de l'enseignement secondaire admissibles à l'agrégation et aux docteurs ès sciences et ès lettres............	225,000
108	Compléments de traitements des fonctionnaires et professeurs des lycées de garçons et traitements des fonctionnaires en surnombre..	29,245,000
109	Collèges communaux de garçons....................	5,900,000
110	Compléments de traitements des fonctionnaires et professeurs des collèges communaux de garçons....................	28,551,900
111	Frais généraux des collèges communaux de garçons....................	80,000
112	Indemnités diverses aux fonctionnaires et aux professeurs des collèges communaux de garçons....................	1,250,000
113	École normale de Sèvres. — Personnel....................	426,060
114	École normale de Sèvres. — Matériel....................	250,000
115	Subventions aux lycées nationaux de jeunes filles pour insuffisance de recettes....................	10,600,000
116	Collèges communaux de jeunes filles....................	3,250,000
117	Compléments de traitements des fonctionnaires et professeurs des lycées, collèges et cours secondaires de jeunes filles............	11,926,063
118	Cours secondaires de jeunes filles. — Frais généraux des lycées, collèges et cours secondaires de jeunes filles....................	475,800
119	Subventions aux collèges et cours secondaires de jeunes filles qui seront créés dans le courant de 1922....................	60,000
120	Subventions aux lycées français de Mayence et aux cours secondaires de jeunes filles de Trèves et de Bonn....................	1,500,000
121	Bourses nationales et dégrèvements dans les lycées, collèges et cours secondaires. — Remises dans la proportion des crédits disponibles, et après examen, en faveur des enfants des familles nécessiteuses....................	9,800,000
122	Remises universitaires accordées dans les lycées et collèges de garçons, dans les lycées, collèges et cours secondaires de jeunes filles.	3,271,000
123	Subventions et bourses d'externat à l'école alsacienne............	90,000
124	Frais de suppléance des fonctionnaires en congé pour cause de maladie....................	458,800
125	Traitements, indemnités et allocations pour inactivité ou interruption d'emploi (enseignement secondaire)....................	123,000
126	Frais de déplacement des fonctionnaires de l'enseignement secondaire en exercice....................	115,000
127	Secours aux fonctionnaires de l'enseignement secondaire en exercice..	50,000
128	Secours aux anciens fonctionnaires de l'enseignement secondaire, à leurs veuves ou à leurs familles....................	300,000
129	Subventions aux lycées pour l'amélioration de la situation des agents de service de ces établissements....................	1,500,000
130	Service des constructions scolaires. — Lycées et collèges de garçons..	1,500,000
131	Service des constructions scolaires. — Lycées et collèges de jeunes filles....................	1,500,000
132	Impositions et charges résultant de l'acquisition du collège Sainte-Barbe....................	18,000
	Total....................	151,833,398

V. — *Enseignement primaire.*

CHAPITRES SPÉCIAUX.	MINISTÈRES ET SERVICES.	MONTANT des CRÉDITS accordés.
133	Musée pédagogique. — Bibliothèque, office et musée de l'enseignement public. — Service des vues. — Personnel....................	117,200
134	Musée pédagogique. — Bibliothèque, office et musée de l'enseignement public. — Service des vues. — Indemnités....................	21,600
135	Musée pédagogique. — Bibliothèque, office et musée de l'enseignement public. — Service des vues. — Matériel....................	102,000
136	Inspecteurs généraux de l'instruction publique. — Inspectrices générales des écoles maternelles. — Traitements....................	396,775
137	Inspecteurs généraux de l'enseignement primaire. — Inspectrices générales des écoles maternelles. — Indemnités....................	115,000

CHAPITRES SPÉCIAUX.	MINISTÈRES ET SERVICES.	MONTANT des CRÉDITS accordés.
		francs.
138	Inspection académique. — Traitements des inspecteurs d'académie des départements.	1,633,500
139	Inspection académique. — Indemnités diverses des inspecteurs d'académie des départements.	285,000
140	Inspection académique. — Traitements des secrétaires et commis.	2,600,000
141	Inspection académique. — Indemnités diverses des secrétaires et commis	213,600
142	Enseignement primaire. — Inspecteurs et inspectrices. — Inspectrices générales et départementales des écoles maternelles.	6,217,000
143	Inspection primaire. — Indemnités diverses	1,632,800
144	Frais généraux de l'enseignement primaire et indemnités temporaires exceptionnelles	765,000
145	Indemnités pour frais de déplacement.	200,000
146	Dépenses d'enseignement primaire dans les provinces rhénanes.	450,000
147	École normale supérieure d'enseignement primaire de Fontenay-aux-Roses. — Personnel	232,000
148	École normale supérieure d'enseignement primaire de Fontenay-aux-Roses. — Matériel.	180,000
149	École normale supérieure d'enseignement primaire de Saint-Cloud. — Personnel	218,000
150	École normale supérieure d'enseignement primaire de Saint-Cloud. — Matériel.	200,000
151	Écoles de Fontenay-aux-Roses et de Saint-Cloud. — Indemnités.	12,600
152	Écoles normales primaires d'instituteurs et d'institutrices. — Personnel.	14,966,400
153	Écoles normales primaires d'instituteurs et d'institutrices. — Indemnités diverses.	876,000
154	Écoles normales primaires d'instituteurs et d'institutrices. — Matériel. — Indemnités de trousseaux et de fournitures scolaires	15.500,000
155	Enseignement primaire supérieur.	36,600,000
156	Enseignement primaire supérieur. — Indemnités diverses.	2,850,000
157	Bourses nationales (à titre remboursable) d'enseignement primaire supérieur. — Bourses de séjour et de vacances à l'étranger. — Bourses dans les universités. — Bourses dans les cours complémentaires.	5,000,000
158	Traitements du personnel de l'enseignement primaire élémentaire en France	811,260,400
159	Titularisations rétroactives des instituteurs appelés ou mobilisés. — Rappels de promotions	300,000
160	Dépenses d'imprimés nécessaires aux préfets pour le mandatement des traitements des instituteurs et institutrices.	100,000
161	Frais de suppléance et de maladie des instituteurs et des institutrices.	7,000,000
162	Indemnités de remplacement des institutrices en couches.	2.600,000
163	Subventions aux communes pour les caisses des écoles.	400,000
164	Subvention aux départements et aux communes pour l'inspection médicale des écoles primaires.	500,000
165	Enseignement primaire. — Matériel. — Bibliothèques scolaires.	515,000
166	Œuvres complémentaires de l'école.	780,000
167	Traitements et indemnités aux fonctionnaires en congé. — Indemnités pour interruption de traitement (enseignement primaire).	50,000
168	Allocations aux médaillés de l'enseignement primaire.	914,000
169	Secours, subventions et allocations aux fonctionnaires de l'enseignement primaire en exercice, aux anciens fonctionnaires, à leurs veuves, orphelins ou ascendants.	800,000
170	Dépenses résultant pour l'État de la loi du 20 juillet 1899 sur la responsabilité des membres de l'enseignement public.	60,000
171	Service des constructions scolaires. — Enseignement primaire.	5,500,000
	Total.	952,163,875

VI. — *Dépenses communes aux divers services.*

172	Subventions aux départements, villes ou communes, destinées à faire face au payement de partie des annuités dues par eux et nécessaires au remboursement des emprunts qu'ils ont contractés pour la construction de leurs établissements publics d'enseignement supérieur, d'enseignement secondaire et d'enseignement primaire.	986,000

CHAPITRES spéciaux.	MINISTÈRES ET SERVICES.	MONTANT des crédits accordés.
		francs.
173	Traitements pendant les congés de longue durée accordés aux membres du personnel en exercice dans les établissements d'enseignement public primaire et secondaire....................	1,800,000
173 *bis*	Service de l'éducation physique dans l'enseignement secondaire et primaire....................	750,000
174	Attribution aux personnels civils de l'État d'allocations pour charges de famille....................	20,219,000
175	Avances remboursables aux fonctionnaires en instance de pension (application de l'article 28 de la loi du 31 décembre 1920).........	1,000,000
176	Indemnité exceptionnelle de cherté de vie....................	47,745,000
177	Emploi de fonds provenant de legs ou de donations....................	Mémoire.
178	Dépenses des exercices périmés non frappées de déchéance....................	Mémoire.
179	Dépenses de l'exercice 1914 (créances visées par les lois des 29 juin et 29 novembre 1915)....................	Mémoire.
180	Dépenses des exercices clos....................	Mémoire.
	Total....................	72,560,000

RÉCAPITULATION.

	MINISTÈRES ET SERVICES.	MONTANT
	I. — Administration centrale et services généraux....................	3,216,000
	II. — Archives....................	1,720,000
	III. — Enseignement supérieur et grands établissements scientifiques.	74,767,228
	IV. — Enseignement secondaire....................	151,833,398
	V. — Enseignement primaire....................	952,163,875
	VI. — Dépenses communes aux divers services....................	72,560,000
	Total....................	1,256,261,101

VII. — SERVICES D'ALSACE ET DE LORRAINE.

3ᵉ Partie. — *Services généraux des ministères.*

CHAPITRES spéciaux.	MINISTÈRES ET SERVICES.	MONTANT
181	Traitements du personnel de la direction générale de l'instruction publique, de l'administration académique et de l'enseignement secondaire. — Allocations diverses. — Bourses....................	430,000
182	Matériel de l'administration de l'instruction publique....................	35,000
183	Personnel de l'inspection académique et de l'enseignement secondaire. — Allocations diverses. — Bourses....................	12,550,000
184	Matériel et dépenses diverses de l'administration académique de l'enseignement secondaire....................	280,000
185	Personnel de l'inspection de l'enseignement primaire. — Personnel des écoles normales et préparatoires d'instituteurs et d'institutrices. — Indemnités et allocations diverses....................	1,644,630
186	Frais généraux des écoles normales et préparatoires d'instituteurs et d'institutrices....................	1,550,000
187	Personnel de l'enseignement primaire. — Indemnités, allocations diverses, bourses....................	41,350,000
188	Subventions aux communes pour le fonctionnement des établissements scolaires communaux. — Subventions à des sociétés de secours mutuels d'instituteurs et institutrices, aux congrégations et écoles normales privées. — Subventions pour la création et l'entretien d'écoles moyennes et supérieures....................	2,800,000
189	Personnel des établissements de sourds-muets, aveugles et anormaux..	113,500
190	Matériel et dépenses diverses des établissements scolaires....................	1,400,000
191	Traitements du personnel de l'enseignement supérieur....................	6,000,000
192	Matériel de l'Université....................	3,017,500
	Total....................	71,170,630
	Total pour les dépenses ordinaires....................	1,327,431,731

CHAPITRES SPÉCIAUX.	MINISTÈRES ET SERVICES.	MONTANT des CRÉDITS accordés.
		francs.
	Titre II. — Dépenses extraordinaires.	
	3ᵉ PARTIE. — *Services généraux des ministères.*	
A	Dépenses pour l'enseignement des jeunes Serbes en France............	300,000
B	Indemnités spéciales aux fonctionnaires en résidence dans des localités dévastées....................	8,500,000
C	Indemnités compensatrice de la baisse du change au personnel de l'école d'Athènes et aux instituts français à l'étranger............	Mémoire.
	TOTAL........................	8,800,000
	SERVICES D'ALSACE ET DE LORRAINE.	
D	Service des constructions scolaires. — Établissements d'enseignement supérieur....................	900,000
E	Service des constructions scolaires. — Établissements d'enseignement secondaire....................	200,000
F	Service des constructions scolaires. — Établissements d'enseignement primaire....................	250,000
G	Service des constructions scolaires. — Enseignement du français aux adultes....................	725,000
	TOTAL........................	2,075,000
	TOTAL pour les dépenses extraordinaires........	10,875,000
	RÉCAPITULATION.	
	Titre Iᵉʳ. — Dépenses ordinaires....................	1,327,431,731
	Titre II. — Dépenses extraordinaires....................	10,875,000
	TOTAL pour la 1ʳᵉ section (Instruction publique)...	1,338,306,731
	2ᵉ SECTION. — BEAUX-ARTS.	
	Titre Iᵉʳ. — Dépenses ordinaires.	
	3ᵉ PARTIE. — *Services généraux des ministères.*	
1	Traitements du personnel de l'administration centrale............	920,850
2	Personnel de l'administration centrale. — Indemnités et allocations diverses, secours, frais de voyages et de missions............	160,500
3	Matériel de l'administration centrale....................	95,000
4	Personnel des inspections et des services extérieurs des beaux-arts....	175,500
5	Frais de tournées et de voyages. — Indemnités au personnel des inspections et des services extérieurs....................	70,200
6	Académie de France à Rome. — Personnel. — Traitements, appointements, salaires....................	109,800
7	Académie de France à Rome. — Matériel....................	107,500
8	Académie de France à Rome. — Indemnités et allocations diverses, honoraires du médecin....................	332,660
9	École nationale supérieure des beaux-arts à Paris. — Personnel. — Traitements et appointements....................	724,250
10	École nationale supérieure des beaux-arts à Paris. — Matériel........	206,000
11	École nationale supérieure des beaux-arts à Paris. — Indemnités et secours......	85,200
12	École nationale des arts décoratifs à Paris. — Personnel. — Traitements et salaires....................	310,896
13	École nationale des arts décoratifs à Paris. — Matériel............	60,000

CHAPITRES SPÉCIAUX.	MINISTÈRES ET SERVICES.	MONTANT des CRÉDITS accordés.
		francs.
14	École nationale des arts décoratifs à Paris. — Indemnités, frais de conférences, secours, allocations diverses	29,704
15	Écoles nationales des beaux-arts, des arts décoratifs et d'art industriel des départements. — Personnel. — Traitements et salaires	698,000
16	Écoles nationales des beaux-arts, des arts décoratifs et d'art industriel des départements. — Indemnités	79,076
17	Écoles nationales des beaux-arts, des arts décoratifs et d'art industriel des départements. — Matériel	206,000
18	Écoles départementales et municipales de dessin, des beaux-arts, d'art industriel. — Écoles régionales d'architecture. — Comité consultatif central technique et comités régionaux des arts appliqués	843,481
19	Écoles départementales et municipales de dessin, des beaux-arts, d'art industriel. — Écoles régionales d'architecture. — Comité consultatif central technique et comités régionaux des arts appliqués. — Indemnités diverses	30,624
20	Conservatoire national de musique et de déclamation. — Personnel. — Traitements	682,820
21	Conservatoire national de musique et de déclamation. — Matériel	60,000
22	Conservatoire national de musique et de déclamation. — Indemnités diverses, pensions, encouragements, secours	47,100
23	Succursales du conservatoire et écoles nationales de musique dans les départements	230,000
24	Théâtres nationaux	1,825,000
25	Bibliothèque publique de l'Opéra. — Personnel. — Traitements	22,600
26	Bibliothèque publique de l'Opéra. — Indemnités diverses, secours	7,900
27	Bibliothèque publique de l'Opéra. — Matériel	300
28	Concerts populaires à Paris et dans les départements et œuvres de décentralisation artistique	131,000
29	Action artistique à l'étranger. — Personnel	75,100
30	Action artistique à l'étranger. — Matériel	20,000
31	Action artistique à l'étranger. — Subventions	4,900
32	Palais du Trocadéro. — Surveillance de la salle des fêtes. — Personnel. — Traitements	9,400
33	Palais du Trocadéro. — Surveillance de la salle des fêtes. — Indemnités. — Secours	3,506
34	Palais du Trocadéro. — Surveillance de la salle des fêtes. — Matériel	3,794
35	Indemnités et secours. — Théâtres	110,000
36	Travaux d'art, décoration d'édifices publics à Paris et dans les départements	825,000
37	Dépôt des marbres et dépôt des ouvrages d'art appartenant à l'État	4,000
38	Achats d'œuvres d'artistes vivants dans les expositions diverses. — Prix national et bourses de voyage en France et à l'étranger	260,000
39	Indemnités et secours. — Beaux-Arts	140,000
40	Manufacture nationale de Sèvres. — Personnel. — Traitements	1,192,250
41	Manufacture nationale de Sèvres. — Matériel	305,000
42	Manufacture nationale de Sèvres. — Indemnités diverses, missions, secours, achats de projets et primes	260,200
43	École de céramique de la manufacture nationale de Sèvres. — Personnel. — Traitements	64,300
44	École de céramique de la manufacture nationale de Sèvres. — Indemnités diverses, bourses des élèves (à titre remboursable)	74,700
45	École de céramique de la manufacture nationale de Sèvres. — Matériel	26,200
46	Manufacture nationale des Gobelins. — Personnel. — Traitements et salaires	743,700
47	Manufacture nationale des Gobelins. — Indemnités diverses, secours et primes de travail	130,600
48	Manufacture nationale des Gobelins. — Matériel	150,000
49	Manufacture nationale de Beauvais. — Personnel. — Traitements et appointements	376,740
50	Manufacture nationale de Beauvais. — Indemnités diverses, primes de travail, secours	43,950
51	Manufacture nationale de Beauvais. — Matériel	65,000
52	Musées nationaux. — Personnel. — Traitements	2,260,550
53	Musées nationaux. — Matériel	283,600
54	Musées nationaux. — Indemnités diverses, secours, frais de voyages	435,700

CHAPITRES SPÉCIAUX.	MINISTÈRES ET SERVICES.	MONTANT des CRÉDITS accordés.
		francs.
55	Musées nationaux. — Chalcographie et atelier de moulage............	60,000
56	Subvention de l'État aux musées nationaux pour acquisition d'objets ayant une valeur artistique, archéologique ou historique	140,000
57	Musée Guimet. — Personnel. — Traitements............	78,750
58	Musée Guimet. Indemnités, allocations diverses, secours	21,700
59	Musée Guimet. — Matériel............	22,000
60	Subvention au musée Rodin............	13,150
61	Subvention à l'Union centrale des arts décoratifs pour les dépenses du personnel du musée et de la bibliothèque des arts décoratifs........	396,240
62	Musées départementaux et municipaux. — Collectivités autorisées. — Subventions et achats d'œuvres d'art............	26,000
63	Musée indo-chinois du Trocadéro	8,000
64	Souscriptions aux ouvrages d'art. — Publications et impressions. — Sociétés des Beaux-Arts des départements. — Inventaire général des richesses d'art de la France............	90,000
65	Expositions à Paris, dans les départements et à l'étranger............	8,500
66	Expositions à Paris, dans les départements et à l'étranger. — Salaires.	10,000
67	Expositions à Paris, dans les départements et à l'étranger. — Indemnités............	4,400
68	Conservation des palais nationaux. — Personnel. — Traitements	907,780
69	Conservation des palais nationaux. — Matériel............	600,000
70	Conservation des palais nationaux. — Indemnités diverses. — Secours.	217,935
71	Administration du mobilier national. — Personnel. — Traitements...	340,000
72	Administration du mobilier national. — Matériel. — Commandes à des artistes modernes	255,000
73	Administration du mobilier national. — Indemnités diverses et secours............	80,000
74	Monuments historiques. — Personnel. — Traitements et salaires	349,500
75	Monuments historiques. — Allocations et indemnités diverses, missions, secours, frais de voyage. — Frais de personnel pour l'application de la loi du 31 août 1920 sur l'exportation des œuvres d'art..	519,200
76	Monuments historiques. — Monuments appartenant à l'État	3,010,000
77	Monuments historiques. — Monuments n'appartenant pas à l'État ...	5,900,000
78	Monuments historiques. — Dépenses communes — Frais de matériel pour l'application de la loi du 31 août 1920 sur l'exportation des œuvres d'art	170,000
79	Conservation des vestiges de guerre et des objets d'art de la zone des armées. — Personnel............	75,000
80	Conservation des vestiges de guerre et des objets d'art de la zone des armées............	600,000
81	Musée de sculpture comparée du Trocadéro. — Personnel. — Traitements............	65,500
82	Musée de sculpture comparée du Trocadéro. — Indemnités diverses et secours............	14,400
83	Musée de sculpture comparée du Trocadéro. — Matériel............	65,000
84	Bâtiments civils et palais nationaux. — Personnel.. — Traitements....	300,000
85	Bâtiments civils et palais nationaux. — Matériel............	49,600
86	Bâtiments civils et palais nationaux. — Frais de voyages et de missions, indemnités diverses et secours	100,000
87	Bâtiments civils et palais nationaux. — Entretien et réparations......	7,422,300
88	Bâtiments civils et palais nationaux. — Travaux d'aménagement et d'installation	400,000
89	Construction et grosses réparations des hôtels diplomatiques et consulaires. — Mobilier de première installation............	600,000
90	Bâtiments des cours d'appel. — Travaux d'entretien et de grosses réparations............	300,000
91	Location du terrain du grand palais des Champs-Élysées............	15,000
92	Service des eaux de Versailles et de Marly. — Personnel. — Traitements............	536,250
93	Service des eaux de Versailles et de Marly. — Matériel............	23,700
94	Service des eaux de Versailles et de Marly. — Frais de tournées. — Indemnités diverses et secours............	53,950
95	Service des eaux de Versailles et de Marly. — Travaux d'entretien et de grosses réparations............	850,000
96	Service des eaux de Versailles et de Marly. — Travaux d'amélioration............	100,000

CHAPITRES SPÉCIAUX.	MINISTÈRES ET SERVICES.	MONTANT des CRÉDITS accordés.
		francs.
97	Attribution aux personnels civils de l'État d'allocations pour charges de famille	330,000
98	Domaine de Versailles et de Trianon. — Travaux de réfection et de restauration	450,000
99	Palais et jardins du Louvre et des Tuileries. — Travaux de construction et de réfection	425,000
100	Domaine de Saint-Cloud. — Travaux de construction et de réfection.	90,000
101	Bibliothèque nationale. — Travaux d'agrandissement	350,000
102	Palais de Fontainebleau. — Travaux de restauration	100,000
103	École nationale supérieure des beaux-arts. — Travaux de restauration et de réfection	75,000
104	Muséum d'histoire naturelle. — Travaux de réfection	190,000
105	Muséum d'histoire naturelle. — Travaux de construction	500,000
106	Ministère des affaires étrangères. — Travaux de réfection	50,000
107	Ministère des Affaires étrangères. — Extension du service des archives.	80,000
108	École normale supérieure. — Travaux de remise en état	100,000
109	Reconstruction de l'école des mines de Saint-Étienne	Mémoire.
110	Ministère des travaux publics. — Installation du chauffage central	350,000
111	Frais de correspondance télégraphique	1,200
112	Indemnité exceptionnelle de cherté de vie	310,000
112 *bis*	Compléments de majoration temporaires de traitements du personnel des services extérieurs des beaux-arts	347,703
113	Avances remboursables aux fonctionnaires en instance de pension (application de l'article 28 de la loi du 31 décembre 1920)	200,000
114	Emploi de fonds provenant de legs ou de donations	Mémoire.
115	Dépenses des exercices périmés non frappées de déchéance	Mémoire.
116	Dépenses de l'exercice 1914 (créances visées par les lois des 29 juin et 29 novembre 1915)	Mémoire.
117	Dépenses des exercices clos	Mémoire.
	TOTAL	45,307,309

SERVICES D'ALSACE ET DE LORRAINE.

3e PARTIE. — *Services généraux des ministères.*

118	Traitements du personnel de l'administration des beaux-arts, des palais nationaux et des bâtiments civils de l'administration du mobilier national des monuments historiques et des services d'architecture des bâtiments de l'État. — Allocations et indemnités diverses	1,100,000
119	Matériel et dépenses diverses de l'administration des beaux-arts, des palais nationaux et des bâtiments civils de l'administration du mobilier national, des monuments historiques et des services d'architecture des bâtiments de l'État	1,222,000
	TOTAL	2,322,000
	TOTAL des dépenses ordinaires	47,629,309

Titre II. — Dépenses extraordinaires.

3e PARTIE. — *Services généraux des ministères.*

A	Indemnités spéciales aux fonctionnaires en résidence dans des localités dévastées	40,000

CHAPITRES SPÉCIAUX.	MINISTÈRES ET SERVICES.	MONTANT des CRÉDITS accordés.
		francs.
	SERVICES D'ALSACE ET DE LORRAINE.	
	3ᵉ PARTIE. — Services généraux des ministères.	
B	Continuation des travaux de la cathédrale de Strasbourg............	375,000
C	Conservation des vestiges de guerre......................	50,000
	TOTAL......................	425,000
	TOTAL des dépenses extraordinaires............	465,000
	RÉCAPITULATION.	
	Titre Iᵉʳ. — Dépenses ordinaires........................	47,629,309
	Titre II. — Dépenses extraordinaires......................	465,000
	TOTAL pour la 2ᵉ section (beaux-arts)............	48,094,309
	3ᵉ SECTION. — ENSEIGNEMENT TECHNIQUE.	
	Titre Iᵉʳ. — Dépenses ordinaires.	
	3ᵉ PARTIE. — Services généraux des ministères.	
1	Traitements du Sous-Secrétaire d'État et du personnel de l'administration centrale........................	399,000
2	Services généraux de l'administration centrale. — Indemnités, allocations diverses, secours, frais de missions..................	100,350
3	Traitements et salaires du personnel de service de l'administration centrale........................	27,090
4	Indemnités diverses, travaux extraordinaires, secours au personnel de service de l'administration centrale..................	8,760
5	Matériel et dépenses diverses de l'administration centrale............	30,000
6	Frais de correspondance télégraphique......................	500
7	Achats de livres, abonnements aux revues et journaux...............	4,300
8	Impressions........................	20,000
9	Conservatoire national des arts et métiers. — Personnel. — Traitements et salaires........................	847,200
10	Conservatoire national des arts et métiers. — Personnel. — Indemnités, secours et allocations diverses..................	107,800
11	Conservatoire national des arts et métiers. — Subvention pour les dépenses de matériel et les dépenses diverses de fonctionnement....	1,486,200
12	Bourses (à titre remboursable) de préparation et bourses d'entretien à l'École centrale des arts et manufactures, à l'école supérieure d'électricité et aux instituts spéciaux annexés aux facultés pour les anciens élèves des écoles nationales d'arts et métiers.	60,000
13	Bourses (à titre remboursable) à l'École centrale des arts et manufactures........................	210,000
14	Écoles nationales d'arts et métiers. — Subvention pour les dépenses de personnel......	4,399,705
15	Écoles nationales d'arts et métiers. — Subvention pour les dépenses de matériel et les dépenses diverses..................	3,169,183
16	Écoles nationales d'arts et métiers. — Bourses (à titre remboursable) et trousseaux........................	1,300,000

CHAPITRES SPÉCIAUX.	MINISTÈRES ET SERVICES.	MONTANT des CRÉDITS accordés.
		francs.
17	Écoles nationales d'arts et métiers. — Subvention pour travaux extraordinaires de bâtiment	1,678,000
18	Écoles nationales professionnelles. — Subvention pour les dépenses de personnel	2,126,377
19	Écoles nationales professionnelles. — Subvention pour les dépenses de matériel et les dépenses diverses	1.776,715
20	Écoles nationales professionnelles. — Bourses (à titre remboursable) et trousseaux	346,500
21	Écoles nationales professionnelles. — Travaux extraordinaires de bâtiment	1,800,000
22	École nationale d'horlogerie de Cluses. — Personnel. — Traitements et salaires	149,600
23	École nationale d'horlogerie de Cluses. — Personnel. — Indemnités et allocations diverses, frais de déplacement, stages, missions, voyages d'études, secours, etc.	12,200
24	École nationale d'horlogerie de Cluses. — Bourses (à titre remboursable)	55,000
25	École nationale d'horlogerie de Cluses. — Matériel et dépenses diverses	55,000
26	École nationale d'horlogerie de Cluses. — Travaux extraordinaires de bâtiment	40,000
27	Écoles pratiques de commerce et d'industrie. — Personnel. — Traitements et salaires	7,523,025
28	Écoles pratiques de commerce et d'industrie. — Personnel. — Indemnités et allocations diverses, secours	827,250
29	Écoles pratiques de commerce et d'industrie. — Bourses (à titre remboursable)	650,000
30	École normale de l'enseignement technique. — Personnel. — Traitements et salaires	29,600
31	École normale de l'enseignement technique. — Personnel. — Indemnités et allocations diverses, secours	98,900
32	École normale de l'enseignement technique. — Bourses (à titre remboursable) aux élèves professeurs	205,380
33	École normale de l'enseignement technique. — Matériel et dépenses diverses	35,000
34	Subventions pour la construction d'écoles pratiques de commerce et d'industrie	900,000
35	Subventions aux écoles pratiques de commerce et d'industrie. — Dons de matériel, de prix, etc.	300,000
36	Application de la loi du 25 juillet 1919	2,420,000
37	Encouragements à l'enseignement professionnel et à l'apprentissage	190,000
38	Frais d'installation et de fonctionnement de l'institut d'optique théorique et appliquée	300,000
39	Écoles supérieures de commerce. — Bourses (à titre remboursable)	140,000
40	Enseignement industriel et commercial. — Personnel. — Traitements des inspecteurs	175,400
41	Enseignement industriel et commercial. — Inspection. — Missions. — Conseils et commissions. — Frais de tournées et indemnités diverses, frais de jury d'examens et de corrections	105,000
42	Dépenses résultant pour l'État de la loi du 20 juillet 1899 sur la responsabilité des membres de l'enseignement public	1,000
43	Attribution aux personnels civils de l'État d'allocations pour charges de famille	496,500
44	Indemnité exceptionnelle de cherté de vie	593,300
45	Suppléments de traitements et d'indemnités non soumis à retenue accordés aux personnels enseignants	2·951.338
46	Avances remboursables aux fonctionnaires en instance de pension (application de l'article 28 de la loi du 31 décembre 1920)	45,000
47	Emploi de fonds provenant de legs ou de donations	Mémoire.
48	Dépenses des exercices périmés non frappées de déchéance	Mémoire.
49	Dépenses des exercices 1914 (créances visées par les lois des 29 juin et 29 novembre 1915)	Mémoire.
50	Dépenses des exercices clos	Mémoire.
	TOTAL	38,426,173

CHAPITRES SPÉCIAUX.	MINISTÈRES ET SERVICES.	MONTANT des CRÉDITS accordés.
		francs.
	SERVICES D'ALSACE ET DE LORRAINE.	
	3ᵉ Partie. — Services généraux des ministères.	
51	Personnel de l'administration de l'enseignement technique. — Allocations diverses....................................	156,000
52	Matériel de l'administration de l'enseignement technique.............	4,000
53	Personnel des écoles techniques et professionnelles..................	2,160,000
54	Matériel et dépenses diverses des écoles techniques et professionnelles.	520,000
	Total...	2,840,000
	Total pour les dépenses ordinaires.............	41,266,173
	Titre II. — Dépenses extraordinaires.	
	3ᵉ Partie. — Services généraux des ministères.	
A	Bourses exceptionnelles (à titre remboursable) aux démobilisés, élèves des grandes écoles.................................	750,000
B	Indemnités spéciales aux fonctionnaires en résidence dans des localités dévastées.....................................	150,000
	Total pour les dépenses extraordinaires.........	900,000
	RÉCAPITULATION.	
	Titre Iᵉʳ. — Dépenses ordinaires....................	41,266,173
	Titre II. — Dépenses extraordinaires..............	900,000
	Total pour la 3ᵉ section (enseignement technique).....	42,166,173
	RÉCAPITULATION.	
	1ʳᵉ section. — Instruction publique....................	1,338,306,731
	2ᵉ section. — Beaux-arts..............................	48,094,309
	3ᵉ section. — Enseignement technique.................	42,166,173
	Total pour le ministère de l'instruction publique et des beaux-arts.............................	1,428,567,213
	MINISTÈRE DU COMMERCE ET DE L'INDUSTRIE.	
	1ʳᵉ Section. — Commerce et industrie.	
	Titre Iᵉʳ. — Dépenses ordinaires.	
	3ᵉ Partie. — Services généraux des Ministères.	
1	Traitements du Ministre et du personnel de l'administration centrale.	1,488,260
2	Indemnités spéciales, travaux extraordinaires, allocations diverses et secours au personnel de l'administration centrale.................	287,000
3	Traitements et salaires du personnel de service de l'administration centrale......................................	210,000
4	Indemnités diverses, travaux extraordinaires, secours au personnel de service de l'administration centrale........................	68,800
5	Matériel et dépenses diverses de l'administration centrale...........	169,090
6	Frais d'établissement de la carte d'identité professionnelle à l'usage des voyageurs et représentants de commerce.....................	50,000
7	Frais de correspondance télégraphique.............................	3,500

CHAPITRES SPÉCIAUX.	MINISTÈRES ET SERVICES.	MONTANT des CRÉDITS accordés.
		francs.
8	Achats de livres, abonnements aux revues et journaux.............	30,000
9	Impressions......................................	80,000
10	Traitements du personnel des poids et mesures...................	3,063,200
11	Frais de tournées du personnel des poids et mesures. — Indemnités, secours et allocations diverses....................	662,000
12	Matériel et bureaux des poids et mesures. — Fabrication, entretien des poinçons et dépenses diverses....................	139,500
13	Dépenses du bureau national des poids et mesures et de la commission de métrologie usuelle. — Part contributive de la France dans l'entretien du bureau international des poids et mesures. — Frais de déplacements des membres de la commission de métrologie usuelle....................	13,800
14	Dépenses relatives aux expositions, congrès, etc. — Médailles, prix, etc....................	1,500
15	Exposition internationale des arts décoratifs modernes, Paris 1922....	304,000
16	Offices commerciaux français à l'étranger....................	1,335,000
17	Office national du commerce extérieur....................	1,000,000
18	Attachés et agents commerciaux. — Émoluments du personnel......	2,500,000
19	Attachés et agents commerciaux. — Dépenses d'installation, frais de voyages et dépenses diverses....................	2,721,600
20	Subventions aux chambres de commerce françaises à l'étranger et aux musées commerciaux. — Missions commerciales....................	500,000
21	Récompenses honorifiques aux vieux ouvriers et employés..........	70,000
22	Primes à la filature de la soie....................	1,180,000
23	Frais accessoires occasionnés par l'application du régime des primes à la filature de la soie....................	18,500
24	Avances aux banques populaires (loi du 13 mars 1917)............	Mémoire.
25	Prêts aux petits commerçants et industriels démobilisés (loi du 24 octobre 1919)....................	Mémoire.
26	Frais accessoires occasionnés par l'application du régime des avances aux banques populaires....................	7,200
27	Part contributive de la France dans l'entretien du bureau international institué à Berne pour la protection de la propriété industrielle.....	13,000
28	Dépenses incombant à la France dans l'entretien du bureau international institué à Bruxelles pour la publication des tarifs douaniers....................	26,752
29	Comité consultatif des arts et manufactures....................	25,000
30	Expertises. — Personnel. — Traitements....................	30,000
31	Expertises. — Personnel. — Indemnités....................	13,700
32	Expertises. — Valeurs de douanes. — Matériel....................	41,100
33	Frais de surveillance de sociétés et établissements divers..........	15,000
34	Office national de la propriété industrielle. — Subvention pour les dépenses de matériel et les dépenses diverses de fonctionnement ...	269,000
35	Impressions des brevets d'invention....................	2,200,000
36	Subvention à l'office des matières premières utilisées en droguerie, en distillerie et en parfumerie....................	50,000
37	Attribution aux personnels civils de l'État d'allocations pour charges de famille....................	100,000
38	Indemnité exceptionnelle de cherté de vie....................	147,000
39	Avances remboursables aux fonctionnaires en instance de pension (application de l'article 28 de la loi du 31 décembre 1920)..........	3,000
40	Emploi de fonds provenant de legs ou de donations....................	Mémoire.
41	Dépenses des exercices périmés non frappées de déchéance..........	Mémoire.
42	Dépenses des exercices 1914 (créances visées par les lois des 29 juin et 29 novembre 1915)....................	Mémoire.
43	Dépenses des exercices clos....................	Mémoire.
	TOTAL....................	18,836,502

SERVICES D'ALSACE ET DE LORRAINE.

CHAPITRES SPÉCIAUX.	MINISTÈRES ET SERVICES.	MONTANT des CRÉDITS accordés.
	3ᵉ PARTIE. — *Services généraux des ministères.*	
44	Personnel du service du commerce et de l'industrie. — Allocations diverses....................	66,900
45	Matériel et dépenses diverses du service du commerce et de l'industrie.	10,350

CHAPITRES SPÉCIAUX.	MINISTÈRES ET SERVICES.	MONTANT des CRÉDITS accordés.
		francs.
46	Personnel du service des poids et mesures. — Allocations diverses.....	283,000
47	Matériel du service des poids et mesures...........................	50,000
48	Personnel du service du ravitaillement civil. — Frais de déplacements et de déménagements........	40,000
49	Matériel et dépenses diverses du service du ravitaillement...........	3,050
	Total........................	453,300
	Total des dépenses ordinaires.................	19,289,802

Titre II. — Dépenses extraordinaires.

3ᵉ Partie. — *Services généraux des ministères.*

CHAPITRES SPÉCIAUX.	MINISTÈRES ET SERVICES.	MONTANT des CRÉDITS accordés.
A	Indemnités spéciales aux fonctionnaires en résidence dans des localités dévastées............	30,000
B	Services des essences et pétroles. — Traitements et soldes du personnel civil et militaire............	229,600
C	Service des essences et pétroles. — Indemnités diverses et frais de missions................	14,400
D	Service des essences et pétroles. — Matériel............	56,000
E	Service des essences et pétroles. — Indemnité exceptionnelle de cherté de vie............	9,360
	Total des dépenses extraordinaires..............	339,360

RÉCAPITULATION.

	MINISTÈRES ET SERVICES.	MONTANT des CRÉDITS accordés.
	Titre Iᵉʳ. — Dépenses ordinaires...................	19,289,802
	Titre II. — Dépenses extraordinaires.................	339,360
	Total pour la 1ʳᵉ section (commerce et industrie)...	19,629,162

2ᵉ Section. — Liquidation des stocks et ravitaillement général.

Titre II. — Dépenses extraordinaires.

3ᵉ Partie. — *Services généraux des ministères.*

CHAPITRES SPÉCIAUX.	MINISTÈRES ET SERVICES.	MONTANT des CRÉDITS accordés.
A	Traitement du sous-secrétariat d'État............	20,000
B	Frais de voiture du sous-secrétariat d'État............	12,500
C	Indemnités au cabinet du sous-secrétaire d'État..............	12,000
D	Liquidation des stocks. — Personnel............	200,000
E	Liquidation des stocks. — Matériel............	80,000
F	Liquidation des stocks. — Frais d'exploitation et de vente............	2,500,000
G	Liquidation des stocks. — Payement du montant des transactions en cas de résolution de contrat............	500,000
H	Service du ravitaillement. — Traitement du personnel de l'administration centrale............	1,200,000
I	Service du ravitaillement. — Indemnités spéciales. — Travaux extraordinaires. — Indemnités de résidence. — Indemnités pour charges de famille............	61,000
J	Service du ravitaillement. — Frais d'enquêtes, de missions et de déplacements............	200,000
K	Service du ravitaillement. — Matériel et dépenses diverses de l'administration centrale............	200,000
L	Service du ravitaillement. — Frais de correspondance télégraphique.	5,000
M	Service du ravitaillement. — Bureaux permanents. — Régie des ports, magasins, manutentions et personnel............	1,707,500

CHAPITRES SPÉCIAUX.	MINISTÈRES ET SERVICES.	MONTANT des CRÉDITS accordés.
		francs.
N	Service du ravitaillement. — Service des recherches...............	1,800,000
O	Service du ravitaillement. — Réparations locatives..................	100,000
P	Indemnité exceptionnelle de cherté de vie......................	104,400
Q	Emploi de fonds provenant de legs ou de donations................	Mémoire.
R	Dépenses des exercices périmés non frappées de déchéance	Mémoire.
S	Dépenses de l'exercice 1914 (créances visées par les lois des 29 juin et 29 novembre 1915)	Mémoire.
T	Dépenses des exercices clos	Mémoire.
	TOTAL pour la 2ᵉ section (liquidation des stocks).	8,702,400

RÉCAPITULATION.

	1ʳᵉ section. — Commerce et industrie.....................	19,629,162
	2ᵉ section. — Liquidation des stocks.....................	8,702,400
	TOTAL pour le ministère du commerce et de l'industrie.	23,331,562

MINISTÈRE DU TRAVAIL.

Titre Iᵉʳ. — Dépenses ordinaires.

3ᵉ PARTIE. — *Services généraux des Ministères.*

1	Traitements du Ministre et du personnel de l'administration centrale .	1,296,300
2	Indemnités, allocations diverses, secours au personnel de l'administration centrale.	270,530
3	Traitements du personnel de service de l'administration centrale......	189,750
4	Indemnités, allocations diverses, secours au personnel de service de l'administration centrale...	41,380
5	Matériel et dépenses diverses de l'administration centrale...........	187,500
6	Frais de correspondance télégraphique.....................	5,000
7	Achats de livres; abonnements aux revues et journaux.............	14,700
8	Impressions...	143,850
9	Conseil supérieur du travail	14,000
10	Office du travail. — Personnel. — Traitements....................	58,000
11	Office du travail. — Frais de missions et indemnités diverses........	23,510
12	Participation de la France au fonctionnement de l'organisme permanent pour la réglementation internationale du travail............	100,000
13	Association nationale française pour la protection légale des travailleurs. — Laboratoires d'études sur le travail professionnel. — Association internationale pour la lutte contre le chômage	11,500
14	Fonds national de chômage...........................	5,000,000
15	Subventions aux caisses de secours contre le chômage involontaire...	150,000
16	Subvention aux bureaux publics de placement..................	1,500,000
17	Office central de la main-d'œuvre nationale. — Services de contrôle technique et de compensation régionale et interrégionale. — Dépenses de personnel de l'office central et des services régionaux....	451,000
18	Office central de la main-d'œuvre nationale. — Service de contrôle technique et de compensation régionale et interrégionale. — Frais de tournées. — Indemnités..............................	90,000
19	Office central de la main-d'œuvre nationale. — Service de contrôle technique et de compensation régionale et interrégionale. — Dépenses de matériel..............................	225,000
20	Services de la main-d'œuvre étrangère. — Service central. — Missions de recrutement à l'étranger. — Services d'immigration et de contrôle à l'intérieur. — Dépenses de personnel du service central et des centres de dépôt et de contrôle de province..................	403,000
21	Services de la main-d'œuvre étrangère. — Service central. — Missions de recrutement à l'étranger. — Services d'immigration et de contrôle à l'intérieur. — Frais de missions à l'étranger. — Frais de tournées à l'intérieur. — Indemnités diverses. — Heures supplémentaires. — Secours..............................	75,000

CHAPITRES SPÉCIAUX.	MINISTÈRES ET SERVICES.	MONTANT des CRÉDITS accordés.
		francs.
22	Services de la main-d'œuvre étrangère. — Service central. — Missions de recrutement à l'étranger. — Services d'immigration et de contrôle à l'intérieur. — Dépenses de matériel..................	500,000
23	Inspection du travail. — Personnel. — Traitements...............	1,335,000
24	Inspection du travail. — Personnel — Indemnités........	700,000
25	Inspection du travail. — Matériel....................	6,000
26	Délégués à la sécurité des ouvriers mineurs. -- Indemnités..........	1,872,000
27	Délégués à la sécurité des ouvriers mineurs. — Dépenses non recouvrables sur les exploitants...............	16,000
28	Frais de fonctionnement de la commission centrale des salaires des ouvrières à domicile dans l'industrie du vêtement...............	7,000
29	Encouragements et médailles aux syndicats professionnels...........	15,000
30	Encouragements aux sociétés ouvrières de production et de crédit....	800,000
31	Subventions aux fédérations de sociétés ouvrières de production et de crédit...............	15,000
32	Encouragements aux sociétés et unions de sociétés coopératives de consommation................	Mémoire.
33	Conseil supérieur de la coopération..............	10,000
34	Allocations viagères et bonifications des assurés obligatoires et facultatifs.....	113,420,000
35	Majorations des versements des assurés facultatifs....	1,500,000
36	Allocations au décès................	3,250,000
37	Allocations de gestion et allocations forfaitaires.....	6,050,000
38	Administration du service des retraites dans les départements et les communes. — Indemnités et remises	5,285,240
39	Administration du service des retraites dans les départements et les communes. — Impressions diverses et fabrication des timbres-retraite................	653,000
40	Contrôleurs des retraites ouvrières et paysannes. — Traitements.....	52,000
41	Contrôleurs des retraites ouvrières et paysannes. — Frais de tournées et indemnités de résidence...............	36,800
42	Conseil supérieur des retraites ouvrières et paysannes et commission consultative d'invalidité.............	6,200
43	Invalidité, frais de visites et certificats médicaux...............	7,000
44	Avances remboursables aux caisses d'assurances pour frais de premier établissement...............	5,000
45	Caisse nationale des retraites pour la vieillesse. — Bonifications sur les pensions................	Mémoire.
46	Bonifications aux pensions de retraite....	600,000
47	Contribution annuelle de l'État au fonds spécial de la caisse autonome des retraites des ouvriers mineurs...............	5,700,000
48	Médailles aux vieux serviteurs attachés à la personne.	11,000
49	Contrôle des sociétés d'assurances contre les accidents du travail. — Personnel................	571,651
50	Contrôle des sociétés d'assurances contre les accidents du travail. — Frais de tournées et indemnités diverses................	79,400
51	Contrôle des sociétés d'assurances contre les accidents du travail. — Matériel................	65,000
52	Contrôle des sociétés d'assurances sur la vie, des sociétés de capitalisation et des sociétés d'épargne. — Personnel....	403,000
53	Contrôle des sociétés d'assurances sur la vie, des sociétés de capitalisation et des sociétés d'épargne. — Frais de tournées et indemnités diverses................	73,000
54	Contrôle des sociétés d'assurances sur la vie, des sociétés de capitalisation et des sociétés d'épargne. — Matériel.......	45,120
55	Surveillance des opérations de réassurances et d'assurances directes. — Personnel................	63,600
56	Surveillance des opérations de réassurances et d'assurances directes. — Frais de tournées et indemnités diverses...............	12,200
57	Surveillance des opérations de réassurances et d'assurances directes. — Matériel................	18,430
58	Statistique générale de la France et service d'observation des prix. — Personnel................	680,400
59	Statistique générale de la France et service d'observation des prix. — Indemnités diverses, secours au personnel, missions à l'étranger..	138,200
60	Matériel des services de la statistique générale de la France et de l'observation des prix....,...............	172,750

CHAPITRES SPÉCIAUX.	MINISTÈRES ET SERVICES.	MONTANT des CRÉDITS accordés.
		francs.
61	Subvention à l'office permanent de l'institut international de statistique..	10,000
62	Attribution aux personnels civils de l'État d'allocations pour charges de famille..	180,000
63	Indemnité exceptionnelle d'echerté de vie...........................	460,000
64	Avances remboursables aux fonctionnaires en instance de pension (application de l'article 28 de la loi du 31 décembre 1920)...........	15,000
65	Frais de fonctionnement du fonds spécial de prévoyance des blessés de la guerre victimes d'accidents du travail........................	Mémoire.
66	Emploi de fonds provenant de legs ou de donations.................	Mémoire.
67	Dépenses des exercices périmés non frappées de déchéance..........	Mémoire.
68	Dépenses de l'exercice 1914 (créances visées par les lois des 29 juin et 29 novembre 1915...	Mémoire.
69	Dépenses des exercices clos.......................................	Mémoire.
70	Rappels d'arrérages, allocations et bonifications des retraites ouvrières et paysannes...	Mémoire.
	Total...	155,180,611

SERVICES D'ALSACE ET DE LORRAINE.

3e Partie. — Services généraux des ministères.

71	Personnel de l'administration du travail. — Allocations diverses. — Secours..	260,000
72	Matériel et dépenses diverses de l'administration du travail.........	7,000
73	Frais généraux de l'office régional de placement de Strasbourg......	16,900
74	Matériel de l'administration départementale du travail. — Subventions aux caisses de secours de chômage et aux bureaux publics de placement. — Fonds général de chômage.............................	509,000
75	Personnel de l'inspection du travail. — Indemnités et allocations diverses..	440,800
76	Dépenses d'encouragement aux syndicats professionnels et subventions aux sociétés d'habitations à bon marché..........................	150,000
77	Personnel de l'office de statistique. — Allocations diverses.........	99,500
78	Matériel et dépenses diverses de l'office de statistique..............	70,000
79	Personnel de l'office général des assurances sociales. — Indemnités et allocations diverses. — Secours................................	420,500
80	Matériel et dépenses diverses de l'office général des assurances sociales...	3,097,500
81	Personnel des offices supérieurs d'assurances. — Allocations diverses..	120,000
82	Matériel et dépenses diverses des offices supérieurs d'assurances....	20,000
83	Dépenses de personnel des offices d'assurances....................	11,000
84	Frais de procédure des offices d'assurances	45,000
85	Personnel des instituts d'assurances. — Frais de déplacements.......	76,000
	Total...	5,343,800
	Total des dépenses extraordinaires..............	160,524,411

Titre II. — Dépenses extraordinaires.

8e Partie. — Services généraux des ministères.

A	Salaires des auxiliaires recrutés en vue de l'application de la loi du 7 avril 1918, dispensant des versements prescrits par la loi du 5 avril 1910 sur les retraites ouvrières et paysannes les assurés habitant les régions envahies et en vue de l'application de la loi du 6 août 1920, régularisant la situation des assurés qui ont opéré irrégulièrement leurs versements pendant la durée de la guerre........	60,530
B	Attributions aux personnels civils de l'État d'allocation pour charges de famille..	1,800

CHAPITRES SPÉCIAUX.	MINISTÈRES ET SERVICES.	MONTANT des CRÉDITS accordés.
		francs.
C	Matériel des services organisés pour l'application de la loi du 7 avril 1910 sur les retraites ouvrières et paysannes les assurés habitant les régions envahies et en vue de l'application de la loi du 6 août 1920 régularisant la situation des assurés qui ont opéré irrégulièrement leurs versements pendant la durée de la guerre..........	3,000
D	Indemnités spéciales aux fonctionnaires en résidence dans des localités dévastées..........	135,000
E	Indemnité exceptionnelle de cherté de vie..........	4,500
	TOTAL des dépenses extraordinaires..........	204,830
	RÉCAPITULATION.	
	Titre Ier. — Dépenses ordinaires..........	160,524,411
	Titre II. — Dépenses extraordinaires..........	204,830
	TOTAL pour le Ministère du travail..........	160,729,241

MINISTÈRE DES COLONIES.

Titre Ier. — Dépenses ordinaires.

3e PARTIE. — *Services généraux des Ministères.*

Titre Ier. — Dépenses civiles.

1re SECTION. — DÉPENSES D'INTÉRÊT COMMUN.

1	Traitements du ministre et du personnel civil de l'administration centrale..........	1,603,680
2	Personnel militaire de l'administration centrale..........	775,700
3	Traitements et salaires des agents de service de l'administration centrale..........	307,935
4	Personnel de l'administration centrale. — Indemnités et allocations diverses..........	393,040
5	Administration centrale. — Contrôle des chemins de fer coloniaux....	30,200
6	Matériel de l'administration centrale..........	235,000
7	Frais d'impression, publication de documents et abonnements.......	110,000
8	Frais du service télégraphique..........	600,000
9	Service administratif dans les ports de commerce de la métropole. — Personnel..........	460,000
10	Service administratif dans les ports de commerce de la métropole. — Indemnités, suppléments et allocations diverses..........	95,600
11	Service administratif dans les ports de commerce de la métropole. — Matériel..........	35,000
12	Inspection des colonies..........	595,600
13	Solde des inspecteurs généraux des colonies du cadre de réserve......	93,446
14	Traitement de disponibilité des gouverneurs et des secrétaires généraux..........	12,200
15	Secours..........	30,600
16	Contribution de l'État aux dépenses de l'agence générale des colonies..........	300,000
17	Institutions agricoles, commerciales et industrielles..........	410,000
18	Bourses à titre remboursable et subvention à l'école coloniale..........	270,500
19	Missions scientifiques et commerciales dans les colonies et d'intérêt colonial à l'étranger..........	40,000
20	Missions de délimitation en Afrique équatoriale française..........	817,816
21	Subventions à diverses compagnies pour les câbles sous-marins.......	57,500
22	Contribution de l'État aux frais d'exploitation du réseau de T. S. F. aux colonies..........	250,000

CHAPITRES SPÉCIAUX.	MINISTÈRES ET SERVICES.	MONTANT des CRÉDITS accordés.
		francs.
23	Service des phares à Saint-Pierre et Miquelon. — Personnel..........	52,000
24	Service des phares à Saint-Pierre et Miquelon. — Matériel	65,000
25	Participation de l'État aux frais de construction de l'hôpital-sanatorium de Marseille...........	20,000
26	Attribution aux personnels civils de l'État d'allocations temporaires pour charges de famille...........	150,540
27	Indemnité exceptionnelle de cherté de vie au personnel civil........	300,000
28	Avances remboursables aux fonctionnaires en instance de pension (application de l'article 28 de la loi du 31 décembre 1920)...........	30,000
29	Indemnité exceptionnelle de cherté de vie au personnel militaire de l'administration centrale...........	3,000
30	Emploi de fonds provenant de legs ou de donations...............	Mémoire.
	2ᵉ SECTION. — SUBVENTIONS TEMPORAIRES AUX BUDGETS LOCAUX ET À DIVERS CHEMINS DE FER COLONIAUX.	
31	Subvention au budget local de Saint-Pierre et Miquelon.....	245,000
32	Subvention au budget local des établissements français d'Océanie..	171,000
33	Subvention au budget du protectorat des îles Wallis.............	22,500
34	Subvention au budget spécial des Nouvelles-Hébrides.............	325,000
35	Subvention extraordinaire au budget général de l'Afrique équatoriale française pour le service de l'emprunt autorisé par la loi du 14 juillet 1909...	949,237
36	Subvention extraordinaire au budget général de l'Afrique équatoriale française pour le service de l'emprunt autorisé par la loi du 31 juillet 1914 modifiée par celle du 8 août 1920...........	Mémoire.
37	Contribution de l'État aux dépenses des services hospitaliers dans certaines colonies...........	57,000
38	Subvention au budget général de l'Afrique équatoriale française pour organiser la lutte contre la maladie du sommeil...........	500,000
39	Contribution de l'État aux dépenses du service de l'inscription maritime dans certaines colonies...........	118,700
40	Subvention exceptionnelle à l'Afrique équatoriale française...........	4,000,000
41	Garantie d'intérêts à la compagnie du chemin de fer franco-éthiopien...........	5,559,000
42	Subvention au budget annexe du chemin de fer et du port de la Réunion...........	2,334,900
43	Frais de change afférents aux dépenses du chemin de fer et du port de la Réunion payables dans la métropole...........	Mémoire.
44	Chemin de fer de Dakar à Saint-Louis. — Garantie d'intérêts	Mémoire.
45	Chemin de fer de Dakar à Saint-Louis. — Avances de l'État........	632,500
46	Frais de contrôle local des chemins de fer coloniaux...............	85,000
	TOTAL...........	23,142,994

Titre II. — Dépenses militaires.

CHAPITRES SPÉCIAUX.	MINISTÈRES ET SERVICES.	MONTANT des CRÉDITS accordés.
47	Solde des troupes aux colonies (groupe du Pacifique)	557,703
48	Solde des troupes aux colonies (groupe des Antilles).....	1,250,297
49	Solde des troupes aux colonies (groupe de l'Afrique occidentale française)...........	29,500,000
50	Solde des troupes aux colonies (groupe indo-chinois)...........	44,500,000
51	Solde des troupes aux colonies (groupe de l'Afrique orientale)......	11,000,000
52	Troupes d'occupation de l'Afrique équatoriale...........	9,160,000
53	Dépenses d'occupation du Cameroun et du Togo...........	4,943,000
54	Personnel de l'intendance des troupes coloniales....	4,340,000
55	Personnel du service hospitalier...........	4,400,000
56	Frais de route et de passage du personnel militaire.............	10,200,000
57	Frais de rapatriment à l'intérieur des tirailleurs libérés.............	500,000
58	Remonte et harnachement	1,200,000
59	Vivres et fourrages (groupe du Pacifique)...........	211,825
60	Vivres et fourrages (groupe des Antilles)...........	608,175
61	Vivres et fourrages (groupe de l'Afrique occidentale française)......	12,500,000
62	Vivres et fourrages (groupe indo-chinois)...........	12,500,000
63	Vivres et fourrages (groupe de l'Afrique orientale)...........	2,900,000

CHAPITRES SPÉCIAUX.	MINISTÈRES ET SERVICES.	MONTANT des CRÉDITS accordés.
		francs.
64	Matériel du service de santé	8,000,000
65	Habillement, campement et couchage	13,800,000
66	Services divers (loyers, ameublements, etc.)	250,000
67	Allocations aux militaires soutiens de famille	200,000
68	Allocations diverses au personnel subalterne des services militaires aux colonies	12,000
69	Service de l'artillerie et des constructions militaires (groupe du Pacifique)	88,700
70	Service de l'artillerie et des constructions militaires (groupe des Antilles)	146,300
71	Service de l'artillerie et des constructions militaires (groupe de l'Afrique occidentale française)	2,150,000
72	Service de l'artillerie et des constructions militaires (groupe indo-chinois)	3,600,000
73	Service de l'artillerie et des constructions militaires (groupe de l'Afrique orientale)	900,000
74	Service de l'artillerie et des constructions militaires (groupe de l'Afrique équatoriale française)	610,000
75	Matériel de télégraphie et de radiotélégraphie militaires	80,000
76	Aéronautique militaire en Afrique occidentale française	1,939,000
77	Aéronautique militaire en Indo-Chine	3,052,000
	TOTAL	185,099,000

Titre III. — Services pénitentiaires.

CHAPITRES SPÉCIAUX.	MINISTÈRES ET SERVICES.	MONTANT des CRÉDITS accordés.
78	Administration pénitentiaire. — Personnel. — Traitements	4,200,164
79	Administration pénitentiaire. — Personnel. — Indemnités et allocations diverses	1,170,000
80	Administration pénitentiaire. — Secours	14,400
81	Administration pénitentiaire. — Frais de police secrète	5,350
82	Administration pénitentiaire. — Hôpitaux	640,000
83	Administration pénitentiaire. — Vivres	4,356,000
84	Administration pénitentiaire. — Habillement et couchage	626,000
85	Administration pénitentiaire. — Frais de transport	1,809,400
86	Administration pénitentiaire. — Matériel	675,000
	TOTAL	13,496,314

Titre IV. — Dépenses des exercices clos et périmés.

CHAPITRES SPÉCIAUX.	MINISTÈRES ET SERVICES.	MONTANT des CRÉDITS accordés.
87	Dépenses des exercices périmés non frappées de déchéance	Mémoire.
88	Dépenses des exercices 1914. (Créances visées par les lois des 29 juin et 29 novembre 1915)	Mémoire.
89	Dépenses des exercices clos	Mémoire.
90	Rappels de dépenses payables sur revues antérieures à l'exercice 1921 et non frappées de déchéance	Mémoire.

RÉCAPITULATION.

Titre I.	— Dépenses civiles	23,142,994
Titre II.	— Dépenses militaires	185,099,000
Titre III.	— Services pénitentiaires	13,496,314
Titre IV.	— Dépenses des exercices clos et périmés	Mémoire.
	TOTAL pour les dépenses ordinaires	221,738,308

Titre II. — Dépenses extraordinaires.

—

3ᵉ PARTIE. — *Services généraux des ministères.*

CHAPITRES SPÉCIAUX.	MINISTÈRES ET SERVICES.	MONTANT des CRÉDITS accordés.
A	Remises de frais d'études, bourses et indemnités de première mise d'équipement aux démobilisés élèves de l'école coloniale et de l'école nationale supérieure d'agriculture coloniale	70,400
B	Indemnités de démobilisation	500,000

CHAPITRES spéciaux.	MINISTÈRES ET SERVICES.	MONTANT des CRÉDITS accordés.
		francs.
C	Service de l'artillerie et des constructions militaires en Afrique occidentale française. — Sanatorium de Sebikotane........	500,000
D	Service de l'artillerie, — Reconstitution de l'armement et des moyens de transport en Afrique occidentale française....................	350,000
E	Service de l'artillerie. — Reconstitution de l'armement et des moyens de transport en Indo-Chine....	1,050,000
F	Service de l'artillerie. — Reconstitution de l'armement en Afrique équatoriale française...	67,000
G	Service de l'artillerie. — Reconstitution de l'armement en Afrique orientale........	212,000
H	Construction des postes intercoloniaux de télégraphie sans fil.........	12,000,000
	TOTAL pour les dépenses extraordinaires......	15,358,400

RÉCAPITULATION.

	Titre Ier. -- Dépenses ordinaires	221,738,308
	Titre II. — Dépenses extraordinaires...........................	15,358,400
	TOTAL pour le ministère des colonies........	237,096,708

MINISTÈRE DE L'AGRICULTURE.

3ᵉ PARTIE. — *Services généraux des ministères.*

CHAPITRES spéciaux.	MINISTÈRES ET SERVICES.	MONTANT
1	Traitements du Ministre et du sous-secrétaire d'État. — Personnel de l'administration centrale....................................	2,292,000
2	Indemnités et allocations diverses, secours au personnel de l'administration centrale; travaux extraordinaires, frais de déplacements.	445,000
3	Personnel de service de l'administration centrale................. ...	228,350
4	Indemnités et allocations diverses, secours au personnel de service de l'administration centrale....................	65,400
5	Matériel et dépenses diverses de l'administration centrale...........	254,060
6	Impressions de l'administration centrale et des services extérieurs, souscriptions aux publications, abonnements, autographies, reliures..	325,000
7	Mérite agricole et médailles agricoles..................	20,000
8	Dépenses de surveillance, de contrôle et de vérification des opérations des sociétés de courses............................	1,000
9	Participation de la France aux dépenses de l'institut international d'agriculture à Rome....................................	100,000
10	Traitement et frais de représentation du délégué de la France au comité permanent de l'institut international d'agriculture à Rome..	40,000
11	Traitements des inspecteurs généraux de l'agriculture et du personnel du secrétariat de l'inspection générale de l'agriculture...........	230,000
12	Indemnités, frais de tournées et de déplacements des inspecteurs généraux de l'agriculture et frais de fonctionnement du secrétariat de l'inspection générale de l'agriculture..........................	130,000
13	Traitements des directeurs des services agricoles et professeurs d'agriculture...	2,572,500
14	Indemnités, frais de tournées, de déplacements et de secrétariat des directeurs des services agricoles et professeurs d'agriculture......	715,000
15	Personnel de l'enseignement ménager............................	132,650
16	Matériel de l'enseignement ménager. (Participation de l'État à la création et au fonctionnement des écoles ménagères.)..........	749,560
17	Personnel de l'institut national agronomique.......................	535,500
18	Personnel des sections d'application de l'institut national agronomique et des divers établissements d'enseignement agricole.............	235,000
19	Part contributive de l'État dans les dépenses de matériel de l'institut national agronomique..	155,000
20	Matériel des sections d'application de l'institut national agronomique et des divers établissements d'enseignement agricole.......... ...	240,000
21	Personnel des écoles nationales d'agriculture......................	1,150,000

CHAPITRES SPÉCIAUX.	MINISTÈRES ET SERVICES.	MONTANT des CRÉDITS accordés.
		francs.
22	Part contributive de l'État dans les dépenses de matériel des écoles nationales d'agriculture	520,900
55	Personnel des écoles spéciales d'agriculture............................	325,000
24	Matériel des écoles spéciales d'agriculture............................	236,600
25	Personnel des écoles d'agriculture, fermes-écoles, établissements divers et stations agricoles...	2,690,000
26	Matériel des écoles d'agriculture, fermes-écoles, établissements divers, etc. — Enseignement et institutions subventionnés................	695,000
27	Indemnités et allocations diverses, frais de déplacement du personnel des établissements d'enseignement agricole et d'élevage, établissements divers. — Participation de l'État dans les dépenses de fonctionnement des écoles d'agriculture d'hiver et de l'enseignement agricole post-scolaire..	1,350,000
28	Service de la main-d'œuvre agricole. — Service central. — Services départementaux. — Sections d'immigration. — Bureau d'immigration. — Missions de recrutement à l'étranger, transports et hébergement des travailleurs étrangers...................................	350,000
29	Encouragement à la création de centre d'apprentissage agricole.......	190,000
30	Encouragements à l'agriculture......................................	4,600,000
31	Missions	60,000
32	Subventions aux offices agricoles départementaux et régionaux	16,000,000
33	Primes à la sériciculture. — Frais de répartition et de contrôle et allocations diverses aux agents des préfectures......................	2,000,000
34	Inspection phytopathologique..	40,000
35	Surveillance et contrôle des opérations de grainage des vers a soie...	90,000
36	Traitements des inspecteurs généraux et des inspecteurs des associations agricoles et des institutions de crédit et du personnel du secrétariat et du service technique de l'inspection générale.............	166,500
37	Frais de déplacements, de missions et indemnités aux inspecteurs généraux et inspecteurs des associations agricoles et des institutions de crédit, secours, frais de fonctionnement du secrétariat et du service technique...	72,000
38	Allocations mises à la charge de l'État par l'article 6 de la loi du 9 avril 1918 sur les prêts aux pensionnés militaires et victimes civiles de la guerre..	10,000
39	Subventions aux sociétés d'assurances mutuelles agricoles...........	1,300,000
40	Consommations en nature (établissements agricoles).................	190,000
41	Traitements du personnel enseignant et divers des écoles nationales vétérinaires...	934,200
42	Traitements du personnel subalterne des écoles nationales vétérinaires.	467,250
43	Indemnités et allocations diverses au personnel des écoles nationales vétérinaires..	218,000
44	Matériel des écoles nationales vétérinaires..........................	1,035,000
45	Service des hôpitaux et de la clinique dans les écoles nationales vétérinaires...	260,000
46	Traitements du personnel des services sanitaires vétérinaires........	225,120
47	Services sanitaires vétérinaires. — Frais de tournées et dépenses diverses...	275,000
48	Services départementaux des épizooties.............................	1,314,500
49	Indemnités pour abatage d'animaux ; inoculations préventives effectuées par mesure administrative....................................	100,000
50	Institut de recherches agronomiques. — Traitements du personnel des laboratoires de recherche sur les maladies des animaux. — Stations agronomiques et laboratoires agricoles. — Stations et laboratoires de recherches sur les maladies des plantes. — Station annexées aux établissements d'enseignement....................................	1,276,000
51	Institut de recherches anatomiques. — Indemnités ; secours, travaux extraordinaires, frais de déplacement, missions du personnel des laboratoires de recherches sur les maladies des animaux. — Stations agronomiques et laboratoires agricoles. — Stations et laboratoires de recherches sur les maladies des plantes. — Stations annexées aux établissements d'enseignement.....................................	218,200
52	Institut de recherches agronomiques. — Subventions sur les dépenses de matériel et les dépenses diverses de fonctionnement	2,000,000
53	Suppléments de traitements non soumis à retenues accordés aux personnels chargés de l'enseignement et des recherches scientifiques dépendant du ministère de l'agriculture..............................	1,800,000

CHAPITRES SPÉCIAUX.	MINISTÈRES ET SERVICES.	MONTANT des CRÉDITS accordés.
		francs.
54	Personnel de l'inspection et du secrétariat de la répression des fraudes..	746,000
55	Frais de tournée des inspecteurs de la répression des fraudes ; secours, indemnités aux inspecteurs et employés du secrétariat d'inspection..	435,700
56	Frais de prélèvements et allocations diverses aux agents de prélèvement et aux agents des préfectures. — Matériel et frais d'impression du secrétariat d'inspection..	740,000
57	Frais d'inspection des établissements de produits médicamenteux ou hygiéniques et des eaux minérales..	235,000
58	Importation des semences fourragères..	30,000
59	Surveillance des fabriques de margarine et d'oléo-margarine........	219,000
60	Traitements du personnel des haras..	850,000
61	Frais de tournées et de missions du personnel des haras............	230,000
62	Indemnités et allocations diverses, secours au personnel des haras....	25,000
63	Traitements des sous-agents des haras..	5,850,000
64	Allocations, indemnités de monte, secours aux sous-agents des haras..	525,000
65	Soins et médicaments aux sous-agents des haras....................	54,000
66	Habillement des sous-agents des haras..	360,000
67	Bâtiments du service des haras. — Grosses réparations. — Réparations d'entretien. — Frais de culture..	570,000
68	Frais de bureau, achat d'imprimés et de publications diverses........	80,000
69	Frais de conduite, frais de monte, salaires (haras)................	650,000
70	Ferrure, sellerie, soins et médicaments aux chevaux. — Subventions à diverses écoles de maréchalerie..	400,000
71	Nourriture des animaux (haras)..	8,000,000
72	Consommations en nature (haras)..	150,000
73	Remonte des haras..	10,000
74	Encouragements à l'industrie chevaline..	500,000
75	Encouragements à l'industrie mulassière..	150,000
76	Personnel du service de l'hydraulique et du génie rural............	2,500,000
77	Indemnités, secours et allocations de toute nature au personnel de l'hydraulique et du génie rural..	467,000
78	Police et surveillance de l'aménagement des eaux..................	350,000
79	Études et travaux d'hydraulique et de génie rural à la charge de l'État..	3,600,000
80	Consommations en nature.— Domaine national de Casabianda (Corse) .	50,000
81	Subventions pour études et travaux d'hydraulique et de génie rural.— Encouragements au drainage. — Assainissement des marais communaux. — Encouragements pour la remise en état des cours d'eau...	8,000,000
82	Allocations et subventions à diverses institutions concernant l'hydraulique et le génie rural. — Enseignement à l'école supérieure du génie rural..	1,000,000
83	Garanties d'intérêts aux entreprises d'hydraulique agricole..........	1,000,000
84	Surveillance et contrôle des compagnies concessionnaires de travaux d'hydraulique agricole..	20,000
85	Attribution aux personnels civils de l'État d'allocations pour charges de famille..	3.500,000
86	Indemnité exceptionnelle de cherté de vie..	3,625,000
87	Avances remboursables aux fonctionnaires en instance de pension (application de l'article 28 de la loi du 31 décembre 1920)............	160,000
88	Frais de correspondance télégraphique..	50,000
89	Emploi de fonds provenant de legs ou de donations................	Mémoire.
90	Frais de fonctionnement de la commission de répartition des fonds du pari mutuel destinés aux travaux communaux d'adduction d'eau potable..	Mémoire.
91	Emploi de fonds provenant du prélèvement du pari mutuel et destiné aux établissements d'enseignement agricole par application de la loi du 5 août 1920	Mémoire.
92	Dépenses des exercices périmés non frappées de déchéance..........	Mémoire.
93	Dépenses de l'exercice 1914 (créances visées par les lois des 29 juin et 29 novembre 1915)..	Mémoire.
94	Dépenses des exercices clos..	Mémoire.
	TOTAL pour la 3ᵉ partie..	96,666,990

CHAPITRES SPÉCIAUX.	MINISTÈRES ET SERVICES.	MONTANT des CRÉDITS accordés.
		francs.
	4ᵉ PARTIE. — *Frais de régie, de perception et d'exploitation des impôts et revenus publics.*	
95	Personnel des officiers des eaux et forêts dans les départements......	5,500,000
96	Personnel des préposés domaniaux dans les départements...........	28,470,000
97	Bonification des pensions de retraite des brigadiers et gardes communaux. — Secours au personnel communal..................	215,000
98	Indemnités diverses aux officiers et préposés de tout ordre. — Rétribution d'auxiliaires. — Secours au personnel domanial...........	3,520,000
99	Traitements du personnel de l'enseignement forestier............	255,000
100	Indemnités diverses au personnel de l'enseignement forestier........	180,000
101	Matériel des écoles forestières et de la station de recherches.........	190,000
102	Travaux dans les forêts domaniales et les dunes	1,800,000
103	Restauration et conservation des terrains en montagne. — Reboisements..................	3,100,000
104	Avances aux communes pour la création de chemins forestiers. (Études, examen des projets, avances pour exécution. — Contrôle des travaux.)................	100,000
105	Entretien des parcs de Versailles et de Saint-Cloud............	300,000
106	Améliorations pastorales et forestières. — Parcs nationaux.........	400,000
107	Pêche et pisciculture................	400,000
108	Aménagements et exploitations................	600,000
109	Conservation et régie de bois non soumis au régime forestier........	10,000
110	Entretien des chasses non affermées................	60,000
111	Primes pour la destruction des loups et sangliers. — Destruction des animaux nuisibles à l'agriculture dans les forêts domaniales et spécialement des corbeaux................	200,000
112	Impositions sur les forêts domaniales................	2,500,000
113	Droits d'usage. — Frais d'instances................	45,000
114	Matériel et dépenses diverses du service des eaux et forêts..........	2,000,000
	TOTAL pour la 4ᵉ partie................	49,845,000
	5ᵉ PARTIE. — *Remboursements, restitutions et non-valeurs.*	
115	Remboursements sur produits divers des forêts, etc..............	112,000

SERVICES D'ALSACE ET DE LORRAINE.

CHAPITRES SPÉCIAUX.	MINISTÈRES ET SERVICES.	MONTANT des CRÉDITS accordés.
	3ᵉ PARTIE. — *Services généraux des ministères.*	
116	Personnel du service des améliorations agricoles. — Indemnités et allocations diverses. — Secours................	940,000
117	Matériel et dépenses diverses du service des améliorations agricoles...	900,000
118	Personnel de l'administration de l'agriculture. — Allocations diverses. — Secours................	140,000
119	Matériel et dépenses diverses de l'administration de l'agriculture......	32,000
120	Personnel des services départementaux de l'agriculture. — Allocations diverses................	76,560
121	Matériel des services départementaux de l'agriculture.............	10,000
122	Personnel de l'enseignement agricole. — Indemnités et allocations diverses................	614,000
123	Matériel et dépenses diverses des établissements agricoles	650,000
124	Personnel des services sanitaires vétérinaires. — Allocations diverses. — Secours................	232,560
125	Matériel et dépenses diverses des services sanitaires vétérinaires......	55,000
126	Personnel du haras. — Allocations diverses................	213,000
127	Matériel et dépenses diverses du haras................	290,000
128	Encouragements, subventions et secours agricoles................	325,000
129	Personnel du service de la répression des fraudes. — Frais de tournées, de déplacements et de déménagements................	72,450
130	Matériel et dépenses diverses du service de la répression des fraudes..	60,000
	TOTAL de la 3ᵉ partie................	4,610,570

CHAPITRES SPÉCIAUX.	MINISTÈRES ET SERVICES.	MONTANT des CRÉDITS accordés.
		francs.
	4ᵉ Partie. — *Frais de régie, de perception et d'exploitation des impôts et revenus publics.*	
131	Personnel de l'administration des eaux et forêts. — Indemnités et allocations diverses. — Secours..........................	6,125,000
132	Matériel et dépenses diverses de l'administration des eaux et forêts ...	7,372,000
	Total de la 4ᵉ partie.........................	13,497,000
	RÉCAPITULATION DES DÉPENSES ORDINAIRES.	
	3ᵉ partie. — Services généraux des ministères :	
	Services du ministère de l'agriculture.....................	96,666,990
	Services d'Alsace et de Lorraine........................	4,610,570
	Total pour la 3ᵉ partie.....................	101,277,560
	4ᵉ partie. — Frais de régie, de perception et d'exploitation des impôts et revenus publics :	
	Services du ministère de l'agriculture.....................	49,845,000
	Services d'Alsace et de Lorraine........................	13,497,000
	Total pour la 4ᵉ partie.....................	63,342,000
	5ᵉ partie. — Remboursements, restitutions et non-valeurs : Services du ministère de l'agriculture..........................	112,000
	Total des dépenses ordinaires..................	164,731,560
	II. — Dépenses extraordinaires.	
	3ᵉ Partie. — *Services généraux des ministères.*	
A	Bourses exceptionnelles aux démobilisés élèves des grandes écoles....	200,000
B	Indemnités spéciales aux fonctionnaires en résidence dans les localités dévastées.............................,	1,200,000
	Total pour la 3ᵉ partie.....................	1,400,000
	4ᵉ Partie. — *Frais de régie, de perception et d'exploitation des impôts et revenus publics.*	
C	Acquisition de forêts dévastées et de terrains agricoles ruinés par les faits de la guerre devenus impropres à toute culture autre que la culture forestière et à convertir en bois....................	1,000,000
D	Exploitation en régie des bois incendiés de l'Estérel...............	500,000
E	Frais de contrôle et de répartition des fournitures intéressant le service des eaux et forêts faites par l'Allemagne et cédées aux services publics et aux particuliers....................	100,000
	Total pour la 4ᵉ partie.....................	1,600,000
	SERVICES D'ALSACE ET DE LORRAINE.	
	3ᵉ Partie, — *Services généraux des ministères.*	
F	Achats de forêts séquestrées et de diverses parcelles de forêts........	508,000
G	Régularisation de l'Ill en amont d'Illhausern....................	125,000
H	Subvention pour la régularisation des cours d'eau non navigables et pour les travaux de réparation des dommages occasionnés par les crues de ces cours d'eau. — Régularisation de la Nied française inférieure..........................	150,000
	Total pour la 3ᵉ partie.....................	783,000

CHAPITRES SPÉCIAUX.	MINISTÈRES ET SERVICES.	MONTANT des CRÉDITS accordés.
		francs.
	RÉCAPITULATION DES DÉPENSES EXTRAORDINAIRES.	
	3ᵉ partie. — Services généraux des ministères :	
	Services du ministère de l'agriculture.........................	1,400,000
	Services d'Alsace et de Lorraine...........................	783,000
	Total pour la 3ᵉ partie....................	2,183,000
	4ᵉ partie. — Frais de régie, de perception et d'exploitation des impôts et revenus publics :	
	Services du ministère de l'agriculture.....................	1,600,000
	Total des dépenses extraordinaires............	3,783,000
	RÉCAPITULATION.	
	I. — Dépenses ordinaires.................................	164,731,560
	II. — Dépenses extraordinaires............................	3,784,000
	Total pour le ministère de l'agriculture......	168,514,560
	MINISTÈRE DES TRAVAUX PUBLICS.	
	1ʳᵉ SECTION. — TRAVAUX PUBLICS.	
	I. — Dépenses ordinaires.	
	3ᵉ PARTIE. — *Services généraux des ministères.*	
	I. — Ministre. — Cabinet du ministre. — Personnel et comptabilité. — Frais généraux.	
1	Traitement du Ministre. — Personnel de l'administration centrale...	2,692,000
2	Allocations et indemnités diverses du personnel de l'administration centrale................	539,950
3	Matériel et dépenses diverses de l'administration centrale, des conseils et comités...........................	400,000
4	Restauration des locaux endommagés par l'incendie du 26 février 1919..............................	150,000
5	Impressions et publications de l'administration des travaux publics. — Documents financiers. — Abonnements. — Annales des ponts et chaussées. — Annales des mines. — Achats d'ouvrages et de cartes. — Reliures........................	750,000
6	Personnel des ingénieurs des ponts et chaussées. — Traitements.....	6,731,000
7	Personnel des ingénieurs des ponts et chaussées. — Allocations et indemnités diverses............................	470,000
8	Personnel des ingénieurs et ingénieurs adjoints des travaux publics de l'État. (Service des ponts et chaussées.) — Traitements........	19,450,000
9	Personnel des ingénieurs et ingénieurs adjoints des travaux publics de l'État. (Service des ponts et chaussées.) — Allocations et indemnités diverses...........................	1,251,600
10	Personnel des adjoints techniques et des dames employées des ponts et chaussées. — Traitements............................	12,750,000
11	Personnel des adjoints techniques et des dames employées des ponts et chaussées. — Allocations et indemnités diverses.............	1,345,000
12	Personnel des agents temporaires et auxiliaires des ponts et chaussées. — Salaires.........................	1,000,000
13	Personnel des agents temporaires et auxiliaires des ponts et chaussées. — Allocations et indemnités diverses......................	85,000
14	Subvention à l'École nationale des ponts et chaussées............	600,000
15	Frais généraux du service des ponts et chaussées...............	2,173,000
16	Frais des bureaux des services des ponts et chaussées............	1,450,000
17	Frais de correspondance télégraphique.....................	120,000

CHAPITRES SPÉCIAUX.	MINISTÈRES ET SERVICES.	MONTANT des CRÉDITS accordés.
		francs.
18	Nivellement général de la France. — Traitements du personnel......	27,500
19	Nivellement général de la France. — Indemnités et frais généraux...	30,000
20	Nivellement général de la France. — Matériel et main-d'œuvre......	110,000
21	Indemnités aux gardes-ports sortis de fonctions....................	4,000
22	Secours aux anciens fonctionnaires et agents, aux anciens ouvriers en régie, aux veuves, orphelins, etc. — Subventions à des sociétés ou à des œuvres intéressant le service du ministère..................	400,000
23	Attribution aux personnels civils de l'État d'allocations pour charges de famille.......	5,980,000
24	Indemnité exceptionnelle de cherté de vie....................	3,000,000
24 *bis*	Allocations au personnel des réseaux secondaires d'intérêt général et des chemins de fer d'intérêt local (loi du 10 janvier 1919, art. 5)..	15,000,000
25	Avances remboursables aux fonctionnaires en instance de pension (application de l'article 28 de la loi du 31 décembre 1920)........	150,000
26	Comité de contentieux et comité consultatif de règlement amiable des entreprises de travaux publics et des marchés de fournitures. — Frais judiciaires autres que ceux relatifs aux expropriations et au règlement des travaux.. — Frais de procédure de déchéance et de mise en adjudication des concessions minières inexploitées........	42,000
27	Bonifications des pensions de retraite des agents temporaires et agents auxiliaires assimilés....................	150,000
28	Bonifications des pensions de retraite des cantonniers de l'État.......	1,200,000
29	Médailles aux cantonniers et agents inférieurs de l'administration des travaux publics et aux agents des chemins de fer d'intérêt général............	90,000
30	Emploi de fonds provenant de legs ou de donations..............	Mémoire.
31	Dépenses des exercices périmés non frappées de déchéance.........	Mémoire.
32	Dépenses de l'exercice 1914 (créances visées par les lois des 29 juin et 29 novembre 1915)............	Mémoire.
33	Dépenses des exercices clos....................	Mémoire.
	TOTAL....................	78,141,050

II. — Routes et navigation.

CHAPITRES SPÉCIAUX.	MINISTÈRES ET SERVICES.	MONTANT des CRÉDITS accordés.
34	Routes et ponts. — Entretien et réparations ordinaires..............	109,360,000
35	Entretien des chaussées de Paris....................	3,000,000
36	Routes nationales. — Construction, amélioration et remises en état...	61,000,000
37	Ponts. — Construction et grosses réparations....................	3,000,000
38	Participation de la France dans les dépenses de l'association internationale permanente des congrès de la route....................	15,000
39	Subvention à l'Office national du tourisme....................	550,000
40	Subventions annuelles aux entreprises de services réguliers d'automobiles....................	6,000,000
41	Location et entretien des voitures automobiles pour les besoins des services extérieurs....................	17,000,000
42	Personnel de la navigation intérieure (éclusiers, pontiers, barragistes, etc.). — Traitements et suppléments de traitements.....	11,000,000
43	Personnel de la navigation intérieure (éclusiers, pontiers, barragistes, etc.). — Allocations et indemnités diverses..............	900,000
44	Voies de navigation intérieure. — Rivières et canaux. — Entretien et réparations ordinaires....................	30,000,000
45	Voies de navigation intérieure. — Rivières et canaux. — Établissement, améliorations et réparations extraordinaires..............	58,000,000
46	Frais généraux du service de surveillance de la pêche sur les canaux et cours d'eau navigables canalisés....................	6,000
47	Participation de la France dans les dépenses de l'association internationale permanente des congrès de navigation....................	5,500
48	Travaux de défense contre les eaux....................	1,000,000
	TOTAL....................	300,836,500

CHAPITRES SPÉCIAUX.	MINISTÈRES ET SERVICES.	MONTANT des CRÉDITS accordés.
		francs.
	III. — Ports maritimes.	
49	Personnel des officiers et maîtres de port du service maritime. — Traitements..	1,678,170
50	Personnel des officiers et maîtres de port du service maritime. — Allocations et indemnités diverses............................	322,000
51	Personnel des ports maritimes de commerce (éclusiers, pontiers, etc.). — Traitements et suppléments de traitements...............	2,927,000
52	Personnel des ports maritimes de commerce (éclusiers, pontiers, etc.). — Allocations et indemnités diverses.....................	400,000
53	Personnel des phares et balises. — Traitements et suppléments de traitements...	2,825,000
54	Personnel des phares et balises. — Allocations et indemnités diverses.	489,000
	TOTAL................................	8,641,170
	IV. — Forces hydrauliques et distributions d'énergie électrique.	
55	Frais d'application de la loi du 15 juin 1906 sur les distributions d'énergie électrique. — Personnel de l'administration centrale. — Traitements..	55,275
56	Frais d'application de la loi du 15 juin 1906 sur les distributions d'énergie électrique. — Personnel de l'administration centrale. — Allocations et indemnités diverses.............................	7,450
57	Personnel spécialisé du contrôle des distributions d'énergie électrique. — Traitements...................................	118,800
58	Personnel spécialisé du contrôle des distributions d'énergie électrique. — Allocations et indemnités diverses.....................	12,510
59	Frais généraux du contrôle des distributions d'énergie électrique....	904,190
60	Service des forces hydrauliques. — Personnel de l'administration centrale. — Traitements...	36,250
61	Service des forces hydrauliques. — Personnel de l'administration centrale. — Allocations et indemnités diverses......................	6,700
62	Personnel des forces hydrauliques. — Personnel. — Traitements.....	244,000
63	Service des forces hydrauliques. — Personnel. — Allocations et indemnités diverses...	18,600
64	Service des forces hydrauliques. — Frais généraux..................	150,000
65	Service des forces hydrauliques. — Études et recherches scientifiques. — Laboratoires. — Subventions aux établissements scientifiques...	1,000,000
66	Service des forces hydrauliques. — Travaux préparatoires...........	1,500,000
67	Service des forces hydrauliques. — Subventions ou avances pour construction d'usines..	4,000,000
	TOTAL...	8,053,775
	V. — Chemins de fer.	
68	Personnel des ingénieurs des mines attachés au contrôle des chemins de fer. — Traitements..	255,500
69	Personnel des ingénieurs des mines attachés au contrôle des chemins de fer. — Allocations et indemnités diverses.....................	14,900
70	Personnel des ingénieurs et ingénieurs adjoints des travaux publics de l'État. (Service des mines attachés au contrôle des chemins de fer.) — Traitements..	196,000
71	Personnel des ingénieurs et ingénieurs adjoints des travaux publics de l'État. (Service des mines attachés au contrôle des chemins de fer.) — Allocations et indemnités diverses......................	23,400
72	Contrôleurs généraux et inspecteurs du contrôle de l'exploitation commerciale des chemins de fer. — Traitements..................	398,000
73	Contrôleurs généraux et inspecteurs du contrôle de l'exploitation commerciale des chemins de fer. — Allocations et indemnités diverses...	34,000

CHAPITRES SPÉCIAUX.	MINISTÈRES ET SERVICES.	MONTANT des CRÉDITS accordés.
		francs.
74	Personnel des inspecteurs et inspecteurs adjoints du contrôle de l'État sur les chemins de fer. — Traitements................	2,460,000
75	Personnel des inspecteurs et inspecteurs adjoints du contrôle de l'État sur les chemins de fer. — Allocations et indemnités diverses..	130,000
76	Personnel des contrôleurs des comptes et des contrôleurs du travail. — Traitements..................	332,000
77	Personnel des contrôleurs des comptes et des contrôleurs du travail. — Allocations et indemnités diverses.............	35,300
78	Personnel de service attaché aux bureaux du contrôle des chemins de fer. — Traitements................	71,000
79	Personnel de service attaché aux bureaux du contrôle des chemins de fer. — Allocations et indemnités diverses...........	20,000
80	Personnel de l'inspection des contrôles locaux de l'exploitation et du travail des voies ferrées d'intérêt local. — Traitements.........	53,000
81	Personnel de l'inspection des contrôles locaux de l'exploitation et du travail des voies ferrées d'intérêt local. — Allocations et indemnités diverses..............	6,000
82	Frais généraux de l'inspection des contrôles locaux de l'exploitation et du travail des voies ferrées d'intérêt local..........	15,100
83	Frais de tournées des contrôleurs des comptes et des contrôleurs du travail.................	70,000
84	Frais généraux du service de contrôle et de surveillance des chemins de fer................	940,000
85	Frais des bureaux des ingénieurs des mines attachés au contrôle des chemins de fer................	21,000
86	Participation de la France dans les dépenses de l'office central des transports internationaux par chemins de fer et du congrès international des chemins de fer...........	70,000
87	Annuités aux compagnies concessionnaires de chemins de fer. (Conventions autres que celles approuvées par les lois du 20 novembre 1883.)...........	3,800,000
88	Annuités aux compagnies concessionnaires de chemins de fer. (Conventions approuvées par les lois du 20 novembre 1883.)..........	73,500,000
89	Annuités aux compagnies du Nord et de Paris à Lyon et à la Méditerranée pour le remboursement des sommes imputées par ces compagnies au compte de premier établissement en vertu de la loi du 26 décembre 1914.............	170,000,000
90	Annuités dues à l'administration des chemins de fer de l'État........	43,798,200
91	Insuffisance éventuelle des produits de l'exploitation des chemins de fer non concédés construits par l'État, des chemins de fer concédés placés sous le séquestre administratif et des lignes revenues à l'État par suite de déchéances définitives. — Dépenses relatives aux lignes dont la déchéance a été prononcée..........	2,000
92	Arriérés de garanties d'intérêts aux grands réseaux d'intérêt général et garanties d'intérêt aux réseaux secondaires..........	65,000,000
93	Subventions annuelles aux entreprises de chemins de fer d'intérêt local et de tramways..........	19,000,000
94	Subvention à l'Algérie pour les dépenses de chemins de fer.......	12,400,000
95	Subvention au gouvernement tunisien à titre de participation à la garantie d'intérêts du réseau de chemin de fer dit de la Medjerdah..	1,089,000
96	Études et travaux de chemins de fer exécutés par l'État...........	23,500,000
97	Études et travaux de chemins de fer exécutés par l'État sur les réseaux du Midi et d'Orléans en exécution des conventions approuvées par les lois du 20 novembre 1883	Mémoire.
98	Études et travaux de chemins de fer exécutés par l'État sur les fonds avancés par la compagnie d'Orléans pour l'aménagement de la Haute-Dordogne (loi du 31 juillet 1920, art. 133)..........	Mémoire
99	Acquisition de terrains en prévision d'extensions des installations de chemins de fer motivées par le faits de la guerre..........	15,000,000
100	Avances au fonds commun (annuités des obligations émises par les réseaux en couverture de ces avances..........	100,000,000
	TOTAL...........	532,214,400

CHAPITRES SPÉCIAUX.	MINISTÈRES ET SERVICES.	MONTANT des CRÉDITS accordés.
		francs.
	VI. — Mines et combustibles.	
101	Personnel des ingénieurs des mines. — Traitements	1,272,000
102	Personnel des ingénieurs des mines. — Allocations et indemnités diverses	139,000
103	Subvention à l'école nationale supérieure des mines	640,000
104	Subvention à l'école nationale des mines de Saint-Étienne	230,000
105	Subvention à l'école des maîtres mineurs d'Alais	100,000
106	Subvention à l'école des maîtres mineurs de Douai	70,000
107	Personnel des ingénieurs et ingénieurs adjoints des travaux publics de l'État. (Service des mines.) — Traitements	1,270,400
108	Personnel des ingénieurs et ingénieurs adjoints des travaux publics de l'État. — Service des mines. — Allocations et indemnités diverses	106,000
109	Personnel des adjoints techniques et des dames employées des mines. — Traitements	505,000
110	Personnel des adjoints techniques et des dames employées des mines. — Allocations et indemnités diverses	57,000
111	Agents temporaires et auxiliaires du service des mines. — Salaires	125,000
112	Agents temporaires et auxiliaires du service des mines. — Allocations et indemnités diverses	15,000
113	Personnel spécialisé en vue des examens de capacité pour la conduite des automobiles. — Traitements	60,000
114	Personnel spécialisé en vue des examens de capacité pour la conduite des automobiles. — Allocations et indemnités diverses	6,500
115	Frais généraux du service de surveillance des mines, minières, carrières et appareils à vapeur	480,000
116	Frais généraux occasionnés par les examens de capacité pour la conduite des automobiles	41,000
117	Carte géologique de la France. — Frais généraux du personnel et frais de tournées des collaborateurs	60,000
118	Frais des bureaux des services des mines	136,000
119	Matériel des mines. — Frais d'études, d'enquêtes, de missions et d'expériences concernant l'hygiène et la sécurité dans les mines, frais de sauvetage, études et travaux connexes intéressant l'industrie minière	30,000
120	Frais de recherches et de prospections minières. — Subventions	650,000
121	Frais de procédure, de déchéance et de mise en adjudication des concessions minières inexploitées	Mémoire.
122	Carte géologique de la France. — Entretien des bâtiments, chauffage, éclairage et dépenses diverses	10,000
123	Études et subventions en vue de l'amélioration de l'utilisation du combustible	200,000
	TOTAL	6,202,900

RÉCAPITULATION.

	I. — Ministre. — Cabinet du ministre. — Personnel et comptabilité. — Frais généraux	78,141,050
	II. — Routes et navigation	300,836,500
	III. — Ports maritimes	8,641,170
	IV. — Forces hydrauliques et distribution d'énergie électrique	8,053,775
	V. — Chemins de fer	532,234,400
	VI. — Mines et combustibles	6,222,900
	TOTAL pour la 1re section (Travaux publics)	934,109,795

VII. — Services d'Alsace et de Lorraine.

3e PARTIE. — Services généraux des ministères.

CHAPITRES SPÉCIAUX.	MINISTÈRES ET SERVICES.	MONTANT
124	Personnel du service des mines. — Allocations diverses	315,000
125	Matériel et dépenses diverses du service des mines	50,000
126	Personnel de l'école des mines de Thionville. — Allocations diverses. — Secours	29,000
127	Matériel de l'école des mines de Thionville	3,000
128	Indemnités et allocations diverses des écoles préparatoires des mines de Lorraine. — Secours	21,500

CHAPITRES SPÉCIAUX.	MINISTÈRES ET SERVICES.	MONTANT des CRÉDITS accordés.
		francs.
129	Matériel des écoles préparatoires des mines de Lorraine...............	3,000
130	Personnel de l'administration des travaux publics et des voies de communication. — Allocations diverses. — Secours..................	160,000
131	Matériel et dépenses diverses de l'administration des travaux publics et des voies de communication...................	160,000
132	Personnel de l'administration départementale des travaux publics et des voies de communication. — Allocations diverses..............	2,021,490
133	Matériel et dépenses diverses de l'administration départementale des travaux publics et des voies de communication...............	315,000
134	Voirie routière. — Construction et entretien. — Subventions. — Frais de contrôle des chemins de fer d'intérêt local et des distributions d'énergie électrique...................	5,465,000
135	Personnel du service de la navigation intérieure. — Indemnités et allocations diverses....................	1,797,465
136	Matériel du service de la navigation intérieure. — Rivières et canaux. — Entretien et établissement des voies navigables. — Frais généraux du service de surveillance de la pêche. — Bureau de tour de Strasbourg. — Frais de jaugeage des bateaux. — Subventions aux bacs. — Frais divers....................	7,100,000
	TOTAL....................	17,440,455
	TOTAL des dépenses ordinaires..................	951,550,250

II. — Dépenses extraordinaires.

3e PARTIE. — Services généraux des ministères.

A	Indemnités spéciales aux fonctionnaires en résidence dans les localités dévastées....................	2,500,000
B	Bourses exceptionnelles aux démobilisés élèves des grandes écoles. ...	150,000
C	Rétablissement des réseaux secondaires d'intérêt général et des voies ferrées d'intérêt local dans leur situation d'avant-guerre. (Loi du 10 janvier 1919 art. 1er et 2)...................	5,000,000
	TOTAL....................	7,650,000

SERVICES D'ALSACE ET DE LORRAINE.

3e PARTIE. — Services généraux des ministères.

D	Rachat et remise en état des voies ferrées d'intérêt local............	900,000
E	Rivières et canaux. — Établissement et amélioration. — Rhin. — Canal du Rhône au Rhin. — Canaux de la Marne au Rhin et des houillères de la Sarre. — Études concernant le doublement des écluses des canaux de la Marne au Rhin, des houillères de la Sarre et la canalisation de la Moselle....................	3,500,000
F	Rivières et canaux. — Établissement et amélioration. — Réseau navigable et port actuel de Strasbourg. — Déplacement de l'entrée du port de Strasbourg. — Études et projets relatifs à l'extension du port de Strasbourg....................	2,100,000
G	Rivières et canaux. — Établissement et amélioration. — Fonctionnement de la direction des ports de Strasbourg et de Kehl. — Payement des indemnités dues aux propriétaires des installations de la zone B du port de Kehl....................	658,600
H	Réparation des dommages de guerre sur les routes nationales..........	650,000
I	Réparations des dommages de guerre sur les routes départementales et chemins vicinaux....................	1,700,000
	TOTAL....................	9,508,600
	TOTAL des dépenses extraordinaires..........	17,158,600

RÉCAPITULATION.

	I. — Dépenses ordinaires...................	951,550,250
	II. — Dépenses extraordinaires...................	17,158,600
	TOTAL pour la 1re section (Travaux publics). ...	968,708,850

CHAPITRES SPÉCIAUX.	MINISTÈRES ET SERVICES.	MONTANT des CRÉDITS accordés.
		francs.
	2ᵉ SECTION. — POSTES ET TÉLÉGRAPHES.	
	I. — Dépenses ordinaires.	
	3ᵉ PARTIE. — *Services généraux des ministères.*	
1	Traitement du sous-secrétaire d'État et du personnel de l'administration centrale....................	6,073,329
2	Indemnités, secours et pensions du personnel de l'administration centrale.........................	1,056,750
3	Matériel de l'administration centrale.....................	1,130,000
4	Attribution aux personnels civils de l'État d'allocations pour charges de famille........................	33,802,341
5	Indemnité exceptionnelle de cherté de vie..................	48,000,000
6	Avances remboursables aux fonctionnaires en instance de pension (application de l'article 28 de la loi du 31 décembre 1920)........ .	1,800,000
7	Frais de correspondance télégraphique....................	800,000
8	Dépenses des exercices périmés non frappées de déchéance	Mémoire.
9	Dépenses de l'exercice 1914 (créances visées par les lois des 29 juin et 29 novembre 1915).........................	Mémoire.
10	Dépenses des exercices clos	Mémoire.
	TOTAL pour la 3ᵉ partie...............	92,662,420
	4ᵉ PARTIE. — *Frais de régie, de perception et d'exploitation des impôts et revenus publics.*	
11	Enseignement. — Traitements et salaires.....................	4,144,992
12	Enseignement. — Indemnités.....................	775,748
13	Enseignement. — Matériel	120,000
14	Inspection générale et services techniques. — Ateliers de construction. — Personnel.....................	1,824,289
15	Exploitation. — Fonctionnaires et agents du service général.........	348,674,758
16	Rétribution des agents auxiliaires.....................	39,748,614
17	Exploitation. — Agents des services de manipulation, de distribution, de transport des dépêches, etc.....................	249,751,816
18	Exploitation. — Auxiliaires des services de manipulation, de distribution, de transport des dépêches, etc.....................	59,073,933
19	Remises aux agents des services de manipulation, de distribution, de transport des dépêches, etc., et à divers.....................	9,131,250
20	Indemnités diverses.....................	151,000,000
21	Chaussures, habillement, équipement.....................	29,000,000
22	Secours, frais médicaux et pharmaceutiques.....................	2,695,207
23	Frais de loyer. — Bâtiments et mobilier.....................	34,558,706
24	Matériel des bureaux.....................	14,000,000
25	Impressions et publications.....................	12,666,126
26	Atelier de fabrication et agence comptable des timbres-poste	2,545,000
27	Transports postaux.....................	69,410,372
28	Construction de wagons-poste.....................	Mémoire.
29	Organisation de courriers transportant les dépêches postales, les voyageurs et les messageries.....................	1,318,000
30	Matériel des postes télégraphiques et téléphoniques. — Travaux neufs.	18,000,000
31	Matériel des postes télégraphiques et téléphoniques. — Entretien.....	16,142,181
32	Matériel des lignes télégraphiques et téléphoniques. — Travaux neufs.	10,000,000
33	Matériel des lignes télégraphiques et téléphoniques. — Entretien.....	22,050,232
34	Matériel des réseaux pneumatiques. — Travaux neufs............	100
35	Matériel des réseaux pneumatiques. — Entretien.....................	2,648,300
36	Transport et emballage du matériel.....................	3,066,413
37	Salaires du personnel des services techniques.....................	63,583,145
38	Indemnités diverses du personnel des services techniques..........	16,816,412
39	Pensions de retraite et d'invalidité du personnel des services techniques et de certaines catégories d'auxiliaires.....................	3,033,340
40	Pension de retraite et d'invalidité du personnel du cadre d'Alsace et de Lorraine.....................	2,496,904

CHAPITRES SPÉCIAUX.	MINISTÈRES ET SERVICES.	MONTANT des CRÉDITS accordés.
		francs.
41	Frais judiciaires	61,000
42	Aménagement des salles de concours ou d'examens	43,000
43	Frais de change. — Remboursements et indemnités pour pertes, spoliations, etc	8,667,000
44	Part contributive de la France aux frais généraux des bureaux internationaux de Berne	25,,750
45	Subvention aux services maritimes de la côte occidentale d'Afrique	266,000
46	Subvention à la compagnie française des câbles télégraphiques pour l'exploitation des câbles sous-marins	50,000
47	Frais d'exploitation du câble Saint-Louis-Ténériffe	104,420
48	Emploi de fonds provenant de legs ou de donations	Mémoire.
	TOTAL pour la 4ᵉ partie	1,197,502,013
	5ᵉ PARTIE. — *Remboursements, restitutions et non-valeurs.*	
49	Remboursements sur produits des postes, des télégraphes et des téléphones	50,322,000
	TOTAL pour la 5ᵉ partie	50,322,000
	RÉCAPITULATION.	
	3ᵉ partie. — Services généraux des ministères	92,662,420
	4ᵉ partie. — Frais de régie, de perception et d'exploitation des impôts et revenus publics	1,197,502,013
	5ᵉ partie. — Remboursements, restitutions et non-valeurs	50,322,000
	TOTAL pour les dépenses ordinaires	1,340,486,433
	Titre II. — Dépenses extraordinaires.	
	4ᵉ PARTIE. — *Frais de régie, de perception et d'exploitation des impôts et revenus publics.*	
A	Indemnités spéciales aux fonctionnaires en résidence dans des localités dévastées	7,000,000
	TOTAL des dépenses extraordinaires	7,000,000
	RÉCAPITULATION.	
	Titre Iᵉʳ. — Dépenses ordinaires	1,340,486,433
	Titre II. — Dépenses extraordinaires	7,000,000
	TOTAL pour la 2ᵉ section (postes et télégraphes)	1,347,486,433
	3ᵉ SECTION. — PORTS, MARINE MARCHANDE ET PÊCHES.	
	Titre Iᵉʳ. — Dépenses ordinaires.	
	3ᵉ PARTIE. — *Services généraux des ministères.*	
1	Traitement du sous-secrétaire d'État et du personnel de l'administration centrale	980,000
2	Travaux supplémentaires, secours et autres allocations aux divers personnels en service à l'administration centrale	185,000

CHAPITRES SPÉCIAUX.	MINISTÈRES ET SERVICES.	MONTANT des CRÉDITS accordés.
		francs.
3	Frais de déplacement et de transport du personnel.	235,000
4	Matériel de l'administration centrale.	400,000
5	Achats de livres, abonnements, impressions et reliures.	125,000
6	Personnel d'administration de l'inscription maritime	4,232,130
7	Personnel des écoles nationales de navigation maritime	450,000
8	Indemnités et heures supplémentaires pour les professeurs des écoles	
9	de navigation	450,000
	Matériel des écoles de navigation	40,000
10	Personnel de l'inspection de la navigation	446,797
11	Personnel de la surveillance des pêches et du contrôle des établisse-	
	ments de pêche.	953,400
12	Syndics des gens de mer, gardes maritimes et agents de gardiennage.	2,295,365
13	Allocations, bourses (à titre remboursable), secours et dépenses di-	
	verses concernant les personnels des services de la marine mar-	
	chande..	60,000
14	Achat, construction, location et entretien des immeubles. — Achat et	
	entretien du mobilier. — Chauffage et éclairage.	320,000
15	Sécurité de la navigation maritime. — Encouragements au yachting..	450,000
16	Contribution aux dépenses du service international de surveillance des	
	glaces et des épaves dans l'Atlantique.	200,000
17	Rapatriement des marins du commerce. — Indemnités pour manque à	
	gagner.	150,000
18	Encouragements à l'enseignement professionnel et maritime. — Orphe-	
	linats, bourses, etc.	168,000
19	Syndicats professionnels. — Coopératives. — Bureaux paritaires de	
	placement.	150,000
20	Maisons et abris du marin. — Hôpitaux et asiles pour marins.	240,000
21	Encouragements aux sociétés maritimes d'utilité générale et sociétés	
	de secours mutuels entre marins.	50,000
22	Récompenses aux gens de mer. — Dépenses diverses intéressant les	
	marins du commerce.	32,000
23	Matériel et dépenses diverses des pêches et de la domanialité mari-	
	times.	831,000
24	Encouragements aux pêches maritimes.	1,369,000
25	Subventions aux sociétés d'assurances mutuelles contre les pertes de	
	matériel de pêche.	65,000
26	Frais d'administration et de contrôle des caisses régionales de crédit	
	maritime.	10,000
27	Subvention à l'office scientifique et technique des pêches maritimes. . .	190,000
28	Subventions à la marine marchande. — Primes à la navigation et	
	compensation d'armement.	4,000,000
29	Traitement du commissaire du Gouvernement près les compagnies de	
	navigation subventionnées.	19,200
30	Exploitation du service maritime entre la France et la Corse.	4,500,000
31	Subvention au service maritime sur l'Extrême-Orient, l'Australie et	
	la Nouvelle-Calédonie, la côte orientale d'Afrique et la Méditerranée	
	orientale.	40,000,000
32	Subvention au service maritime de New-York.	2,500,000
33	Subvention au service maritime entre la France, les Antilles et l'Amé-	
	rique centrale.	4,438,000
34	Exploitation du service maritime du Brésil et de la Plata.	22,000,000
35	Subventions à la caisse des invalides de la marine et à la caisse de	
	prévoyance.	62,014,053
36	Attribution aux personnels civils de l'État d'allocations pour charges	
	de famille.	530,000
37	Indemnité exceptionnelle de cherté de vie	625,000
38	Frais de justice devant les tribunaux administratifs, civils et de com-	
	merce. — Réparations de dommages.	4,000
39	Avances remboursables aux fonctionnaires en instance de pension	
	(application de l'article 28 de la loi du 31 décembre 1920).	11,285
40	Ports maritimes. — Travaux ordinaires. — Entretien et réparations	
	ordinaires.	36,700,000
41	Phares, fanaux, balises et signaux divers. — Entretien et réparations	
	ordinaires.	4,900,000
42	Exploitation en régie des formes de radoub dans les ports de com-	
	merce.	250,000

CHAPITRES SPÉCIAUX.	MINISTÈRES ET SERVICES.	MONTANT des CRÉDITS accordés.
		francs.
43	Restaurations, améliorations et extensions des ports maritimes.......	27,000,000
44	Phares, fanaux, balises et signaux divers. — Améliorations et extensions............	2,000,000
45	Travaux de défense contre la mer.....................	600,000
46	Emploi de fonds provenant de legs ou de donations................	Mémoire.
47	Dépenses des exercices périmés non frappées de déchéance..........	Mémoire.
48	Dépenses de l'exercice 1914 (créances visées par les lois des 29 juin et 29 novembre 1915)................	Mémoire.
49	Dépenses des exercices clos..............	Mémoire.
50	Rappels de dépenses payables sur revues antérieures à l'exercice 1921.	Mémoire.
	TOTAL des dépenses ordinaires..............	227,169,230

Titre II. — Dépenses extraordinaires.

3e PARTIE. — Services généraux des ministères.

A	Frais de liquidation des opérations de la commission de la marine marchande pour l'assurance contre les risques maritimes de guerre.	15,315
B	Personnel du service des constructions navales et du matériel de la marine marchande..................	375,000
C	Matériel et dépenses diverses de l'inspection du service des constructions navales et du matériel de la marine marchande.............	30,000
D	Flottille de pêche et de transport des produits de la pêche..........	1,800,000
É	Ports de pêche.................	7,500,000
F	Usines diverses, frigorifiques, outillages fixes et mobiles...........	970,000
G	Personnel temporaire de l'administration centrale chargé de l'exécution de la loi du 19 juin 1920....................	80,000
H	Liquidation des marchés d'outillage des ports maritimes pour les besoins du ravitaillement...............................	3,000,000
	TOTAL des dépenses extraordinaires..........	13,770,315

RÉCAPITULATION.

	Titre Ier. — Dépenses ordinaires.................	227,169,230
	Titre II. — Dépenses extraordinaires................	13,770,315
	TOTAL pour la 3e section (ports, marine marchande et pêches)................	240,939,545

4e SECTION. — AÉRONAUTIQUE ET TRANSPORTS AÉRIENS.

Titre Ier. — Dépenses ordinaires.

3e PARTIE. — Services généraux des ministères

1	Traitements du sous-secrétaire d'État et du personnel civil de l'administration centrale.....................	860,040
2	Allocations et indemnités diverses du personnel de l'administration centrale..................	134,000
3	Matériel de l'administration centrale.....................	218,000
4	Réparations civiles.....................	26,000
5	Impressions et publications.....................	15,000
6	Frais d'envoi de télégrammes officiels	3,000
7	Frais de déplacement du personnel militaire. — Frais de missions à l'étranger.....................	39,000
7 *bis*	Service de renseignements aéronautiques à l'étranger................	200,000

CHAPITRES spéciaux.	MINISTÈRES ET SERVICES.	MONTANT des CRÉDITS accordés.
8	Service de la navigation aérienne. — Personnel. — Traitements, salaires et indemnités	4,500,400
9	Service technique de l'aéronautique. — Personnel. — Traitements, salaires et indemnités	5,400,000
10	Service des fabrications de l'aéronautique. — Personnel. — Traitements et salaires	2,917,280
11	Office national météorologique. — Personnel. — Traitements, salaires et indemnités	1,892,880
12	Service de la navigation aérienne. — Frais généraux	4,913,750
13	Service technique de l'aéronautique — Frais généraux	1,459,120
14	Service des fabrications de l'aéronautique. — Frais généraux	526,000
15	Office national météorologique. — Frais généraux	1,267,000
16	Primes à la navigation aérienne. — Subventions accordées en vertu de l'article 103 de la loi du 31 juillet 1920. — Subventions diverses	45,382,000
17	Service de la navigation aérienne. — Travaux et dépenses spécifiques.	35,000,000
18	Service technique de l'aéronautique. — Travaux et dépenses spécifiques	38,800,000
19	Service des fabrications de l'aéronautique. — Travaux et dépenses spécifiques	3,800,000
20	Office national météorologique. — Travaux	200,000
21	Attributions aux personnels civils de l'État d'allocations pour charges de famille	200,000
22	Avances aux fonctionnaires en instance de pension (application de l'article 28 de la loi du 31 décembre 1920)	16,000
23	Indemnité exceptionnelle de cherté de vie	241,500
24	Commandes à exécuter pour le compte d'autres départements ministériels	Mémoire.
25	Emploi de fonds provenant de legs ou de donations	Mémoire.
26	Dépenses des exercices périmés non frappées de déchéance	Mémoire.
20	Dépenses de l'exercice 1914 (créances visées par les lois des 29 juin et 29 novembre 1915)	Mémoire.
28	Dépenses des exercices clos	Mémoire.
	TOTAL pour la 4e section (aéronautique et transports aériens)	147,210,970

RÉCAPITULATION.

	1re section. — Travaux publics et transports	968,708,850
	2e section. — Postes et télégraphes	1,347,486,433
	3e section. — Ports, marine marchande et pêches	240,939,545
	4e section. — Aéronautique et transports aériens	147,210,970
	TOTAL pour le ministère des travaux publics	2,704,345,798

MINISTÈRE DES RÉGIONS LIBÉRÉES.

Titre II. Dépenses extraordinaires.

SERVICES D'ALSACE ET DE LORRAINE.

3e PARTIE. — Services généraux des ministères.

A	Dommages de guerre et reconstitution. — Administration centrale. — Traitements du personnel	234,000
B	Dommages de guerre et reconstitution. — Administration centrale. — Frais de tournées, de déplacements et de déménagements	21,000
C	Dommages de guerre et reconstitution. — Administration départementale. — Traitements du personnel	4,000,000

CHAPITRES spéciaux.	MINISTÈRES ET SERVICES.	MONTANT des CRÉDITS accordés.
		francs.
D	Dommages de guerre et reconstitution. — Administration départementale. — Frais de tournées, de déplacements et de déménagements..	210,000
E	Dommages de guerre et reconstitution. — Matériel..................	250,000
F	Avances aux sinistrés.....................	151,835,000
G	Dommages de guerre. — Frais d'expertise et frais généraux.........	5,200,000
H	Reconstitution. — Transports....................	1,850,000
I	Reconstitution. — Approvisionnements..................	4,500,000
J	Reconstitution des immeubles..................	14,000,000
K	Reconstitution du sol....................	4,000,000
L	Parc automobile. — Traitements du personnel d'exploitation. — Salaires des ouvriers d'ateliers et du parc..	230,000
M	Frais de tournées, de déplacements et de déménagements..........	3,000
N	Dépenses des exercices clos	Mémoire.
	TOTAL pour le ministère des régions libérées..	186,323,000

MINISTÈRE DES PENSIONS, DES PRIMES ET DES ALLOCATIONS DE GUERRE.

Titre Ier. — Dépenses ordinaires.

3e PARTIE. — *Services généraux des ministères.*

1	Entretien des sépultures des militaires et des victimes civiles de la guerre......................	7,900,000
2	Avances remboursables aux personnels militaires en instance de pension (pensions d'ancienneté, d'invalidité et de veuves)...........	9,000,000
3	Avances remboursables aux fonctionnaires en instance de pension (application de l'article 28 de la loi du 31 décembre 1920)........	78,000
4	Gratifications de réforme.....................	3,400,000
5	Secours et allocations à d'anciens militaires et à leurs ayants cause...	7,240,000
6	Subventions et secours divers aux associations et œuvres militaires diverses intéressant les anciens combattants..................	90,000
7	Allocations spéciales supplémentaires aux grands invalides...........	80,000,000
8	Installations et aménagements aux Invalides.................	40,000
9	Dépenses des exercices périmés non frappées de déchéance..........	Mémoire.
10	Dépenses de l'exercice 1914 (créances visées par les lois des 29 juin et 29 novembre 1915)	Mémoire.
11	Dépenses des exercices clos.....................	Mémoire.
	TOTAL pour les dépenses ordinaires..........	107,748,000

Titre II. — Dépenses extraordinaires.

3e PARTIE. — *Services généraux des ministères.*

A	Transfert des corps des militaires et des victimes civiles de la guerre..	58,500,000
B	Service de l'état civil et de l'organisation des sépultures militaires....	29,800,000
C	Majorations pour enfants sur le pécule des démobilisés	10,000
D	Indemnités de démobilisation....................	4,714,000
E	Frais d'affranchissement	25,000
	TOTAL.....................	93,049,000

CHAPITRES SPÉCIAUX.	MINISTÈRES ET SERVICES.	MONTANT des CRÉDITS accordés.
		francs.
	SERVICES D'ALSACE ET DE LORRAINE.	
	3e PARTIE. — *Services généraux des ministères.*	
F	Personnel du service des pensions.........	320,000
G	Allocations d'attente payées aux mutilés alsaciens et lorrains et à leurs familles.........	1,500,000
H	Allocations aux victimes civiles de la guerre.........	300,000
I	Soins médicaux aux mutilés et réformés de guerre.........	1,200,000
J	Participation de l'État aux secours complémentaires accordés par les communes conformément à la législation locale, aux mutilés, aux veuves et aux orphelins de la guerre. — Secours spéciaux aux familles d'invalides de guerre, aux veuves et orphelins de la guerre, aux ascendants en instance de pensions ou d'allocations.........	1,800,000
K	Honoraires médicaux pour délivrance de certificats à l'occasion des demandes d'allocations journalières et d'attente aux invalides de guerre ayant servi dans l'armée allemande. — Frais d'expertises médicales, de mise en observation, d'hospitalisation de centres d'appareillages, indemnités de déplacements, etc.........	90 ,000
L	Indemnités aux Alsaciens et Lorrains internés ou expatriés au cours des hostilités par ordre des autorités françaises et qui pourraient se prévaloir des lois des 3 juillet 1877 et 17 avril 1919.........	100,000
M	Subvention à l'office des mutilés et réformés de guerre à destination de l'Institut des mutilés, réformés et veuves de guerre d'Alsace et Lorraine.........	750,000
	TOTAL.........	6,000,000
	TOTAL des dépenses extraordinaires.........	99,109,000
	RÉCAPITULATION.	
	Titre Ier. — Dépenses ordinaires.........	107,748,000
	Titre II. — Dépenses extraordinaires.........	99,109,000
	TOTAL pour le ministère des pensions, des primes et des allocations de guerre.........	206,857,000
	MINISTÈRE DE L'HYGIÈNE, DE L'ASSISTANCE ET DE LA PRÉVOYANCE SOCIALES.	
	Titre Ier. — Dépenses ordinaires.	
	3e PARTIE. — *Services généraux des ministères.*	
1	Traitement du ministre. — Traitements du personnel de l'administration centrale.........	1,017,650
2	Indemnités du cabinet du ministre. — Indemnités et allocations diverses du personnel de l'administration centrale.........	208,000
3	Personnel de l'administration centrale. — Rémunération d'auxiliaires.	90,000
4	Traitements du personnel du service intérieur.........	109,146
5	Indemnités du personnel du service intérieur.........	26,092

CHAPITRES SPÉCIAUX.	MINISTÈRES ET SERVICES.	MONTANT des CRÉDITS accordés.
		francs.
6	Attribution aux personnels civils de l'État d'allocations pour charges de famille....................................	123,500
7	Indemnité exceptionnelle de cherté de vie......................	200,000
8	Avances remboursables aux fonctionnaires en instance de pension (application de l'article 28 de la loi du 31 décembre 1920)........	15,000
9	Matériel et dépenses diverses de l'administration centrale...........	200,000
10	Frais de correspondance télégraphique.........................	20,000
11	Achats de livres, abonnements aux revues et journaux.............	5,650
12	Impressions...	25,000
13	Conseil supérieur de la natalité. — Frais de fonctionnement. — Médailles de la famille française	250,000
14	Subventions aux départements et aux communes prenant des initiatives financières en faveur du relèvement de la natalité............	2,000,000
15	Application des lois des 17 juin 1913, 23 janvier 1917 et 4 décembre 1917 sur l'assistance aux femmes en couches pendant leur repos et de la loi du 24 octobre 1919 sur l'assistance aux mères qui allaitent leur enfant...	25,200,000
16	Subvention à la maison maternelle nationale de Saint-Maurice........	1,500,000
17	Application de la loi du 23 décembre 1874, concernant la protection des enfants du premier âge....................................	900,000
18	Subventions aux œuvres d'assistance maternelle et de protection des enfants du premier âge	4,600,000
19	Subventions aux œuvres de préservation de l'enfance contre la tuberculose, reconnues comme établissements d'utilité publique........	240,000
20	Assistance aux familles nombreuses et aux veuves privées de ressources.	14,250,000
21	Participation de l'État aux dépenses du service des enfants assistés...	23,000,000
22	Traitements des inspecteurs, sous-inspecteurs et commis d'inspection de l'assistance publique et contribution aux frais de traitement des agents de surveillance.......................................	2,297,000
23	Indemnités diverses et frais de tournées des inspecteurs, sous-inspecteurs et commis d'inspection de l'assistance publique............	513,000
24	Frais de fonctionnement du conseil supérieur d'hygiène publique de France..	49,400
25	Subvention à l'alliance d'hygiène sociale......................	5,000
26	Hygiène et salubrité générales. — Épidémies....................	1,400,000
27	Traitements du personnel du service sanitaire maritime.............	578,000
28	Indemnités du personnel du service sanitaire maritime.............	125,100
29	Matériel et dépenses diverses du service sanitaire maritime..........	230,000
30	Commission de la tuberculose................................	10,000
31	Subventions aux laboratoires de bactériologie, dispensaires d'hygiène sociale et préservation antituberculeuse (œuvre Grancher et autres), cliniques médicales scolaires, hôpitaux mixtes................	4,000,000
32	Aménagements, agrandissements, réfection des sanatoriums publics et dépenses d'entretien. (Loi du 9 septembre 1919).............	1,000,000
33	Assistance aux tuberculeux	3,000,000
34	Subventions en vue d'assurer la prophylaxie des maladies vénériennes.	1,500,000
35	Subventions à des institutions de bienfaisance et d'assistance par le travail, d'hygiène et à des œuvres antialcooliques..............	100,000
36	Allocations fixes aux conseillers techniques sanitaires.............	10,000
37	Dépenses diverses des eaux minérales.........................	50,650
38	Personnel de l'établissement thermal d'Aix-les-Bains.............	283,500
39	Matériel et dépenses diverses de l'établissement thermal d'Aix-les-Bains.	140,000
40	Subventions aux communes, offices publics d'habitations à bon marché, sociétés d'habitations à bon marché, fondations d'habitations à bon marché, bureaux de bienfaisance et d'assistance, hospices et hôpitaux et caisses d'épargne pour les constructions d'immeubles principalement affectés aux familles nombreuses visées à l'article 25 de la loi du 23 décembre 1912.....................	30,000,000
41	Participation de l'État aux subventions accordées par les communes aux offices publics et aux sociétés d'habitations à bon marché pour les constructions d'immeubles principalement affectés aux familles nombreuses visées aux articles 2 et 13 de la loi du 14 juillet 1913..	20,000
42	Part de l'État dans les annuités dues à la caisse des dépôts et consignations pour les prêts effectués par application de la loi du 24 octobre 1919...	980.850

CHAPITRES spéciaux.	MINISTÈRES ET SERVICES.	MONTANT des CRÉDITS accordés.
		francs.
43	Subvention au comité permanent international des assurances sociales et au comité permanent des congrès internationaux des habitations à bon marché..........	7,200
44	Encouragements aux comités de patronage des habitations à bon marché et de la prévoyance sociale..........	13,500
45	Dépenses diverses concernant la prévoyance sociale..........	4,000
46	Annuités de remboursement des avances faites à l'État par la caisse nationale des retraites pour la vieillesse, par application de la loi du 10 avril 1908 relative à la petite propriété et aux maisons à bon marché..........	5,220,000
47	Annuités de remboursement des avances faites à l'État par la caisse des dépôts et consignations, par application de la loi du 26 février 1921..........	5,620,000
48	Remboursement à la caisse nationale des retraites pour la vieillesse des frais d'administration du service des avances relatives à la petite propriété..........	40,000
49	Remboursement à la caisse des dépôts et consignations des frais d'administration du service des avances aux sociétés et offices publics d'habitations à bon marché. (Loi du 26 février 1921.)..........	50,000
50	Dépenses du conseil supérieur de l'assistance publique..........	26,000
51	Assistance médicale gratuite..........	8,000,000
52	Assistance aux vieillards, aux infirmes et aux incurables..........	69,000,000
53	Frais de fonctionnement de la commission centrale d'assistance. — Personnel..........	86,000
54	Frais de fonctionnement de la commission centrale d'assistance. — Matériel..........	4,000
55	Subvention pour les œuvres d'assistance par le travail spéciales aux aveugles et pour l'application des mesures préventives de la cécité...	112,500
56	Dotation de l'hospice national des Quinze-Vingts et subvention..........	1,000,000
57	Subvention à l'institution nationale des jeunes aveugles..........	1,000,000
58	Subvention à l'institution nationale des sourds-muets de Paris..........	900,000
59	Subvention à l'institution nationale des sourds-muets de Chambéry...	334,000
60	Subvention à l'institution nationale des sourds-muets de Bordeaux....	280,000
61	Remboursement des dépenses occasionnées par les aliénés sans domicile de secours..........	5,000,000
62	Concours aux emplois de médecin adjoint des asiles publics d'aliénés....	8,000
63	Secours d'extrême urgence..........	80,000
64	Médailles au personnel secondaire des hôpitaux et des asiles publics d'aliénés..........	1,000
65	Application de la loi du 11 avril 1908 concernant la prostitution des mineures. — Personnel..........	19,285
66	Application de la loi du 11 avril 1908 concernant la prostitution des mineures. — Matériel..........	110,000
67	Participation de l'État aux dépenses faites par les départements pour l'établissement d'écoles de pupilles difficiles ou vicieux. (Loi du 28 juin 1904.)..........	Mémoire.
68	Indemnités de frais de voyage et de séjour aux membres du conseil supérieur de la mutualité..........	8,000
69	Subventions aux sociétés de secours mutuels..........	6,450,000
70	Récompenses honorifiques de la mutualité..........	10,000
71	Majoration des pensions de retraite des membres des sociétés de secours mutuels..........	Mémoire.
72	Bonification d'intérêts aux sociétés de secours mutuels (loi du 1er avril 1898)..........	1,200,000
73	Secours personnels à divers titres..........	17,000
74	Frais de fonctionnement de la commission de répartition des fonds du pari mutuel destinés aux œuvres de bienfaisance. — Contrôle sur place de l'emploi des subventions allouées — Indemnités......	Mémoire
75	Emploi de fonds provenant de legs ou de donations..........	Mémoire.
76	Dépenses des exercices périmés non frappées de déchéance..........	Mémoire.
77	Dépenses de l'exercice 1914 (créances visées par les lois des 29 juin et 29 novembre 1915)..........	Mémoire.
78	Dépenses des exercices clos..........	Mémoire.
	TOTAL..........	224,273,023

CHAPITRES SPÉCIAUX.	MINISTÈRES ET SERVICES.	MONTANT des CRÉDITS accordés.
		francs.
	SERVICES D'ALSACE ET DE LORRAINE.	
	3e PARTIE. — *Services généraux des ministères.*	
79	Traitements du personnel de l'administration de l'assistance publique. — Frais de tournées, de missions spéciales et de déménagements...	110,000
80	Matériel de l'administration de l'assistance publique..................	5,500
81	Dépenses générales d'assistance. — Subventions....................	5,568,200
82	Traitements du personnel des services d'hygiène. — Indemnités et allocations diverses..	400,000
83	Matériel et dépenses diverses des services d'hygiène................	510,000
	TOTAL....................................	6,593,700
	TOTAL des dépenses ordinaires................	230,866,723
	Titre II. — Dépenses extraordinaires.	
	3e PARTIE. — *Services généraux des ministères.*	
A	Allocations pour enfants aux pensionnés militaires et aux victimes civiles de la guerre acquéreurs de petites propriétés rurales.........	1,000
B	Subventions aux monts de piété et caisses de crédit municipal.......	990,100
C	Majoration temporaire du taux des allocations mensuelles attribuées aux vieillards, aux infirmes et aux incurables, en vertu de la loi du 14 juillet 1905.....................	27,500,000
D	Majoration temporaire du taux des allocations mensuelles attribuées en vertu de la loi du 14 juillet 1913 aux bénéficiaires de l'assistance aux familles nombreuses et aux veuves privées de ressources......	37,000,000
E	Indemnités spéciales aux fonctionnaires en résidence dans des localités dévastées..	20,000
	TOTAL.....	65,511,100
	SERVICES D'ALSACE ET DE LORRAINE.	
	3e PARTIE. — *Services généraux des ministères.*	
F	Subventions aux monts de piété.................................	7,500
	TOTAL des dépenses extraordinaires............	65,518,600
	RÉCAPITULATION.	
	Titre Ier. — Dépenses ordinaires........................	230,866,723
	Titre II. — Dépenses extraordinaires.....................	65,511,100
	TOTAL pour le ministère de l'hygiène, de l'assistance et de la prévoyance sociales........................	296,385,323

État A.

Tableau, par ministère et par chapitre, des dépenses du budget général de l'exercice 1922.

MINISTÈRES ET SERVICES.			MONTANT des CRÉDITS accordés.
			francs.
RÉCAPITULATION.			
1re PARTIE. — Dette publique.			
Ministère des finances.. — Dépenses ordinaires			12,647,161,236
2e PARTIE. — Pouvoirs publics.			
Ministère des finances. — Dépenses ordinaires.			40,564,930
3e PARTIE. — Services généraux des ministères.			
Ministère des finances :			
Dépenses ordinaires. 266,150,551	464,895,591 f		
Dépenses extraordinaires. 198,445,040			
Ministère de la justice :			
1re section. — Services judiciaires :			
Dépenses ordinaires. 106,074,346	106,569,346		
Dépenses extraordinaires. 495,000			
		168,459,096	
2e section. — Services pénitentiaires :			
Dépenses ordinaires. 61,619,750	61,889,750		
Dépenses extraordinaires 270,000			
Ministère des affaires étrangères :			
Dépenses ordinaires. 67,475,591	152,206,891		
Dépenses extraordinaires. 84,731,300			
Ministère de l'intérieur :			
Dépenses ordinaires. 182,798,116	244,026,116		
Dépenses extraordinaires 61,228,000			
Ministère de la guerre :			
Dépenses ordinaires :			
1re section. — Troupes métropolitaines. 2,108,159,197	2,908,176,769		
2e section. — Troupes coloniales. 219,414,686			
3e section. - Constructions et matériels neufs. 145,839,700			
4e section. — Maroc. 433,083,186			9,350,949,959
— Services d'Alsace et de Lorraine. 1,680,000			
Dépenses extraordinaires :			
5e section. — Dépenses exeptionnelles résultant des hostilités 288,155,650		3,426,284,959	
6e section. — Entretien des troupes d'occupation du bassin de la Sarre. 31,462,020			
7e section. — Entretien de l'armée du Levant. 140,000,000	518,108,190		
8e section. — Entretien de l'armée d'Orient.. 57,090,520			
— Services d'Alsace et de Lorraine. 1,400,000			
Ministère de la marine :			
Dépenses ordinaires. 766,759,895	797,804,914		
Dépenses extraordinaires 31,045,019			
Ministère de l'instruction publique et des beaux-arts :			
1re section. — Instruction publique :			
Dépenses ordinaires 1,327,431,731	1,338,306,731		
Dépenses extraordinaires. 10,875,000			
2e section. — Beaux-Arts :			
Dépenses ordinaires. 47,629,309	48,094,309	1,428,567,213	
Dépenses extraordinaires. 465,000			
3e section. — Enseignement technique :			
Dépenses ordinaires. 41,266,173	42,166,173		
Dépenses extraordinaires. 900,000			
A reporter.			22,038,676,125

MINISTÈRES ET SERVICES.		MONTANT des CRÉDITS accordés.
		francs.
Report..		22,038,676,125
Ministère du commerce et de l'industrie :		
1re section. — Commerce et industrie :		
Dépenses ordinaires......... 19.289,802	19,629,162	
Dépenses extraordinaires...... 339,360		
2e section. — Liquidation des stocks. :		28,331,562
Dépenses extraordinaires................. 8,702,400		
Ministère du travail :		
Dépenses ordinaires...................... 160,524,411	160,729,241	
Dépenses extraordinaires 204,830		
Ministère des colonies :		
Dépenses ordinaires...................... 221,738,308	237,096,708	
Dépenses extraordinaires 15,358,400		
Ministère de l'agriculture :		
Dépenses ordinaires...................... 101,277,560	103,460,560	
Dépenses extraordinaires................. 2,183,000		
Ministère des travaux publics :		
1re section. — Travaux publics :		
Dépenses ordinaires......... 951,550,250	968,708,850	
Dépenses extraordinaires 17,158,600		
2e section. — Postes et télégraphes :		
Dépenses ordinaires................... 92,662,420		1,449,521,785
3e section. — Ports, marine marchande et pêches :		
Dépenses ordinaires......... 227,169,230	240,939,545	
Dépenses extraordinaires..... 13,770,315		
4e section. — Aéronautique et transports aériens :		
Dépenses ordinaires......................... 147,210,970		
Ministère des régions libérées. — Dépenses extraordinaires........	186,323,000	
Ministère des pensions, des primes et des allocations de guerre :		
Dépenses ordinaires......................... 107,748,000	206,857,000	
Dépenses extraordinaires 99,109,000		
Ministère de l'hygiène, de l'assistance et de la prévoyance sociales :		
Dépenses ordinaires......................... 230,866,723	296,385,323	
Dépenses extraordinaires 65,518,600		

4e PARTIE. — FRAIS DE RÉGIE, DE PERCEPTION ET D'EXPLOITATION DES IMPÔTS ET REVENUS PUBLICS.

Ministère des finances. — Dépenses ordinaires................... 1,183,557,710		
Ministère des affaires étrangères. — Dépenses ordinaires.. 1,424,000		
Ministère de l'agriculture :		2,454,425,723
Dépenses ordinaires 63,342.000	64,942,000	
Dépenses extraordinaires 1,000,000		
Ministère des travaux publics. — 2e section. — Postes et télégraphes :		
Dépenses ordinaires........................ 1,197,502,013	1,204,502,013	
Dépenses extraordinaires..................... 7,000,000		

5e PARTIE. — REMBOURSEMENTS, RESTITUTIONS ET NON-VALEURS.

Ministère des finances :		
Dépenses ordinaires. 113,497,100	143,497,100	
Dépenses extraordinaires.................... 30,000,000		
Ministère de la justice. — 2e section. — Services pénitentiaires. —		
Dépenses ordinaires.......................... 920,000		194,857,100
Ministère de l'agriculture. — Dépenses ordinaires................. 112,000		
Ministère des travaux publics. — 2e section. — Postes et télégraphes. — Dépenses ordinaires........................ 50,322,000		
TOTAL de l'état A.............................		24,687,958,948

ÉTAT B.

Tableau des droits, produits et revenus dont la perception est autorisée, pour 1922, conformément aux lois existantes, au profit de l'État, des départements, des communes, des établissements publics et des communautés d'habitants dûment autorisées.

I. — DROITS, PRODUITS ET REVENUS DONT LA PERCEPTION EST AUTORISÉE AU PROFIT DE L'ÉTAT, POUR 1922, CONFORMÉMENT AUX LOIS EXISTANTES.

§ 1er. — Impôts et revenus.

1° CONTRIBUTIONS DIRECTES ET CENTIMES D'ÉTAT.

Départements autres que ceux d'Alsace et Lorraine :

Contribution foncière des propriétés bâties (Loi du 3 frimaire an VII et autres ; lois des 29 décembre 1884, 8 août 1890, 13 juillet 1900, 29 mars 1914, 31 juillet 1917 et 25 juin 1920).

Contribution foncière des propriétés non bâties (Loi du 3 frimaire an VII et autres ; lois des 29 mars 1914, 31 juillet 1917 et 25 juin 1920).

Impôts sur les bénéfices industriels et commerciaux (Lois des 31 juillet 1917 et 25 juin 1920).

Impôt sur les bénéfices de l'exploitation agricole (Lois des 31 juillet 1917, 25 juin 1920).

Impôt sur les traitements, indemnités et émoluments, salaires, pensions et rentes viagères (Lois des 31 juillet 1917, 25 juin et 31 juillet 1920).

Impôt sur les bénéfices des professions non commerciales (Lois des 31 juillet 1917, 25 juin 1920 et 31 juillet 1920).

Impôt général sur le revenu (Lois des 15 juillet 1914, 30 décembre 1916, 23 février et 31 juillet 1917, 29 juin 1918, 25 juin et 31 juillet 1920).

Centimes pour frais d'assiette et non-valeurs sur le montant des impositions départementales (Loi du 8 juillet 1852, art. 14 ; loi du 31 juillet 1917, art. 45, et loi du 10 juillet 1921, art. 12).

Centimes pour frais d'assiette et non-valeurs sur le montant des impositions communales (Loi du 8 juillet 1852, art. 27 ; loi du 31 juillet 1917, art. 45, et loi du 16 juillet 1920, art. 12).

Centimes pour frais de perception des impositions communales et des impositions pour frais de bourses et chambres de commerce (Loi du 20 juillet 1837, art. 5 ; loi du 14 juillet 1838, art. 4 ; loi du 13 avril 1898, art. 57 ; loi du 31 juillet 1917, art. 45, et loi du 16 juillet 1920, art. 12).

Centimes pour frais de confection des rôles spéciaux d'impositions extraordinaires (Loi du 4 août 1849, art. 9, et loi du 31 juillet 1920, art. 15).

Impositions dues au titre des contributions personnelle-mobilière, des **portes et fenêtres** et des patentes pour les années antérieures à l'année 1918 (Loi du 31 juillet 1917, **art. 56**); principal, centimes des diverses natures calculés d'après les quotités fixées **par la loi du** 4 août 1917, réimpositions.

Frais d'avertissement (Loi du 15 mai 1818, art. 50 et 51).

Alsace et Lorraine :

Impôt sur les propriétés bâties (Loi du 17 octobre 1919, art. 3).

Impôt sur les propriétés non bâties (Loi du 17 octobre 1919, art. 3).

Impôt sur les bénéfices industriels et commerciaux (Loi du 17 octobre 1919, art. 3).

Impôt sur les traitements, indemnités et émoluments, salaires, pensions et rentes viagères (Loi du 25 juin 1920, art. 113, et décret du 26 juillet 1920).

Impôt général sur le revenu (Loi du 25 juin 1920, art. 113, et décret du 26 juillet 1920).

Centimes pour frais de perception des impositions communales et des **impositions pour** frais de chambres de commerce (Loi du 17 octobre 1919, art. 3).

Centimes pour frais de confection de rôles spéciaux (Loi du 17 octobre 1919, art. 3).

Centimes pour fonds de non-valeurs sur le montant des impositions départementales et communales (Loi du 17 octobre 1919, art. 3).

Fonds de secours pour l'agriculture (Loi du 17 octobre 1919, art. 3).

Frais d'avertissement (Loi du 17 octobre 1919, article 3).

2° TAXES ASSIMILÉES AUX CONTRIBUTIONS DIRECTES.

Départements autres que ceux d'Alsace et Lorraine :

Contribution extraordinaire sur les bénéfices de guerre (Lois des 1er juillet et 30 décembre 1916, 2 juin et 31 décembre 1917, 31 décembre 1918, 12 août 1919, 9 mars, 31 mars, 25 juin, 29 juin et 31 juillet 1920).

Taxe exceptionnelle de guerre (Loi du 30 décembre 1916 et loi du 12 août 1919).

Taxe des biens de main-morte (Lois des 20 février 1849, 30 mars 1872, 29 décembre 1884, 31 mars 1903, 30 juillet 1913, 15 juillet 1914, 29 juin et 31 juillet 1920).

Redevances des mines (Loi du 21 avril 1810 et décret du 6 mai 1811 ; loi du 8 avril 1910 et décrets des 24 décembre 1910 et 3 août 1911 ; lois des 30 décembre 1916, 25 juin 1920 et loi de finances du 30 avril 1921, art. 3).

Contribution sur les voitures, chevaux, mules et mulets (Lois des 2 juillet 1862, 16 septembre 1871, 23 juillet 1872, 22 décembre 1879, 29 décembre 1884, 17 juillet 1895, 13 avril 1898, 11 juillet 1899, 31 décembre 1907, 8 avril 1910 et 30 décembre 1916).

Frais d'avertissement relatifs aux rôles de la contribution sur les voitures, **chevaux, mules** et mulets.

Taxe sur les cercles, sociétés et lieux de réunion (Lois des 16 septembre 1871, 18 décembre 1871, 5 août 1874, 30 mars 1888, 8 août 1890; décret du 30 décembre 1890; lois des 30 décembre 1916 et 25 juin 1920).

Taxe sur les gardes-chasse (Lois des 30 juillet 1913 et 30 décembre 1916).

Droits de vérification des poids et mesures (Décret du 26 février 1873 ; lois des 5 août 1874 et 21 juillet 1894 ; décret du 17 décembre 1894 ; lois des 17 juillet et 31 décembre 1907, 29 juin et 24 juillet 1918, décret du 5 avril 1919).

Droits de vérification des alcoomètres et des densimètres (Lois des 7 juillet 1881, 7 juillet 1882, 28 juillet 1883, 6 juin 1889, 3 août 1894 et 29 mars 1907 ; décrets des 17 décembre 1884, 2 août 1889 et 15 janvier 1904).

Droits d'épreuve et de vérification des appareils à vapeur et des récipients à gaz comprimés ou liquéfiés (Lois des 18 juillet 1892 et 13 avril 1898).

Taxe pour frais de surveillance en vue de la répression des fraudes (Lois des 30 juillet 1913 et 25 juin 1920).

Droits de visite des pharmacies (Loi du 21 germinal an XI ; arrêté du Gouvernement du 25 thermidor de la même année ; décret du 23 mars 1859 ; lois des 31 juillet 1867, 25 juin 1908 et 25 juin 1920).

Droits d'inspection des fabriques et dépôts d'eaux minérales (Lois des 21 avril 1832 19 juillet 1886 et 25 juin 1908 ; décret du 9 mai 1887).

Redevances pour la rétribution des délégués mineurs (Lois des 8 juillet 1890, 8 août 1890, 26 décembre 1890, 25 février 1914, 29 mars 1919 et 30 avril 1920 ; décret du 13 juillet 1914).

Redevances pour frais de surveillance des fabriques de margarine et d'oléo-margarine (Loi du 16 avril 1897 ; décret du 13 juin 1917 ; loi du 13 avril 1898 et loi du 30 décembre 1916).

Alsace et Lorraine :

Taxe des biens de mainmorte (Loi du 17 octobre 1919, art. 3).

Impôt sur les mines (Loi du 17 octobre 1919, art. 3).

Droits de vérification des poids et mesures (Loi du 17 octobre 1919, art. 3).

Droits d'épreuve et de vérification des appareils à vapeur et des récipients à gaz comprimés ou liquéfiés (Loi du 17 octobre 1919, art. 3).

Droits de visite des pharmacies, drogueries, etc. (Loi du 17 octobre 1919, art. 3).

Redevance pour la rétribution des délégués mineurs (Livre II du Code du travail, art. 156, et arrêté du 1er octobre 1919).

Impôt extraordinaire de guerre (Loi du 17 octobre 1919, art. 3).

3° PRODUITS DE L'ENREGISTREMENT.

Départements autres que ceux d'Alsace et Lorraine :

Droits d'enregistrement (Loi organique du 22 frimaire an VII, loi du 31 juillet 1920 et autres) ; droits de mutation par décès (Lois des 22 frimaire an VII, 25 février 1901, 25 juin 1920 et autres) ; droits de greffe (Loi du 21 ventôse an VII et autres) ; taxe sur les formalités hypothécaires (Lois des 21 ventôse an VII, 27 juillet 1900, 30 avril 1921 et autres) ; amendes de consignations, de condamnations et de contraventions ; taxe d'accroissement (Lois des 28 décembre 1880, 29 décembre 1884 et 16 avril 1895) ; droits de transmission des titres d'actions et d'obligations (Lois des 23 juin 1857, 29 juin 1872, 29 mars 1914, 31 juillet 1920 et autres) ; taxe sur les capitaux assurés contre l'incendie (Lois des 13 avril 1898, 30 janvier 1907 et 12 août 1919) ; taxes sur les assurances (Loi des 23 août 1871, 29 juin 1918, 14 juin 1919, 25 juin 1920, 16 juillet 1921 et autres) ; droits de sceau (Lois des 28 avril 1816, 29 janvier 1831, 20 février 1849 et 31 juillet 1920) ; prix des formules de déclaration des successions (Loi du 25 février 1901, art. 22) ; prix des formules de bordereaux d'inscriptions d'hypothèques (Loi du 1er mars 1918) ; décimes et demi-décimes (Lois des 6 prairial an VII, 23 août 1871, 30 décembre 1873 et 25 juin 1920).

Alsace et Lorraine :

Droits d'enregistrement et de mutation par décès (Loi du 17 octobre 1919, art. 6 ; décrets des 29 mars 1920 et 5 avril 1921).

Taxe sur la plus-value (Loi du 17 octobre 1919, art. 3).

4° PRODUITS DU TIMBRE

Départements autres que ceux d'Alsace et Lorraine :

Droits de timbre (Loi organique ou 13 brumaire an   du 25 juin 1920 et autres), bulletin n° 3 du casier judiciaire (Loi du 31 juillet 1920 ;passeports, visas de passeports (Lois des 16 juin 1888 et 31 décembre 1917); permis de chasse (Lois des 3 mai 1844, 20 décembre 1872, 2 juin 1875 et 25 juin 1920); affiches sur papier (Loi du 25 juin 1920 et autres); affiches peintes (Loi du 26 décembre 1890; décret du 18 février 1891; lois des 26 juillet 1893, 8 avril 1910 et autres); affiches préparées ou protégées ou apposées dans un lieu public couvert (Lois des 8 avril 1910, 30 juillet 1913 et autres); affiches lumineuses (Loi du 8 avril 1910 et autres); affiches dites «panneaux-réclames» (Loi du 12 juillet 1912); titres négociables des valeurs mobilières françaises (Lois des 5 juin 1850, 29 mars 1914, 25 juin et 31 juillet 1920 et autres); titres étrangers (Lois des 23 juin 1857, 29 juin 1872, 28 dé- cembre 1895, 13 avril 1898, 30 janvier 1907, 31 décembre 1907, 4 avril et 29 mars 1914 et 25 juin 1920); polices d'assurances et contrats de rentes viagères et contrats souscrits par les entreprises françaises ou étrangères de capitalisation (Lois des 5 juin 1850, 29 décembre 1884, 13 avril 1898, 29 juin 1918 et autres); effets négociables et non négociables (Lois des 5 juin 1850, 31 décembre 1920 et autres); quittances et chèques (Lois des 23 août 1871, 25 juin 1920 et autres); ordres de virement en banque (Lois des 30 juillet 1913 et 15 juillet 1914); timbre des cartes d'identité et des visas de ces cartes (Loi du 29 avril 1921); contrats de transports (Lois des 30 mars 1872, 29 juin 1918 et autres); permis gratuits de circulation sur les chemins de fer (Loi du 29 mars 1897); cartes d'entrées dans les cercles et les casinos (Loi du 31 juillet 1920); décimes (Lois des 23 août 1871, 30 mars 1872 et autres).

Alsace et Lorraine :

Produits du timbre (Arrêté du 7 avril 1919, loi du 17 octobre 1919, art. 6, et décret du 20 juillet 1920).

Taxe pour la délivrance de cartes d'identité aux étrangers et de cartes frontalières (Loi du 17 octobre 1919, art. 3).

Timbre d'empire (Loi du 17 octobre 1919, art. 3).

5° IMPÔT SUR LES OPÉRATIONS DE BOURSE.

Départements autres que ceux d'Alsace et Lorraine :

Taxe sur les négociations des valeurs de bourse (Lois des 28 avril 1893, 28 décembre 1895, 13 avril 1898, 31 décembre 1907, 15 juillet 1914 et 25 juin 1920) e sur les opérations traitées dans les bourses de commerce (Loi du 27 février 1912, ar

Alsace et Lorraine :

Impôts sur les opérations de bourse (Loi du 17 octobre 1919   décret du 22 mars 1920, art. 11).

6° TAXE SUR LE REVENU DES VALEURS MOBILIÈRES, ETC.

Départements autres que ceux d'Alsace et Lorraine :

Taxe de 10 p. 100 sur le revenu des valeurs mobilières en général (Lois des 29 juin 1872, 26 décembre 1890, 30 décembre 1916, 25 juin, 31 juillet 1920 et autres), sur les primes de remboursements payées aux créanciers et aux porteurs d'obligations, effets publics et tous autres titres d'emprunts (Lois des 21 juin 1875, 26 décembre 1890, 30 décembre 1916 et 25 juin 1920), sur les revenus de certaines collectivités (Lois des 28 décembre 1880, art. 3 et 4, et 29 décembre 1884, art. 9 ; loi du 26 décembre 1890, art. 4 ; loi du 25 juin 1920, art. 50) et sur les bénéfices attribués aux membres des conseils d'administration des sociétés (Lois des 13 juillet 1911, 30 décembre 1916 et 25 juin 1920).

Taxe de 20 p. 100 sur les lots payés aux créanciers et aux porteurs d'obligations, effets publics et tous autres titres d'emprunts (Lois des 21 juin 1875, 26 décembre 1890, 25 février 1901, 30 décembre 1916 et 25 juin 1920).

Taxe de 12 p. 100 sur les revenus des fonds d'États étrangers et des valeurs mobilières étrangères non abonnées (Lois des 29 mars 1914, 30 décembre 1916 et 25 juin 1920).

Taxe de 10 p. 100 sur le revenu des créances, dépôts et cautionnements (Lois des 31 juillet 1917 et 25 juin 1920).

Alsace et Lorraine :

Taxe sur le revenu des valeurs mobilières, etc. (Loi du 17 octobre 1919, art. 6, et décret du 22 mars 1920).

7° TAXE DE LUXE.

Départements autres que ceux d'Alsace et Lorraine :

Loi du 25 juin 1920.)

8° IMPÔT SUR LE CHIFFRE D'AFFAIRES.

Départements autres que ceux d'Alsace et Lorraine :

Loi (es 25 juin et 31 juillet 1920.)

Alsace et Lorraine :

(Lois des 25 juin et 31 juillet 1920.)

9° PRODUITS DES DOUANES.

Départements autres que ceux d'Alsace et Lorraine :

Droits de douane à l'importation sur les marchandises diverses (Loi du 11 janvier, décrets des 30 et 31 janvier 1892 et traités et conventions de commerce; loi du 19 juillet 1880; loi du 14 août 1885 et décret du 4 décembre 1891 sur les viandes de porc salées d'Amérique; lois et décrets cités au tarif officiel et dans ses suppléments, et lois et décrets cités dans les circulaires officielles de l'administration des douanes. Loi du 19 juillet 1890, relative aux importations de Tunisie. Loi du 29 décembre 1891; décrets des 27 mai et 30 juin 1892 ; décret du 1er février 1893 ; loi du 6 février 1893 ; décret du 10 juin 1893 ; loi du 30 juin 1893 ; décret du 1er juillet 1893 ; loi du 4 juillet 1893 ; décrets des 11 août, 25 octobre et 30 décembre 1893 ; lois des 27 février, 16 juillet et 14 novembre 1894 ; décret du 3 décembre 1894 et loi du 16 avril 1895 ; loi du 23 novembre 1848; décret du 11 mai 1861 ; loi du 16 mai 1863 ; loi du 16 août 1895 ; décrets des 16 août, 17 et 25 octobre 1895 ; loi du 31 mars 1896 ; décrets des 23 mai et 22 août 1896 ; lois des 29 mars, 6, 7 et 16 avril 1897 ; loi du 14 juillet 1897 ; décrets des 18 et 28 juillet 1897 ; loi du 13 décembre 1897 ; lois des 3 mars, 4, 5 et 9 avril 1898 ; décrets des 24 juin, 30 juillet et 14 septembre 1898 et 8 janvier 1899 ; lois des 1er, 2 et 28 février 1899 ; décrets des 7 et 28 février 1899 et 22 avril 1899 ; loi du 10 juillet 1899 ; décret du 9 septembre 1899 ; loi du 24 février 1900 ; loi du 17 juillet 1900 ; décret du 17 juillet 1900 ; loi du 30 juillet 1900 ; décrets des 31 juillet et 25 août 1900 ; loi du 29 décembre

1900; loi du 2 janvier 1901; décret du 15 janvier 1901; lois des 22 et 26 juillet 1901; décrets des 12 novembre 1901 et 23 janvier 1902; lois des 4, 5 et 12 février 1902; décrets des 20 et 21 février 1902; loi et décret du 22 février 1902; lois des 15 mars, 7 et 10 avril 1902; lois des 3 mai 1902, 27 et 28 janvier 1903; décret du 28 janvier 1903; loi du 20 février 1903; décrets des 21 février et 24 mars 1903; lois des 29, 31 mars, 30 avril, 4, 18 et 31 juillet 1903; décrets des 23 août, 19 septembre et 2 décembre 1903; loi du 8 mars 1904; décret du 29 mars 1904; lois des 19 avril, 19 et 20 juillet 1904; décret du 18 avril 1905; lois des 24 juin, 21 décembre 1905 et 23 février 1906; décret du 23 février 1906; lois des 30 avril, 12, 13 et 18 juillet, 3 août et 21 novembre 1906; décrets des 21 et 22 novembre 1906, 15 janvier 1907; loi du 19 janvier 1907; lois des 23 avril, 12, 19 et 27 juillet 1907; décrets des 31 juillet, 17 août, 30 octobre, 7 novembre et 27 décembre 1907; loi du 30 janvier 1908; décrets des 30 janvier, 1er avril et 7 mai 1908; lois des 10 août et 5 décembre 1908; décret du 30 janvier 1909; loi du 20 juillet 1909; décret du 4 septembre 1909; loi du 31 décembre 1909; décret du 11 février 1910; loi et décret du 29 mars 1910; loi du 6 avril 1910; loi du 8 avril 1910, art. 26 et 29; décret du 23 septembre 1910; loi du 28 décembre 1910; décret du 20 février 1911; loi du 14 avril 1911; loi et décret du 7 juin 1911; décrets des 31 octobre et 16 novembre 1911; loi du 5 février 1912; loi du 22 février et décret du 28 février 1912; loi du 29 mars et décret du 12 avril 1912; loi du 6 juillet 1912; loi du 8 juillet 1912; loi du 4 janvier 1913; loi du 5 août 1913; loi du 16 août 1913; loi du 28 mars 1914 et décret du 6 mai 1914; loi du 1er avril 1914 et décrets des 27 mai et 16 juin 1914; décret du 6 mai 1914; décret du 2 août 1914; loi du 16 avril 1915 portant ratification des décrets ayant pour objet de suspendre les droits sur certaines marchandises; loi du 14 août 1915; décrets des 3 et 13 mars 1915 et loi du 26 août 1915; loi du 22 avril 1916; loi du 30 juin 1916, art. 4; décret du 9 novembre 1915 et loi du 26 décembre 1916; loi du 30 décembre 1916, art. 14 à 20; décret du 21 avril 1917; décret du 21 juin 1917; décret du 18 décembre 1916 et loi du 7 juillet 1917; décrets des 24 juin et 11 juillet 1916 et loi du 12 juillet 1917; décret du 17 janvier 1918; loi du 22 février 1918; décrets des 30 mars et 29 avril 1918 et loi du 29 juin 1918; loi du 18 avril 1918 sur l'intérêt de retard; décret du 16 janvier 1919 admettant au tarif minimum les huiles minérales originaires des Indes anglaises; loi du 5 août 1919 et décret du 30 relatifs à la modification du régime douanier des produits pétrolifères en France; décret du 8 juillet 1919 portant remplacement des surtaxes *ad valorem* par des coefficients de majoration des droits spécifiques, ainsi que les décrets modificatifs du 28 août, 23 septembre et 4 octobre 1919, 10 janvier, 3 et 26 février, 27 mars, 12, 14, 21 et 22 avril, 27 juin, 22 juillet, 5 novembre 1920; 11 janvier 1921, 2 février 1921, 27 mars 1921 et 2 avril 1921; décret du 2 septembre 1919 relevant le droit d'importation des tabacs en Corse; loi du 7 novembre 1919 modifiant le tableau A annexé à la loi du 11 janvier 1892 (produits chimiques); décret du 23 décembre 1919 modifiant les droits d'entrée applicables aux voitures automobile; loi du 9 janvier 1920 portant ratification du décret du 8 juillet 1919 qui a substitué aux surtaxes *ad valorem* des coefficients de majoration des droits spécifiques; loi du 13 mars 1920 portant ratification des décrets des 28 mai et 9 juillet 1919, qui ont modifié le droits d'importation afférents aux tabacs fabriqués autres que pour la régie; décret du 4 août 1920 modifiant les droits de sortie, établis par le décret du 22 mars 1920 sur les animaux des espèces chevaline, mulassière et asine; loi du 25 juin 1920 portant création de nouvelles ressources fiscales; loi du 30 juillet 1920 relative aux dégrèvements des droits d'entrée sur le papier destiné à l'impression des journaux; loi de finances du 31 juillet 1920; loi du 31 août 1920 relative à l'exportation des œuvres d'art; décret du 22 octobre 1920, modifié par décret du 4 novembre 1920, instituant des droits de sortie sur diverses marchandises; décret du 26 octobre 1920 instituant des droits de sortie sur les pommes et poires à cidre et à poiré; décrets des 10 janvier 1921 et 12 mars 1921 modifiant les droits de sortie sur les tourteaux de graines oléagineuses; décrets des 4 novembre 1920 et 9 février 1921 suspendant l'application des droits de sortie sur les poteaux de mines; décrets des 5 novembre 1920 et 20 avril 1921 concernant la taxation *ad valorem* des médicaments composés non dénommés; loi du 31 décembre 1920 maintenant en vigueur jusqu'au 1er janvier 1922 les dispositions de la loi du 6 mai 1916 autorisant le Gouvernement à augmenter les droits de douane; décret du 11 janvier 1921 supprimant le coefficient de majoration des droits de douane pour les papiers destinés à la presse et à l'impression décret du 12 mars 1921 portant publication de l'arrangement commercial du 29 janvier 1921 entre la France et le Canada; décret du 28 mars 1921 portant relèvement des droits du tarif général des douanes à l'importation; décret du 1er avril 1921 modifiant les droits de douane applicables aux billets de roulement; décret du 18 avril 1921 accordant le tarif minimum aux huiles minérales provenant du Canada; loi du 21 avril 1921 relative au payement au Trésor d'une fraction de la valeur des marchandises allemandes importées en France; décret du 28 avril 1921 portant mise en application de l'arrangement commercial du 4 novembre 1920 entre la France et la Tchéco-Slovaquie; décret du 10 juillet 1921 rendant exécutoire la convention de commerce du 13 du même mois entre la France et la Finlande.

Droits de statistique (Loi du 22 janvier 1872. Observations préliminaires du tarif, n°⁵ 689 à 699; loi du 8 avril 1910, art. 28, et décret du 14 mai 1910; décrets des 2 mai et 2 septembre 1911; décret du 29 mai 1912; loi du 29 juin 1918, art. 25 et 26).

Taxe de contrôle à l'importation.

Taxe pour le développement du commerce extérieur (taxe de 10 centimes sur chaque unité de perception soumise au droit de statistique). [Loi du 30 avril 1921.]

Droit de passeport des navires étrangers (Loi du 27 vendémiaire an II, art. 37; décret du 16 juillet 1907).

Droits de navigation (Loi du 27 vendémiaire an II; lois et décrets désignés dans les observations préliminaires du tarif officiel et dans ses suppléments, n°⁵ 652 à 688; décret du 21 octobre 1896; loi du 23 décembre 1897, lois des 23 mars 1898 et 7 avril 1902; loi de finances du 30 décembre 1903; décret du 16 juillet 1907; loi du 32 juillet 1920, art. 57, et loi du 30 avril 1921, art. 19).

Droits et produits divers. (Lois des 28 avril 1816 et 22 janvier 1872; lois et décrets désignés dans les observations préliminaires du tarif officiel et dans ses suppléments n°⁵ 700 à 724 et 142 à 144, et dans les circulaires officielles de l'administration de douanes; décision ministérielle du 23 juillet 1901; loi de finances du 25 février 1901 art. 25; loi du 8 avril 1910, art. 7; loi du 25 juin 1920).

Intérêts de retard pour crédits de droits (Loi du 15 février 1875 et loi de finances du 17 juillet 1889; décret du 9 février 1894; loi du 7 avril 1900 et décision ministérielle du 20 mars 1901).

Produit d'amendes et confiscations perçues en vertu des lois de douane.

Taxe de consommation des sels (Lois des 21 avril 1818, 28 décembre 1848 et 26 décembre 1876, art. 2; décret du 20 avril 1881 et loi du 26 février 1911; loi du 25 juin 1920).

Taxe de consommation intérieure sur les denrées coloniales, la chicorée et les autres succédanés du café (Lois des 30 décembre 1916 et 29 juin 1918).

Droit de consommation sur la vanilline et ses dérivés ou substituts (Loi du 25 juin 1920).

Droit des laissez-passer aux automobiles étrangères (Loi du 31 juillet 1920, art. 37).

Taxe de fabrication des huiles minérales brutes (Loi du 31 mars 1903, art. 31).

Taxe sur les voitures automobiles importées par des personnes venant séjourner temporairement en France et non soumises à l'impôt direct pour ces véhicules (Loi du 8 avril 1910, art. 7).

Redevances perçues sur les entrées ou sorties admises par dérogation à des prohibitions d'importation ou d'exportation (Loi du 28 septembre 1916, art. 7; décret du 15 juin et loi du 29 septembre 1917, art. 9).

10° PRODUITS DES CONTRIBUTIONS INDIRECTES.

———

Départements autres que ceux d'Alsace et Lorraine :

Taxes spéciales de 25 p. 100 sur les spiritueux et de 15 p. 100 sur les vins de luxe (Lois des 31 décembre 1917, 29 juin 1918, 31 décembre 1918, 25 juin 1920).

Impôt sur les boissons (Lois des 28 avril 1816, 26 mars 1872, 31 décembre 1873, 17 juillet 1889, 16 décembre 1897, 13 avril 1898, 30 mai 1899, 29 décembre 1900, 30 janvier 1907, 26 décembre 1908, 8 avril 1910, 15 juillet 1914, 30 juin et 30 décembre 1916, 22 février et 29 juin 1918, 25 juin 1920 et 15 juillet 1921).

Droits sur les vins de raisins secs, les raisins secs et les piquettes (Lois des 26 juillet 1890, 11 janvier 1892, 6 avril 1897, 6 août 1905, 30 décembre 1916, 29 septembre 1917, 22 février et 29 juin 1918, 25 juin 1920 et 15 juillet 1921).

Taxe de consommation sur les alcools en Corse (Lois des 29 mars 1897, 31 mars 1903 et 25 juin 1920).

Droits sur les eaux minérales, les boissons gazéifiées et l'acide carbonique liquide (Lois des 30 décembre 1916, 31 décembre 1917, 30 mars 1918 et 25 juin 1920).

Droit sur les spécialités pharmaceutiques (Loi du 30 décembre 1916 et décret du 17 avril 1917; loi du 31 décembre 1917).

Taxe sur les automobiles (Lois du 25 juin 1920 et 31 juillet 1821).

Droit de consommation sur la vanilline et ses dérivés ou substituts (Loi du 25 juin 1920).

Taxe sur les essences de pétrole (Loi du 25 juin 1920).

Taxe sur les benzols (Loi du 25 juin 1920).

Taxe de consommation sur les sels (Loi du 28 décembre 1848 et décret du 20 avril 1881).

Droit de consommation sur les denrées coloniales, la chicorée et les autres succédanés du café (Loi des 30 décembre 1916, 29 juin 1918 et 25 juin 1920).

Taxe de fabrication sur les huiles minérales brutes (Loi du 31 mars 1903).

Droit d'entrée sur les huiles autres que les huiles minérales (Lois des 31 décembre 1873 et 22 décembre 1878).

Droit sur la stéarine et les bougies (Lois des 30 décembre 1873, 30 juillet 1913 et 25 juin 1920).

Impôt sur les vinaigres et l'acide acétique (Loi du 17 juillet 1875; lois des 26 décembre 1908 et 29 juin 1918, 9 juin 1921).

Impôt sur le prix des places de voyageurs, des bagages, des marchandises et messageries transportés en grande et en petite vitesse par les chemins de fer et les tramways à traction mécanique (Lois des 28 juin 1833, 2 juillet 1838, 14 juillet 1855 et 11 juillet 1879; décret du 21 mai 1881; lois des 26 janvier 1892, 16 avril 1895, 17 avril 1906, 29 juin 1918 et 31 juillet 1920).

Droit sur les voitures publiques de terre et d'eau (Lois des 9 vendémiaire an VI, 5 ventôse an XII, 25 mars 1817, 20 juillet 1837, 11 juillet 1879, 26 janvier 1892, 8 avril 1910 et 25 juin 1920).

Taxe spéciale sur les spectacles, les divertissements et les courses de chevaux (Loi du 25 juin et 31 juillet 1920).

Taxe sur les billards publics et privés (Lois des 16 septembre 1871, 18 décembre 1871 et 30 décembre 1916).

Taxe sur les vélocipèdes (Lois des 17 avril 1906 et 30 janvier 1907).

Taxe sur les distributeurs automatiques (Lois des 8 avril et 24 décembre 1910).

Droits divers :

Licences autres que celles des voitures publiques (Lois des 28 avril 1816, 10 mars 1819, 1er et 8 septembre 1871, 30 et 31 décembre 1873, 17 juillet 1875; décret du 11 août 1884; lois des 26 juillet 1890, 29 décembre 1900, 30 mars 1902, 20 décembre 1905, 26 décembre 1908, 8 avril 1910, 15 juillet 1914, 29 juin 1918 et 25 juin 1920).

Licences annuelles des voitures publiques (Loi du 25 mars 1817).

Garantie des matières d'or, d'argent et de platine (Lois des 19 brumaire an VI, 5 ventôse an XII, 30 mars 1872, 25 janvier 1884, 8 avril 1910 et 25 juin 1920).

Droit de statistique sur les alcools dénaturés (Loi du 29 décembre 1900).

Timbre (Lois des 28 avril 1816, 8 avril 1910 et 25 juin 1920).

Cartes à jouer (Lois des 9 vendémiaire an VI, 5 ventôse an XII, 1er septembre 1871, 21 juin 1873, 28 décembre 1895, 29 mars 1897 et 25 juin 1920).

Amendes et confiscations (contributions indirectes, culture de tabacs). (Lois des 13 fructidor an V, 19 brumaire an VI, 9 frimaire an VII, 6 prairial an VII, 23 pluviôse an XIII, 24 avril 1806, 28 avril 1816, 25 mars 1817, 24 juin 1824, 19 juin 1840, 25 juin 1841, 14 juillet 1855, 4 et 16 septembre 1871, 28 février, 26 mars et 2 août 1872, 15 mars, 21 juin, 30 et 31 décembre 1873, 28 janvier, 8 mars, 17 et 28 juillet 1875 et décret du 4 prairial an XIII; lois des 29 mars 1897, 13 avril 1900, 25 février 1901, 30 mars 1902, 31 mars 1903, 6 août 1905, 17 avril 1906, 30 janvier et 31 décembre 1907, 26 décembre 1908, 8 avril, 24 et 28 décembre 1910, 13 juillet 1911 et 25 juin 1920).

Simples, doubles et quadruples droits sur acquits non rentrés (Décret du 22 août 1791; ordonnances du 11 juin 1816; lois des 28 avril 1816, 21 juin et 30 décembre 1873, 29 décembre 1900, 30 mars 1918 et 25 juin 1920).

Prix des plombs apposés pour les sels, les sucres, les allumettes et les bougies (Lois des 26 juin 1841 et 31 mai 1846; décrets des 11 août 1851, 1er septembre 1852, 29 novembre 1871 et 8 janvier 1874; arrêté ministériel du 15 novembre 1879).

Intérêts de retard pour crédits de droits (Loi du 15 février 1875 et arrêté ministériel du 17 avril 1918).

Remise de 1/3 p. 100 pour crédits de droits (Arrêté ministériel du 27 mars 1866 et loi du 15 février 1875).

Recettes accessoires.

Double décime et demi (Lois des 6 prairial an VII, 11 novembre 1813, 28 avril 1816, 25 mars 1817, 4 juillet 1855, 30 décembre 1873 et 25 juin 1920).

Droit de fabrication sur la dynamite et la nitroglycérine (Loi du 8 mars 1875 ; décret du 14 janvier 1899; loi du 30 juillet 1913 ; décret du 25 août 1913.)

Alsace et Lorraine :

Impôt sur les vins, cidres et poirés et taxe de luxe sur les vins fins (Arrêté du président du Conseil du 22 janvier 1919 et arrêté du commissaire général du 18 juin 1919.

Droits sur les bières (Arrêté du commissaire général du 18 juin 1919).

Droits de consommation et taxe *ad valorem* sur les alcools (Arrêté du président du Conseil du 22 janvier 1919 et arrêté du commissaire général du 18 juin 1919).

Droits sur les eaux minérales, les boissons gazéifiées et l'acide carbonique liquide (Arrêté du commissaire général du 18 juin 1919)

Droits sur les spécialités pharmaceutiques (Arrêté du commissaire général du 18 juin 1919).

Taxe de consommation sur les sels (Arrêté du commissaire général du 18 juin 1919).

Droits de consommation sur les denrées coloniales, la chicorée et les autres succédanés du café (Arrêté du commissaire général du 18 juin 1919).

Droit sur la stéarine et les bougies (Arrêté du commissaire général du 18 juin 1919).

Impôt sur les vinaigres et l'acide acétique (Arrêté du commissaire général du 18 juin 1919).

Impôts sur les transports par chemins de fer (Loi du 17 octobre 1919, art. 3).

Droits sur les voitures publiques empruntant les routes ordinaires (Arrêté du commissaire général du 18 juin 1919).

Taxe spéciale sur les spectacles (Arrêté du commissaire général du 18 juin 1919, loi du 17 octobre 1919, art. 6, et décret du 12 mars 1921).

Taxe sur les vélocipèdes (Arrêté du commissaire général du 18 juin 1919).

Droit de licence (Arrêté du commissaire général du 18 juin 1919).

Taxe sur les automobiles (Loi du 17 octobre 1919, art. 6, et décret du 12 mars 1921

Taxe sur les essences, pétroles et benzols (Loi du 17 octobre 1919, art. 6, et décret du 12 mars 1921).

Droits de garantie des matières d'or, d'argent et de platine (Arrêté du commissair général du 18 juin 1919).

Amendes, confiscations et droits sur acquits non rentrés (Arrêté du commissaire général du 18 juin 1919 et loi du 25 juin 1820).

Impôt sur les sels de potasse (Loi du 17 octobre 1919, art. 3).

11° PRODUITS DES SUCRES ET DE LA SACCHARINE.

France.

Droits de douane à l'importation :

Sur les sucres coloniaux (Lois des 19 juillet 1880, 29 juillet 1884, 13 juillet 1886 27 mai 1887, 24 juillet 1888, 5 août 1890 et 11 janvier 1892 ; lois des 7 avril 1897, 5 et 9 juillet 1904 ; lois et décrets cités au tarif officiel et dans ses suppléments, lois des 30 décembre 1916 et 25 juin 1920).

Sur les sucres étrangers (Lois des 19 juillet 1880, 29 juillet 1884, 13 juillet 1886 27 mai 1887, 24 juillet 1888, 5 août 1890, 11 janvier 1892, 7 avril 1897 et 28 janvie 1903, 5 et 9 juillet 1904 ; décrets du 10 novembre 1904 ; traités de commerce, lois e décrets cités au tarif officiel et dans ses suppléments ; décrets des 11 mai et 8 octobre 1909 ; décret du 27 novembre 1911 ; loi du 30 décembre 1916 et 25 juin 1920).

Départements autres que ceux d'Alsace et Lorraine :

Droits sur les sucres indigènes (Lois des 31 mai 1846, 30 décembre 1875, 19 juillet 1880, 29 juillet 1884, 27 mai et 4 juillet 1887, 24 juillet et 29 décembre 1888 ; décrets des 31 juillet 1884 et 25 août 1887 ; lois des 5 août 1890, 29 juin 1891 et 7 avril 1897 ; loi de finances du 13 avril 1898 ; loi du 28 janvier 1903 ; loi de finances du 31 mars 1903 ; lois des 5 et 9 juillet 1904, 17 avril 1906, 30 janvier et 29 juin 1907, 8 avri 1910, 27 février 1912, 30 décembre 1916, 29 juin 1918 et 25 juin 1920).

Droit de consommation sur la saccharine (Loi des 7 avril 1917, 29 juin 1918 et 25 juin 1920).

Alsace et Lorraine :

Produits des sucres et de la saccharine (Arrêté du commissaire général du 18 juin 1919)

§ 2. — Produits de monopoles et exploitations industrielles de l'État.

1° PRODUITS RECOUVRÉS PAR LES RECEVEURS DES CONTRIBUTIONS INDIRECTES
ET DES CONTRIBUTIONS DIVERSES.

Départements autres que ceux d'Alsace et Lorraine :

Produit de la vente des allumettes (Lois des 4 septembre 1871, 2 août 1872, 15 mars 1873 et 28 janvier 1875 ; décrets des 30 décembre 1889, 10 avril et 19 juin 1890 ; loi du 16 avril 1895 ; lois des 30 janvier 1907, 26 décembre 1908, 8 avril 1910 et 29 septembre 1917 ; décret du 26 mai 1919).

Produit de la publicité sur les boîtes d'allumettes et les paquets renfermant des tabacs ou des allumettes, mis en vente par l'administration des manufactures de l'État (Loi du 29 avril 1921, art. 18).

Impôt sur les briquets (Loi du 28 décembre 1910)

Produit de la vente des tabacs (Lois des 28 avril 1816, 4 septembre 1871, 29 février 1872, 26 décembre 1892 et 31 mars 1903 ; loi du 17 janvier 1918, décrets des 17, 18 janvier et 12 mars 1918 ; loi et décret du 27 mai 1919 et décret du 28 mai 1919 ; loi et décret du 30 juin 1919 ; décrets des 31 mars, 4 mai, 26 octobre 1920 et 22 mars 1921).

Produit de la vente des poudres à feu (Lois des 13 fructidor an V, 16 mars 1819 ; 7 août 1850, 25 juillet 1873, 6 août 1882, 29 mars 1897, 29 décembre 1899, 8 avril 1910 et 26 septembre 1918 ; décrets des 30 décembre 1882, 9 mars 1900, 25 août 1913), 25 juillet 1914, 16 mai 1916, 10 avril 1917, 2 novembre 1918, 24 mars et 5 août 1919 13 juin, 10 septembre et 12 novembre 1920, 12 avril 1921).

Alsace et Lorraine :

Produit de la vente d'allumettes chimiques (Loi du 17 octobre 1919, art. 3).

Impôt sur les briquets (Arrêté du commissaire général du 18 juin 1919).

Produit de la vente des poudres à feu (Arrêté du commissaire général du 18 juin 1919).

Algérie :

Tabacs des manufactures de France.

Produit de la vente des tabacs. — Recettes accessoires (Décrets des 31 mai 1854, 11 mars 1873, 27 mars 1880, 24 décembre 1906, 9 mars 1915, 27 avril 1917 et 30 juillet 1917).

Poudres à feu. — Produit de la vente des poudres (Ordonnance du 4 novembre 1844, décrets du 12 juin 1890, loi du 29 décembre 1899 et décret du 21 janvier 1901).

2° PRODUITS DES POSTES ET DES TÉLÉGRAPHES.

Produits des postes.

France :

Taxes des lettres, journaux, échantillons et imprimés de toute nature et droit de transport des valeurs déclarées. — Lettres et boîtes (Décret du 2 messidor an XII, art. 1er ; lois des 25 janvier 1873, 3 août 1875, art. 6, 6 avril et 26 décembre 1878, 7 avril 1879 et 20 avril 1882 ; décrets des 10 mai 1879, 10 août, 7 novembre 1882, 1er mars 1884 et 17 mars 1887 ; loi du 9 avril 1887 ; loi du 29 mars 1889 et décret du 27 septembre 1889 ; loi du 26 janvier 1892, art. 30 ; loi du 26 janvier 1892 et décret du 5 mars 1892 ; lois des 25 mars et 13 avril 1892, art. 5 ; loi de finances du 16 avril 1895, art. 25 ; lois des 27 décembre 1895 et 21 décembre 1897 ; décret du 24 février 1898 ; loi du 7 juillet 1899 ; décrets des 31 juillet 1899, 24 février et 10 décembre 1901 ; loi de finances du 30 mars 1902, art. 22 et 28 ; décret du 4 mai 1903 ; loi de finances du 30 décembre 1903, art. 6 ; décrets des 10 mars, 20 et 23 novembre 1904 ; lois de finances des 30 janvier 1907, art. 30, 26 décembre 1908, art. 21, et 8 avril 1910, art. 44 à 48 ; décret du 13 avril 1910 ; loi de finances du 13 juillet 1911, art. 16, 17, 18 et 19 ; loi de finances du 27 février 1912, art. 14, 15 et 17 ; loi du 24 décembre 1912 ; loi de finances du 30 juillet 1913, art. 23 ; décrets des 22 décembre 1915, 28 janvier, 2 février, 11 août et 22 octobre 1916 ; loi du 30 décembre 1916, art. 22, 25 et 26 ; décrets des 7, 15 et 20 février 1917 ; loi de finances du 12 août 1919, art. 8 à 12 ; loi et décret du 29 mars 1920). — Carnets de timbres-poste (Lois de finances du 17 avril 1906, art. 17 et 8 avril 1910, art. 51 ; décret du 23 mai 1907). — Cartes d'identité (Loi et décret du 29 mars 1920). — Tarifs internationaux ; journaux et écrits périodiques (Loi du 14 août 1907 ; décrets des 28 août 1907 et 26 mars 1908 ; loi du 29 avril 1908 ; décret du 2 mai 1908 ; décret du 14 mars 1910 ; loi de finances du 8 avril 1910, art. 46 ; loi du 21 avril 1910 ; décrets des 3 et 5 mai 1910 ; décret du 21 décembre 1918 ; loi du 30 mars 1921 approuvant la convention de Madrid et décrets subséquents; loi du 12 août 1919, art. 12 (correspondances avion), et décrets du 13 janvier, 28 février et 1er mai 1921; décrets approuvant la convention franco-luxembourgeoise des 29 décembre 1918 et 6 octobre 1920; décrets sur les taxes du rayon limitrophe des 3 mai 1910, 7 février 1817 et 30 mars 1921; décrets sur les taxes dans les relations avec les bureaux français en Chine des 20 juin 1900; 10 juillet 1902, 26 juillet 1916 et 6 décembre 1912; décret sur les abonnements dans les relations franco-suisses du 9 juin 1917; décret sur les relations postales avec les Nouvelles-Hébrides du 17 mai 1913; décret sur la convention franco-marocaine du 13 mai 1915; décret concernant l'arrangement franco-sarrois du 29 mars 1921; décret du 20 octobre 1920 fixant la taxe et les conditions de dépôt et de distribution des correspondances postales par express.

Droits perçus sur les envois d'argent (Loi du 4 juillet 1868; décret du 25 mai 1870; loi du 30 mai 1871; décret du 26 juin 1878; lois des 18 et 25 mars 1879; loi du 5 avril 1879; décrets des 5 et 12 mai, 28 juin, 9 et 12 juillet 1879; loi du 18 décembre 1879; décrets des 3 et 5 janvier 1880; lois des 17, 20 et 22 mars 1880; décrets des 22 et 31 mars, 1er, 3 avril et 10 mai 1880; lois des 13 et 17 juillet 1880; décrets des 24 juillet, 3 et 12 septembre et 6 novembre 1880; loi du 31 décembre 1880; décrets des 15 et 26 février et 14 juin 1881; décrets des 19 juin et 28 juillet 1882; loi du 27 décembre 1882; décrets des 21 février et 17 mars 1883; lois des 21 mai et 16 juin 1883; décrets des 15 novembre et 15 décembre 1883; lois des 12 juillet et 1er août 1884, 26 décembre 1886, 11 avril et 26 juillet 1889; loi de finances du 26 janvier 1892; décret du 27 juin 1892; loi du 20 juillet 1892; décrets des 5 mars et 13 août 1892 et 25 juillet 1893; lois des 16 avril et 27 décembre 1895; lois des 21 décembre 1897 et 4 avril 1898; décrets des 25 septembre, 18 octobre, 26 et 29 décembre 1898; loi du 14 mars 1901; décrets des 8 mai et 4 août 1901; loi de finances du 30 mars 1902, art. 23 à 25; décrets des 27 janvier, 7 mai, 1er et 10 juillet, 20 août et 20 novembre 1902 et 11 mai 1903; décrets des 9 février, 4 et 7 juin 1904; loi du 30 juin 1904; décret du 30 juin 1904; décrets des 2 mars, 24 avril et 23 mai 1907; lois des 31 juillet et 14 août 1907; décrets des 28 août, 16 octobre et 12 novembre 1907, 3 et 15 juillet et 13 août 1908, 5 et 16 juin 1909; loi de finances du 8 avril 1910, art. 53 et 54; décret du 25 juin 1911; loi du 13 mars 1911; décrets des 27 septembre 1911 et 2 mars 1913; loi du 17 juin 1913; loi de finances du 30 juillet 1913, art. 20; décrets des 3 et 10 août 1914; décret du 9 février 1915; loi du 30 juin 1916, art. 25; loi du 30 décembre 1916, art. 25; décrets des 5 janvier et 1er septembre 1917; loi du 31 mars 1917, art. 6; loi et décret du 29 mars 1920; décret du 19 juin 1920; loi de finances du 31 juillet 1920, art. 40; décrets des 5 décembre 1920, 12 mars, 5 et 6 avril 1921; loi du 30 mars 1921; loi du 29 avril 1921, art. 24; loi du 30 avril 1921, art. 18).

Droits perçus sur les bons de poste (Loi du 29 juin 1882; règlement d'administration publique du 28 novembre 1882; lois de finances des 30 mars 1902, art. 74, et 31 mars 1903, art. 42; décret du 19 septembre 1903; loi de finances du 8 avril 1910, art. 49; décret du 10 août 1914; loi du 30 décembre 1916, art. 25; loi du 29 mars 1920, art. 13).

Redevances pour concessions de boîtes aux lettres particulières (Loi du 7 juillet 1899 et décret du 31 juillet 1899).

Encaissement des remises supprimées aux receveurs et agents des postes (Loi du 28 juin 1918).

Droit proportionnel d'encaissement sur les valeurs recouvrées par la poste (Loi du 29 mars 1920, art. 17).

Transactions sur les procès-verbaux de contravention aux lois sur le service des postes (Ordonnance du 29 février 1843; loi du 4 juin 1859, art. 9; loi du 12 avril 1892, art. 4).

Taxes perçues sur les opérations du service des comptes courants et des chèques postaux (Loi des 7 janvier 1918, 28 juillet 1919 et 29 mars 1920, art. 20).

Produits des abonnements aux boîtes de commerce (Loi du 31 décembre 1918, art. 20).

Taxes perçues pour le transport des voyageurs et des colis de messageries par les services d'autobus postaux exploités en régie par l'administration des postes (Loi du 31 décembre 1918, art. 21).

Produits des télégraphes.

France :

Taxes de la télégraphie privée française et internationale (Loi du 21 mars, loi du 5 avril et décret du 16 avril 1878; décrets des 25 janvier et 13 mai 1879; décrets des 29 juin 1886, 9 avril 1887 et 3 mai 1888; décret du 24 décembre 1891; loi du 16 avril 1895, art. 24; décrets des 20 avril 1896 et 29 mars 1897; décrets des 18 avril, 11 juillet, 15 et 25 novembre 1898; décrets des 17 mai et 19 décembre 1899; loi du 1er avril et décret du 2 avril 1900; décrets des 19 juin et 17 décembre 1901; loi de finances du 30 mars 1902, art. 31, et décret du 17 octobre 1902; loi du 31 mars 1903, art. 41; décret du 28 septembre 1904; décret du 15 mars 1905; décret du 12 août 1905; décrets des 18 septembre et 15 novembre 1907; décret du 22 décembre 1908; décret du 25 juin 1909; décret du 10 juillet 1909; loi et décret du 21 juillet 1909; décret du 4 janvier 1910; loi du 4 mai 1910; décrets des 20 mai 1910, 14 janvier et 27 juin 1911; loi de finances du 13 juillet 1911, art. 20 et 21; décrets des 5 et 20 décembre 1911, 28 mars, 13 juillet et 5 décembre 1912; décret du 9 mai 1914; décrets des 15 janvier, 2 février, 18 mars, 25 mars, 28 mai et 13 août 1915; décrets des 14 mars et 18 août 1916; loi du 30 décembre 1916, art. 23; décrets des 14 mai, 25 juin, 16 et 24 septembre, 5 et 24 octobre 1917; décret du 11 janvier 1918; décret du 2 juin 1919; loi de finances du 12 août 1919, art. 13; loi du 29 mars 1920; décret du 18 janvier 1920; décret du 8 juillet 1920; arrêté du 24 mars 1920).

Taxes des lettres-télégrammes (Décret du 5 décembre 1908).

Taxes applicables aux communications de bureau privé à bureau privé par l'appareil Pollak-Virag (Décret du 26 mai 1910).

Redevances pour droits d'usage et contributions aux frais de premier établissement et d'entretien des lignes électriques d'intérêt privé et des postes qui les desservent (Décret du 13 mai 1879; arrêtés des 24 février 1882, 24 mars 1891, 9 juin 1892 et 31 août 1895; lois des 30 juillet 1913, art. 25, et 30 décembre 1916, art. 23; loi et décret du 29 mars 1920).

Redevances pour droit d'usage et de contrôle des postes et communications radioélectriques d'intérêt privé (Lois des 29 mars et 31 juillet 1920; arrêté du 2 juin 1920).

Droit de visite des stations radiotélégraphiques en vue de la délivrance de la licence d'exploitation (Loi du 31 juillet 1920, art. 42).

Droit d'examen pour le certificat de radiotélégraphie (Loi du 31 juillet 1920, art. 43).

Taxe annuelle pour frais de contrôle des stations radiotélégraphiques (Loi du 31 juillet 1920, art. 44).

Taxes des relèvements radiogoniométriques (Décret du 26 août 1920).

Droit de statistique sur les postes radiorécepteurs horaires et météorologiques et sur les postes radiorécepteurs pour essais et expériences (Décret du 15 mai 1921).

Locations et concessions de fils à la presse (Décret du 8 mai 1874; loi du 5 avril 1878; arrêtés des 29 juin 1886, 21 août 1890, 24 mars 1891, 29 juillet 1893, 13 juin 1895 et 2 septembre 1910; lois des 30 décembre 1916, art. 23, et 31 mars 1917, art. 5).

Produits des téléphones.

France :

Taxes des conversations téléphoniques intérieures (Décret du 7 mai 1901 et loi de finances du 30 mars 1902, art. 31; décrets des 30 mars et 26 novembre 1912 et 14 mai 1913; loi du 30 décembre 1916; loi et décret du 29 mars 1920).

Taxes des messages téléphonés (Décret du 7 mai 1901 et loi de finances du 30 mars 1902, art. 31; décret du 26 novembre 1912; loi du 30 décembre 1916; loi et décret du 29 mars 1920).

Taxes des appels téléphoniques (Décret du 7 mai 1901 et loi de finances du 30 mars 1902, art. 31; décret du 26 novembre 1912; loi du 30 décembre 1916; loi et décret du 29 mars 1920).

Taxes des conversations franco-allemandes (Loi du 21 avril et décrets des 30 avril et 21 mai 1910).

Taxes des conversations franco-belges (Loi du 24 février 1900; décret du 30 mars 1900).

Taxes des conversations franco-britanniques (Loi du 31 décembre 1903, décret du 20 février 1904).

Taxes des conversations et des appels téléphoniques franco-espagnols (Loi du 21 avril 1910 et décrets des 8 mai 1910, 23 juin 1911 et 5 juin 1913).

Taxes des conversations franco-italiennes (Loi du 24 février et décrets des 8 juillet, 12 septembre 1900 et 2 juillet 1906).

Taxes des appels téléphoniques franco-italiens (Loi du 15 juillet 1908; décret du 11 octobre 1908).

Taxes des conversations franco-luxembourgeoises (Loi du 17 janvier et décret du 28 janvier 1900).

Taxes des conversations franco-néerlandaises (Loi du 31 décembre 1912; décret du 31 janvier 1913).

Taxes des conversations franco-suisses (Loi du 24 février 1900; décrets des 26 février 1900, 12 mars 1907 et 28 juillet 1911).

Abonnements urbains et interurbains (Décret du 7 mai 1901 et loi de finances du 30 mars 1902, art. 31, § 1er; loi de finances du 8 avril 1910 et décret du 21 mai 1910; décrets des 11 avril 1911, 25 juin 1912, 14 mai et 12 juin 1913; loi du 30 décembre 1916; loi et décret du 29 mars 1920).

Abonnements urbains temporaires (Décret du 10 juillet et loi de finances du 31 décembre 1903, art. 4; loi du 31 décembre 1916; loi et décret du 29 mars 1920).

Redevance mensuelle afférente aux communications échangées en dehors des heures d'ouverture (Décret du 22 août et loi de finances du 31 décembre 1903, art. 4; décret du 11 juillet 1916; loi du 30 décembre 1916; loi et décret du 29 mars 1920).

3° PRODUITS DE DIVERSES EXPLOITATIONS.

Produit des télégraphes (câbles du Tonkin).

Excédent des recettes sur les dépenses de la fabrication des monnaies et des médailles (Loi du 31 juillet 1879 et décrets des 31 octobre et 20 novembre 1879; loi de finances du 22 décembre 1880, art. 8; loi de finances du 26 février 1887, art. 15; loi de finances du 31 mars 1903, art. 50; loi du 29 mars 1918, art. 14 à 17; loi de finances du 30 avril 1921, art. 52).

Excédent des recettes sur les dépenses de l'Imprimerie nationale (Ordonnances des 26 novembre 1823 et 11 octobre 1838; décret du 2 juillet 1862; loi du 21 décembre 1879, art. 8; loi de finances du 29 décembre 1884, art. 27).

Bénéfices de l'exploitation de chemins de fer en régie (Décret du 19 juillet 1898).

Produits bruts de l'exploitation en régie des *Journaux officiels* (Loi du 28 décembre et décret du 30 décembre 1880; décret du 31 décembre 1884 concernant l'édition des communes; loi de finances du 29 décembre 1888, art. 4; décret du 29 décembre 1896; décrets des 7 avril et 10 décembre 1902; loi de finances du 30 janvier 1907, art. 3; décrets des 27 février 1907, 28 janvier, 23 décembre 1908; décret du 3 février 1912; décrets des 9 et 10 octobre 1917; décret du 28 avril 1918; décret du 30 avril 1920).

§ 3. — **Produits et revenus du domaine de l'État.**

1° PRODUITS DU DOMAINE AUTRE QUE LE DOMAINE FORESTIER.

Départements autres que ceux d'Alsace et Lorraine :

Revenus et produits de toute nature du domaine public fluvial, maritime et terrestre ; revenus et produits de toute nature des biens de l'État ; rentes et créances ; produits des aliénations d'objets mobiliers et d'immeubles ; successions en déshérence, épaves et biens vacants (Lois des 23 octobre, 5 novembre 1790, 22 novembre-1er décembre 1790, 8-10 juillet 1791, 14-24 ventôse an XI; Code civil, art. 713 et 768 ; lois des 1er juin 1864 et 20 décembre 1872 ; loi du 30 décembre 1903 ; loi du 8 avril 1910; loi du 31 décembre 1917, art. 17. Confiscation pour intelligence avec l'ennemi (Loi du 14 novembre 1918). Sommes, coupons et valeurs mobilières atteints par la prescription (Loi du 25 juin 1920, art. 111).

Produits de l'exploitation des établissements régis ou affermés par l'État :

Écoles vétérinaires (Décret du 10 septembre 1903); école d'horticulture de Versailles; écoles nationales d'arts et métiers, école d'horlogerie de Cluses (Loi du 20 juillet 1837 ; règlement du 28 novembre 1837 et arrêté ministériel du 20 décembre 1866); haras et dépôts d'étalons (Lois des 20 juillet 1837, 8 juillet 1865, 8 août 1875, et règlement du 28 novembre 1837); établissements thermaux affermés par l'État: Vichy (Lois des 10 juin 1853, 7 mai 1864 et 28 février 1898); Plombières (Loi du 6 juin 1857); Néris et Bourbonne (Loi du 27 décembre 1884); Luxeuil (Loi du 10 décembre 1903); Bourbon-l'Archambault et sources Saint-Pardoux et la Trollière (Lois des 22 décembre 1888 et 9 mars 1906).

Droits de touage (Décrets des 28 avril 1866, 13 avril 1870, 21 juin 1878, 15 mars 1880 et 3 novembre 1900).

Péages sur les ponts (Loi du 14 floréal an X).

Bacs et passages d'eau (Loi du 6 frimaire an VII).

Pêches, francs-bords, prises d'eau (Lois des 28 messidor an II, 15 avril 1829, 6 juin et 16 juillet 1840, 14 juillet 1856, 31 mai 1865, 26 décembre 1901, art. 4, et 20 janvier 1902 ; décrets des 23 décembre 1810 et 7 novembre 1896 ; lois des 8 avril 1898 et 26 décembre 1901 ; décret du 17 février 1903).

Produits de la liquidation des stocks (Lois du 18 avril 1919 et 31 juillet 1920).

Taxes et relevances afférentes à l'utilisation de l'énergie hydraulique (Loi du 16 octobre 1919).

Participation de l'État aux bénéfices des concessions de mines (Loi du 9 septembre 1919).

Redevances dues pour location du domaine public par les ouvrages de distribution d'énergie électrique (Loi du 15 juin 1906, art. 18).

Alsace et Lorraine :

Produits des ventes et des locations immobilières (Loi du 17 octobre 1919, art. 3).

Produits des successions vacantes et des biens confisqués ou sans maître (Loi du 17 octobre 1919, art. 3).

Vente de produits accessoires et location de la pêche (Loi du 17 octobre 1919, art. 3).

Produits accessoires des routes nationales et du domaine public fluvial (Loi du 17 octobre 1919, art. 3).

Taxe d'usage sur les canaux améliorés (Loi du 17 octobre 1919, art. 3).

2° PRODUITS DES EAUX ET FORÊTS.

Départements autres que ceux d'Alsace et Lorraine :

Les forêts domaniales ont six origines principales :

1° Domaine royal antérieur à 1669 ;

2° Anciens domaines souverains réunis postérieurement à 1669 :

3° Bois ecclésiastiques réunis à ceux de l'État par les lois des 2 novembre 1789, 26 mars 1790, etc., et par la loi du 9 décembre 1905 ;

4° Fixation des dunes sur le littoral maritime (Décrets des 14 décembre 1810 et 29 avril 1862) ;

5° Reboisement des montagnes (Lois des 28 juillet 1860, 4 avril 1882 et 16 août 1913 et décrets des 10 novembre 1864 et 11 juillet 1882) ;

6° Acquisitions diverses à l'aide de crédits inscrits annuellement au budget, par voie d'échange, etc.

Les produits des forêts domaniales, des cours d'eaux navigables et flottables non canalisés se répartissent comme il suit :

I. — *Produits encaissés par les trésoriers généraux :*

1° Coupes ordinaires et extraordinaires vendues en bloc sur pied (Code forestier, art. 15, 16 et 17 ; ordonnance réglementaire du 1er août 1827, art. 71 et 73) ;

2° Exploitations accidentelles (chablis, bois de délits, abatages sur tracés de routes, etc.), vendues sur pied en bloc, avec précomptage sur la possibilité (Art. 102 et 174 de l'ordonnance réglementaire du 1er août 1827).

3° Bois de chauffage fourni pour les besoins du personnel et des locaux affectés au service forestier (Décisions ministérielles des 23 juin 1837 et 19 mars 1920).

II. — *Produits encaissés par les receveurs des domaines :*

4° Coupes vendues par unités de marchandises (Ordonnance réglementaire du 1er août 1827, art. 88) ;

5° Coupes vendues après façonnage (Ordonnance du 1er août 1827, art. 88) ;

6° Exploitations accidentelles (chablis, bois de délits, abatages sur tracés de routes, etc.) vendues sur pied en bloc, sans précomptage sur la possibilité (Art. 102 et 174 de l'ordonnance réglementaire du 1er août 1827) ;

7° Chasse dans les forêts de l'État (Loi du 24 avril 1833, ordonnance royale du 20 juin 1845, décision ministérielle du 28 novembre 1863) ;

8° Pêche dans les étangs et cours d'eau non navigables dépendant du domaine privé de l'État (Code forestier, art. 144 ; ordonnance du 1er août 1827, art. 169 ; ordonnance du 4 décembre 1844) ;

9° Menus produits, harts, bourdaine, plants, fruits, semences, herbes, minerai, terre, pierre, sable, pâturage, pacage, panage, etc. (Code forestier, art. 53 et 144 ; ordonnance du 1er août 1827, art. 169 ; ordonnance du 4 décembre 1844 ; décisions ministérielles des 27 juillet 1886 et 2 février 1887) ;

10° Restitutions, dommages-intérêts et frais dans les instances civiles concernant les bois de l'État ;

11° Prix de cessions de terrains effectuées aux compagnies de chemins de fer, aux départements, aux communes, pour cause d'utilité publique (Loi du 3 mai 1841) ;

12° Produits divers et imprévus : redevances, indemnités de toute nature pour objets appartenant au sol forestier ou attribués au domaine de l'État (produits des forêts) à l'occasion de la gestion ;

13° Produits du domaine public fluvial dans les cours d'eau navigables et flottables non canalisés (Lois des 15 avril 1829, 6 juin et 16 juillet 1840, 31 mai 1865, 26 décembre 1901, art. 4, et 20 janvier 1902 ; décrets des 7 novembre 1896 et 17 février 1903).

III. — *Produits réglés par virements de comptes*

(cédés à la marine, à la guerre et aux autres services de l'État) :

14° Produits en bois (Décret du 16 octobre 1858 ; ordonnance du 24 décembre 1830 décret du 10 octobre 1874) ;

15° Autres produits (Décret du 16 octobre 1858 ; ordonnance du 24 décembre 1830 ; décret du 10 octobre 1874) ;

16° Indemnités : *a*) pour dommages matériels causés aux forêts domaniales par les exercices de tir de l'armée et entraînant une dépense réelle pour le service des forêts ; *b*) pour dommages causés aux peuplements dans les forêts domaniales par le passage des troupes (Art. 1382 du Code civil ; avis du 22 février 1897 de la commission instituée par décret du 28 octobre 1896).

Alsace et Lorraine.

Produits des coupes de bois. (Loi du 17 octobre 1919, art. 3.)

Chasse et menus produits. (Loi du 17 octobre 1919, art. 3.)

Reliquat de la vente d'une parcelle de bois dans le cantonnement de Houlay. (Loi du 17 octobre 1919, art. 3.)

§ 4. — Recettes d'ordre.

1° RECETTES EN ATTÉNUATION DE DÉPENSES.

Recettes diverses des receveurs de l'enregistrement, des domaines et du timbre.

Recouvrements de frais de justice (Loi du 22 janvier 1851).

Recouvrements de frais de poursuites et d'instances.

Valeur des tableaux fournis aux distributeurs auxiliaires de papiers timbrés.

Abonnements aux instructions et circulaires.

Frais d'administration et de perception (Loi du 5 mai 1855, art. 16).

Frais de manipulation (échange de papiers filigranés, de papiers timbrés, etc.).

Autres recettes.

Recettes diverses des receveurs des douanes :

Restitution de primes.

Valeurs d'objets d'équipement, d'armement ou d'habillement non restitués.

Autres recettes.

Indemnités payées pour frais d'exercice par les fabricants de soude et autres (Décret du 4 septembre 1901, art. 9).

Recettes diverses des receveurs des contributions indirectes :

Droits de garantie des marques de fabrique et de commerce (Loi du 26 novembre 1873 et décret du 25 juin 1874).

Redevance de 1 franc par 100 kilogrammes de saindoux dénaturé ailleurs que dans les bureaux d'importation (Loi du 26 juillet 1893).

Redevance de 80 centimes par hectolitre d'alcool pur soumis à la dénaturation (Loi du 16 avril 1895).

Indemnités pour frais de surveillance de la fabrication des vermouts et vins de liqueur (Loi du 13 avril 1898).

Indemnités pour frais de surveillance de la fabrication de l'essence d'absinthe et des produits assimilés (Loi du 30 janvier 1907).

Redevance de 2 centimes par hectolitre de vin sortant des magasins des marchands en gros établis dans Paris (Loi du 6 juillet 1905).

Remboursement des frais de surveillance relatifs à l'admission temporaire des clous et griffes de girofle (Loi du 30 mai 1899).

Remboursement des frais de surveillance relatifs à l'admission temporaire des alcools à Paris (Loi du 13 avril 1900).

Indemnités pour frais de surveillance de l'emploi des sucres cristallisés, mélasses et glucoses utilisés à la préparation de produits industriels (Loi du 8 avril 1910).

Autres recettes.

Participation des communes et des établissements publics aux traitements et aux indemnités des percepteurs remplissant les fonctions de receveurs municipaux ou de receveurs spéciaux.

Prélèvement de 40 p. 100 sur celles des indemnités revenant aux géomètres du service technique du cadastre qui représentent un émolument personnel.

Redevances pour usage du mobilier acheté par l'État lors de la réorganisation des services dans les régions libérées (Décision ministérielle du 24 octobre 1919).

Droits perçus à l'occasion des essais effectués par le service des laboratoires (Loi du 26 décembre 1908, art. 45).

Frais de casernement dus par les communes (Lois du 15 mai 1818 et 29 décembre 1897).

Indemnités pour exercice dans l'intérieur des villes (service des octrois) (Ordonnance du 9 décembre 1814).

Recouvrements d'avances sur les fabricants de cartes pour papiers filigranés et moulages de cartes (Loi du 28 avril 1816).

Redevance de 8 centimes par 100 kilogrammes de sucre en poudre introduits dans les raffineries (Lois des 5 août 1890, 26 juillet 1893 et 9 juillet 1904).

Indemnités pour frais de surveillance des fabriques de soude et autres établissements industriels; pour poinçonnage d'appareils, etc. (Loi du 2 juillet et décret du 13 décembre 1862; loi du 31 décembre 1873; loi du 8 mars 1875; loi du 17 juillet 1875; loi du 30 mars 1902).

Redevances pour frais d'analyses et d'essais dans les laboratoires de l'État (Décret du 3 juin 1902).

Produits des amendes et condamnations pécuniaires en France (Loi du 29 décembre 1873; décrets des 21 avril et 22 octobre 1880; loi du 26 décembre 1890; loi de finances du 28 avril 1893 et loi du 25 juin 1920, art. 110).

Retenues et autres produits perçus en exécution de la loi du 9 juin 1853 sur les pensions civiles (Loi du 9 juin 1853 et décret du 9 novembre suivant; loi du 22 mars 1885, art. 11; loi du 26 décembre 1890, art. 29; loi du 16 avril 1895, art. 29; loi du 8 avril 1910, art. 85; loi du 13 juillet 1911, art. 87; loi du 27 février 1912, art. 64).

Recettes en atténuation des dépenses de la dette flottante (Loi de finances du 17 juillet 1889).

Intérêts des avances faites par le Trésor aux chemins de fer de l'État et remboursées par le réseau (Lois de finances des 13 juillet 1911 et 27 février 1912).

Versements effectués par la banque de l'Algérie.

Prélèvement sur les fonds de réserve des caisses d'épargne pour frais de contrôle des opérations des caisses d'épargne ordinaires (Loi du 20 juillet 1895, art. 12).

Produits accessoires du service de trésorerie (Décret du 31 décembre 1881, art. 2).

Change perçu additionnellement au droit de 1 p. o/o en vertu du décret du 30 septembre 1899 sur les mandats d'articles d'argent délivrés dans certaines colonies.

Redevance de la vallée d'Andorre (Décrets des 27 mars 1806, 3 et 28 juin 1882).

Excédent des recettes sur les dépenses de la Légion d'honneur (Décret et arrêté ministériel du 1er décembre 1881 et loi de finances du 27 décembre 1890).

Produit des maisons centrales de force et de correction et établissements assimilés (Code pénal, art. 15, 21 et 40; loi de finances du 19 juillet 1845, art. 10; décrets des 25 février 1852 et 23 novembre 1893).

Retenue de 5 p. 100 sur la solde des officiers de sapeurs-pompiers de la ville de Paris (Loi du 22 juin 1878 et décret du 25 juin 1889).

Produits de l'exploitation des établissements régis ou affermés par l'État. — Établissement thermal d'Aix-les-Bains (Loi du 20 juillet 1837).

Revenus des lazarets et établissements sanitaires (Loi du 3 mars 1822; décrets des 4 janvier 1896, 23 novembre 1899, 8 novembre 1905 et 16 juillet 1907).

Prix des affiches relatives à la répression de l'ivresse publique (Lois des 1er octobre 1917 et 29 mars 1918).

Contribution de l'Algérie aux dépenses militaires de la métropole (Loi du 31 juillet 1920, art. 48).

Contribution des territoires du sud de l'Algérie aux dépenses militaires de la métropole.

Retenue de 5 p. 100 sur la solde des officiers et assimilés de l'armée de terre et de la partie de l'armée coloniale stationnée en France et de 2 p. 100 sur la solde des employés militaires sous-officiers (Loi du 22 juin 1878 et décret du 10 janvier 1912).

Remboursement des frais de scolarité par les officiers qui se retirent prématurément du service. — Remboursement des frais de pension et trousseaux des officiers n'ayant pas accompli un engagement décennal, alors qu'ils avaient été admis élèves dans les écoles militaires (Décret du 13 mars 1894; décision du 2 septembre 1882; instruction du 11 avril 1902 relative à l'admission à l'école spéciale militaire).

Remboursement au Trésor par les officiers quittant volontairement le service avant un délai de cinq ans après leur sortie de l'école supérieure d'électricité, des frais de scolarité acquittés par l'État à cette école (Circulaire du 18 juillet 1904).

Frais de scolarité des médecins élèves du service de santé démissionnaires (Décret du 25 décembre 1888 et loi de finances du 28 décembre 1880, décrets des 29 octobre 1898 et 11 octobre 1899).

Remboursement des premières mises d'équipement par les médecins militaires (Décrets des 29 octobre 1898 et 30 août 1908); par les vétérinaires militaires (Décret du 29 juin 1904); par les interprètes stagiaires (Décret du 11 janvier 1913) quittant le service avant d'avoir accompli six ans de services (stage non compris) et par les officiers de complément rayés des cadres pour condamnation, révocation ou en instance de démission (Instruction du 2 février 1909).

Versement au Trésor de la subvention accordée par la Ville de Marseille à l'école d'application du service de santé colonial (Convention du 12 avril 1905).

Versement intégral au Trésor du produit du travail des détenus dans les établissements pénitentiaires (ateliers, pénitenciers et prisons) relevant du département de la guerre et recouvrement des frais de poursuites (Loi du 25 juin 1841 et loi de finances du 30 mars 1902, art. 21).

Produit du travail des sections métropolitaines d'exclus (Décret du 28 décembre 1900; instruction du 15 janvier 1903, art. 129).

Retenues sur les salaires du personnel civil des établissements de l'artillerie pour le logement, le couchage, le chauffage, l'éclairage et éventuellement pour l'amortissement de la valeur du mobilier (Décisions ministérielles des 15 novembre 1914, 15 mars 1915 et 14 juin 1916).

Prix de cession à des particuliers de divers matériels fabriqués par les établissements constructeurs de l'artillerie.

Retenue de 5 p. 100 sur la solde des officiers et assimilés de l'armée de mer (Loi du 5 août 1879, art. 13; loi de finances du 22 mars 1885, art. 9 à 11).

Versement au Trésor du produit de la majoration affectant les cessions faites par la marine (Instruction générale du 9 août 1912, sur la comptabilité des matières, art. 612).

Produit de frets transportés pour le compte de tiers par des navires affrétés par l'État.

Rétributions scolaires versées par les élèves libres du cours préparatoire de l'école du génie maritime.

Produits universitaires :

Rétributions imposées sur les élèves des établissements d'enseignement supérieur et sur les candidats qui se présentent pour y obtenir des grades, ainsi que sur les candidats aux brevets de capacité de l'enseignement primaire. Lois des 14 juin 1854 et 31 juillet 1867; décrets des 22 août 1854 et 12 août 1867; arrêté du Gouvernement du 20 prairial an XI concernant les droits d'examen proprement dits pour les officiers de santé; arrêté du Gouvernement du 25 thermidor an XI concernant les droits d'examen proprement dits pour les herboristes de 2ᵉ classe; arrêté du 15 février 1859 imposant aux chirurgiens embarqués à bord des navires expédiés pour la pêche à la morue un droit de certificat d'aptitude et de visa dans une école préparatoire; loi de finances du 29 décembre 1873, art. 9, instituant un droit de bibliothèque; règlement d'administration publique du 14 juillet 1875 concernant les aspirants au titre de pharmacien de 2ᵉ classe; règlement d'administration publique du 20 juin 1878 concernant les aspirants au doctorat en médecine; règlement d'administration publique du 12 juillet 1878 concernant les aspirants au titre de pharmacien de 1ʳᵉ classe; décret du 14 octobre 1879 relatif au mode de payement des droits de travaux pratiques imposés aux élèves en médecine et en pharmacie par les règlements d'administration publique susvisés; règlement d'administration publique du 3 août 1880 concernant l'examen de validation de stage des pharmaciens; règlement d'administration publique du 8 janvier 1881 réglant à nouveau le mode de perception des droits exigés des aspirants à la licence en droit; règlement d'administration publique du 14 septembre 1882, réglant à nouveau le mode de perception des droits exigés des aspirants au doctorat en droit; décret du 1ᵉʳ août 1883 modifiant la scolarité exigée des aspirants au titre d'officier de santé, et leur imposant, à titre obligatoire, les travaux pratiques dans les conditions précédemment déterminées pour les aspirants au doctorat en médecine; loi de finances du 26 février 1887 rétablissant le droit d'inscription; règlements d'administration publique des 31 mars 1887 et 5 octobre 1889, réglant à nouveau le mode de perception des droits de bibliothèque et de travaux pratiques dans toutes les facultés et écoles. — Droits d'examen pour l'admission aux brevets de capacité de l'enseignement primaire (Décret du 12 mars 1887, rendu en exécution de l'article 3 de la loi de finances du 26 février 1887); droits d'examen pour l'admission au brevet de l'enseignement primaire supérieur. (art. 14 de la loi de finances du 12 août 1919). — Droits à percevoir : 1° des aspirants au certificat d'études physiques, chimiques et naturelles; 2° des aspirants au diplôme de chirurgien dentiste; 3° des aspirants au doctorat en médecine; des aspirantes au diplôme de sage-femme de 1ʳᵉ et de 2ᵉ classe (Décrets des 25 et 31 juillet 1893 et du 14 février 1894). — Droit d'examen pour le certificat d'études exigé des aspirants au titre de pharmacien de 2ᵉ classe (Loi de finances du 16 avril 1895, art. 28). — Règlement d'administration publique du 1er août 1895, sur la licence et le doctorat en droit. — Règlement d'administration publique du 1er août 1895, fixant le droit à exiger des élèves désirant assister à titre facultatif aux travaux pratiques du certificat d'études physiques, chimiques et naturelles. — Loi du 28 décembre 1895 (art. 30), prévoyant l'établissement d'un tarif des rétributions à exiger des étudiants admis dans les laboratoires des sciences appliquées des facultés des sciences. — Loi du 10 juillet 1896, relative à la constitution des universités (art. 14). — Loi de finances du 29 mars 1897 (art. 18), fixant le droit à exiger des étudiants qui s'inscrivent à l'école spéciale des langues orientales vivantes. — Règlement d'administration publique du 28 avril 1897 sur les droits à percevoir des aspirants aux certificats d'études supérieures et au diplôme de licencié ès sciences. — Décret du 15 décembre 1902 fixant les conditions d'âge et les droits à percevoir, à partir du 1er janvier 1903, des aspirants au baccalauréat de l'enseignement secondaire, ainsi qu'aux baccalauréats de l'enseignement secondaire classique et de l'enseignement secondaire moderne pendant la période où ils sont maintenus à titre transitoire. — Loi de finances du 31 mars 1903 (art. 43) établissant un droit fixe de 20 francs pour la délivrance du diplôme de fin d'études secondaires aux élèves des lycées et collèges de jeunes filles. — Décret du 7 juin 1906, relatif aux droits d'examens, de certificat d'aptitude et de diplômes, à acquitter par les aspirants à la licence en droit. — Décret du 15 décembre 1906, relatif aux droits à percevoir des aspirants au certificat de capacité en droit. — Décret du 26 février 1907, relatif à la suppression du droit de robe et à la fixation des droits d'examen à percevoir dans les facultés et écoles d'enseignement supérieur. — Règlements d'administration publique du 4 novembre 1909 sur les droits à percevoir des aspirants au grade de chirurgien dentiste et du 8 juillet 1910 sur les droits à percevoir des aspirants au grade de pharmacien. — Décret du 17 mai 1913 fixant les droits à percevoir en vue de l'obtention du grade de docteur en médecine. — Décret du 2 mai 1921 fixant les droits à percevoir en vue des certificats d'études supérieures de lettres et la licence ès lettres.

Subventions versées par les villes de plus de 150,000 habitants pour les dépenses de l'enseignement primaire (art. 4 de la loi du 29 mars 1919).

Remboursement, par la ville de Paris, des dépenses correspondant aux avantages spéciaux consentis aux instituteurs parisiens (art. 4 de la loi du 29 mars 1919).

Remboursement des frais de pension des élèves-maîtres et des élèves-maîtresses des écoles normales primaires qui ne remplissent pas les conditions de leur engagement décennal (Lois des 30 octobre 1886 et 19 juillet 1889 ; décrets des 18 janvier 1887, art 70 et 78, et 29 mars 1890).

Produit des expéditions des archives de la République (Loi du 29 décembre 1888 et loi de finances du 30 avril 1921, art. 14).

Revenus ordinaires de l'académie de France à Rome (Loi de finances du 28 décembre 1880).

Produit des ventes effectuées à la manufacture de Sèvres ou à son magasin de vente à Paris (Décrets des 5 septembre 1870 et 2 janvier 1871).

Produit des ventes de la chalcographie du musée du Louvre, des moulages de sculpture et des épreuves de sceaux de l'atelier de moulage des archives nationales, des tapisseries des Gobelins (Lois du 31 juillet 1920 et autres).

Redevance pour frais de contrôle des films cinématographiques.

Contribution des villes aux dépenses de leurs écoles nationales de dessin, des beaux-arts et d'art industriel.

Droits d'examen et taxes sur les diplômes ou certificats délivrés par les écoles supérieures de commerce reconnues ou agréées par l'État en France et à l'étranger (art. 29 de la loi de finances du 28 décembre 1895 et 39 de la loi de finances du 15 juillet 1914).

Taxe sur les diplômes délivrés par l'institut industriel du Nord de la France (art. 27 de la loi de finances du 30 juillet 1913).

Redevance pour frais de surveillance et de contrôle des primes à la filature de la soie (Loi du 2 avril 1898, loi de finances du 13 juillet 1900, art. 7, et loi du 11 juin 1909, art. 10).

Taxe pour la publication des brevets d'invention.

Taxes de dépôt et de transfert des marques de fabrique et de commerce (**Loi du 26 juin 1920, art. 1 et 2**).

Taxe d'immatriculation au registre du commerce (Loi du 26 juin 1920, art. 5).

Amendes prononcées en matière d'inscription sur le registre du commerce.

Droit de protection à l'étranger des marques de fabrique et de commerce (Loi du 13 avril 1892 et décret du 20 mai 1903).

Part de la France dans le produit de l'émolument international stipulé par l'article 8 de l'arrangement de Madrid relatif à l'enregistrement international des marques (Loi du 13 avril 1892 et décret du 20 mai 1903).

Droit de vérification des thermomètres médicaux (Loi du 14 août 1918 et décret du 3 mars 1919).

Taxe pour le développement du commerce extérieur (Loi du 25 août 1919, décret du 26 décembre 1919).

Redevance pour frais de contrôle de la fabrication et de la vente des produits saccharinés ou édulcorés artificiellement (Décret du 20 juillet 1917).

Prix des carnets de permis d'expédition de céréales perçu au profit du compte spécial créé par la loi du 16 octobre 1915 (Décret du 31 juillet 1917).

Participation des employeurs aux frais généraux du recrutement de la main-d'œuvre coloniale et étrangère (Loi du 29 juin 1916; décision ministérielle du 20 septembre 1916).

Retenue de 5 p. 100 sur la solde des officiers et assimilés de l'armée coloniale aux colonies (Loi du 5 août 1879, art. 13 et 14; loi de finances du 21 mars 1885, art. 11; décret du 29 novembre 1903).

Retenues sur la solde du personnel colonial soumis au régime des pensions militaires : retenue de 5 p. 100 pour le personnel assimilé aux officiers, retenue de 3 p. 100 pour le personnel assimilé aux non-officiers (Loi du 5 août 1879, art. 13 et 14; loi de finances du 22 mars 1885, art. 11).

Retenues sur la solde du personnel militaire et assimilé pour frais de traitement dans les hôpitaux des colonies (Décret du 29 novembre 1903).

Remboursement de frais de traitement dans les hôpitaux des colonies (Loi de finances du 13 avril 1898).

Contingent à verser au Trésor par les colonies dont les budgets se règlent en excédent de recettes (Sénatus-consulte du 3 mai 1854, art. 15).

Contribution des colonies aux dépenses militaires qu'elles occasionnent à l'État (Lois de finances des 13 avril 1900, art. 33, et 13 juillet 1911, art. 34).

Contribution des colonies aux dépenses d'entretien de l'école coloniale (Lois de finances des 25 février 1901 et 8 avril 1910).

Contribution des colonies aux dépenses de l'aéronautique militaire coloniale (Loi du 22 octobre 1919, art. 2).

Remboursement forfaitaire par les colonies des dépenses de relève des officiers du corps de santé et des infirmiers placés hors cadres pour être mis à la disposition des services locaux (Lois de finances des 13 juillet 1911, art. 27, et 30 juillet 1913, art. 31).

Versement de l'excédent des recettes d'exploitation du chemin de fer et du port de la Réunion (Loi de finances du 17 juillet 1889, art. 33 et 34).

Produit du travail des condamnés transportés à la Guyane et à la Nouvelle-Calédonie (Lois de finances des 3 août 1875, 21 mars 1885 et 28 avril 1893).

Redevances pour frais de contrôle et de surveillance du chemin de fer de Dakar à Saint-Louis (Loi du 29 juin 1882).

Prélèvement sur les redevances pour frais de contrôle du chemin de fer de Haiphong à Yunnansen.

Prélèvement sur la redevance pour frais de contrôle du chemin de fer du Dahomey.

Versement au Trésor des bénéfices d'exploitation des établissements d'enseignement dépendant du ministère de l'agriculture (Loi du 30 mars 1902, art. 76; loi du 5 août 1920, art. 3; décret du 25 septembre 1920, art. 11 et 13).

Reversements de frais de nourriture dans les écoles vétérinaires (Décret du 23 décembre 1914).

Droits d'examen et de diplôme et divers droits de scolarité perçus dans les écoles vétérinaires et dans les écoles des haras.

Droits de scolarités perçus à l'école des industries agricoles de Douai.

Remboursement des frais de toute nature destinés à assurer le contrôle et l'analyse à l'importation en France des semences fourragères (Loi du 31 décembre 1907, art. 14).

Droit de visite du bétail et des viandes importés en France (Loi du 21 juin 1898 et décret du 11 juin 1905; loi du 5 avril 1887; décret du 26 mai 1888; loi du 30 décembre 1891; décret du 14 mai 1920).

Droits d'inspection sanitaire sur les animaux exportés de France (Loi du 8 avril 1910, art. 60, décret du 13 septembre 1910 et décret du 14 mai 1920).

Droit d'inspection sanitaire des viandes à la frontière (Loi du 5 avril 1887 et décrets des 26 mai 1888 et 22 mai 1912; loi et décret du 30 décembre 1891).

Redevances pour certificats généalogiques d'animaux inscrits au Herd-Book français (Loi du 25 novembre 1887 et loi de finances du 26 décembre 1890).

Produit du concours général d'animaux de boucherie et d'animaux reproducteurs (Loi du 3 août 1875).

Produit des indemnités dues pour animaux, produits agricoles ou instruments déclarés et non amenés au concours général agricole de Paris, sans que le désistement prévu par le règlement de ce concours ait été envoyé dans les délais prescrits.

Produit des concours des animaux reproducteurs des espèces chevaline et asine.

Remboursement à l'État du prix des insignes de l'ordre du Mérite agricole (Loi du 29 décembre 1884 sur les recettes de l'exercice 1885).

Recouvrement des frais d'administration des bois des communes et des établissements publics (Lois des 25 juin 1841, art. 5, 19 juillet 1845, art. 6, 14 juillet 1856, art. 14, 29 mars 1897, art. 11, et 30 octobre 1919).

Contribution des communes et des établissements publics propriétaires de bois soumis au régime forestier, aux traitements des préposés des eaux et forêts (Loi du 30 octobre 1919).

Taxe spéciale sur les adjudications de coupes de bois dans les forêts des communes et des établissements publics soumises au régime forestier (Loi du 30 octobre 1919, art. 7).

Recouvrement des frais de gestion des bois des particuliers et des sociétés (Loi du 2 juillet 1913).

Reversement par le département de la Loire d'acomptes sur les produits nets du canal du Forez (Loi du 7 août 1882, art. 2 et 4, et décret du 22 septembre 1907).

Participation des employeurs aux frais généraux du recrutement de la main-d'œuvre agricole (Décret du 8 janvier et loi du 30 juin 1919, art. 9).

Contribution des départements aux traitements des vétérinaires départementaux (Loi du 6 octobre 1919 et décret du 5 juillet 1920).

Taxes sur les déclarations d'appellations d'origine (Loi du 6 mai 1919, art. 11 et décret du 24 juin 1920).

Retenues de 3 p. 100 sur le traitement des anciens employés de la compagnie du canal du Midi (Loi du 27 novembre 1897).

Redevances pour frais de contrôle et de surveillance des chemins de fer concédés par l'État en France et en Tunisie (Loi du 25 juin 1841 sur le budget des recettes de 1842; loi et décret du 11 juin 1859; décret du 16 juillet 1907, art. 74, et loi de finances du 26 décembre 1908, art. 77; lois et décrets spéciaux).

Redevances pour frais d'inspection des contrôles locaux de l'exploitation et du travail des voies ferrées d'intérêt local (Loi du 31 juillet 1913, art. 32).

Frais de contrôle de la construction et de l'exploitation des distributions d'énergie électrique (Loi du 15 juin 1906).

Redevance pour frais de contrôle des concessions de forces hydrauliques (Loi du 16 octobre 1919).

Redevances pour frais de contrôle de la construction et de l'exploitation du pipe-line du Havre à Paris.

Reversements, par les compagnies de chemins de fer, d'excédents sur annuités payées par l'État.

Reversements sur les subventions accordées aux entreprises de chemins de fer d'intérêt local, de tramways et d'automobiles (Loi du 11 juin 1880 et décret du 20 mars 1882, art. 9).

Reversements par les compagnies de chemins de fer, de provisions perçues en trop pour pose de doubles voies.

Redevance perçue sur les importateurs de charbons à titre de participation aux frais de fonctionnement du bureau des charbons (Décret du 5 novembre 1917).

Taxes pour délivrance de certificats d'immatriculation des bateaux de navigation intérieure (Loi du 5 avril 1917 et décret du 3 avril 1919).

Taxe sur les examens de capacité pour la conduite des automobiles et des motocycles (Loi du 31 décembre 1907, art. 13).

Recettes diverses des receveurs des postes :

Contribution des communes aux frais d'exploitation des établissements de facteur-receveur, de loyers de bureaux de poste et de télégraphe, d'exploitation de bureaux succursales et de recettes auxiliaires municipales (Décision du Ministre des finances du 3 mars 1877; décisions organiques des 30 mars et 15 juin 1879; décision ministérielle du 30 avril 1885; décrets des 7 avril 1887 et 16 octobre 1895).

Remboursement par les communes des frais de service des boîtes aux lettres mobiles installées dans les gares (Loi de finances du 22 avril 1905).

Contribution des communes aux frais de prolongation du service (Arrêté du 22 février 1908).

Contributions forfaitaires pour travaux de protection des lignes de l'État contre les courants industriels (Loi de finances du 31 décembre 1907).

Remboursement de dommages causés aux lignes électriques (Loi de finances du 22 avril 1905).

Produits des sous-locations de locaux anciennement occupés par l'administration (Loi de finances du 22 avril 1905).

Contribution de divers aux dépenses occasionnées par l'organisation de services de transport de dépêches (Loi de finances du 22 avril 1905).

Remboursement par diverses sociétés des frais de fonctionnement de bureaux temporaires (Loi de finances du 17 avril 1906).

Contributions pour l'établissement de lignes et l'installation d'appareils et pour l'établissement de bureaux télégraphiques et téléphoniques municipaux (Décrets des 13 mai 1879 et 11 février 1882; arrêtés des 24 février et 31 décembre 1882, 22 octobre 1885, 13 novembre 1891 et 9 juin 1892).

Contribution des abonnés pour l'établissement de lignes téléphoniques principales et supplémentaires (Décret du 7 juin 1901; loi du 30 mars 1902; décret du 21 mai 1910; arrêté du 24 juin 1913).

Avances pour l'établissement de réseaux téléphoniques et lignes téléphoniques interurbaines (Loi du 16 juillet 1889; décret du 20 octobre 1889; lois des 16 juillet 1889 et 20 mai 1890; lois de finances des 13 avril 1898 et 8 avril 1910, art. 55).

Autres recettes.

Droit de visite des navires de commerce (Loi du 7 avril 1907, art. 52 modifié par l'article 19 de la loi de finances du 30 avril 1921).

Redevance et partage des bénéfices des concessions d'outillages publics dans les ports maritimes.

Taxe d'atterrissage sur les aérodromes de l'État.

Droit d'usage perçu sur les aérodromes de l'État.

Pensions et trousseaux des élèves des écoles du Gouvernement :

Écoles militaires (Lois des 21 avril 1832, 24 mai 1834, 26 janvier, 3 mai et 5 juin 1850; décrets des 11 mai et 25 décembre 1888; instruction du 3 janvier 1903, art 55 et 56).

École navale de Brest (Ordonnance du 4 mai 1833; lois des 26 janvier, 3 mai et 5 juin 1850).

École principale du service de santé de la marine à Bordeaux (Loi du 10 avril 1890; décret du 22 juillet 1890, arrêté ministériel du 12 octobre 1891).

Autres établissements (Loi du 9 août 1876 et arrêté du 3 décembre 1876; décret du 30 octobre 1848, loi du 16 décembre 1873; arrêté du 20 mars 1893; loi du 30 juillet 1837 et règlement du 28 novembre 1837; lois des 29 mai 1874 et 9 août 1876; décret du 28 septembre 1899; décrets des 8 février 1890 et 12 août 1893; décrets des 10 septembre 1903, 14 juin 1916 et 10 mai 1921).

Produit de la vente des publications du Gouvernement (Ordonnance du 14 septembre 1822). — Produit de la vente de la carte de France au 1/100,000°. — Produit de la vente du règlement du 12 juillet 1893 sur la comptabilité départementale.

Produit des abonnements au *Bulletin international des douanes.*

Retenues de logement effectuées sur les émoluments de fonctionnaires et officiers logés dans des immeubles appartenant à l'État ou loués par l'État (Décret du 25 septembre 1875, art. 13; décret du 7 janvier 1908, art. 112; décret du 31 mai 1915, art. 13; décision du Ministre des finances du 25 avril 1913; décrets des 29 décembre 1903 et 2 mars 1910; décret du 22 septembre 1913, art. 6; décret du 19 juillet 1912, art. 3; décrets des 19 juillet 1912, 31 mars 1915 et 5 octobre 1917).

Reversements de fonds sur les dépenses des ministères (Décret du 31 mai 1862, art. 44 à 47). — Remboursement par les armateurs des frais de séjour à l'étranger et de rapatriement des marins du commerce (art. 262 du Code de commerce; décrets des 22 septembre 1891 et 8 septembre 1912, modifié par les décrets des 15 février 1919 et 10 août 1920 et prorogé par le décret du 30 décembre 1920).

Alsace et Lorraine.

Indemnités pour travaux d'arpentage relatifs à la conservation du cadastre dans les communes où il a été renouvelé (Loi du 17 octobre 1919, art. 3).

Contribution des communes aux travaux d'arpentage (Loi du 17 octobre 1919, art. 3).

Remboursement des frais afférents à des travaux exécutés par les agents du cadastre pour le compte des communes, syndicats, particuliers et administrations (Loi du 17 octobre 1919, art. 3).

Produits de la délivrance de copies de plans, de l'impression de formulaires, de la vente d'instruments d'arpentage et de l'exécution de travaux de reliure (Loi du 17 octobre 1919, art. 3).

Frais de justice (Loi du 17 octobre 1919, art. 3).

Produits des amendes et condamnations pécuniaires (Loi du 17 octobre 1919, art. 3).

Quote-part sur le fonds commun des amendes (Loi du 17 octobre 1919, art. 3).

Remboursement par les communes des frais de gestion de leurs caisses par les agents de l'État (Loi du 17 octobre 1919, art. 3).

Contributions des villes de Strasbourg, Mulhouse et Metz aux frais de service de la police (Loi du 17 octobre 1919, art. 3).

Taxes pour les examens des aspirants aux fonctions pastorales (Loi du 17 octobre 1919, art. 3).

Contribution des communes aux dépenses de l'enseignement primaire (Loi du 17 octobre 1919, art. 3).

Recettes de l'école des sourds et muets de Metz (Loi du 17 octobre 1919, art. 3).

Recettes des écoles normales et préparatoires (Loi du 17 octobre 1919, art. 3).

Subvention du chapitre Saint-Thomas à l'université de Strasbourg pour concourir aux dépenses du personnel enseignant de la faculté de théologie protestante (Loi du 17 octobre 1919, art. 3).

Contribution légale des départements aux frais de l'enseignement primaire (Loi du 17 octobre 1919, art. 3).

Remboursement des frais d'études et de direction des travaux de construction et de réparation de bâtiments départementaux et communaux (Loi du 17 octobre 1919, art. 3).

Subvention des sociétés minières (Convention du 13 octobre 1898, loi du 17 octobre 1919, art. 3).

Droits d'inspection des taureaux reproducteurs (Loi du 17 octobre 1919, art. 3).

Redevance pour frais d'analyses et d'essais effectués par les stations et laboratoires dépendant de la direction de l'agriculture.

Produits des établissements d'enseignement agricole.

Contribution payée par les intéressés pour l'entretien de l'Ill, du Rhin tortu, des autres cours d'eau et des barrages-réservoirs (Loi du 19 octobre 1919, art. 3).

Contribution du génie à Metz, des compagnies de tramways et lignes d'intérêt local pour l'entretien des routes empruntées par les voies ferrées (Arrêté du 30 janvier 1920).

Contribution de la Prusse (territoire de la Sarre) aux dépenses d'entretien de la section communale de la Sarre canalisée (Convention du 23 septembre 1876 et loi du 17 octobre 1919, art. 3).

Recettes des bureaux de police (Loi du 17 octobre 1919, art. 3).

Droits perçus pour les examens bactériologiques à l'institut de bactériologie de Strasbourg (Loi du 17 octobre 1919, art. 3).

Remboursement par les départements et les communes des avances consenties pour l'éxécution de travaux d'améliorations et payement des frais d'études (Loi du 17 octobre 1919, art. 3 ; décisions des 18 et 21 décembre 1920).

Termes de location dus par les ressortissants français substitués aux usagers allemands de terrains et d'installations du port de Kehl (Loi du 17 octobre 1919, art. 3).

Produits des maisons centrales de force et de correction et établissements assimilés (Arrêté du commissaire général du 31 janvier 1920).

Produits universitaires :

Rétributions scolaires dans les établissements d'enseignement secondaire (Loi du 17 octobre 1919, art. 3).

Frais de scolarité des élèves de l'école technique.

Remboursement des frais de pension des élèves des écoles normales et primaires qui ont rompu leur engagement décennal (Loi du 17 octobre 1919, art. 3)

Droits de visite à la frontière du bétail et des viandes **importés en France** (Loi du 16 octobre 1919, art. 3 et décret du 14 mai 1920, art. 3).

Contribution des communes et établissements publics à l'administration et à la surveillance des forêts (Loi du 17 octobre 1919, art. 3).

Redevance pour frais d'inspection des contrôles locaux de l'exploitation et du travail des voies ferrées d'intérêt local (Loi du 17 octobre 1919, art. 1 et décret du 12 mars 1921).

Redevance pour frais de contrôle des distributions d'énergie électrique (Loi du 17 octobre 1919, art. 6 ; décret du 12 août 1920 ; arrêté du 17 juillet 1920).

Retenues de logement effectuées sur les émoluments de fonctionnaires dans les immeubles appartenant à l'État ou loués par l'État (Loi du 17 octobre 1919, art. 3).

2° RECETTES D'ORDRE PROPREMENT DITES.

Recettes diverses des receveurs de l'enregistrement, des domaines et du timbre :

Recouvrement de sommes restituées en trop en matière de ventes d'immeubles.

Autres recettes.

Recettes diverses des receveurs des douanes :

Retenues opérées sur les salaires des conservateurs des hypothèques en représentation de la rémunération de leurs commis titulaires (Loi du 21 octobre 1919, art. 14).

Fonds reçus des communes pour frais de surveillance des entrepôts et pour frais de perception des taxes de péage (Loi du 9 juillet 1836 ; lois diverses).

Recettes diverses des receveurs des contributions indirectes :

Majorations tombées en déchéance revenant au Trésor.

Autres recettes.

Retenues opérées sur les frais de bureaux des directeurs de l'enregistrement et sur les frais de gestion des receveurs et receveurs conservateurs en représentation de la rémunération de leurs commis titulaires.

Recouvrements d'avances sur les communes pour abonnement au traitement des employés des octrois (Ordonnance du 9 décembre 1814 ; loi du 28 avril 1816).

Recouvrements d'avances sur les communes pour frais d'impressions, de transports, etc.

Retenue opérée sur le prix des tabacs pour le payement des experts (Loi des 24 décembre 1814 et 31 juillet 1920, art. 52).

Vente de fumier de tabac et allocation pour les quantités de tabac soumises au lavage.

Indemnités pour frais de surveillance des entrepôts de sucres (Lois des 27 février 1832 et 31 mai 1846).

Versement, par la caisse des dépôts et consignations, des frais de perception et de dégrèvements concernant les taxes additionnelles pour fonds de garantie (Loi du 9 avril 1898, art. 25, et circulaire du 14 novembre 1900 ; loi du 25 novembre 1916 et décret du 22 août 1917).

Versement par les villes des frais de perception et de distribution d'avertissements concernant les taxes de remplacement (Loi du 29 mars 1902).

Remboursement par divers gouvernements étrangers des frais de confection et d'expédition de papiers timbrés et de timbres mobiles (Lois des 28 décembre 1895, 29 mars 1897, 25 février 1901 et 31 décembre 1907).

Remboursement par l'Algérie et les colonies des frais de confection et d'expédition des papiers timbrés, timbres et impressions qui leur sont cédés (Décision ministérielle du 18 septembre 1908).

Intérêt et amortissement des titres de rentes 5 p. o/o amortissable remis à l'État en payement de la contribution sur les bénéfices de guerre ou en libération de souscription à l'emprunt 6 p. o/o.

Remboursement par les chemins de fer de l'État des frais de service des obligations émises **pour leur compte** (Loi de finances du 13 juillet 1911; décrets des 9 mars 1912, 27 mars 1913, 17 janvier 1914, 25 août et 11 septembre 1919).

Produits consommés en nature dans les établissements pénitentiaires (Décret du 31 mai 1862, art. 51).

Remboursement au Trésor par les entrepreneurs des services économiques des établissements pénitentiaires des indemnités de vivres et de pain dues au personnel de garde et de surveillance.

Contingent des communes dans les frais de police de l'agglomération lyonnaise (Loi du 19 juin 1851; décret du 4 septembre 1851; lois des 13 mars 1873, 17 juillet 1880, 8 janvier 1881, 13 avril 1900, 25 février 1901, 31 mars 1903, 17 avril 1906, 8 avril 1910, 13 juillet 1911, 27 février 1912 et 30 juillet 1913).

Produit des services rétribués de la police lyonnaise.

Contingent de la commune de Marseille dans les frais de la police marseillaise (Lois des 8 mars, 16 avril et 26 décembre 1908, 13 juillet 1911, 27 février 1912 et 30 juillet 1913).

Produit des services rétribués de la police marseillaise (Loi du 30 juillet 1913).

Remboursement par les communes du département de la Seine des dépenses faites pour leur police (Loi du 28 avril 1816; ordonnance du 11 juin 1817, lois des 10 juin 1853, 30 décembre 1873, 13 avril 1900, 30 janvier, 10 juillet et 31 décembre 1907, 8 avril 1910, 13 juillet 1911, 29 février 1912 et 30 juillet 1913).

Contingent du département de la Seine dans les frais de police des communes suburbaines (Lois de finances des 8 avril 1910 et 13 juillet 1911).

Contingent des communes de Toulon et de la Seyne dans les frais de leur police (Loi du 14 novembre 1918).

Contingent de la commune de Nice dans les frais de sa police (Loi du 26 juin 1920).

Contribution des chambres de commerce de Rouen et du Havre aux frais de police de la région rouennaise.

Portion des dépenses de la garde républicaine remboursée à l'État par la ville de Paris (Loi du 2 avril 1849, art. 2).

Remboursement par le gouvernement beylical des dépenses de la gendarmerie française en Tunisie (Loi de finances du 26 janvier 1829).

Retenues à opérer sur les premiers arrérages de la Légion d'honneur pour valeur des insignes (Décrets des 16 mars 1852, 13 août 1914, 14 février et 19 juin 1920).

Remboursement des avances faites aux organisations ouvrières (Loi du 29 juin 1917; arrêté du 28 novembre 1917).

Contribution des départements pour le payement des traitements des archivistes départementaux.

Remboursement des avances faites au budget annexe de l'école centrale des arts et manufactures (Loi du 18 juin 1915).

Remboursement des frais de mission des membres de la Commission de métrologie usuelle (Loi de finances du 13 juillet 1911).

Remboursement des frais de surveillance de sociétés et établissements divers dépendant du ministère du commerce et de l'industrie, du ministère des travaux publics (postes et télégraphes) [Décrets des 17 juin 1854, 11 mai 1855, 23 octobre 1856 et 22 août 1860].

Remboursement, par les exploitants de mines, des primes d'assurances en cas d'accidents, des indemnités d'incapacité temporaire et des frais médicaux et pharmaceutiques supportés par le Trésor, en exécution de la loi du 13 décembre 1912.

Contribution des sociétés d'assurances sur la vie, des sociétés de capitalisation et des sociétés d'épargne pour frais de surveillance et de contrôle (Lois des 17 mars 1905, art. 13, 19 décembre 1907, art. 11, et 3 juillet 1913, art. 12).

Contribution des sociétés d'assurances mutuelles ou à primes fixes contre les accidents et des syndicats de garantie pour frais de contrôle et de surveillance (Lois des 9 avril 1898, art. 27, et 30 juin 1899).

Contribution des assureurs soumis à la loi du 15 février 1917, relative à la surveillance des opérations de réassurances et d'assurances directes, pour frais de contrôle et de surveillance (Loi du 15 février 1917, art. 5).

Remboursement des frais de contrôle par la compagnie du chemin de fer franco-éthiopien (art. 8 et 32 de la convention du 8 mars 1909).

Remboursement des sommes versées à la compagnie du chemin de fer franco-éthiopien au titre de la garantie d'intérêts (Convention du 8 mars 1909).

Remboursement par les colonies des frais de transport et d'entretien de leurs condamnés (Loi de finances du 26 décembre 1908, art. 61).

Remboursement des frais de contrôle de la compagnie du port de Papeete (Convention du 6 août 1913 approuvée par la loi du 4 avril 1914).

Remboursement des frais d'inspection phytopathologique de la production agricole (Loi du 15 juillet 1914, art. 69 et décret du 5 février 1915, art. 7).

Remboursement des frais de surveillance de sociétés et établissements divers dépendant du ministère de l'agriculture (Conventions passées avec diverses sociétés ou associations syndicales d'irrigation; loi du 31 juillet 1920, art. 55 et décret du 25 février 1921, art. 1er).

Salaires des gardes des forêts recouvrés sur les co-propriétaires, les usagers, etc. (Code forestier, art. 115).

Frais d'adjudication des produits en bois encaissés tant par les trésoriers-payeurs généraux que par les receveurs des domaines (art. 1 à 5) [Arrêté ministériel du 4 juillet 1836; décisions ministérielles des 20 juillet 1872, 11 avril 1883 et 9 juillet 1917].

Frais des adjudications concernant les forêts, autres que les adjudications de produits en bois (Décisions ministérielles des 16 octobre 1838, 10 septembre 1864 et 20 juillet 1872).

Remboursement des frais de contrôle de la répartition des fournitures intéressant le service des eaux et forêts livrées par l'Allemagne.

Remboursement des frais de surveillance et de contrôle des opérations de grainage des vers à soie (Loi du 31 juillet 1920, art. 55).

Remboursement des avances faites aux communes pour la construction des chemins forestiers (Loi de finances du 31 juillet 1920, art. 100).

Produit du prélèvement fait sur le pari mutuel en faveur de l'élevage (Loi du 2 juin 1891 et décret du 7 juillet 1891; loi du 5 août 1920, art. 4, et décret du 10 août 1920).

Produit du prélèvement fait sur le pari mutuel en faveur des établissements d'enseignement agricole (Loi du 5 août 1920, art. 4, et décret du 14 août 1920).

Prélèvement sur les redevances annuelles et sur l'avance de la Banque de France pour les frais de gestion du service des caisses régionales de crédit agricole (Loi du 31 mars 1899 et loi de finances du 28 décembre 1904, art. 9).

Remboursement des frais de surveillance de sociétés et établissements divers dépendant du ministère des travaux publics (Lois des 30 avril 1833, 21 juillet 1856 et 8 avril 1879; lois spéciales).

Remboursement du prix des échelles métriques livrées par l'administration pour le jeaugeage des bateaux de navigation intérieure (Instruction ministérielle du 23 janvier 1882).

Versement par l'administration des chemins de fer de l'État, des charges correspondant au capital industriel de l'ancien réseau au 31 décembre 1910 (Loi de finances du 13 juillet 1911, art. 50).

Fonds de concours versés par les compagnies de chemin de fer en exécution des conventions de 1883 (Lois du 20 novembre 1883).

Recettes diverses des receveurs des postes :

Remboursement par divers établissements des traitements et indemnités alloués aux agents chargés d'assurer pour leur compte le service postal, télégraphique ou téléphonique (Loi de finances du 29 novembre 1883).

Versement au Trésor des remises sur les opérations d'épargne et d'avances sur pensions effectuées par l'intermédiaire des receveurs des postes.

Autres recettes :

Remboursement du traitement du commissaire du Gouvernement près les compagnies de navigation subventionnées (Convention du 20 novembre 1912, ratifiée par la loi du 30 juillet 1913; décrets des 7 septembre 1913 et 29 janvier 1914; convention du 25 juin 1920, ratifiée par la loi du 8 août 1920 ; décret du 10 novembre 1920).

Prélèvements sur les fonds affectés aux avances du crédit maritime pour les frais de gestion de ce service (Loi de finances du 13 juillet 1911, art. 110).

Retenues d'habillement effectuées sur la solde des agents chargés de la police de la navigation et des pêches et des agents du gardiennage (Décret du 7 janvier 1908 et instruction du 14 juillet 1919).

Avances remboursables faites à l'État pour l'amélioration et l'extension des ports maritimes.

Remboursement de frais de contrôle de sociétés et établissements divers dépendant du ministère de l'hygiène, de l'assistance et de la prévoyance sociales (Lois des 6 juin 1857, 27 décembre 1884, 22 décembre 1888, 10 décembre 1903 et 9 mars 1906; lois et décrets spéciaux).

Remboursement par les asiles publics d'aliénés des frais de concours aux emplois de médecins adjoints dans ces établissements (Loi du 30 décembre 1900).

Remboursement des avances consenties aux fonctionnaires en instance de pension en exécution de l'article 28 de la loi du 31 décembre 1920.

Fonds de concours pour dépenses d'intérêt public (Loi du 6 juin 1843, art. 13).

Produits de legs et de donations attribués à l'État ou à diverses administrations publiques (Loi de finances du 31 décembre 1907, art. 33).

Alsace et Lorraine.

Participation aux recettes des chemins de fer d'Alsace et de Lorraine (Loi du 17 octobre 1919, art. 3).

Contribution des communes pour le fonctionnement des écoles obligatoires de perfectionnement (Diverses conventions entre l'État et les communes intéressées).

Remboursement des frais d'administration d'instituts des assurances sociales (Loi du 17 octobre 1919, art. 3).

Taxe pour frais de jeaugeage et de visite des bateaux du Rhin (Loi du 17 octobre 1919, art. 3).

Remboursement des avances sans intérêt consenties aux communes dans lesquelles le renouvellement du cadastre est exécuté d'office (Loi du 17 octobre 1919, art. 3).

Reversement par le Crédit foncier d'Alsace et Lorraine des émoluments de service du commissaire du Gouvernement (Convention du 29 mars 1920).

Remboursement par les communes de la part qui leur incombe dans les pensions des anciens membres du corps enseignant ainsi que de leurs veuves et orphelins (Loi du 17 octobre 1919, art. 3).

Remboursement du dixième des avances fournies par l'État pour le payement des allocations supplémentaires des rentes d'invalidité de veufs et veuves (Arrêté du commissaire général du 30 décembre 1918, art. 8).

Retenues effectuées sur des arrérages de pension et correspondant au montant des allocations d'attente payées à des mutilés alsaciens et lorrains et à leurs familles (Loi du 17 octobre 1919, art. 3).

Remboursement du prix des échelles métriques livrées par l'administration pour le jaugeage des bateaux de la navigation intérieure, canaux (Loi du 17 octobre 1919, art. 3).

§ 5. — Produits divers du budget.

Recettes diverses des receveurs de l'enregistrement, des domaines et du timbre :

Cautionnements de personnes à représenter en justice confisqués au profit du **Trésor** (Code d'instruction criminelle, art 122).

Autres recettes.

Recettes diverses des receveurs des douanes :

Portion ·attribuée au Trésor dans la remise sur les crédits (Arrêté ministériel du 27 mars 1866 et loi du 15 février 1875; arrêté ministériel du 30 octobre 1885).

Produit de la vente des marchandises abandonnées en douane.

Intérêts de retard pour non-réexpédition de produits admis temporairement.

Prélèvements sur les sommes afférentes aux préposés des douanes.

Autres recettes.

Moitié de la **remise** afférente aux marchandises enlevées avant **acquittement** (Loi de finances du 29 décembre 1884, art. 11, et loi de finances du 26 février 1887, art. 5).

Produit du droit du 10 p. 100 frappant les recettes brutes des jeux dans les cercles et casinos régis par la loi du 15 juin 1907 (Loi du 25 juin 1920, art. 91).

Recettes diverses des receveurs des contributions indirectes :

Portion du Trésor sur les parts revenant aux agents de la régie, à l'occasion des contraventions constatées à la requête d'autres administrations et dans le prix des tabacs, poudres et phosphores saisis (Loi du 28 avril 1816; ordonnance du 17 novembre 1819; décret du 1er octobre 1872; lois des 15 mars 1873 et 28 janvier 1875; décret du 22 avril 1898).

Autres recettes.

Taxe sur les baux de chasse et de pêche.

Restitutions au Trésor (Décision ministérielle du 6 mars 1880 et loi de finances du 28 décembre 1880).

Valeurs du Trésor restant à rembourser depuis plus de cinq ans (Décision du Ministre des finances du 11 juillet 1870 et loi de finances du 28 décembre 1880).

Recouvrements poursuivis par l'agent judiciaire du Trésor :

Recettes sur débets non compris dans l'actif de l'administration des finances (Loi du 13 frimaire an VIII; arrêtés des 18 ventôse an VIII et 28 floréal an XI; décret du 31 janvier 1806).

Intérêts et frais provenant de prêts faits à l'industrie (Loi du 1er août 1860).

Recouvrements sur les prêts à l'industrie (Lois des 1er août 1860 et 30 mars 1888, art. 27).

Recouvrements sur prêts consentis aux victimes des sinistres (Loi du 18 mars 1910).

Recettes accidentelles à différents titres (Lois annuelles de finances).

Excédent net de dividende réparti par la Banque de France au delà de 240 francs par action (Loi du 20 décembre 1918).

Part de l'État dans les intérêts des avances effectuées par le Crédit national, en exécution de l'article 2 de la convention approuvée par la loi du 10 octobre 1919.

Reversement au Trésor par les trésoriers-payeurs généraux et les receveurs des finances de la partie de leurs remises et commissions dépassant les maxima réglementaires (Loi du 27 février 1912, art. 29).

Reversement au Trésor par les conservateurs des hypothèques de la partie de leurs salaires bruts dépassant le maximum fixé par la loi du 30 mai 1899 (Loi du 27 février 1912, art. 31).

Bénéfices provenant des gestions intérimaires des trésoreries générales et des recettes des finances (Arrêté ministériel du 30 janvier 1889 et loi de finances du 17 juillet 1889).

Retenues pour cause de cumul des fonctionnaires députés ou sénateurs (Lois des 16 février 1872 et 31 mars 1903).

Annuité due par l'Algérie par suite du rachat des lignes de la Compagnie franco-algérienne (Lois des 9 avril 1903, art. 2, et 23 juillet 1904, art. 1er).

Versement forfaitaire en représentation des droits et impôts non perçus sur les ventes de matériel des armées britanniques en France.

Annuité payée par le gouvernement grec pour le remboursement de la portion garantie par la France dans l'emprunt de 1833 (Loi du 26 février 1887, art. 4).

Indemnité due par le gouvernement chinois en vertu du traité du 7 septembre 1901 (Loi du 31 décembre 1907).

Remboursements par les départements et les communes des avances pour l'achèvement des chemins vicinaux et pour la construction et l'amélioration des établissements scolaires (Loi du 26 juillet 1893).

Bénéfices réalisés par la Caisse des dépôts et consignations (Lois des 21 mai 1825, 16 octobre 1831 et 24 mai 1834 et loi de finances du 26 décembre 1890).

Sommes acquises à l'État en exécution de l'article 43 de la loi du 16 avril 1895.

Droits de chancellerie perçus en vertu des tarifs en vigueur par les chanceliers et vice-consuls et par l'agent comptable des chancelleries diplomatiques et consulaires (Ordonnance royale du 30 mars 1830 et règlement du 8 avril suivant; loi du 28 juin 1833; décrets des 30 novembre 1875 et 18 décembre 1876; loi du 29 décembre 1876, art. 6; loi du 8 juin 1893; décrets des 20 décembre 1890, 19 avril 1894, 1er octobre 1903, 30 novembre, 5 et 6 décembre 1909 et 29 mars 1910; loi du 8 avril 1910; loi du 30 juillet 1913, art. 26; 31 juillet 1920, art. 54).

Bénéfices de change réalisés par les chancelleries diplomatiques et consulaires (Décrets des 20 décembre 1890, art 27, et 5 juillet 1916).

Produits des prises sur l'ennemi (Décret du 26 juin 1901, art. 1er).

Contributions et indemnités de guerre (Instruction du 31 octobre 1904 sur le service de la comptabilité des payeurs d'armée, art. 19).

Intérêts des avances faites au budget annexe de l'école centrale des arts et manufactures Loi du 18 juin 1915; décision ministérielle du 20 juillet 1915).

Droit d'inscription des courtiers de commerce (Lois des 18 juillet 1866, art. 18, et 5-19 juillet 1886, art. 2).

Taxe des brevets d'invention (Lois des 5 juillet 1844 et 7 avril 1902).

Remboursement des avances faites aux caisses départementales ou régionales (Loi du 5 avril 1910, art. 38, et loi de finances du 13 juillet 1911, art 122).

Produit de la rente de l'Inde (Art. 5 du traité du 7 mars 1915 et loi du 21 avril 1832).

Part de l'État dans les bénéfices du chemin de fer de Kayes au Niger (Loi du 3o janvier 1907, art. 49).

Remboursement par la colonie du Haut-Sénégal et Moyen-Niger des avances pour les travaux du chemin de fer de Kayes au Niger (Loi du 4 mars 1902, art. 1er; lois de finances des 8 avril 1910, art. 62, et 13 juillet 1911, art. 25).

Remboursement des sommes versées à la Compagnie du chemin de fer de Dakar à Saint-Louis au titre de la garantie d'intérêts (Convention approuvée par la loi du 29 juin 1882).

Produits de locations et d'aliénations du domaine pénitentiaire de l'État à la Nouvelle-Calédonie (Lois de finances des 3o mars 1888 et 3o mai 1899).

Redevance perçue sur les établissements créés aux îles Saint-Paul et Amsterdam (Décret du 28 novembre 1908).

Intérêts des avances faites aux communes pour la construction de chemins forestiers (Loi du 31 juillet 1920, art. 100).

Versement au Trésor des indemnités dues pour incorporation de terrains du domaine public national au domaine des chemins de fer ou au domaine public communal ou départemental.

Part revenant à l'État sur les bénéfices des chemins de fer d'intérêt général (Loi du 20 novembre 1883).

Part revenant à l'État sur les bénéfices des chemins de fer d'intérêt local et des tramways (Loi des 12 juillet 1865 et 11 juin 1880).

Reversement par les compagnies de chemin de fer des avances à elles faites pour garanties d'intérêts.

Fonds non réclamés aux caisses des agents des postes. — Mandats d'articles d'argent (Lois des 31 janvier 1833, 5 mai 1855, 15 juillet 1882, 3o janvier 1907 et 3o juillet 1913, art. 24). — Bons de poste (Lois des 29 juin 1882 et 3o janvier 1907).

Recettes diverses des receveurs des postes :

Taxes perçues par l'État pour le transport des colis postaux déposés dans les bureaux français à l'étranger (Loi du 29 mars 1921; décret du 3o mars 1921; décret du 28 avril 1921).

Autres recettes :

Annuités à verser par les sociétés de crédit immobilier, sociétés coopératives d'habitations à bon marché, sociétés de secours mutuels et associations reconnues d'utilité publique pour l'amortissement des prêts à elles consentis, pour le compte de l'État, par la caisse nationale des retraites pour la vieillesse (Lois des 10 avril 1908, 23 décembre 1912 et 21 mars 1913).

Annuités à verser par les sociétés et offices publics d'habitations à bon marché pour l'amortissement des prêts à eux consentis, pour le compte de l'État, par la caisse des dépôts et consignations (Loi du 26 février 1921).

Alsace et Lorraine.

Reversement par le trésorier-payeur général et les receveurs des finances de la partie de leurs remises et commissions annuelles dépassant les maxima réglementaires (Arrêté du 17 juillet 1919).

Droits de recherche et de concession (Loi du 17 octobre 1919, art. 3).

Taxe sur les sels de potasse et quote-part de l'État dans le produit des mines « Théodore » et « Prince-Eugène » (Loi du 17 octobre 1919, art. 3).

II. — DROITS, PRODUITS ET REVENUS DONT LA PERCEPTION EST AUTORISÉE POUR 1922, AU PROFIT DES DÉPARTEMENTS, DES COMMUNES, DES ÉTABLISSEMENTS PUBLICS ET DES COMMUNAUTÉS D'HABITANTS DÛMENT AUTORISÉES, CONFORMÉMENT AUX LOIS EXISTANTES.

Taxes imposées avec l'autorisation du Gouvernement, pour la surveillance, la conservation et la réparation des digues et autres ouvrages d'art intéressant les communautés de propriétaires ou d'habitants.

Taxes pour les travaux de desséchement autorisés par la loi du 16 septembre 1807.

Taxes d'affouage, de pâturage et autres taxes particulières dues par les habitants ou propriétaires en vertu des lois et usages locaux (Loi du 5 avril 1884, art. 140).

Taxes perçues pour l'entretien, la réparation et la reconstruction des canaux et rivières non navigables et des ouvrages d'art qui y correspondent (Loi du 8 avril 1898, art. 18 à 29).

Taxes perçues pour le recouvrement des dépenses faites d'office au compte des riverains et usagers des cours d'eau non navigables et de leurs dérivations, dans l'intérêt de la police et la répartition générale des eaux (Loi du 8 avril 1898, art. 8 à 17).

Taxes syndicales pour l'assèchement des mines (Loi du 27 avril 1838).

Taxes pour l'exécution des travaux destinés à mettre les villes à l'abri des inondations (Loi du 28 mai 1858).

Taxes au profit des associations syndicales autorisées par les lois des 21 juin 1865 et 22 décembre 1888.

Taxe des frais de pavage des rues dans les villes où l'usage met ces frais à la charge des propriétaires riverains (Dispositions combinées de la loi du 11 frimaire an VII [1er décembre 1798] et du décret de principe du 25 mars 1807 ; loi du 25 juin 1841, art. 28).

Taxes d'établissement de trottoirs dans les rues et places dont les plans d'alignement ont été arrêtés conformément aux dispositions de la loi du 7 juin 1845.

Taxe municipale de balayage imposée aux propriétaires riverains des voies de communication de Paris (Loi du 26 mars 1873).

Frais de travaux intéressant la salubrité publique (Loi du 16 septembre 1807).

Taxes d'arrosage autorisées par le Gouvernement (Loi du 23 juin 1857, art. 25).

Honoraires et frais de déplacement dus aux ingénieurs et agents des ponts et chaussées et des mines pour leur intervention dans les affaires d'intérêt communal ou privé (Décrets des 13 octobre 1851, 10 et 27 mai 1854, 14 mai 1908).

Vacations aux commissaires de police pour assistance aux opérations d'exhumations, de réinhumations, etc. (Loi du 30 mars 1902, art. 62 ; décrets des 12 avril 1905 et 30 août 1918).

Recouvrement des frais de déplacement dus aux agents chargés de la visite ou de la surveillance des dépôts de dynamite à durée limitée (Décret du 26 mai 1910).

Remboursement des dépenses en travaux effectués d'office dans les mines, minières et carrières (Lois des 21 avril 1810, 27 avril 1838 et 27 juillet 1880 ; décrets des 3 janvier 1913 et 27 mai 1854 et décrets rendus en exécution des lois précitées).

Recouvrement des dépenses de destruction des insectes, cryptogames et aux autres végétaux nuisibles à l'agriculture (Lois des 24 décembre 1888, art. 4, et 21 juin 1898, art. 79).

Centimes pour dépenses départementales et communales, portant sur les contributions foncière, personnelle mobilière, des portes et fenêtres et des patentes (Lois des 10 août 1871, 5 avril 1884, 7 avril 1902, 30 juin 1907, 29 mars 1914 et 31 juillet 1917 et 25 juin 1920).

Contributions spéciales destinées à subvenir aux dépenses des bourses et chambres de commerce (y compris le fonds de non-valeurs) et revenus spéciaux accordés auxdits établissements (Lois des 23 juillet 1880, art. 11 et 13 à 16; 14 juillet 1838, art. 4; 9 avril 1898, art. 21 et 22; 13 avril 1898, art. 57; 19 février 1908, art. 6. et 31 juillet 1917, art. 46).

Centimes portant sur la contribution foncière des propriétés non bâties et destinés à subvenir aux dépenses des chambres d'agriculture (Loi du 25 octobre 1919, art. 44).

Taxe des prestations en nature pour les chemins vicinaux (Lois des 21 mai 1836, 24 février 1900, art. 9, et 10 juillet 1901, art. 7).

Taxe des prestations en nature pour les chemins ruraux (Lois des 20 août 1881, 24 février 1900, art. 9, et 10 juillet 1901, art. 7).

Taxe vicinale (Lois des 31 mars 1903, art. 5; 29 mars 1914 et 31 juillet 1917).

Taxes syndicales pour les chemins ruraux (Loi du 20 août 1881).

Taxes municipales sur les chiens (Loi du 2 mai 1855; décrets des 4 août 1855, 3 août 1861 et 22 décembre 1886; loi du 31 juillet 1920).

Taxe municipale sur les spectacles (Loi du 31 juillet 1920).

Surtaxe sur les eaux minérales (Loi du 31 juillet 1920, art. 86).

Taxes communales à établir en remplacement des droits d'octroi sur les boissons hygiéniques (Lois des 29 décembre 1897, 14 décembre 1900, 29 décembre 1900, art. 1er; 10 juillet 1901, art. 18; 30 décembre 1916, art. 7, et décret du 16 juin 1898; loi du 30 avril 1921, art. 9).

Centimes spéciaux destinés à assurer le payement des indemnités relatives aux accidents du travail (Lois des 9 avril 1898, art. 25; 11 juillet 1898, art. 7; 12 avril 1906, 29 mai 1909, 22 août 1913, 25 novembre 1916 et 31 juillet 1917).

Contributions mises à la charge des exploitants de mines en vue de la constitution des retraites des délégués mineurs (Lois des 25 février 1914, 29 mars 1919 et 30 avril 1920; décret du 13 juillet 1914, art. 30).

Droits de péage qui seraient établis : 1° conformément à la loi du 14 floréal an x (4 mai 1802), pour concourir à la construction ou à la réparation des ponts, écluses ou ouvrages d'art à la charge de l'État, des départements ou des communes; 2° conformément à la loi du 24 mai 1834, pour correction de rampes sur les routes nationales ou départementales.

Allocations accordées aux officiers et maîtres de port en vertu des règlements particuliers des ports, homologués par le Ministre des travaux publics (Art. 3 du décret du 15 juillet 1854).

Péages locaux temporaires perçus dans les ports maritimes et sur les voies de navigation intérieure, sur les navires, à raison de leur tonnage de jauge et des marchandises et voyageurs embarqués et débarqués, en vertu de l'article 16 de la loi du 7 avril 1902 complété par les lois des 8 avril 1910, art. 66, et 12 avril 1913, ou des lois ou décrets spéciaux, pour assurer le service des emprunts contractés en vue de subvenir aux travaux de construction, d'amélioration et de dragage de ces ports et voies navigables et à l'établissement de leur outillage public.

Contribution des colonies aux dépenses de l'agence générale des colonies (Loi du 31 juillet 1920, art. 51).

Surtaxes locales temporaires à percevoir pour assurer le service des emprunts contractés en vue de subvenir à l'établissement, à la transformation ou à l'amélioration soit d'une gare, station ou halte, soit de ses dépendances, soit des voies de communication situées aux abords, pour les chemins de fer d'intérêt général ou local, les tramways et les voies ferrées des quais des ports (Loi du 26 octobre 1897 et loi de finances du 17 avril 1906, art. 64).

Taxes imposées pour subvenir aux dépenses intéressant les communautés de marchands de bois à ouvrer pour l'approvisionnement de Paris et dont le tarif est fixé chaque année par un décret spécial (Sentence du bureau de l'hôtel de ville, du 5 octobre 1772).

Rétributions imposées aux élèves des écoles préparatoires et de plein exercice de médecine et de pharmacie, aux élèves des écoles préparatoires à l'enseignement supérieur des sciences et des lettres, et aux candidats qui se présentent pour y obtenir des grades; sauf les examens de fin d'année des aspirants au titre d'officier de santé, qui sont gratuits en vertu du règlement du 12 mars 1841, tous les droits sont les mêmes que dans les facultés et écoles supérieures de pharmacie (Voir les lois et règlements indiqués, au paragraphe « Droits, produits et revenus dont la perception est autorisée au profit de l'État. — Recettes d'ordre. — Produits universitaires »). — Loi du 28 juillet 1895 établissant les droits à exiger des étudiants qui se font inscrire aux conférences facultatives dans les facultés de droit. — Règlement d'administration publique du 31 juillet 1897 sur les droits à percevoir au profit des universités. — Loi du 13 avril 1898 (art. 29) fixant les droits à percevoir des aspirants aux certificats d'études coloniales. — Loi de finances du 30 mai 1899 (art. 23) autorisant au profit des universités la perception de rétributions pour études et examens en vue de titres scientifiques institués par elles. — Décret du 22 juillet 1897 (art. 2) : Recettes du budget ordinaire des universités; produit des opérations autorisées pour le compte des particuliers dans les laboratoires des facultés et écoles et dans les observatoires des universités.

Droits à percevoir au profit du Conservatoire national des arts et métiers (**Lois des** 13 avril 1900, 9 juillet 1901).

Droits à percevoir au profit de l'Office national de la propriété industrielle (Loi des **17 mars,** 1er avril et 14 juillet 1909; décrets des 28 août 1909 et 26 juin 1911; loi du 8 août **1912;** lois des 18 mars 1919, 8 et 24 octobre 1919; décret du 15 mars 1920; loi du **26 juin** 1920).

Frais de pension et rétribution pour fournitures scolaires imposées aux élèves **des écoles** nationales professionnelles (Décret du 13 février 1903 et arrêté ministériel du 16 février 1903).

Frais de pension et droits pour concours d'entrée et de sortie à l'école centrale **des arts et** manufactures (Décret du 5 juillet 1907).

Frais de pension, de trousseau et frais accessoires des élèves des écoles nationales **des arts** et métiers (Loi de finances du 31 décembre 1907, art. 47; décret du 14 août 1909 et arrêté du 9 mai 1910).

Droits d'inscription et d'examen perçus au profit de l'école coloniale (Loi du **17 juil**let 1889, art. 51).

Droits à percevoir au profit de l'école nationale supérieure des mines (Lois des **25 fé**vrier 1901, art. 58, 8 novembre 1901, art. 22, et 26 décembre 1908, art. 68).

Droits à percevoir au profit de l'école nationale des mines de Saint-Étienne (Loi du 26 décembre 1908, art. 69).

Rétribution pour frais de visite des aliénés placés volontairement dans les établissements privés (Lois des 30 juin 1838, art. 9, et 25 juin 1841, art. 29).

Droits d'octroi, droits de pesage, mesurage et jaugeage (Loi du 5 avril 1884).

Droits d'expédition d'anciennes pièces ou d'actes de la préfecture déposés **aux archives** (Lois des 27 messidor an II, art. 37, et 29 décembre 1888, art. 2).

Droits de péage des bacs et passages d'eau sur les routes et chemins à la charge **des** départements d'après les tarifs fixés par les conseils généraux (Loi du 10 août 1871, art. 46, 13°).

Frais d'analyses et d'essais effectués par les laboratoires départementaux (Loi de finances du 28 avril 1893).

Droits de voirie (Loi du 5 avril 1884).

Droits d'épreuves perçus en vertu des décrets qui autorisent l'établissement de bancs publics d'épreuve des armes à feu (Paris : 7 novembre 1895, 10 juillet 1897; — Saint-Étienne : 7 novembre 1895, 10 juillet 1897).

Taxes perçues au profit des communes pour les dépôts des dessins et modèles industriels (Loi du 14 juillet 1909).

Droit d'expédition des actes administratifs et des actes de l'état civil (Décret du 7 messidor an II, art. 37; décret du 12 juillet 1807, loi du 5 avril 1884).

Droit de délivrance des certificats d'immatriculation des étrangers (Loi du 8 août 1893, art. 1er).

Droits de place perçus dans les halles, foires, marchés, abattoirs, d'après les tarifs dûment autorisés (Loi du 5 avril 1884).

Taxes d'abatage (Décret du 1er août 1864; lois des 5 avril 1884, 8 janvier 1905 et 8 avril 1910, art. 65). — Droit de poinçonnage sur les viandes (Loi du 8 janvier 1905).

Droit d'inspection sanitaire des animaux (Loi du 21 juin 1898, art. 63).

Taxes de désinfection perçues, en cas de maladies transmissibles, par les services publics départementaux ou municipaux (Loi du 15 février 1902 et décret du 10 juillet 1906, titre III).

Droits de stationnement et de location sur la voie publique, sur les ports et rivières et autres lieux publics (Loi du 5 avril 1884).

Taxes perçues, à raison des services rendus pour l'exploitation des ports de mer, des fleuves et rivières navigables ou des canaux, par les départements, les villes, les chambres de commerce, les établissements publics et les particuliers à ce autorisés par les lois et par des décrets rendus en conseil d'État.

Taxes de séjour dans les stations hydrominérales et climatiques, pour favoriser le développement de l'industrie hydrominérale, climatique et du tourisme (Loi du 13 avril 1910 et décret du 26 juin 1911; lois des 24 septembre 1919 et 31 juillet 1920, art. 56).

Taxes perçues par les chambres de commerce dans les établissements à l'usage du commerce (Loi du 9 avril 1898, art. 14).

Prix de la vente exclusive, au profit de la caisse des invalides de la marine, des feuilles de rôles d'équipage des bâtiments de commerce d'après le tarif de l'article 11 de la loi de finances du 21 mars 1885, modifié par l'article 47 de la loi de finances du 29 avril 1921.

Redevance au profit de la caisse des invalides de la marine pour l'exercice du droit de pêche avec filets ou autres engins non prohibés des porteurs d'un rôle de navigation de plaisance (Art. 2 de la loi du 20 juillet 1897, modifié par l'article 35 de la loi du 14 juillet 1908 et par l'article 48 de la loi de finances du 29 avril 1921).

Taxes spéciales sur les navires de pêche et les concessionnaires d'établissements dans les ports maritimes perçues au profit de l'office scientifique et technique des pêches maritimes (Loi du 7 janvier 1920).

Droits d'inhumation et de concessions de terrains dans les cimetières (Décrets organiques des 23 prairial an XII [12 juin 1804] et 18 août 1911; ordonnance du 6 décembre 1843; loi du 5 avril 1884).

Droits de dépôt dans les chambres funéraires et pour l'incinération des corps (Loi du 17 juillet 1889, art. 29).

Taxes perçues pour fournitures et travaux concernant le service extérieur des pompes funèbres (Loi du 28 décembre 1904).

Prélèvement de 1 p. 100 sur le montant des travaux publics adjugés dans la ville de Paris et sa banlieue, affecté à la dotation des asiles de Vincennes et du Vésinet (Décret du 8 mars 1855).

Recouvrement de subventions provisoires comme fonds de roulement à la disposition des hôpitaux et hospices.

Recettes spéciales et accidentelles à différents titres.

Frais de contrôle de la construction et de l'exploitation pour distributions d'énergie électrique (Loi du 15 juin 1906).

Redevances dues pour location du domaine public par les ouvrages de distributions d'énergie électrique (Loi du 15 juin 1906, art. 18).

Un décime par franc en sus du prix des billets d'entrée aux spectacles et concerts quotidiens (Lois des 7 frimaire an v [27 novembre 1796] et 16 juillet 1840, art. 9 et 31 juillet 1920).

Droit de 5 p. 100 sur la recette brute des concerts non quotidiens donnés par les artistes ou les associations d'artistes (Lois de finances des 3 août 1875, art. 23 et 31 juillet 1920).

Quart de la recette brute dans les lieux de réunion ou de fête où l'on est admis en payant (Lois des 8 thermidor an v [20 juillet 1795] et 31 juillet 1920).

Droits de conditionnement et de titrage des soies, des laines et des cotons, perçus en vertu des décrets qui autorisent l'établissement de bureaux publics pour ces opérations (Lyon : 23 germinal an XIII, 17 avril 1806, 2 février 1808, 5 août 1813, 17 mars 1819, 30 août 1820, 9 avril 1850, 12 décembre 1851, 22 juin 1855, 25 juin 1856, 12 avril 1871, 24 juin 1873, 17 octobre 1883, 29 mars 1888, 20 décembre 1898, 18 janvier 1899 et 14 août 1903; — Avignon : 8 fructidor an XIII; — Saint-Étienne : 15 janvier 1808, 28 janvier 1863, 29 août 1873, 7 mai 1874 et 6 septembre 1902; — Paris : 2 mai 1853, 7 juillet 1861; — Reims : 20 juillet 1853, 24 juillet 1878, 27 décembre 1911; — Marseille, 15 juillet 1858, 15 avril 1910, 21 février 1912; — Aubenas : 11 août 1860, 27 avril 1891; — Roubaix : 31 août 1858, 15 janvier 1862, 18 septembre 1865, 27 octobre 1899, 20 août 1909, 27 décembre 1911; — Valence : 8 décembre 1862; — Tourcoing : 11 février 1863, 29 septembre 1865, 10 janvier 1866, 27 décembre 1911; — Amiens : 20 octobre 1863, 13 juillet 1886, 2 mai 1892, 27 décembre 1911; — Fourmies : 10 juillet 1879, 27 décembre 1911; — Roanne : 11 mai 1891, 15 mars 1892; — Le Cateau : 10 août 1896, 27 décembre 1911; — Calais : 17 avril 1897; — Mazamet : 23 mars 1898, 27 décembre 1911).

Décime à l'impôt sur le chiffre d'affaires, attribué à raison de 2/3 aux communes et de 1/3 aux départements (Loi du 25 juin 1920, art. 63).

Majoration de 25 p. 100 sur les droits perçus par l'État sur les automobiles par application de la loi du 25 juin 1920, art. 100) destinée à constituer un fonds commun à répartir entre les départements.

Alsace et Lorraine.

Centimes pour dépenses départementales et communales (Loi du 17 octobre 1919, art. 3).

Impôt sur les bâtiments et impôt sur la propriété non bâtie (Loi du 17 octobre 1919, art. 3).

Impôt sur le capital (Loi du 17 octobre 1919, art. 3).

Taxe des prestations en nature (Loi du 17 octobre 1919, art. 3).

Taxe sur la valeur foncière (Loi du 17 octobre 1919, art. 3).

Taxe sur les grands magasins (Loi du 17 octobre 1919, art. 3).

Taxe sur les chiens (Loi du 17 octobre 1919, art. 3).

Droit de timbre sur les débits de boissons (Loi du 17 octobre 1919, art. 3).

Taxe des villes d'eau (Loi du 17 octobre 1919, art. 3).

Taxe sur les déballages (Loi du 17 octobre 1919. art. 3).

Taxe sur le fonds commun des amendes (Loi du 17 octobre 1919, **art. 3**),

Taxe sur les professions ambulantes (Loi du 17 octobre 1919, **art. 3**).

Droits d'octroi (Loi du 17 octobre 1919, art. 3).

Contributions spéciales destinées à subvenir aux dépenses des chambres de commerce (**Loi** du 17 octobre 1919, art. 3).

Contributions spéciales destinées à subvenir aux dépenses des chambres de métiers (**Loi** du 17 octobre 1919, art. 3).

Droit des pauvres sur les théâtres, bals, concerts, etc., perçu au profit des bureaux de bienfaisance (Loi du 17 octobre 1919, art. 3).

Taxe sur les théâtres, bals, concerts, etc., perçue au profit des bureaux de bienfaisance (Loi du 17 octobre 1919, art. 3).

Cotisations en faveur des corporations agricoles (Loi du 17 octobre 1919, art. 3).

Recettes spéciales et accidentelles à différents titres.

————

État C.

*Tableau des voies et moyens applicables au budget général
de l'exercice 1922.*

DÉSIGNATION DES PRODUITS.	MONTANT des RECETTES prévues.
	francs.
I. — PRODUITS RECOUVRABLES EN FRANCE.	
§ 1er. — Impôts et revenus.	
1° CONTRIBUTIONS DIRECTES ET CENTIMES D'ÉTAT.	
Contribution foncière :	
Propriétés bâties..	311,638,965f
Propriétés non bâties.......................................	171,147,856
Impôt sur les bénéfices industriels et commerciaux.............	663,000,000
Impôt sur les bénéfices de l'exploitation agricole..................	23,800,000
Impôt sur les traitements, indemnités et émoluments, salaires, pensions, etc...	117,500,000
Impôt sur les bénéfices des professions non commerciales..........	23,250,000
Impôt général sur le revenu................................1,020,000,000	
Contribution personnelle-mobilière...........................	9,617,968
Contribution des portes et fenêtres..........................	8,129,797
Contribution des patentes...................................	34,831,160
Centimes pour non-valeurs sur le montant des impositions locales d'Alsace et Lorraine....................................	3,690,000
Centimes pour frais de perception sur le montant des impositions locales d'Alsace et Lorraine................................	1,690,500
Frais d'avertissement.......................................	1,228,830
Frais de confection de rôles spéciaux (Alsace et Lorraine)...	2,000
	2,389,527,076
2° TAXES ASSIMILÉES AUX CONTRIBUTIONS DIRECTES.	
Taxe exceptionnelle de guerre................................	50,050f
Taxe des biens de mainmorte................................	49,407,480
Redevances des mines......................................	28,472,590
Contribution sur les voitures, chevaux, mules et mulets..........	19,500,000
Frais d'avertissement relatifs aux rôles de la contribution sur les voitures, chevaux, mules et mulets...........................	75,000
Frais d'avertissement relatifs à la contribution extraordinaire sur les bénéfices de guerre.......................................	300
Taxe sur les cercles, sociétés et lieux de réunion.................	1,550,150
Taxe sur les gardes-chasse..................................	950,800
Droits de vérification des poids et mesures.....................	13,090,000
Droits de vérification des alcoomètres et des densimètres..........	35,000
Droits d'épreuve et de vérification des appareils à vapeur et des récipients à gaz comprimés ou liquéfiés......................	327,963
Taxe pour frais de surveillance en vue de la répression des fraudes.	1,525,000
Droits de visite des pharmacies, drogueries, etc.................	113,700
Droits d'inspection des fabriques et dépôts d'eaux minérales........	46,000
Redevances pour la rétribution des délégués mineurs	2,264,718
Redevances pour frais de surveillance des fabriques de margarine et d'oléo-margarine..	220,000
	117,622,751

DÉSIGNATION DES PRODUITS.	MONTANT des RECETTES prévues.
	francs.
3° PRODUITS DE L'ENREGISTREMENT.	
Mutations :	
Mutations à titre onéreux :	
Meubles. — Valeurs mobilières.............................. 265,878,000ᶠ	
Meubles. — Créances, rentes, prix d'offices.............. 11,383,500	
Meubles. — Fonds de commerce........................... 105,827,500	
Meubles. — Meubles corporels............................ 84,589,000	
Immeubles et droits immobiliers.......................... 875,558,000	
Mutations à titre gratuit :	
Entre vifs (donations).................................... 86,015,500	
Par décès (successions)................................... 963,100,000	2,932,903,500
Taxe représentative du droit d'accroissement............. 581,500	
Autres conventions et actes civils, administratifs et de l'état civil... 453,040,000	
Actes judiciaires et extrajudiciaires...................... 44,340,500	
Hypothèques... 50,601,500	
Taxe sur les capitaux assurés par les compagnies d'assurances contre l'incendie......................... 6,584,500	
Pénalités (droits et demi-droits en sus, amendes)......... 19,644,500	
Recettes diverses 3,759,500	
4° PRODUITS DU TIMBRE.	
Actes et écrits sujets au timbre de dimension 152,272,000ᶠ	
Extraits du casier judiciaire............................. 1,200,000	
Affiches... 11,117,000	
Contrats d'assurances.................................... 45,264,000	
Contrats de transports................................... 29,964,000	
Contrôle des marques de fabrique........................ 46,000	
Passeports et visas des passeports....................... 1,104,500	
Permis de chasse.. 18,547,500	528,275,000
Cartes d'entrée dans les cercles et les casinos............ 2,400,000	
Quittances, chèques et ordres de virement en banque.............. 100,282,500	
Effets négociables et non négociables, billets de banque, warrants, etc................................ 72,610,000	
Valeurs mobilières....................................... 91,706,000	
Pénalités (amendes de contravention)..................... 1,619,000	
Recettes diverses 142,500	
5° PRODUITS DE L'IMPÔT SUR LES OPÉRATIONS DE BOURSE.	
Impôt sur les opérations traitées dans les bourses de valeurs et pénalités........................ 33,612,000ᶠ	33,743,500
Impôt sur les opérations traitées dans les bourses de commerce.... 131,500	
6° PRODUITS DE LA TAXE SUR LE REVENU DES VALEURS MOBILIÈRES.	
Revenus des valeurs mobilières, etc. 662,234,500ᶠ	736,834,500
Revenu des créances, dépôts et cautionnements............ 74,600,000	
7° PRODUITS DE LA TAXE DE LUXE.	
Taxe sur les ventes d'objets de luxe entre non-commerçants...... 13,000,000ᶠ	13,000,000
8° PRODUITS DE LA TAXE SUR LE CHIFFRE D'AFFAIRES.	
Produits recouvrés par l'administration de l'enregistrement..............	
Produits recouvrés par l'administration des douanes....................	3,045,000,000
Produits recouvrés par l'administration des contributions indirectes (spiritueux et vins)........................	

DÉSIGNATION DES PRODUITS.	MONTANT des RECETTES prévues.
	francs.

9° PRODUITS DES DOUANES.

Droits à l'importation (marchandises diverses)......	2,388,128,000ᶠ
Droits de sortie......	8,000,000
Droits de statistique......	10,923,000
Taxe pour le développement du commerce extérieur......	9,072,000
Droits de navigation......	12,782,000
Autres droits et recettes accessoires......	13,510,000
Amendes et confiscations......	14,803,000
Taxe de consommation des sels de douane......	19,524,000
Droit de consommation sur les denrées coloniales et les succédanés du café......	120,000,000
Droit de consommation sur la vanilline......	160,000
Taxe de fabrication sur les huiles minérales brutes perçue par l'administration des douanes......	10,000
Taxe intérieure sur les essences et pétroles......	96,000,000
Taxe intérieure sur les benzols......	5,000,000

Montant des recettes prévues : **2,706,912,000**

10° PRODUITS DES CONTRIBUTIONS INDIRECTES.

Taxes spéciales de 25 p. 100 sur les spiritueux et de 15 p. 100 sur les vins de luxe......	554,223,000ᶠ

Droits sur les boissons :

Vins, cidres, poirés et hydromels......	489,000,000
Bières......	67,000,000
Alcools. — Surtaxe des vins alcoolisés......	667,250,000
Taxe de consommation sur les alcools perçue par la douane en Corse......	391,000
Taxe sur les eaux minérales......	12,349,000
Taxe sur les spécialités pharmaceutiques......	23,858,000
Taxe de consommation sur les sels perçue en dehors du rayon des douanes......	14,768,000
Impôt perçu en Alsace et Lorraine sur les sels de potasse......	840,000
Droit de consommation sur la chicorée et les autres succédanés du café......	20,728,000
Taxe sur la vaniline......	649,000
Taxe de fabrication sur les huiles minérales brutes......	Mémoire.
Droit de fabrication des stéarines et bougies......	5,100,000
Droit de dénaturation des vinaigres et droit de consommation des acides acétiques......	9,194,000
Impôt sur le prix des places et des transports par chemins de fer..	499,950,000
Droit de transport par autres voitures que les chemins de fer......	5,746,000
Taxe sur les spectacles, les divertissements et les courses de chevaux......	52,158,000
Taxe sur les billards publics et privés......	1,620,000
Taxe sur les vélocipèdes......	23,229,000
Taxes sur les automobiles......	101,691,000
Taxe sur les distributeurs automatiques......	580,000
Taxe sur les essences et pétrole......	2,600,000
Taxe sur les benzols......	1,908,000

Droits divers et recettes à différents titres :

Licences aux débitants de boissons, distillateurs, etc., et aux entrepreneurs de voitures publiques......	55,887,000
Garantie des matières d'or et d'argent......	17,157,000
Cartes à jouer......	2,833,000
Amendes, confiscations et droits sur acquits non rentrés......	17,604,000
Autres droits et recettes à différents titres......	29,283,000

Montant des recettes prévues : **2,686,596,000**

11° PRODUITS DES SUCRES ET DE LA SACCHARINE.

Produits recouvrés par l'administration des douanes......	380,000,000ᶠ
Produits recouvrés par l'administration des contributions indirectes.	162,620,000

Montant des recettes prévues : **542,620,000**

TOTAL du paragraphe 1ᵉʳ......	**15,753,034,327**

DÉSIGNATION DES PRODUITS.	MONTANT des RECETTES prévues.
	francs.
§ 2. — Produits de monopoles et exploitations industrielles de l'État.	
1° PRODUITS RECOUVRÉS PAR LES RECEVEURS DES CONTRIBUTIONS INDIRECTES.	
Produit de la vente des allumettes chimiques.................... 115,866,000ᶠ ⎫	
Produit des briquets.. 1,489,000 ⎪	
Produit de la vente des tabacs...........................1,643,556,000 ⎬	1,802,056,000
Produit de la vente des poudres à feu....................... 41,145,000 ⎭	
2° PRODUITS DES POSTES, DES TÉLÉGRAPHES ET DES TÉLÉPHONES.	
Produits des postes.	
Produit net des taxes des correspondances postales. — Soldes des comptes avec les offices étrangers.................... 682,555,700ᶠ ⎫	
Droits perçus sur les mandats français et internationaux et sur les bons de poste........................ 46,488,400 ⎬	735,096,100
Droits divers et recettes accessoires........................ 6,052,000 ⎭	
Produits des télégraphes.	
Produit net des taxes des correspondances télégraphiques. — Solde des comptes avec les offices étrangers.................... 177,497,400ᶠ ⎫	
Contributions pour droit d'usage et frais d'entretien des lignes télégraphiques et téléphoniques d'intérêt privé.................... 3,900,500 ⎬	182,374,300
Droits divers et recettes accessoires........................ 976,400 ⎭	
Produits des téléphones.	
Produit des conversations téléphoniques. — Solde des comptes avec les offices étrangers.................... 74,104,100ᶠ ⎫	
Produit des abonnements urbains et interurbains.............. 94,140,700 ⎬	169,011,500
Droits divers et recettes accessoires........................ 766,700 ⎭	
TOTAL des produits des postes, des télégraphes et des téléphones....................................	1,086,481,900
3° PRODUITS DE DIVERSES EXPLOITATIONS.	
Produit des télégraphes. — Câble du Tonkin.................... 139,100ᶠ ⎫	
Excédent des recettes sur les dépenses de la fabrication des monnaies et médailles........................ 11,332,200 ⎪	
Excédent des recettes sur les dépenses de l'Imprimerie nationale.... 2,592,148 ⎬	21,641,848
Bénéfices de l'exploitation des chemins de fer en régie............ Mémoire. ⎪	
Produits bruts de l'exploitation en régie des *Journaux officiels*...... 7,578,400 ⎭	
TOTAL du paragraphe 2........................	2,910,179,748
§ 3. — Produits et revenus du domaine de l'État.	
1° PRODUITS DU DOMAINE AUTRE QUE LE DOMAINE FORESTIER.	
Produits encaissés par les receveurs des domaines................ 79,918,000ᶠ ⎫	
Produits réglés par virements de comptes........................ 269,100 ⎬	80,187,700
2° PRODUITS DES FORÊTS.	
Produits encaissés par les trésoriers-payeurs généraux. — Coupes de bois et exploitations accidentelles vendues en bloc sur pied avec précomptage sur la possibilité ; bois de chauffage fourni au service forestier.................... 79,518,700ᶠ ⎫	
Produits encaissés par les receveurs des domaines. — Chasse, menus produits, etc........................ 17,770,800 ⎬	103,143,200
Produits réglés par virement de comptes .... 5,853,700 ⎭	
TOTAL du paragraphe 3........................	183,330,900

DÉSIGNATION DES PRODUITS.	MONTANT des RECETTES prévues.
	francs.

§ 4. — Recettes d'ordre.

1° RECETTES EN ATTÉNUATION DE DÉPENSES.

Recettes diverses :

Receveurs de l'enregistrement, des domaines et du timbre.........	2,000,500ᶠ
Receveurs des douanes..................................	5,000
Receveurs des contributions indirectes.......................	310,410
Prélèvement de 40 p. 100 sur celles des indemnités revenant aux géomètres du service technique du cadastre qui représentent un émolument personnel.................................	100,000
Redevances pour usage du mobilier acheté par l'État, lors de la réorganisation des services dans les régions libérées.............	Mémoire.
Indemnités payées pour frais d'exercice par les fabricants de soude et autres (service des douanes)....................	127,000
Droits perçus à l'occasion des essais effectués par le service des laboratoires..	53,000
Prélèvement sur les communes pour frais de casernement.........	1,350,600
Indemnités pour exercice dans l'intérieur des villes (service des octrois)...	102,300
Recouvrements d'avances sur les fabricants de cartes pour papiers filigranés et moulages de cartes.......................	336,200
Redevance de 8 centimes par 100 kilogrammes de sucre en poudre introduit dans les raffineries.........................	254,200
Indemnités pour frais de surveillance des fabriques de soude et autres, pour poinçonnage d'appareils, etc. (service des contributions indirectes).................................	884,500
Produits des amendes et condamnations pécuniaires.............	30,464,000
Retenues et autres produits perçus en exécution de la loi du 9 juin 1853 sur les pensions civiles..........................	115,000,000
Recettes en atténuation des dépenses de la dette flottante..........	145,535,800
Versements effectués par la banque de l'Algérie..................	Mémoire.
Prélèvement sur les fonds de réserve des caisses d'épargne pour frais de contrôle des opérations des caisses d'épargne privées....	200,000
Produits accessoires du service de Trésorerie....................	4,000
Redevance de la vallée d'Andorre...........................	960
Participation des communes aux dépenses du cadastre et recettes diverses du service du cadastre en Alsace et Lorraine..........	149,000
Versements des communes d'Alsace et Lorraine en représentation des frais de gestion de leur caisse par les agents de l'État.......	1,230,000
Contribution des villes de Strasbourg, Mulhouse et Metz aux frais des services de la police...............................	489,000
Taxes perçues en Alsace et Lorraine sur les examens des aspirants aux fonctions pastorales...............................	200
Contribution des communes d'Alsace et Lorraine aux dépenses de l'enseignement primaire..............................	8,170,500
Recettes de l'école des sourds-muets de Metz....................	15,000
Recettes des écoles normales et préparatoires d'Alsace et Lorraine.	22,000
Subvention du chapitre Saint-Thomas à l'Université de Strasbourg pour concourir aux dépenses du personnel enseignant de la faculté de théologie protestante............................	45,000
Contribution des départements du Haut-Rhin, du Bas-Rhin et de la Moselle aux dépenses de l'enseignement primaire...........	2,000,000
Versements en représentation de frais d'études et de direction des travaux de construction et de réparation de bâtiments départementaux et communaux en Alsace et Lorraine.................	10,000
Contribution des sociétés minières aux frais de fonctionnement de l'école des mines et des écoles préparatoires des mines de la Moselle...	30,000
Droit d'inspection des taureaux reproducteurs en Alsace et Lorraine.	9,000
A reporter...................	308,898,170

DÉSIGNATION DES PRODUITS.	MONTANT des RECETTES prévues.
	francs.
Report 308,898,170ᶠ	
Redevances pour frais d'analyses et d'essais effectués par les stations et laboratoires dépendant de la direction de l'agriculture d'Alsace et Lorraine................................ 100,000	
Produits des établissements d'enseignement agricole en Alsace et Lorraine.................................... 158,000	
Contributions payées en Alsace et Lorraine par des collectivités ou des particuliers pour l'entretien des cours d'eau et des barrages réservoirs. 108,000	
Contribution pour l'entretien des routes empruntées par des voies ferrées en Alsace et Lorraine............... 3,200	
Contribution du territoire de la Sarre aux dépenses d'entretien de la section commune de la Sarre canalisée.................. 12,300	
Recettes diverses des bureaux de police en Alsace et Lorraine...... 6,000	
Droits perçus pour les examens bactériologiques à l'institut de bactériologie de Strasbourg................................ 8,500	
Contributions des départements et des communes d'Alsace et Lorraine pour l'exécution des travaux d'amélioration agricole et le payement des frais d'étude des projets de travaux........... 48,000	
Contribution des riverains aux dépenses résultant des travaux de régularisation de l'Ill en amont d'Illhausern... 25,000	
Termes de location dus par les ressortissants français substitués aux usagers allemands de terrains et d'installations du port de Kehl. 408,600	
Excédent des recettes sur les dépenses de la Légion d'honneur...... Mémoire.	
Produits des maisons centrales de force et de correction et établissements assimilés.................................... 10,896,800	
Retenues sur la solde des officiers de sapeurs-pompiers de la ville de Paris.................................... 16,000	
Produits de l'établissement thermal d'Aix-les-Bains............... 466,000	
Revenus des lazarets et établissements sanitaires............... 2,557,000	
Prix des affiches relatives à la répression de l'ivresse publique..... 10,800	
Contribution de l'Algérie aux dépenses militaires de la métropole .. 20,000,000	
Contribution des territoires du sud de l'Algérie aux dépenses militaires de la métropole.................................... 400,000	
Retenues de 5 p. 100 sur la solde des officiers et assimilés de l'armée de terre et de la partie de l'armée coloniale stationnée en France, et de 2 p. 100 sur la solde des employés militaires sous-officiers.. 11,106,100	
Remboursement de frais de scolarité par les officiers qui se retirent prématurément du service.. .... Mémoire.	
Remboursement des frais de scolarité par les médecins élèves du service de santé démissionnaires et des premières mises d'équipement par les médecins militaires, les vétérinaires militaires, les interprètes stagiaires et les officiers de complément quittant le service.................................... 9,000	
Versement au Trésor de la subvention accordée par la ville de Marseille à l'école d'application du service de santé colonial..... 15,000	
Produit du travail des détenus dans les ateliers et pénitenciers militaires et recouvrements des frais de poursuites.............. 1,845,000	
Produit du travail des sections d'exclus....................... 7,000	
Retenues sur les salaires du personnel civil des établissements de l'artillerie pour le logement, le couchage, le chauffage, l'éclairage et éventuellement pour l'amortissement de la valeur du mobilier.................................... Mémoire.	
Prix de cession à des particuliers de divers matériels fabriqués par les établissements constructeurs de l'artillerie........... 35,000,000	
Retenues sur la solde des officiers et assimilés de l'armée de mer... 2,825,000	
Produit de la majoration affectant les cessions faites par la marine. 5,549,600	
Produit de frets transportés pour le compte de tiers par des navires affrétés par l'État.................................... Mémoire.	
Rétributions scolaires versées par les élèves libres des cours préparatoires de l'école du génie maritime..................... 20,000	
Produits universitaires 9,718,300	
A reporter................... 410,217,370	

DÉSIGNATION DES PRODUITS.	MONTANT des RECETTES prévues.
	francs.
Report 410,217,370ᶠ	
Subventions versées par les villes de plus de 150,000 habitants pour les dépenses de l'enseignement primaire 10,767,700	
Remboursement par la ville de Paris des dépenses correspondant aux avantages spéciaux consentis aux instituteurs parisiens 230,000	
Remboursement des frais de pension des élèves des écoles normales primaires qui ont rompu leur engagement décennal 11,000	
Produit des expéditions des archives de la République 1,500	
Revenus ordinaires de l'académie de France à Rome 7,100	
Produit des ventes effectuées à la manufacture de Sèvres 703,800	
Redevance pour frais de contrôle des films cinématographiques 80,000	
Contributions des villes aux dépenses de leurs écoles nationales de dessin, des beaux-arts et d'art industriel 227,600	
Droit d'examen et taxes sur les diplômes ou certificats délivrés par les écoles supérieures de commerce reconnues ou agréées par l'État en France et à l'étranger 70,000	
Taxe sur les diplômes de sortie délivrés par l'institut industriel du Nord 3,000	
Redevance pour frais de surveillance et de contrôle des primes à la filature de la soie 18,750	
Taxes de dépôt et de transfert des marques de fabrique et de commerce 440,000	
Taxe d'immatriculation au registre du commerce 1,000,000	
Amendes prononcées en matière d'inscription sur le registre du commerce .... Mémoire.	
Droits de protection à l'étranger des marques de fabrique et de commerce et part de la France dans le produit de l'émolument stipulé par l'article 8 de l'arrangement de Madrid relatif à l'enregistrement international des marques 34,400	
Droit de vérification des thermomètres médicaux 500,000	
Redevance pour frais de contrôle de la fabrication et de la vente des produits saccharinés ou édulcorés artificiellement 10,000	
Participation des employeurs aux frais généraux du recrutement de la main-d'œuvre coloniale et étrangère 402,000	
Retenues sur la solde des officiers et assimilés de l'armée coloniale aux colonies 725,000	
Retenues sur la solde du personnel colonial soumis au régime des pensions militaires 410,000	
Remboursement de frais de traitement dans les hôpitaux des colonies. 1,737,300	
Contribution des colonies aux dépenses militaires de la métropole .. 14,850,000	
Contribution des colonies aux dépenses d'entretien de l'école coloniale. 263,000	
Contribution des colonies aux dépenses de l'aéronautique militaire coloniale 475,000	
Remboursement forfaitaire par les colonies des dépenses de relève des officiers du corps de santé et des infirmiers placés hors cadres pour être mis à la disposition des services locaux 369,600	
Versement de l'excédent des recettes d'exploitation du chemin de fer et du port de la Réunion .... Mémoire.	
Produit du travail des condamnés transportés à la Guyane et à la Nouvelle-Calédonie 520,000	
Redevance pour frais de contrôle et de surveillance du chemin de fer de Dakar à Saint-Louis 52,800	
Prélèvement sur les redevances pour frais de contrôle du chemin de fer de Haïphong à Yunnansen 50,000	
Prélèvement sur les redevances pour frais de contrôle du chemin de fer du Dahomey 2,000	
Versement au Trésor des bénéfices d'exploitation réalisés par les établissements d'enseignement dépendant du ministère de l'agriculture 14,000	
Reversements de frais de nourriture dans les écoles vétérinaires ... 12,000	
Droits d'examen et de diplôme et divers droits de scolarité perçus dans les écoles vétérinaires et dans les écoles des haras 15,000	
A reporter 444,240,120	

DÉSIGNATION DES PRODUITS.	MONTANT des RECETTES prévues.
	francs.
Report...................... 444,240.120ᶠ	
Droits de scolarité perçus à l'école des industries agricoles de Douai. 12,500	
Versement des frais de contrôle et d'analyse des semences fourragères importées en France.................... 30,000	
Droit de visite du bétail et des viandes importées en France...... 734,900	
Droit d'inspection sanitaire sur les animaux exportés de France... 12,500	
Droit d'inspection sanitaire des viandes à la frontière............. 2,304,000	
Redevances pour certificats généalogiques d'animaux (loi du 25 novembre 1887)............. 500	
Produit du concours général d'animaux de boucherie............. Mémoire.	
Produit des concours des animaux reproducteurs des espèces chevaline et asine.................. 15,000	
Prix des insignes de l'ordre du mérite agricole.................. 12,000	
Recouvrement des frais d'administration des bois des communes et des établissements publics.................... 2,800,000	
Contribution des communes et des établissements publics propriétaires de bois soumis au régime forestier aux traitements des préposés des eaux et forêts.................... 5,100,000	
Recouvrement des frais de gestion des bois des particuliers et des sociétés...... 10,000	
Remboursement à l'État par le département de la Loire des avances faites pour l'achèvement du canal d'irrigation du Forez......... 426,200	
Participation des employeurs aux frais généraux du recrutement de la main-d'œuvre agricole.................. 5,000	
Contribution des départements aux traitements des vétérinaires départementaux.................... 87,000	
Taxe sur les déclarations d'appellation d'origine.................. 600,000	
Retenues de 3 p. 100 sur le traitement des anciens employés de la compagnie du canal du Midi.................... Mémoire.	
Redevances pour frais de contrôle et de surveillance des chemins de fer en France et en Tunisie.................... 4,882,000	
Redevances pour frais d'inspection des contrôles locaux de l'exploitation et du travail des voies ferrées d'intérêt local............. 155,000	
Redevances pour frais de contrôle des distributions d'énergie électrique.................... 1,300,000	
Redevances pour frais de contrôle des concessions de forces hydrauliques...... 227,000	
Redevances pour frais de contrôle de la construction et de l'exploitation du pipe-line du Havre à Paris.................... 20,000	
Reversements par les compagnies de chemins de fer, d'excédents sur annuités payées par l'État.................... Mémoire.	
Reversements sur les subventions accordées aux entreprises de chemins de fer d'intérêt local et de tramways.................. Mémoire.	
Reversements par les compagnies de chemins de fer, de provisions perçues en trop pour pose de doubles voies.................... Mémoire.	
Taxe pour délivrance de certificats d'immatriculation des bateaux de navigation intérieure.................. 10,000	
Taxe sur les examens de capacité pour la conduite des automobiles et des motocycles.................. 1,450,000	
Recettes diverses (receveurs des postes).................... 10,000,000	
Droit de visite de sécurité de la navigation maritime..... 989,600	
Redevances et partage des bénéfices des concessions d'outillages publics dans les ports maritimes.................... 21,500	
Taxe d'atterrissage sur les aérodromes de l'État................. 20,000	
Droits d'usage perçus sur les aérodromes de l'État............. 537,500	
Pensions et trousseaux des élèves des écoles du Gouvernement..... 1,791,700	
Produit de la vente des publications du Gouvernement............ 582,000	
Retenues de logement, effectuées sur les émoluments de fonctionnaires et officiers logés dans des immeubles appartenant à l'État ou loués par l'État.................... 1,042,000	
Reversements de fonds sur les dépenses des ministères............ 41,100,000	
Total des recettes en atténuation de dépenses. 520,518,020	

DÉSIGNATION DES PRODUITS.	MONTANT des RECETTES prévues.
	francs.

2° RECETTES D'ORDRE PROPREMENT DITES.

Recettes diverses :

Receveurs de l'enregistrement, des domaines et du timbre........	1,000ᶠ
Receveurs des douanes....................................	534,600
Receveurs des contributions indirectes......................	203,200
Retenues opérées sur les frais de bureau des directeurs de l'enregistrement et sur les frais de gestion des receveurs et receveurs-conservateurs en représentation de la rémunération de leurs commis titulaires...	3,885,000
Retenues opérées sur les salaires des conservateurs des hypothèques en représentation de la rémunération de leurs commis titulaires.	5,830,000
Fonds reçus des communes pour frais d'exercice des entrepôts (service des douanes)...................................	1,514,000
Versement par les communes des dépenses du personnel des octrois.	797,100
Recouvrements d'avances sur les communes pour frais d'impressions, de transports, etc. (services des contributions indirectes).	190,000
Retenue de 1 centime pour 100 sur la valeur des tabacs admis à payement pour frais d'expertise.............................	900,000
Vente de fumier de tabac et allocation pour les quantités de tabac soumis au lavage...................................... .	Mémoire.
Indemnités pour frais de surveillance des entrepôts de sucre (service des contributions indirectes)...........................	118,400
Versement par la caisse des dépôts et consignations des frais de perception et dégrèvements concernant les taxes additionnelles pour fonds de garantie....................................	110,000
Versement par les villes des frais de perception et de distribution d'avertissements concernant les taxes de remplacement.........	372,000
Remboursement par divers gouvernements étrangers des frais de confection et d'expédition de papiers timbrés et de timbres mobiles.	300,000
Remboursement par l'Algérie, les colonies et le territoire de la Sarre des frais de confection et d'expédition des papiers timbrés, timbres et impressions qui leur sont cédés....................	400,000
Intérêt et amortissement des titres de rente 5 p. o/o amortissables, remis à l'Etat en payement de la contribution sur les bénéfices de guerre ou en libération de souscription à l'emprunt 6 p. o/o.....	134,095,464
Remboursement par les chemins de fer de l'Etat des frais de service des obligations amortissables émises pour leur compte..........	400,000
Participation aux recettes des chemins de fer d'Alsace et Lorraine..	250,000
Contribution des communes d'Alsace et Lorraine aux dépenses des écoles obligatoires de perfectionnement......................	647,000
Remboursement des frais d'administration des instituts d'assurances sociales d'Alsace et Lorraine...............................	77,600
Remboursement des frais de jaugeage et de visite des bateaux du Rhin..	5,300
Remboursement des avances consenties aux communes d'Alsace et Lorraine pour le renouvellement de leur cadastre,.............	30,000
Remboursement des émoluments du commissaire du Gouvernement près le Crédit foncier d'Alsace et Lorraine.....................	25,000
Reversement par les communes d'Alsace et Lorraine de la part qui leur incombe dans les pensions des anciens membres du corps enseignant, ainsi que de leurs veuves et orphelins.............	140,000
Reversement par l'administration des eaux et forêts d'Alsace et Lorraine du montant des remises attribuées aux receveurs de l'enregistrement pour frais de gestion des caisses forestières..........	300,000
Remboursement par l'institut d'assurance-invalidité et par la caisse des pensions des chemins de fer d'Alsace et Lorraine des avances faites par l'État pour le payement des allocations supplémentaires des rentes d'invalidité des veufs ou des veuves..............	577,860
Retenues effectuées sur les arrérages de pensions et correspondant au montant des allocations d'attente payées à des mutilés alsaciens et lorrains et à leurs familles..........................	1,500,000
A reporter	**153,203,524**

DÉSIGNATION DES PRODUITS.	MONTANT des RECETTES prévues.
	francs.
Report............................. 153,203,524^f	
Reversement par l'Allemagne des pensions militaires et civiles précédemment à sa charge pour l'Alsace et Lorraine................. 20.000,000	
Reversement par l'Allemagne des honoraires médicaux pour la délivrance de certificats à l'occasion des demandes d'allocations journalières et d'attente aux invalides de guerre ayant servi dans l'armée allemande, des frais d'expertises médicales et de mise en observation dans les centres d'appareillage, d'indemnités de déplacements, etc............................ 100,000	
Reversement par l'Allemagne pour l'Alsace et Lorraine de secours spéciaux aux familles des invalides de guerre, aux veuves, aux orphelins de guerre, aux ascendants en instance de pensions ou d'allocations.......................... 687,500	
Produits consommés en nature dans les établissements pénitentiaires............................ 972,000	
Remboursement au Trésor, par les entrepreneurs des services économiques des établissements pénitentiaires, des indemnités dues au personnel de garde et de surveillance...................... Mémoire.	
Contingent des communes dans les frais de police de l'agglomération lyonnaise............................ 3,744,994	
Produit des services rétribués de la police lyonnaise............. 70,000	
Contingent de la commune de Marseille dans les frais de la police marseillaise............................ 6,335,514	
Produit des services rétribués de la police marseillaise............. 230,000	
Remboursement par les communes du département de la Seine des dépenses faites pour leur police........................ 7,540,000	
Contingent du département de la Seine dans les frais de police des communes suburbaines........................ 136,900	
Contingent des communes de Toulon et de la Seyne dans les frais de leur police............................ 1,397,708	
Contingent de la commune de Nice dans les frais de police........ 1,934,025	
Contribution des chambres de commerce de Rouen et du Havre aux frais de police de la région rouennaise.......................... 100,000	
Portion de dépenses de la garde républicaine remboursée à l'État par la ville de Paris............................ 12,409,972	
Remboursement par le gouvernement beylical des dépenses de la gendarmerie française en Tunisie........................ 1,290,280	
Retenues à opérer sur les premiers arrérages des traitements de la Légion d'honneur pour valeur des insignes.................. Mémoire.	
Remboursement des avances faites aux organisations ouvrières..... Mémoire.	
Contribution des départements pour le payement des traitements des archivistes départementaux...................... 533,800	
Remboursement des avances faites au budget annexe de l'école centrale des arts et manufactures........................ 200,000	
Remboursement des frais de mission des membres de la commission de métrologie usuelle............................ 1,500	
Remboursement des frais de surveillance de sociétés et établissements divers dépendant du Ministère du commerce et de l'industrie..... 15,000	
Remboursements par les exploitants de mines des primes d'assurances en cas d'accidents, des indemnités d'incapacité temporaire et des frais médicaux et pharmaceutiques supportés par le Trésor, en exécution de la loi du 13 décembre 1912............................ 72,000	
Contribution des sociétés d'assurances sur la vie, des sociétés de capitalisation et des sociétés d'épargne pour frais de surveillance et de contrôle............................ 625,270	
Contribution des sociétés d'assurances mutuelles ou à primes fixes contre les accidents, et des syndicats de garantie pour frais de contrôle et de surveillance........................ 728,020	
Contribution des assureurs soumis à la loi du 15 février 1917, relative à la surveillance des opérations de réassurances et d'assurances directes, pour frais de surveillance.................. 95,350	
Remboursement des frais de contrôle par la compagnie du chemin de fer franco-éthiopien............................ 79,300	
A reporter........................ 212,502,657	

DÉSIGNATION DES PRODUITS.	MONTANT des RECETTES prévues.
	francs.
Report.............................	212,502,657ᶠ
Remboursement des sommes versées à la compagnie du chemin de fer franco-éthiopien au titre de la garantie d'intérêts..........	Mémoire.
Remboursement par les colonies des frais de transport et d'entretien de leurs condamnés..............................	3,760,000
Remboursement des frais de contrôle de la compagnie du port de Papeete..	Mémoire.
Remboursement des frais d'inspection phytopathologique de la production agricole...................................	30,000
Remboursement des frais de surveillance de sociétés et établissements divers dépendant du Ministère de l'agriculture...............	20,000
Salaires des gardes des forêts recouvrés sur les copropriétaires, les usagers, etc......................................	2,800
Frais d'adjudication des produits en bois, encaissés tant par les trésoriers-payeurs généraux que par les receveurs des domaines.....	1,500,000
Frais des adjudications concernant les forêts, autres que les adjudications de produits en bois.............................	10,000
Remboursement des frais de contrôle de la répartition des fournitures intéressant le service des eaux et forêts livrées par l'Allemagne..	100,000
Remboursement des frais de contrôle et de surveillance des opérations de grainage des vers à soie.........................	65,000
Remboursement des avances faites aux communes pour la construction des chemins forestiers..............................	Mémoire.
Produit du prélèvement fait sur le pari mutuel en faveur de l'élevage...	Mémoire.
Produit du prélèvement fait sur le pari mutuel en faveur des établissements d'enseignement agricole.........................	Mémoire.
Prélèvement sur les redevances annuelles et sur l'avance de la Banque de France pour les frais de gestion du service des caisses régionales de crédit agricole................................	417,000
Remboursement des frais de surveillance de sociétés et établissements divers dépendant du Ministère des travaux publics.......	3,500
Remboursement du prix des échelles métriques livrées par l'administration des travaux publics pour le jaugeage des bateaux de navigation intérieure................................	13,400
Versement par l'administration des chemins de fer de l'État des charges correspondant au capital industriel de l'ancien réseau au 31 décembre 1910.................................	35,685,000
Fonds de concours versés par les compagnies de chemins de fer en exécution des conventions de 1883.....................	Mémoire.
Recettes diverses (receveurs des postes).....................	2,021,200
Remboursement du traitement du commissaire du Gouvernement près les compagnies de navigation subventionnées..............	23,160
Prélèvements sur les fonds affectés aux avances du crédit maritime pour les frais de gestion de ce service.....................	15,000
Retenues d'habillement effectuées sur la solde des agents chargés de la police de la navigation et des pêches et des agents du gardiennage..	10,000
Avances remboursables faites à l'État pour l'amélioration et l'extension des ports maritimes.............................	Mémoire.
Remboursement des frais de surveillance de sociétés et établissements divers dépendant du Ministère de l'hygiène, de l'assistance et de la prévoyance sociales..............................	14,200
Remboursement par les asiles publics d'aliénés des frais de concours aux emplois de médecin adjoint dans ces établissements........	8,000
Remboursement des avances consenties aux fonctionnaires en instance de pension, en exécution de l'article 28 de la loi du 31 décembre 1920.....................................	20,500,000
Fonds de concours pour dépenses d'intérêt public...............	Mémoire.
Produits de legs et de donations attribués à l'État ou à diverses administrations publiques................................	Mémoire.
Total des recettes d'ordre proprement dites.	276,700,917
Total du paragraphe 4...........	797,218,937

DÉSIGNATION DES PRODUITS.	MONTAMT des RECETTES prévues.
	francs.
§ 5. — Produits divers du budget.	
Recettes diverses :	
Receveurs de l'enregistrement, des domaines et du timbre	2,545,000
Receveurs des douanes	2,500,009
Receveurs des contributions indirectes	7,207,400
Taxe sur les baux de chasse et de pêche	25,000
Moitié de la remise afférente aux marchandises enlevées avant acquittement (service des douanes)	455,000
Produit du droit de 10 p. 100 frappant les recettes brutes des cercles et casinos régis par la loi du 15 juin 1907	12,000,000
Restitutions au Trésor	42,100
Valeurs du Trésor restant à rembourser depuis plus de cinq ans	317,500
Recouvrements poursuivis par l'agent judiciaire du Trésor :	
Recettes sur débets non compris dans l'actif de l'administration des finances	4,000,000
Intérêts et frais provenant de prêts faits à l'industrie (loi du 1er août 1860)	Mémoire.
Recouvrements sur les prêts à l'industrie	Mémoire.
Recettes accidentelles à différents titres	86,141,700
Excédent net de dividende réparti par la Banque de France au delà de 240 francs par action	2,700,000
Part de l'État dans les intérêts des avances effectuées par le Crédit national en exécution de l'article 2 de la convention approuvée par la loi du 10 octobre 1919	3,000,000
Reversement au Trésor par les trésoriers-payeurs généraux et les receveurs des finances de la partie de leurs remises et commissions annuelles dépassant les maxima réglementaires	799,000
Reversement au Trésor par les conservateurs des hypothèques de la partie de leurs salaires bruts annuels dépassant le maximum prévu par l'article 18 de la loi du 30 mai 1899	100,000
Bénéfices provenant des gestions intérimaires des trésoreries générales et des recettes de finances	50,000
Retenues pour cause de cumul des fonctionnaires députés et sénateurs	323,000
Annuité due par l'Algérie pour le rachat des lignes de la compagnie franco-algérienne	593,600
Versement forfaitaire en représentation des droits et impôts non perçus sur les ventes de matériel des armées britanniques en France	Mémoire.
Annuité payée par le Gouvernement grec pour le remboursement de la portion garantie par la France dans l'emprunt de 1833	300,000
Indemnité due par le Gouvernement chinois en vertu du traité du 7 septembre 1901	Mémoire.
Remboursement par les départements et les communes des avances pour l'achèvement des chemins vicinaux et pour la construction et l'amélioration des établissements scolaires	1,240,800
Bénéfices réalisés par la Caisse des dépôts et consignations	Mémoire.
Sommes acquises à l'État en exécution de l'article 43 de la loi du 16 avril 1895	2,897,000
Droits de recherches minières et de concession de mines perçus en Alsace et Lorraine	1,000
Taxe sur les sels de potasse et quote-part de l'État dans le produit des mines «Théodore» et «Prince-Eugène»	1,600,000
Produit des chancelleries diplomatiques et consulaires	14,000,000
Bénéfices de change réalisés par les chancelleries diplomatiques et consulaires	8,000,000
Produit des prises sur l'ennemi	Mémoire.
Contributions et indemnités de guerre	Mémoire.
Intérêts des avances faites au budget annexe de l'école centrale des arts et manufactures	62,200
Droits d'inscription des courtiers de commerce	30,000
Taxe des brevets d'invention	7,900,000
Remboursement des avances faites aux caisses départementales ou régionales (loi du 5 avril 1910)	11,900
À reporter	158,851,200

DÉSIGNATION DES PRODUITS.	MONTANT des RECETTES prévues.
	francs.
Report..	158,851,200
Produit de la rente de l'Inde....	1,760,000
Part de l'État dans les bénéfices du chemin de fer de Kayes au Niger...........	700,000
Remboursement par la colonie du Soudan des avances pour les travaux du chemin de fer de Kayes au Niger...................................	917,000
Remboursement des sommes versées à la compagnie du chemin de fer de Dakar à Saint-Louis au titre de la garantie d'intérêts....................	500,000
Produits de locations et d'aliénations du domaine pénitentiaire de l'État à la Nouvelle-Calédonie....................	97,000
Redevance due par le titulaire de la concession des îles Saint-Paul et Amsterdam...................	1,000
Intérêts des avances faites aux communes pour la construction des chemins forestiers...................	10,000
Versement au Trésor des indemnités dues pour incorporation de terrains du domaine public national au domaine des chemins de fer ou au domaine public communal ou départemental.........................	Mémoire.
Partage des bénéfices avec les compagnies de chemins de fer en vertu des conventions de 1883....................	Mémoire.
Reversement par les compagnies de chemins de fer des avances à elles faites pour garantie d'intérêts....................	Mémoire.
Dépôts d'argent non réclamés aux caisses des agents des postes................	Mémoire.
Recettes diverses (receveurs des postes)...................	2,060,500
Annuités à verser par les sociétés de crédit immobilier, sociétés coopératives d'habitations à bon marché, sociétés de secours mutuels et associations reconnues d'utilité publique pour l'amortissement des prêts à elle consentis, pour le compte de l'État, par la Caisse nationale des retraites pour la vieillesse.......	3,816,300
Annuités à verser par les sociétés et offices publics d'habitations à bon marché pour l'amortissement des prêts à eux consentis, pour le compte de l'État, par la caisse des dépôts et consignations. (Loi du 26 février 1921.)...............	7,748,000
TOTAL du paragraphe 5..............................	176,461,000
§ 6. — Ressources exceptionnelles.	
Prélèvement sur le produit de la contribution extraordinaire sur les bénéfices de guerre................	3,050,000,000
Produit de la liquidation des stocks.....................	500,000,000
Émission de bons du Trésor....................	1,320,000,000
TOTAL du paragraphe 6..............................	4,870,000,000
II. — Produits recouvrables en Algérie.	
§ 2. — PRODUITS DE MONOPOLES ET EXPLOITATIONS INDUSTRIELLES DE L'ÉTAT.	
Produits recouvrés par les receveurs des contributions diverses.	
Produit de la vente des tabacs des manufactures de France.....................	Mémoire.
Produit de la vente des poudres à feu........................	1,584,000
TOTAL du paragraphe 2..............................	1,584,000

DÉSIGNATION DES PRODUITS.	MONTANT des RECETTES prévues.
	francs.
§ 3. — PRODUITS ET REVENUS DU DOMAINE DE L'ÉTAT.	
Produits du domaine autre que le domaine forestier.	
Aliénations d'objets mobiliers (provenant des Ministères de la guerre et de la marine et du service des manufactures de l'État)........................	1,743,000
Aliénations d'immeubles (provenant des Ministères de la guerre et de la marine, des services des poudres et des manufactures de l'État)......................	Mémoire.
TOTAL du paragraphe 3...............................	1,743,000
§ 4. — RECETTES D'ORDRE.	
Recettes en atténuation de dépenses.	
Produit du travail des détenus dans les ateliers et pénitenciers militaires en Algérie...	3,688,000
Retenues et autres produits recouvrés en vertu de la loi du 9 juin 1853 en Algérie..	4,095,000
TOTAL du paragraphe 4..............................	7,783,000
TOTAL des produits recouvrables en Algérie.....................	11,110,000
RÉCAPITULATION.	
I. — Produits recouvrables en France :	
§ 1er. — Impôts et revenus...............................	15,753,034,327
§ 2. — Produits de monopoles et exploitations industrielles de l'État..........	2,910,179,748
§ 3. — Produits et revenus du domaine de l'État...................	183,330,900
§ 4. — Recettes d'ordre.................................	797,218,937
§ 5. — Produits divers du budget..........................	176,461,000
§ 6. — Ressources exceptionnelles.........................	4,870,000,000
III. — Produits recouvrables en Algérie.......................	11,110,000
TOTAL des voies et moyens applicables au budget général de l'exercice 1922..	24,701,334,912

État D.

BUDGETS ANNEXES RATTACHÉS POUR ORDRE AU BUGET GÉNÉRAL DE L'EXERCICE 1922.

Tableau des recettes et des dépenses.

CHAPITRES spéciaux.	RECETTES.	MONTANT des recettes
		francs.
	MINISTÈRE DES FINANCES.	
	FABRICATION DES MONNAIES ET MÉDAILLES.	
1	Remboursement pour frais de fabrication des monnaies d'or française	Mémoire.
2	Prélèvement sur le compte d'entretien de la circulation monétaire de frais de retrait des monnaies d'argent démonétisées et des dépenses de fabrication des monnaies divisionnaires d'argent frappées en remplacement de ces monnaies..................	Mémoire.
3	Produit des tolérances en faible sur le titre et le poids des monnaies d'or..........	Mémoire.
4	Convention de 1908. — Transformation de pièces de 5 francs d'argent. — Plus-value nette résultant de la fabrication, au moyen de pièces de 5 francs, de monnaies divisionnaires d'argent..............	Mémoire.
5	Convention de 1908. — Transformation de pièces de 5 francs d'argent. — Produit brut de l'affinage des anciennes pièces de 5 francs aurifères..........	Mémoire.
6	Convention de 1908. — Transformation de pièces de 5 francs d'argent. — Part non utilisée des bénéfices résultant de la transformation des pièces de 5 francs en monnaies divisionnaires d'argent..........	Mémoire.
7	Convention de 1908. — Transformation de pièces de 5 francs d'argent. — Produit de l'émission de monnaies divisionnaires d'argent fabriquées au moyen de lingots..........	Mémoire.
8	Fabrication de monnaies étrangères. — Remboursement pour frais de fabrication de monnaies d'or et d'argent étrangères............	1,080,000
9	Fabrication de monnaies étrangères. — Remboursement pour frais de fabrication et façons de flans de monnaies de bronze et de nickel étrangères..........	355,500
10	Fabrication de monnaies étrangères. — Remboursement de la valeur des métaux employés aux fabrications de monnaies étrangères......	2,000
11	Fabrication de monnaies étrangères. — Remboursement de la valeur de l'alliage employé à la fabrication des monnaies de bronze et de nickel étrangères..........	240,000
12	Fabrication de monnaies étrangères. — Produit de la fourniture de caisses, sacs, etc., pour l'emballage des monnaies étrangères......	54,500
13	Fabrication de jetons-monnaie (France, colonies et pays de protectorat). — Remboursement pour frais de fabrication..........	9,055,000
14	Fabrication de jetons-monnaie (France, colonies et pays de protectorat). — Remboursement de la valeur de l'alliage..........	3,580,000
15	Fabrication de jetons-monnaie (France, colonies et pays de protectorat). — Produit de la fourniture des caisses et sacs..........	76,000
16	Produit de la vente des médailles. — Prix de la matière..........	3,460,000
17	Produit de la vente des médailles. — Frais de fabrication des médailles d'or et d'argent..........	1,483,000
18	Produit de la vente des médailles. — Médailles et jetons de bronze....	310,000
19	Produit de la vente des médailles. — Gravure, en creux et en relief, sur médailles, frais accessoires (émaillage, etc.)..........	2,392,500
20	Produit de la vente des médailles. — Écrins, boîtes d'emballage, frais accessoires (rubans, épinglettes, etc.)..........	687,500
21	Produit de la vente des médailles. — Recettes accessoires..........	800,000

CHAPITRES SPÉCIAUX.	RECETTES.	MONTANT des RECETTES.
		francs.
22	Produit des poinçons de garantie des plaques de bicyclettes et autres, remboursés par l'administration des Contributions indirectes et des poinçons des poids et mesures remboursés par le Ministère du commerce............	370,000
23	Droits d'essai. — Droits sur les certificats délivrés aux essayeurs du commerce............	1,500
24	Produit de l'émission des monnaies de bronze de nickel............	13,660,000
25	Part non utilisée du fonds de remplacement des monnaies de bronze par des monnaies de nickel............	Mémoire.
26	Produit brut de l'émission des monnaies de bronze............	Mémoire.
27	Recettes accidentelles............	10,000
28	Perceptions supplémentaires pour rétributions aux graveurs de médailles............	60,000
29	Recettes sur exercices périmés............	Mémoire.
30	Recettes sur exercices clos............	Mémoire.
	TOTAL pour les Monnaies et Médailles....	37,677,500

IMPRIMERIE NATIONALE.

CHAPITRES SPÉCIAUX.	RECETTES.	MONTANT des RECETTES.
1	Produit des impressions exécutées pour le compte des ministères et administrations publiques............	38,557,500
2	Produit des impressions exécutées pour le compte des particuliers.....	1,049,000
3	Produit des prêts de caractères aux imprimeurs............	2,500
4	Produit de la vente du *Bulletin des lois* et des ouvrages formant le fonds de l'Imprimerie nationale............	104,500
5	Produit de la vente du *Bulletin des arrêts de la Cour de cassation*......	3,300
6	Produit des impressions gratuites consenties en faveur d'auteurs par le Ministère de l'Instruction publique............	3,000
7	Subvention inscrite au budget du Ministère de la Justice : 1° Frais d'impression du *Bulletin des lois*............ 74,700ᶠ 2° Frais d'impression du *Bulletin des arrêts de la Cour de cassation*............ 4,300 3° Frais d'impression du *Bulletin de la Justice*.......... 2,500	81,500
8	Produits des fournitures de journaux à souche............	247,700
9	Produit de la vente des fascicules des brevets d'invention............	187,500
10	Produit des recettes diverses : Rognures, maculatures, vieilles ficelles............ 231,000ᶠ Recettes diverses............ 15,500	214,000
11	Restes à recouvrer sur les exercices clos............	Mémoire.
	TOTAL pour l'Imprimerie nationale......	40,450,500

SERVICES DES MANUFACTURES DE D'ÉTAT EN ALSACE ET EN LORRAINE.

CHAPITRES SPÉCIAUX.	RECETTES.	MONTANT des RECETTES.
1	Produit de la vente des tabacs fabriqués............	135,295,000
2	Produit de la vente des emballages............	2,750,000
3	Produit de la vente des allumettes............	7,000
4	Produit de la vente des produits nicotineux............	100,000
5	Produit de la vente des tabacs en feuilles et des résidus............	5,500,000
6	Produit de la vente des objets hors de service............	10,000
7	Produit des cessions à d'autres établissements de fournitures, ustensiles, machines............	500,000
8	Intérêts des capitaux en banques. — Amortissement de créances......	30,000
9	Retenues pour les reprises des pensions et assurances sociales........	250,000
10	Recettes diverses............	20,000
	TOTAL pour les services des manufactures de l'État en Alsace et en Lorraine............	151,455,000

CHAPITRES spéciaux.	RECETTES.	MONTANT des recettes.
		francs.
	MINISTÈRE DE LA JUSTICE.	
	LÉGION D'HONNEUR.	
	Recettes ordinaires.	
1	Arrérages des rentes 3 p. o/o sur le Grand-Livre de la Dette publique..	4,145,747
2	Rentes dues par suite de la cession des chefs-lieux de cohortes à certains départements....................	24,843
3	Produit du domaine d'Écouen...............	10,000
4	Pensions des élèves pensionnaires de la maison de Saint-Denis et trousseaux des élèves pensionnaires et des élèves gratuites......	82,400
5	Pensions et trousseaux des élèves pensionnaires des maisons d'Écouen et des Loges et trousseau des des élèves pensionnaires et des élèves gratuits	77,500
6	Remboursement par les dames des maisons d'éducation des frais de logement et de nourriture............	220,000
7	Produits consommés en nature dans les maisons d'éducation..........	28,000
8	Produits divers..........	5,000
9	Produit des brevets de nomination et de promotion dans l'Ordre. — Droits de chancellerie pour port de décorations étrangères et et de décorations coloniales....................	125,000
10	Supplément à la dotation	39,409,660
	Recettes d'ordre.	
11	Remboursement par les membres de la Légion d'honneur du prix de leurs décorations.....................	90,000
12	Versements faits dans la caisse de l'Ordre, à charge de restitution......	4,000
13	Produit des travaux effectués par les élèves de la maison des Loges....	2,000
14	Produit des rentes avec affectation spéciale. — Legs et donations......	56,336
15	Produit de libéralités faites en vue de secours aux membres de l'ordre, à leurs veuves et à leurs orphelins....................	Mémoire.
16	Produit de la souscription instituée en vue d'effectuer des constructions et installations nouvelles au palais de la Légion d'honneur, notamment pour le musée de la Légion d'honneur................	Mémoire.
	TOTAL pour la Légion d'honneur........	44,280,486
	MINISTÈRE DE LA GUERRE.	
	SERVICE DES POUDRES.	
	1re SECTION. — *Recettes ordinaires.*	
1	Produits des cessions aux divers services consommateurs............	44,780,000
2	Recettes accessoires............................	70,000
3	Avances du Trésor...................	Mémoire.
3 *bis.*	Avances du Ministère de la guerre pour bâtiments et outillage.......	1,912,500
4	Montant des allocations prévues au budget de la guerre pour le fonctionnement du service des carburants et ingrédients pour automobiles et avions. (Achats des matières et frais généraux)............	73,842,000
	TOTAL pour les recettes ordinaires......	120,604,500
	2e SECTION. — *Recettes extraordinaires.*	
	Produits des travaux effectués pour le compte des services consommateurs et divers...................	23,996,500
6	Avances du Trésor....................	Mémoire.
6 *bis.*	Avances du Ministère de la guerre pour bâtiments et outillage.......	9,300,000

CHAPITRES SPÉCIAUX.	RECETTES.	MONTANT des RECETTES.
		francs.
9	Montant des allocations prévues au budget de la guerre pour le fonctionnement du service des carburants et ingrédients pour automobiles et avions (achat des matières et frais généraux) :	
	Art. 1er. — Troupes d'occupation du bassin de la Sarre. — Armée du Levant. — Armée d'Orient............	4·095,000
	Art. 2. — Compte spécial (troupes d'occupation des pays rhénans).	13,635,700
	TOTAL pour les recettes extraordinaires..	51,027,200
	RÉCAPITULATION.	
	Recettes ordinaires....................	120,604,500
	Recettes extraordinaires................	51,027,200
	TOTAL pour le service des poudres......	171,631,700
	MINISTÈRE DE L'INSTRUCTION PUBLIQUE ET DES BEAUX-ARTS.	
	ÉCOLE CENTRALE DES ARTS ET MANUFACTURES.	
1	Produits des pensions....................	3,508,500
2	Recettes diverses.......................	394,182
3	Recettes sur exercices clos..............	Mémoire.
	TOTAL pour l'École centrale des Arts et Manufactures..................	3,902,682
	MINISTÈRE DES COLONIES.	
	CHEMIN DE FER ET PORT DE LA RÉUNION.	
1	Recettes d'exploitation..................	5,000,000
2	Subvention ordinaire de l'État...........	2,334,900
3	Frais de change afférents aux dépenses payables dans la métropole....	Mémoire.
4	Versement de l'excédent de recettes des exercices antérieurs...........	Mémoire.
5	Participation de la colonie aux charges de la garantie d'intérêts.......	602,100
6	Fonds de concours pour dépenses d'amélioration du port de la Pointe-des-Galets..................	Mémoire
7	Avances du Trésor consenties en exécution de la loi du 30 mars 1907..	Mémoire.
8	Report des excédents de crédit affectés sur les exercices précédents aux travaux neufs et de grosses réparations et à l'achat de matériel complémentaire..................	Mémoire.
	TOTAL pour le chemin de fer et le port de la Réunion..................	7,937,000
	MINISTÈRE DES TRAVAUX PUBLICS.	
	CHEMINS DE FER DE L'ÉTAT.	
	1re SECTION. — *Recettes ordinaires.*	
	Recettes d'exploitation proprement dites.	
1	Grande vitesse....................	408.020,000
2	Petite vitesse....................	646 680,000
3	Recettes diverses et en dehors du trafic..............	12 045,700
4	Recettes provenant de prélèvements sur la réserve d'exploitation......	Mémoire.
	TOTAL....................	1,066,745,700

CHAPITRES SPÉCIAUX.	RECETTES.	MONTANT des RECETTES.
		francs.
	Recettes afférentes aux charges du capital.	
	Annuités dues par l'État venant en atténuation des charges.	
5	Travaux du réseau racheté de l'Ouest antérieurs au 1ᵉʳ janvier 1909....	13,649,000
6	Travaux de l'ancien réseau de l'État antérieurs au 1ᵉʳ janvier 1911.....	19,361,000
7	Dépenses couvertes par des émissions d'obligations des chemins de fer de l'État........	4,220,000
8	Part de l'État dans les frais de service des titres........	46,000
9	Part de l'État dans les intérêts des avances faites par le Trésor à l'administration des chemins de fer de l'État........	302,000
	Annuités dues par des tiers venant en atténuation des charges.	
10	Travaux antérieurs au 1ᵉʳ janvier 1909........	241,000
11	Travaux effectués depuis le 1ᵉʳ janvier 1909........	160,000
	Total........	38,079,000
	Insuffisance des produits de l'exploitation.	
12	Insuffisance des produits de l'exploitation à couvrir par un report au compte des dépenses extraordinaires pour les lignes en exploitation partielle........	Mémoire.
13	Insuffisance des produits de l'exploitation à couvrir par le fond commun........	349,565,000
	Total........	349,565,000
	Total pour les recettes ordinaires......	1,454,389,700
	2ᵉ Section. — *Recettes extraordinaires.*	
14	Produit des fonds de concours........	Mémoire.
15	Produit de l'émission d'obligations amortissables........	Mémoire.
16	Avances du Trésor........	740,743,700
17	Avances de tiers........	Mémoire.
	Total pour les recettes extraordinaires..	740,743,700
	RÉCAPITULATION.	
	Recettes ordinaires........	1,454,389,700
	Recettes extraordinaires........	740,783,700
	Total pour les Chemins de fer de l'État..	2,195,133,400

CHAPITRES SPÉCIAUX.	RECETTES.	MONTANT des RECETTES.
		francs.
	CHEMINS DE FER D'ALSACE ET DE LORRAINE.	
	1re Section. — *Recettes ordinaires.*	
	Dépenses d'exploitation proprement dites.	
1	Grande vitesse..	102,531,000
2	Petite vitesse	379,523,000
3	Recettes dierses...	18,508,000
4	Recettes des exercices clos..............................	Mémoire.
	Total des recettes d'exploitation..............	500,562,000
5	Insuffisance des produits de l'exploitation à couvrir par le fonds commun...	35,461,700
	Total des recettes ordinaires................	536,023,700
	2e Section. — *Recettes extraordinaires.*	
6	Produit de l'émission d'obligations amortissables.	268,540,000
	RÉCAPITULATION.	
	Recettes ordinaires.......................................	536,023,700
	Recettes extraordinaires..................................	268,540,000
	Total pour les chemins de fer d'Alsace et de Lorraine...	804,563,700
	CAISSE NATIONALE D'ÉPARGNE.	
	Recettes.	
	Caisse nationale d'épargne. (Loi du 9 avril 1881.)	
1	Arrérages et primes d'amortissement des valeurs appartenant à la Caisse nationale d'épargne et représentant l'avoir des déposants	109,500,000
2	Arrérages des valeurs appartenant à la Caisse nationale d'épargne (dotation)...	4,010,000
3	Revenus des immeubles appartenant à la Caisse nationale d'épargne (dotation)...	425,000
4	Intérêts des fonds conservés en compte courant par la Caisse des dépôts et consignations	500,000
5	Droits perçus pour avances sur pensions......................	15,000
6	Droits divers et recettes accessoires.......................	10,000
7	Part contributive de l'État aux dépenses du bureau de poste de la rue Saint-Romain, en raison des opérations postales et télégraphiques qui s'y effectuent..................................	5,090
8	Dons et legs	Mémoire.
9	Subvention à la caisse nationale d'épargne pour les dépenses de personnel..	Mémoire.
10	Produit de la prescription trentenaire (loi du 9 avril 1881, art. 14)....	60,000
11	Prélèvements sur les fonds de la dotation pour achat, appropriation ou construction d'immeubles (loi du 8 avril 1910, art. 73).........	2,550,000
12	Prélèvement sur les fonds de la dotation pour agrandissement et installation des services de la Direction centrale................	Mémoire.

CHAPITRES SPÉCIAUX.	RECETTES.	MONTANT des RECETTES prévues.
		francs.
	Livrets militaires. (Loi du 15 novembre 1918.)	
13	Produit du placement des fonds.........................	663,543
14	Report de l'excédent des recettes de l'exercice précédent.............	512,180
15	Droits divers et recettes accessoires........................	Mémoire.
	Total pour la Caisse nationale d'épargne.	118,251,413
	CAISSE DES INVALIDES DE LA MARINE.	
1	Prestations imposées aux inscrits et aux armateurs................	20,000,000
2	Décomptes des déserteurs..............................	15,000
3	Produit de la vente des feuilles de rôles d'équipage des bâtiments du commerce....................................	150,000
4	Arrérages des inscriptions de rentes au Grand-Livre appartenant à la Caisse des invalides...........................	3,151,615
5	Redevances pour concessions temporaires de plages................	110,000
6	Recettes diverses...................................	60,000
7	Revenus provenant de legs et de donations faits à l'établissement des Invalides de la marine...........................	119,368
8	Redevances imposées aux propriétaires de bateaux de plaisance et de bateaux munis d'un permis de circulation...............	90,000
9	Retenues de 1 p. o/o sur les avances payées aux pensionnaires de la Caisse des invalides (loi du 26 juillet 1917 et décret du 15 novembre 1917)......................................	1,000
10	Subvention allouée en exécution de l'article 7 de la loi du 19 avril 1906 sur la marine marchande........................	3,200,000
11	Versement de l'État pour majoration allouée aux agents du service général pour leurs pensions sur la Caisse nationale des retraites pour la vieillesse (art. 29, § 3, de la loi du 14 juillet 1908).............	80,000
12	Subvention de la marine marchande........................	58,734,053
	Total pour la Caisse des invalides de la marine..................................	85,710,636
	RÉCAPITULATION.	
	Fabrication des monnaies et médailles.......................	87,677,500
	Imprimerie nationale.................................	40,450,500
	Services des manufactures de l'État en Alsace et en Lorraine.........	151,455,000
	Légion d'honneur...................................	44,280,486
	Service des poudres..................................	171,631,700
	École centrale des Arts et Manufactures.....................	3,902,682
	Chemin de fer et port de la Réunion.......................	7,937,000
	Chemins de fer de l'État...............................	2,195,133,400
	Chemins de fer d'Alsace et Lorraine.......................	804,563,700
	Caisse nationale d'épargne.............................	118,251,413
	Caisse des Invalides de la marine.........................	85,710,636
	Total de l'état D.....................	3,660,994,017

DÉPENSES.

CHAPITRES SPÉCIAUX.	DÉPENSES.	MONTANT des CRÉDITS.
		francs.
	MINISTÈRE DES FINANCES.	
	FABRICATION DES MONNAIES ET MÉDAILLES.	
1	Personnel..	813,100
2	Indemnités diverses..	113,000
3	Matériel..	137,400
4	Dépenses diverses..	8,500
5	Attribution aux personnels civils de l'État d'allocations pour charges de familles..	77,000
6	Salaires...	3,208,000
7	Matériel commun à la fabrication des monnaies et médailles.........	1,495,300
8	Matériel spécial à la fabrication des monnaies...................	2,523,500
9	Fabrication de jetons-monnaies pour la France...................	8,400,000
10	Fabrication de jetons-monnaies pour les colonies et pays de protectorat..	1,237,000
11	Matériel spécial à la fabrication des médailles...., ...	6,070,000
12	Matériel neuf..	130,000
13	Dépenses éventuelles. (Secours, indemnités, pensions et compléments de pensions, dépenses diverses en faveur des ouvriers, de leurs veuves et de leurs orphelins.).....................................	69,500
14	Fabrication des monnaies de bronze...........................	Mémoire.
15	Fabrication des monnaies françaises en bronze de nickel...........	2,003,000
16	Retrait des monnaies divisionnaires d'argent démonétisées.........	Mémoire.
17	Rétributions aux graveurs de médailles........................	60,000
18	Application au Trésor de l'excédent des recettes sur les dépenses	11,332,200
19	Application au fond d'entretien de la circulation, constitué en vertu de l'article 1er de la convention internationale du 4 novembre 1908.....	Mémoire.
20	Dépenses des exercices périmés non frappées de déchéance..........	Mémoire.
21	Dépenses de l'exercice 1914 (créances visées par les lois des 29 juin et 29 novembre 1915).......................................	Mémoire.
22	Dépenses des exercices clos.................................	Mémoire.
	TOTAL pour les Monnaies et Médailles....	37,077,500
	IMPRIMERIE NATIONALE.	
1	Traitements du personnel commissionné.........................	1,279,650
2	Indemnités et allocations diverses du personnel commissionné........	193,592
3	Salaires du personnel non commissionné.........................	120,000
4	Indemnités et allocations diverses du personnel non commissionné....	38,940
5	Frais de bureau. — Affranchissements. — Frais de service général.....	61,160
6	Entretien ordinaire des bâtiments et fournitures pour réparations.....	44,850
7	Attribution aux personnels civils de l'État d'allocations pour charges de familles..	283,000
8	Salaires des ouvriers, ouvrières, garçons d'atelier et apprentis.........	13,000,000
9	Indemnités et allocations diverses du personnel ouvrier............	695,160
10	Entretien, réparation, renouvellement du matériel d'exploitation. — Achat de matériel neuf......................................	1,000,000
11	Chauffage, éclairage et force motrice..........................	600,000
12	Frais de livraisons dans Paris.................................	60,000
13	Approvisionnements pour le service des ateliers et dépenses remboursables...	20,000,000
14	Service médical, indemnités pour accidents du travail, secours et subventions à diverses sociétés.................................	291,000
15	Subvention à la caisse des retraites. (Loi de finances du 22 avril 1905.).	191,000
16	Dépenses des exercices périmés non frappées de déchéance...........	Mémoire.

CHAPITRES SPÉCIAUX.	DÉPENSES.	MONTANT des CRÉDITS.
		francs.
17	Dépenses des exercices 1914 (créances visées par les lois des 29 juin et 29 novembre 1915)...................................	Mémoire.
18	Dépenses des exercices clos..	Mémoire.
19	Excédent des recettes sur les dépenses à verser au Trésor............	2,592,148
	TOTAL pour l'Imprimerie nationale......	40,450,500
	SERVICES DES MANUFACTURES DE L'ÉTAT EN ALSACE ET LORRAINE.	
1	Personnel. — Traitements...............................	1,021,000
2	Personnel. — Indemnités spéciales d'Alsace et Lorraine.............	125,200
3	Personnel et indemnités diverses...........................	302,900
4	Frais de surveillance. — Agents rétribués à la journée.............	78,000
5	Salaires des ouvriers des manufactures et des magasins.............	10,000,000
6	Indemnités pour charges de famille et indemnités diverses au personnel de surveillance à la journée et au personnel ouvrier.......	500,000
7	Contribution patronale aux assurances sociales.....................	350,000
8	Allocations diverses au personnel commissionné.....................	40,000
9	Allocation diverses au personnel non commissionné (préposés et ouvriers). — Congés payés au personnel ouvrier............	220,000
10	Pensions, compléments de pensions, secours viagers, majorations. — Traitements des agents en disponibilité........................	20,000
11	Institutions destinées à améliorer la situation du personnel non commissionné. — Secours accidentels indemnités diverses..............	12,000
12	Achat et entretien des machines, appareils, ustensiles et mobiliers. — Vêtements de travail. — Service de propreté. — Dépenses diverses..	1,800,000
13	Achat de fournitures diverses. — Réimpression de vignettes..........	5,750,000
14	Loyers...	24,000
15	Entretien des bâtiments existants. — Constructions nouvelles........	2,000,000
16	Acquisition de terrains et de bâtiments............................	Mémoire.
17	Frais de transport des tabacs en feuilles, des tabacs et allumettes fabriqués, des ustensiles et des fournitures, des emballages vides en retour..............	2,000,000
18	Remises accordées au commerce sur la vente des produits fabriqués..	12,398,900
19	Travail à façon (tabacs et allumettes)......................	12,000,000
20	Achats de tabacs en feuilles, de tabacs fabriqués, de résidus de tabacs de saisie.............	29,700,000
21	Achat d'allumettes fabriquées, de tiges d'allumettes, d'allumettes de saisie.............	3,000,000
22	Achats de produits nicotineux.................................	100,000
23	Menues dépenses non spécifiées...............................	13,000
24	Reversement au Trésor de l'excédent des recettes sur les dépenses.....	70,000,000
25	Dépenses des exercices périmés non frappées de déchéance..........	Mémoire.
25	Dépenses des exercices clos...........................	Mémoire.
	TOTAL pour les services des manufactures de l'État en Alsace et Lorraine.............	151,455,000

MINISTÈRE DE LA JUSTICE.

LÉGION D'HONNEUR.

Dépenses ordinaires.

1	Grande Chancellerie. — Personnel...........................	570,000
2	Grande Chancellerie. — Allocations diverses et secours.............	65,000
3	Grande Chancellerie. — Matériel............................	135,000
4	Frais relatifs au domaine d'Écouen...........................	7,000

CHAPITRES SPÉCIAUX.	DÉPENSES.	MONTANT des CRÉDITS.
		francs.
5	Secours aux membres de l'Ordre, à leurs veuves et à leurs orphelins...	166,000
6	Traitements des membres de l'Ordre......................................	20,316,250
7	Traitements des médaillés militaires...................................	19,526,200
8	Maisons d'éducation. — Personnel......................................	1,045,000
9	Maisons d'éducation. — Allocations aux professeurs externes de l'enseignement supérieur. — Indemnités diverses et secours.............	72,700
10	Maisons d'éducation. — Matériel.......................................	1,800,000
11	Maisons d'éducation. — Produits à consommer en nature.............	28,000
12	Maisons d'éducation. — Entretien des bâtiments.......................	260,000
13	Secours en nature ou en argent aux élèves sortant des maisons d'éducation en vue de faciliter leur établissement.....	4,000
14	Prix et frais d'expédition de brevets et ampliations de décrets relatifs au port de décorations étrangères et d'ordres coloniaux. — Remise totale ou partielle du remboursement du prix des insignes de la Légion d'honneur. — Remise totale ou partielle des droits de chancellerie pour les décorations de la Légion d'honneur et les ordres coloniaux. Remboursement de droits de chancellerie..............................	65,000
15	Attribution aux personnels civils de l'État d'allocations pour charges de famille...	10,000
16	Dépenses des exercices périmés non frappées de déchéance...........	Mémoire.
17	Dépenses de l'exercice 1914 (créances visées par les lois des 29 juin et 29 novembre 1915)...	Mémoire.
18	Dépenses des exercices clos...	Mémoire.
19	Prix de décorations de la Légion d'honneur (décorations posthumes) et de médailles militaires..	60,000

Dépenses d'ordre.

CHAPITRES SPÉCIAUX.	DÉPENSES.	MONTANT des CRÉDITS.
20	Prix de décorations et de médailles de la Légion d'honneur (légionnaires vivants..	90,000
21	Remboursements de sommes versées à charge de restitution...........	4,000
22	Versement à la masse des travaux manuels des Loges..................	2,000
23	Emploi des rentes avec affectation spéciale. — Legs et donations......	56,336
24	Secours aux membres de l'ordre, à leurs veuves et à leurs orphelins. — Emploi des libéralités faites dans ce but............................	Mémoire.
25	Rappels de traitements de la Légion d'honneur sur exercices clos......	Mémoire.
27	Rappels de traitements de la médaille militaire sur exercices clos......	Mémoire.
28	Emploi du produit de la souscription instituée en vue d'effectuer des constructions et installations nouvelles au palais de la Légion d'honneur, notamment pour le musée de la Légion d'honneur.............	Mémoire.
	TOTAL pour la Légion d'honneur........	44,280,486

MINISTÈRE DE LA GUERRE.

SERVICE DES POUDRES.

1re SECTION. — *Dépenses ordinaires.*

CHAPITRES SPÉCIAUX.	DÉPENSES.	MONTANT des CRÉDITS.
1	Personnel du cadre attaché à la direction des poudres de l'Administration centrale...	372,080
2	Personnel de l'agence comptable......................................	81,000
3	Personnel du cadre du service des poudres............................	4,542,000
4	Frais généraux du service...	465,000
5	Frais d'exploitation des établissements producteurs. — Personnel.....	15,214,500
6	Frais d'exploitation des établissements producteurs. — Matériel......	16,817,420
7	Entretien des bâtiments d'exploitation, de l'outillage et de machines diverses...	4,500,000
8	Transports	1,400,000
9	Allocations non tarifées et indemnités diverses.......................	18,000

CHAPITRES SPÉCIAUX.	DÉPENSES.	MONTANT des CRÉDITS.
		francs.
10	Remboursement des avances du Trésor............................	Mémoire.
11	Achats de terrains. — Bâtiments. — Outillage et machines. — Dépenses accidentelles..	1,912,500
12	Frais d'études relatives à la conservation des poudres et explosifs....	10,000
13	Attribution aux personnels civils permanents de l'État d'allocations pour charges de famille......................................	1,400,000
14	Réparations civiles	30,000
15	Dépenses des exercices périmés non frappées de déchéance............	Mémoire.
16	Dépenses des exercices 1914 (créances visées par les lois des 29 juin et 29 novembre 1915)..	Mémoire.
17	Dépenses des exercices clos.......................................	Mémoire.
18	Dépenses du service des carburants et ingrédients pour véhicules automobiles et avions. (Achats des matières et frais généraux.........	73,842,000
	TOTAL pour les dépenses ordinaires.....	120,604,500

2ᵉ SECTION. — *Dépenses extraordinaires.*

CHAPITRES SPÉCIAUX.	DÉPENSES.	MONTANT des CRÉDITS.
19	Personnel civil temporaire de la direction des poudres de l'Administration centrale...	95,000
20	Personnel temporaire de l'agence comptable......................	29,000
21	Personnel du cadre du service des poudres. — Indemnités diverses ..	95,000
22	Frais généraux extraordinaires du service.......................	147,000
23	Frais d'exploitation des établissements producteurs. — Personnel.....	10,545,000
24	Frais d'exploitation des établissements producteurs. — Matériel	4,945,900
25	Entretien des bâtiments d'exploitation, de l'outillage et des machines diverses...	2,500,000
26	Transports...	400,000
27	Remboursement des avances du Trésor	Mémoire.
28	Achats de terrains. — Bâtiments. — Outillage et machines. — Dépenses accidentelles..	9,300,000
29	Magasinage et conservation des poudres et explosifs. — Frais de manutention et de garde des dépôts. — Liquidation des stocks.......	4,679,600
30	Attribution au personnel civil temporaire de l'État d'allocations pour charges de famille..	500,000
31	Réparations civiles	10,000
32	Dépenses des exercices périmés non frappées de déchéance...........	Mémoire.
33	Dépenses des exercices 1914 (créances visées par les lois des 29 juin et 29 novembre 1915)..	Mémoire.
34	Dépenses des exercices clos	Mémoire.
35	Dépenses du service des carburants et ingrédients pour véhicules automobiles et avions (achat des matières, frais généraux)...........	17,730,700
	TOTAL pour les dépenses extraordinaires.	51,027,200

RÉCAPITULATION.

	Dépenses ordinaires	120,604,500
	Dépenses extraordinaires..	51,027,200
	TOTAL pour le service des poudres.............	171,631,700

MINISTÈRE DE L'INSTRUCTION PUBLIQUE
ET DES BEAUX-ARTS.

ÉCOLE CENTRALE DES ARTS ET MANUFACTURES.

CHAPITRES SPÉCIAUX.	DÉPENSES.	MONTANT des CRÉDITS.
1	Personnel..	2,579,200
2	Matériel...	1,010,000
3	Versement à la réserve..	
4	Dépenses des exercices clos......................................	51,282
5	Intérêts et amortissement des avances faites par l'État à l'École centrale des Arts et Manufactures...	Mémoire. 262,200
	TOTAL pour l'École centrale des Arts et Manufactures	3,902,682

CHAPITRES SPÉCIAUX.	DÉPENSES.	MONTANT des CRÉDITS.
		francs.
	MINISTÈRE DES COLONIES.	
	CHEMIN DE FER ET PORT DE LA RÉUNION.	
1	Service des obligations garanties..........................	2,500,000
2	Administration centrale. — Personnel......................	132,000
3	Entretien et exploitation. — Personnel....................	925,000
4	Entretien et exploitation. — Personnel ouvrier...........	1,150,000
5	Indemnités de logement. — Primes d'économie. — Frais de déplacements. — Secours et allocations diverses................	250,000
6	Entretien et exploitation. — Dépenses autres que celles du personnel..	2,050,000
7	Travaux neufs et de grosses réparations. — Achat de matériel complémentaire..........................	911,000
8	Frais de change afférents aux dépenses payables dans la métropole....	Mémoire.
9	Travaux d'amélioration du port de la Pointe-des-Galets exécutés sur fonds de concours..........................	19,000
10	Dépenses des exercices périmés non frappées de déchéance............	Mémoire.
11	Dépenses des exercices clos..........................	Mémoire.
12	Part de l'excédent de recettes à verser au Trésor.................	Mémoire.
13	Part de l'excédent de recettes à verser à la colonie.................	Mémoire.
14	Remboursement au Trésor des avances consenties en exécution de la loi du 3o mars 1907..........................	Mémoire.
	TOTAL pour le chemin de fer et le port de la Réunion..........................	7,937,000
	MINISTÈRE DES TRAVAUX PUBLICS	
	CHEMINS DE FER DE L'ÉTAT.	
	1re SECTION. — *Dépenses ordinaires.*	
	Dépenses d'exploitation proprement dites.	
1	Administration centrale et dépenses générales. — Personnel..........	3,931,390
1 *bis*	Dépenses générales. — Personnel..........................	57,037,000
2	Administration centrale et dépenses générales. — Dépenses autres que celles du personnel..........................	315,000
2 *bis*	Dépenses générales. — Dépenses autres que celles du personnel......	16 353,000
3	Exploitation. — Personnel..........................	230,384,200
4	Exploitation. — Dépenses autres que celles du personnel............	97,000,000
5	Matériel et traction. — Personnel..........................	174,800,000
6	Matériel et traction. — Dépenses autres que celles du personnel......	427,824,000
7	Voie et bâtiments. — Personnel..........................	83,940,000
8	Voie et bâtiments. — Dépenses autres que celles du personnel........	54,451,200
9	Dépenses imprévues et exceptionnelles de réfections ou de grosses réparations visées à l'article 47 de la loi de finances du 13 juillet 1911....	Mémoire.
10	Dépenses diverses..........................	7,800,000
10 *bis*	Indemnité exceptionnelle de cherté de vie..........................	35,000,000
11	Dépenses des exercices périmés non frappées de déchéance............	Mémoire.
12	Dépenses de l'exercice 1914 (créances visées par les lois des 29 juin et 29 novembre 1916)..........................	Mémoire.
13	Dépenses des exercices clos..........................	Mémoire.
	TOTAL..........................	1,188,835,700

CHAPITRES SPÉCIAUX.	DÉPENSES.	MONTANT des CRÉDITS.
		francs.
	Charges du capital.	
14	Annuité de rachat due à la Compagnie de l'Ouest....................	115,966,000
15	Charges correspondant au capital industriel de l'ancien réseau de l'État au 31 décembre 1910	35,685,000
16	Charges des obligations émises par application de l'article 44 de la loi de finances du 13 juillet 1911....................	67,966,000
17	Frais de service des titres	378,000
18	Intérêts des avances du Trésor....................	45,559,000
	Total....................	265,554,000
	Total pour les dépenses ordinaires......	1,454,389,700
	2ᵉ Section. — *Dépenses extraordinaires..*	
19	Travaux complémentaires de premier établissement proprement dits...	11,596,500
19 *bis*	Travaux complémentaires de premier établissement proprement dits. — Dépenses autres que celles du personnel....................	130,150,000
20	Dépenses complémentaires de premier établissement du matériel roulant, du matériel naval et du matériel inventorié. — Personnel	11,520,000
20 *bis*	Dépenses complémentaires de premier établissement du matériel roulant, du matériel naval et du matériel inventorié. — Dépenses autres que celles du personnel....................	548,000,000
21	Études et travaux de construction de lignes nouvelles, y compris les parachèvements. — Personnel....................	1,907,200
21 *bis*	Études de travaux de construction de lignes nouvelles y compris les parachèvements. — Dépenses autres que celles du personnel......	18,000,000
22	Dépenses exceptionnelles afférentes à l'arriéré légué par la Compagnie de l'Ouest. — Personnel....................	388,400
22 *bis*	Dépenses exceptionnelles afférentes à l'arriéré légué par la compagnie de l'Ouest. — Dépenses autres que celles du personnel............	3,500,000
23	Dépenses supplémentaires en capital résultant de l'application de la loi du 28 décembre 1911 relative aux conditions de retraite du personnel....................	1,287,000
24	Insuffisance des produits des lignes en exploitation partielle...........	Mémoire.
25	Charges nettes du capital y compris les intérêts des avances du Trésor et les frais de service des titres....................	14,394,600
26	Dépenses des exercices périmés non frappées de déchéance...........	Mémoire.
27	Dépenses de l'exercice 1914 (créances visées par les lois des 29 juin et 29 novembre 1915)....................	Mémoire.
28	Dépenses des exercices clos....................	Mémoire.
29	Dépenses extraordinaires du réseau racheté de l'Ouest restant à payer à la clôture du compte spécial institué par l'article 32 de la loi de finances du 26 décembre 1908....................	Mémoire.
30	Remboursement des avances du Trésor....................	Mémoire.
31	Remboursements d'avances de tiers....................	Mémoire.
	Total pour les dépenses extraordinaires.	740,743,700
	RÉCAPITULATION.	
	Dépenses ordinaires....................	1,454,389,700
	Dépenses extraordinaires....................	740,743,700
	Total pour les Chemins de fer de l'État..	2,195,133,400
	CHEMINS DE FER D'ALSACE ET DE LORRAINE.	
	1ʳᵉ Section. — *Dépenses ordinaires*	
	Dépenses d'exploitation proprement dites.	
1	Administration centrale et dépenses générales. — Personnel.........	22,900,700
2	Administration centrale et dépenses générales. — Dépenses autres que celles du personnel....................	12,400,000
3	Exploitation. — Personnel....................	123,390,000

CHAPITRES SPÉCIAUX.	DÉPENSES.	MONTANT des CRÉDITS.
		francs.
4	Exploitation. — Dépenses autres que celles du personnel	20,000,000
5	Matériel et traction. — Personnel...........................	112,045,000
6	Matériel et traction. — Dépenses autres que celles du personnel......	164,288,000
7	Voie et bâtiments. — Personnel	48,600,000
8	Voie et bâtiments. — Dépenses autres que celles du personnel........	16,400,000
9	Dépenses des exercices périmés non frappés de déchéance..........	Mémoire.
10	Dépenses des exercices clos................................	Mémoire.
10 *bis*	Indemnité exceptionnelle de cherté de vie.....................	Mémoire.
	TOTAL des dépenses ordinaires..................	536,023,700
	2ª SECTION. — *Dépenses extraordinaires*	
11	Travaux complémentaires de premier établissement proprement dits..	53,245,000
12	Dépenses complémentaires de premier établissement du matériel roulant, du matériel inventorié et d'ateliers...................	118,280,000
13	Études et travaux de construction des lignes nouvelles y compris les parachèvements...............................	18,060,000
14	Réparation des dommages causés par la guerre.................	1,890,000
15	Dépenses exceptionnelles afférentes à l'arriéré légué par l'administration allemande....................................	77,065,000
16	Dépenses des exercices périmés non frappées de déchéance..........	Mémoire.
17	Dépenses des exercices clos................................	Mémoire.
	TOTAL des dépenses extraordinaires............	268,540,000
	RÉCAPITULATION.	
	Dépenses ordinaires.......................................	536,023,700
	Dépenses extraordinaires	268,540,000
	TOTAL pour les chemins de fer d'Alsace et de Lorraine..	804,563,700
	CAISSE NATIONALE D'ÉPARGNE.	
	Caisse nationale d'épargne. (Loi du 9 avril 1881.)	
1	Intérêts à servir aux déposants	95,885,000
2	Dépenses de personnel....................................	7,926,041
3	Indemnités diverses	1,777,300
4	Dépenses de matériel.....................................	1,351,386
5	Contributions et remises..................................	2,322,825
6	Achat et appropriation ou construction d'immeubles.............	2,550,000
7	Agrandissement et installation des services de la Direction générale...	Mémoire.
8	Dépenses diverses et accidentelles...........................	34,000
9	Frais de correspondance télégraphique........................	8,000
10	Attribution aux personnels civils de l'État d'allocations pour charges de famille..	108,350
11	Dépenses des exercices périmés non frappées de déchéance..........	Mémoire.
12	Dépenses des exercices 1914 (créances visées par les lois des 29 juin et 29 novembre 1915)..................................	Mémoire.
13	Dépenses des exercices clos	Mémoire.
14	Emploi de fonds provenant de legs ou de donations..............	Mémoire.
15	Versement à la dotation de l'excédent des recettes sur les dépenses (loi du 9 avril 1881)......................................	5,112,698
	Livrets militaires. (Loi du 15 novembre 1918.)	
16	Intérêts à servir sur livrets militaires........................	10,770
17	Dépenses de personnel....................................	7,200
18	Indemnités diverses	5,000
19	Dépenses de matériel.....................................	20,000

CHAPITRES SPÉCIAUX.	MINISTÈRES ET SERVICES.	MONTANT des CRÉDITS ACCORDÉS.
		francs.
20	Dépenses diverses et accidentelles...............................	2,000
21	Dépenses des exercices clos.....................................	Mémoire.
22	Excédent de recettes à reporter à l'exercice suivant	1,130,753
	TOTAL pour la Caisse nationale d'épargne.	118,251,413
	CAISSE DES INVALIDES DE LA MARINE.	
1	Frais d'administration et de trésorerie pour les quatre services composant l'Établissement des invalides...............................	1,104,798
2	Indemnités diverses	43,340
3	Frais de matériel et d'imprimés pour l'Établissement des invalides à Paris et dans les ports..	65,000
4	Pensions (lois des 13 mai 1791 et 14 juillet 1908 et 30 décembre 1920). — Pensions proportionnelles (loi du 14 juillet 1908, art. 11 et loi du 30 décembre 1920).....................................	76,200,000
5	Majorations aux demi-soldiers ainsi qu'aux veuves et orphelins dont les pensions ont été revisées d'après le tarif n° 2 de la loi du 14 juillet 1908 (art. 5 de la loi du 18 décembre 1913).....................	20,000
6	Allocations accordées en vertu de la loi du 21 juillet 1914 à certains inscrits maritimes pensionnaires de la Caisse des invalides..........	1,500
7	Majorations allouées aux agents du service général pour leurs pensions sur la Caisse nationale des retraites pour la vieillesse (art. 29, § 3, de la loi du 14 juillet 1908).................................	80,000
8	Fonds annuel de secours......................................	1,300,000
9	Secours aux veuves de marins ayant plus de quinze ans de navigation (loi du 14 juillet 1908, art. 8 et du 30 décembre 1920, art. 17).....	3,500,000
10	Subventions à la Caisse de prévoyance...........................	3,200,000
11	Remboursements sur anciens dépôts provenant de solde, de parts de prises, de naufrages, etc.......................................	20,000
12	Dépenses diverses, remboursements de trop-perçus, etc.............	30,000
13	Distribution des revenus provenant de donations et de legs faits à l'établissement des invalides de la marine...........................	119,368
14	Attribution aux personnels civils de l'État d'allocations pour charges de famille...	26,630
15	Dépenses des exercices périmés non frappées de déchéance...........	Mémoire.
16	Dépenses de l'exercice 1914 (créances visées par les lois des 29 juin et 29 novembre 1915)..	Mémoire.
17	Dépenses des exercices clos...................................	Mémoire.
18	Payement d'arrérages de pensions portant sur exercices clos	Mémoire.
	TOTAL pour la Caisse des invalides de la marine.................................	85,710,636
	RÉCAPITULATION.	
	Fabrication des monnaies et médailles............................	37,677,500
	Imprimerie nationale..	40,450,500
	Services des manufactures de l'État en Alsace et Lorraine...........	151,455,000
	Légion d'honneur...	44,280,486
	Service des poudres...	171,631,700
	École centrale des Arts et Manufactures..........................	3,902,682
	Chemin de fer et port de la Réunion..............................	7,937,000
	Chemins de fer de l'État	2,195,133,400
	Chemins de fer d'Alsace et Lorraine..............................	804,563,700
	Caisse nationale d'épargne.....................................	118,251,413
	Caisse des invalides de la marine...............................	85,710,636
	TOTAL de l'état D.....................	3,660,994,017

État E.

Nomenclature des services pouvant seuls donner lieu à ouverture de crédits sup-
plémentaires, par décrets, pendant la prorogation des Chambres, pour l'exer-
cice 1922. (Art. 5 de la loi du 14 décembre 1879.)

1° Budget général.

TOUS LES MINISTÈRES ET SERVICES.

1° Service des allocations pour charges de famille.

2° Service des indemnités spéciales aux fonctionnaires en résidence dans des localités dévastées.

3° Service des indemnités de résidence.

4° Service des indemnités exceptionnelles de cherté de vie.

MINISTÈRE DES FINANCES.

1° Dette publique (dette perpétuelle.)

2° Intérêts, primes et amortissement des emprunts pour canaux.

3° Annuités de toute nature rattachées au service de la dette publique.

4° Intérêts de la dette flottante et des obligations du Trésor.

5° Intérêts de capitaux de cautionnements.

6° Rentes viagères d'ancienne origine.

7° Pensions de toute nature.

8° Service des allocations aux petits retraités de l'État.

9° Travaux extraordinaires nécessités par l'extension des services de la caisse centrale, du contrôle central du Trésor public et de la dette inscrite.

10° Frais d'impression pour le service des administrations financières chargées de la perception des impôts indirects (enregistrement, douanes, contributions indirectes) et de l'exploitation des monopoles (manufactures de l'État) et achat de papier pour les cartes à jouer.

11° Frais judiciaires de poursuites, d'instances et de condamnations prononcées contre le Trésor public.

12° Frais de perception, dans les départements, des contributions directes et des taxes perçues en vertu de rôles.

13° Remises et taxations pour la perception, dans les départements, des droits d'enregistrement et de timbre.

14° Frais d'emballage et de transport de papiers timbrés, de registres et d'impressions.

15° Achats de papier à timbrer et de timbres mobiles.

16° Contributions des bâtiments et domaines de l'État et des biens séquestrés.

17° Frais d'estimation, d'affiches et de vente de mobiliers et de domaines de l'État.

18° Dépenses relatives aux épaves, déshérences et biens vacants.

19° Remises pour la perception des contributions indirectes dans les départements.

20° Dépenses du service des contributions indirectes (valeur de tabacs et d'allumettes chimiques repris des débitants ou provenant de saisies ; primes pour saisies et arrestations ; frais de transport de tabacs fabriqués et d'allumettes chimiques et frais accessoires dans les entrepôts).

21° Frais de fabrication, de poinçonnage, d'emballage et de transport des plaques de contrôle des vélocipèdes et des distributeurs automatiques.

22° Contributions foncières des bacs, francs-bords et fabriques d'allumettes chimiques.

23° Service des poudres à feu.

24° Détaxes de distance.

25° Dépenses du service des manufactures de l'État (appointements, gages, salaires et allocations du personnel non commissionné ; pensions de retraite des préposés et des ouvriers ; institutions destinées à améliorer la situation des préposés et des ouvriers ; matériel ; achats et transports).

26° Remboursements, restitutions et non-valeurs.

27° Exécution de la loi du 9 mars 1918, relative aux modifications apportées aux baux à loyer par l'état de guerre.

MINISTÈRE DE LA JUSTICE.

SERVICES JUDICIAIRES.

Frais de justice en France.

2° Exécution de la loi du 9 mars 1918, relative aux modifications apportées aux baux loyer par l'état de guerre.

SERVICES PÉNITENTIAIRES.

1° Entretien des détenus.

2° Application de la loi du 22 juillet 1912 sur les tribunaux pour enfants et adolescents et sur la liberté surveillée.

3° Dépenses de la régie directe du travail dans les établissements pénitentiaires.

4° Transport des détenus et des libérés. — Secours de route.

5° Remboursement sur le produit du travail des détenus.

MINISTÈRE DES AFFAIRES ÉTRANGÈRES.

1° Archives, bibliothèque, publication de documents diplomatiques.

2° Frais de représentation.

3° Frais d'établissement.

4° Frais de voyages et de courriers.

5° Dépenses des résidences.

6° Frais de correspondance.

7° Frais de réception de personnages étrangers et missions extraordinaires à l'étranger.

8° Frais de justice et d'arbitrage international.

9° Dépenses relatives à la Société des Nations.

10° Remises sur recettes des chancelleries.

11° Dépenses des commissions et exécution des traités.

MINISTÈRE DE L'INTÉRIEUR.

1° Dépenses de composition, d'impression, d'expédition et de distribution des *Journaux officiels*.

2° Dépenses du matériel des *Journaux officiels*.

3° Frais des élections sénatoriales.

4° Dépenses relatives à l'application de la loi du 29 juillet 1913, ayant pour objet d'assurer le secret et la liberté du vote.

5° Frais de contentieux.

6° Services des réfugiés.

7° Contribution de l'État aux dépenses résultant de la responsabilité des communes à raison de dommages causés à des particuliers et provoqués par l'état de guerre.

MINISTÈRE DE LA GUERRE.

1° Achats de grains et de rations toutes manutentionnées, de liquides, de combustibles et de fourrages (troupes françaises et indigènes).

2° Réparations civiles et dommages-intérêts.

3° Frais de passage, de rapatriement et de route.

4° Transports et affrètements.

5° Fonctionnement des établissements constructeurs de l'artillerie.

MINISTÈRE DE LA MARINE.

1° Réparations des bâtiments de la flotte et du matériel flottant des mouvements du port.

2° Approvisionnements de la flotte.

3° Achats de vivres, de médicaments et d'objets de pansement.

4° Frais de route et de passage.

5° Affrètements.

6° Frais de justice.

7° Allocations tenant lieu de pension au personnel ouvrier.

8° Indemnité de démobilisation.

9° Règlement des inquisitions.

MINISTÈRE DE L'INSTRUCTION PUBLIQUE ET DES BEAUX-ARTS

INSTRUCTION PUBLIQUE.

1° Frais de concours dans les facultés et pour l'agrégation des lycées.

2° Traitements des instituteurs primaires.

3° Prix de l'Institut et de l'Académie nationale de médecine.

4° Matériel des écoles normales primaires.

MINISTÈRE DU COMMERCE ET DE L'INDUSTRIE.

COMMERCE ET INDUSTRIE.

Primes à la filature de la soie.

MINISTÈRE DU TRAVAIL.

1° Indemnités aux délégués à la sécurité des ouvriers mineurs.

2° Allocations viagères et bonifications des assurés obligatoires et facultatifs.

3° Majorations des versements des assurés facultatifs.

4° Allocations au décès.

5° Allocations de gestion et allocations forfaitaires aux caisses d'assurances et aux organismes d'encaissement. — Dégrèvement des cotisations des assurés mutualistes (art. 18 de la loi sur les retraites ouvrières).

6° Allocations aux communes pour leur participation à l'application de la loi sur les retraites.

7° Remises aux agents préposés à la vente des timbres-retraite.

8° Invalidité : Frais de visites et de certificats médicaux.

MINISTÈRE DES COLONIES.

1° Achats de vivres, fourrages et combustibles.

2° Achats de médicaments et d'objets de pansement.

3° Frais de passage, frais de rapatriement, affrètements.

4° Transport des condamnés à la Guyane.

5° Indemnité de démobilisation.

MINISTÈRE DE L'AGRICULTURE.

1° Achats de fourrages pour les animaux reçus dans les hôpitaux des écoles vétérinaire et pour les haras et dépôts d'étalons.

2° Soins et médicaments aux hommes (services des haras).

3° Soins et médicaments aux chevaux (services des haras).

4° Achats d'aliments pour la nourriture des élèves et des animaux des écoles nationales d'agriculture et de la bergerie nationale de Rambouillet, en cas d'événements calamiteux (grêle, incendie, etc.) ayant détruit des récoltes habituellement consommées en nature.

5° Services sanitaires vétérinaires. — Frais de tournées et dépenses diverses.

6° Indemnités pour abatage d'animaux et saisies de viandes tuberculeuses, inoculations préventives effectuées par mesure administrative.

7° Dépenses d'organisation générale occasionnées par la lutte contre les insectes nuisibles et des maladies des plantes.

8° Frais de surveillance et de contrôle des opérations de grainage des vers à soie et de l'importation de semences fourragères.

mes pour la destruction des loups et des sangliers.

10° Primes à la sériciculture.

11° Frais nécessités par le service de la répression des fraudes.

12° Garanties d'intérêts aux entreprises d'hydraulique agricole.

13° Contributions des forêts.

14° Frais d'abatage et de façonnage de coupes de bois à exploiter au compte de l'État et frais de transport de produits façonnés.

15° Police et surveillance de l'aménagement des eaux.

16° Études et travaux exécutés par l'État.

17° Frais d'adjudication des produits des forêts et des droits de chasse et de pêche.

18° Avances recouvrables et frais judiciaires.

19° Remboursements sur produits divers des forêts.

MINISTÈRE DES TRAVAUX PUBLICS.

TRAVAUX PUBLICS.

1° Entretien et réparations ordinaires des routes nationales.

2° Travaux ordinaires des routes et canaux.

3° Frais de sauvetage des victimes d'accidents des mines ou des carrières.

POSTES ET TÉLÉGRAPHES.

1° Personnel des postes, des télégraphes et des téléphones.

2° Remises au personnel et à divers.

3° Indemnités diverses et secours.

4° Chaussures et habillement des sous-agents et des ouvriers.

5° Entretien des bureaux de l'exploitation.

6° Chauffage et éclairage des bureaux de l'exploitation.

7° Impressions.

8° Fabrication des timbres-poste.

9° Construction et entretien des bureaux ambulants.

10° Transport des dépêches postales.

11° Matériel et main-d'œuvre pour l'installation des appareils, l'établissement et l'entretien des lignes télégraphiques et téléphoniques et des stations de télégraphie sans fil.

12° Frais de transport et d'emballage du matériel électrique.

13° Frais judiciaires.

14° Pensions de retraite et d'invalidité du personnel ouvrier et de certaines catégories d'auxiliaires.

15° Frais de change.

16° Remboursements et restitutions.

PORTS, MARINE MARCHANDE ET PÊCHES.

1° Frais de rapatriement.

2° Encouragements aux pêches maritimes.

3° Primes à la navigation.

4° Travaux ordinaires des ports maritimes.

5° Travaux ordinaires des phares, fanaux et balises.

AÉRONAUTIQUE ET TRANSPORTS AÉRIENS

Réparations civiles et dommages-intérêts.

MINISTÈRE DES PENSIONS, DES PRIMES ET DES ALLOCATIONS DE GUERRE.

Pécule et indemnité de démobilisation.

MINISTÈRE DE L'HYGIÈNE, DE L'ASSISTANCE ET DE LA PRÉVOYANCE SOCIALES.

1° Frais relatifs à l'entretien des établissements thermaux et à la vente des eaux thermales.

2° Frais relatifs aux services d'hygiène : salubrité, épidémies, service sanitaire maritime.

2° Budgets annexes rattachés pour ordre au budget général.

IMPRIMERIE NATIONALE.

1° Salaires.

2° Indemnités et allocations supplémentaires.

3° Chauffage, éclairage et force motrice.

4° Fournitures pour le service des ateliers et dépenses remboursables.

SERVICES DES MANUFACTURES DE L'ÉTAT EN ALSACE ET LORRAINE.

Dépenses du service : appointements, gages, salaires et allocations du personnel non commissionné, pension de retraite des préposés et des ouvriers ; institutions destinées à améliorer la situation des préposés et des ouvriers ; matériel ; achats et transports.

SERVICES DES POUDRES.

Dépenses d'exploitation non susceptibles d'évaluation fixe. — Salaires des ouvriers. — Approvisionnements. — Bâtiments et machines.

CHEMINS DE FER DE L'ÉTAT.

1° Dépenses ordinaires.

2° Dépenses de personnel.

CHEMINS DE FER D'ALSACE ET DE LORRAINE.

1° Dépenses ordinaires.

2° Dépenses de personnel.

CAISSE NATIONALE D'ÉPARGNE.

1° Intérêts à servir aux déposants.

2° Dépenses de personnel.

3° Indemnités diverses.

4° Dépenses de matériel.

5° Achat et appropriation ou construction d'immeubles.

6° Dépenses diverses et accidentelles.

____

CHEMINS DE FER DE L'ÉTAT.

… nements. — Bâtiments et machines.

… d'exploitation, non susceptibles d'évaluation fixe. — Salaires des ouvriers …

SERVICES DES POUDRES.

… du service : appointements, gages, salaires et affections, du personnel non …

… ; pension de retraite des proposés et des ouvriers ; institutions destinées à …

… situation des proposés et des ouvriers ; matériel ; achats et transports.

… CES DES MANUFACTURES DE L'ÉTAT EN ALSACE ET LORRAINE.

… tures pour le service, les ateliers et dépenses remboursables.

… age, éclairage et force motrice.

… ntes et allocation supplémentaires.

IMPRIMERIE NATIONALE.

Budgets annexes rattachés pour ordre au budget général :

… latifs aux services d'hygiène, salubrité, épidémies, police sanitaire maritime.

… latifs à l'entretien des établissements thermaux et à la vente des eaux ther-

État F.

État des lignes de chemins de fer dont le Ministre des travaux publics est autorisé à faire entreprendre ou continuer les travaux en 1922.

DÉSIGNATION DES LIGNES ou SECTIONS DE LIGNES.	LONGUEURS.	DÉSIGNATION DES LIGNES ou SECTIONS DE LIGNES.	LONGUEURS.
	kilomètres.		kilomètres.
RÉSEAU DU NORD.		**RÉSEAU DU MIDI.**	
Aulnay-sous-Bois à Rivecourt, par Senlis (charges d'établissement incombant en entier à la compagnie)	67	Colombiers à Cruzy	20
		Bazas à Auch (de Bergonce à Castéra-Verduzan)	80
RÉSEAU DE L'EST.		Saint-Girons à Oust	17
Briey à Hussigny et à Villerupt : de Tiercelet à Hussigny	4	Saint-Juéry à Saint-Affrique	70
		Estréchoux à Plaisance	11
		Beaumont-de-Lomagne à Gimont	30
RÉSEAU D'ORLÉANS.		Carmaux à Vindrac	26
Villeneuve-sur-Lot à Falgueyrat	48	Libourne à Langon (pour moitié)	23
Libourne à Langon (pour moitié)	23	Ax-les-Thermes à Bourg-Madame	41
Confolens à Bellac	50	Bedous à la frontière d'Espagne	28
Treignac à Bugeat	18	Saint-Paul-Saint-Antoine à Lavelanet et Bélesta	32
Saint-Léonard à Auzances	128	Condom à Castéra-Verduzan	23
Bonnat à Évaux ou à un point voisin d'Évaux, sur la ligne de Montluçon à Eygurande	70	Auch à Lannemezan	68
Limours à Dourdan	20	Arreau à Saint-Lary	11
Cahors à Moissac	66	Castelnau-Magnoac à Tarbes (voie étroite)	52
Montluçon à Gouttières	42	Barrage-réservoir dans la vallée de l'Oule, usine hydro-électrique et installations connexes pour les trois lignes ci-dessus	"
Argentat à Salers	60	Jonction à Bordeaux des lignes du Midi et du Médoc	13
Aménagement du bassin de la Haute-Dordogne en amont de Vernéjoux (barrages, réservoirs, canaux d'amenée et de fuite, conduites forcées, bâtiments des usines hydro-électriques)	"	Pau à Hagetmau	56
		Raccordement de la gare de La Nouvelle avec les quais du port de La Nouvelle	1.5
TOTAL	525	TOTAL	602.5
RÉSEAU DE PARIS À LYON ET À LA MÉDITERRANÉE.		**RÉCAPITULATION.**	
Chorges à Barcelonnette	42	Réseau du Nord	67
Nice à la frontière d'Italie, par Sospel	63	Réseau de l'Est	4
Chamborigaud à Bessèges	16	Réseau d'Orléans	525
Le Puy à Nieigles-Prades	93	Réseau de Paris à Lyon et à la Méditerranée	323
Gannat à la Ferté-Hauterive	35	Réseau du Midi	602.5
Riom à Vichy	40		
Maringues à Randan	9		
Monéteau à Saint-Florentin	25		
TOTAL	323	TOTAL GÉNÉRAL	1,521.5

ÉTAT G.

État des lignes de chemins de fer dont le Ministre des travaux publics est autorisé à faire entreprendre ou continuer les travaux en 1922 sur des fonds spéciaux et au titre du budget annexe des Chemins de fer de l'État.

DÉSIGNATION DES LIGNES OU SECTIONS DE LIGNES.	LON-GUEURS.
	kilomètres.
FONDS DU TRÉSOR.	
La Mure à Gap et embranchement....................	84
Saint-Dié à Saales................................	24
Saint-Maurice à Wesserling........................	14
TOTAL........................	122
BUDGET ANNEXE DES CHEMINS DE FER DE L'ÉTAT.	
Paris à Chartres.................................	85
Châteaulin à Camaret.............................	53
TOTAL........................	138
RÉCAPITULATION.	
Fonds du Trésor..................................	122
Budget annexe des chemins de fer de l'État.......	138
TOTAL GÉNÉRAL........................	260

ÉTAT H.

Tableau indicatif des renseignements à fournir aux Chambres par les différents ministères et services.

MINISTÈRES et SERVICES.	NATURE DES RENSEIGNEMENTS À FOURNIR.	ÉPOQUE À LAQUELLE les RENSEIGNEMENTS doivent être fournis.
Tous les ministères.....	État des suppressions d'emplois donnant lieu à pension (loi du 30 janvier 1907, art. 55) et état nominatif des fonctionnaires admis à la retraite pendant l'année précédente (loi du 30 décembre 1913, art. 11).	Fera l'objet d'une publication spéciale.
Idem.................	Situation des dépenses engagées au 31 décembre précédent (loi du 28 décembre 1895, art. 52).	Idem.
Idem.................	Situation, au 1er janvier de l'année en cours, des services spéciaux du Trésor et des comptes spéciaux de divers services publics (loi de finances du 12 août 1919, art. 26).	A l'appui de chaque projet de budget.

MINISTÈRES et SERVICES.	NATURE DES RENSEIGNEMENTS À FOURNIR.	ÉPOQUE À LAQUELLE les RENSEIGNEMENTS doivent être fournis.
Tous les ministères......	Tableau des créances de l'État français sur les nations étrangères au 3o septembre 1921 (application de l'article 79 de la loi de finances du 31 juillet 1920).	A l'appui de chaque projet de budget.
Idem.................	État faisant connaître pour chacune des missions de l'année précédente ne rentrant pas dans le cadre des inspections permanentes des divers services : 1° Les noms et emplois des personnes chargées de la mission ; 2° L'objet et la durée de celle-ci ; 3° Le montant des allocations et les bases d'après lesquelles elles ont été fixées (loi de finances du 13 juillet 1911, art. 145).	Idem.
Ministère des finances ...	Nomenclature des débits de tabacs accordés du 1er janvier au 31 décembre de l'année précédente (loi du 27 juillet 1870, art. 4o).	Fera l'objet d'une publication spéciale.
Idem.................	État, par département, des augmentations et des diminutions du principal sur la contribution foncière des propriétés bâties et non bâties (loi du 23 juillet 1820, art. 24).	A l'appui de chaque projet de budget.
Ministère de la justice : Services judiciaires....	État indiquant les sièges, la composition et les traitements des cours d'appel, des tribunaux de première instance et des justices de paix de France.	Idem.
Services pénitentiaires...	Situation des dépenses de constructions et d'acquisitions pour le service pénitentiaire et situation des dépenses pour l'appropriation et la construction de prisons départementales (loi du 5 juin 1875).	Idem.
Idem................	Budget de la régie directe du travail........	Idem,
Ministère des affaires étrangères.	Relevé des dépenses du Haut commissariat de la République française en Syrie et Cilicie et état des remboursements effectués.	A l'appui de chaque projet de budget.
Ministère de l'intérieur..	Relevé des impositions départementales extraordinaires et situation des emprunts départementaux.	Dans les premiers mois de la session ordinaire.
Idem.................	État détaillé des opérations de recettes et de dépenses, y compris les dépenses d'administration, faites pendant l'année précédente, au moyen des fonds provenant du prélèvement de 15 p. 100 sur le produit des jeux en vertu de la loi du 15 juin 1907 et de l'article 93 de la loi de finances du 13 juillet 1911, et situation du compte (loi de finances du 13 juillet 1911, art. 177).	A l'appui de chaque projet de budget.
Ministère de la guerre...	État indiquant, par nature de matériel : les quantités reconnues nécessaires pour les besoins du temps de guerre; les quantités auxquelles devaient s'élever les réalisations au 31 décembre précédent et les quantités existant à la même date (loi du 9 décembre 1902, art. 2). — Relevé des avances et manquants constatés au cours de l'année précédente (même loi, même article).	Fera l'objet d'une publication spéciale.

MINISTÈRES et SERVICES.	NATURE DES RENSEIGNEMENTS À FOURNIR.	ÉPOQUE À LAQUELLE les RENSEIGNEMENTS doivent être fournis.
Ministère de la guerre...	Compte rendu des versements de matériel effectués, au cours de l'année précédente, de la réserve de guerre au service courant, à charge de compensation par un versement réciproque (loi du 7 juillet 1900, art. 23; loi de finances du 31 mars 1903, art. 68 et 69).	Fera l'objet d'une publication spéciale.
Ministère de la marine...	Rapport spécial détaillé du contrôle de l'administration de la marine sur les existants en magasin dans chaque port, au titre de chaque chapitre du budget de la marine pour le matériel spécialisé pour les constructions neuves, pour le matériel réformé, pour le matériel à réserver et pour le matériel du service courant.	Chaque année et avant le mois d'octobre.
Idem................	Exposé présentant, pour l'année précédente et en détail, les mouvements, améliorations et réformes accomplies dans les différents services de la marine.	En même temps que le projet de budget.
Idem....	Liste de la flotte au 1er janvier de l'année courante.	Chaque année.
Ministère de l'instruction publique et des beaux-arts. (Instruction publique.)	État du personnel classé des lycées de garçons et de filles donnant, par catégorie de fonctionnaires : l'effectif, les classes, le traitement de la classe, la dépense totale; les indemnités pour heures supplémentaires, interrogations, conférences; les indemnités d'agrégation et d'admissibilité à l'agrégation.	A l'appui de chaque projet de budget.
Idem................	État du personnel non classé des lycées de garçons et de filles indiquant les indemnités payées à ce personnel.	Idem.
Idem................	État indiquant, pour chaque lycée de garçons et de filles, les recettes et les dépenses de l'exercice clos au 30 avril, ainsi que la situation financière à la fin de cet exercice.	Avant le 25 octobre de chaque année.
Idem................	État de situation des engagements en cours au 1er janvier précédent, concernant les constructions de l'enseignement supérieur.	Idem.
Idem................	Relevé des recettes et des dépenses effectuées au cours du dernier exercice clos par les universités, les facultés, le Muséum d'histoire naturelle, l'institut français d'archéologie orientale au Caire, l'office national des pupilles de la nation (loi de finances du 29 juin 1918, art. 59).	A l'appui de chaque projet de budget.
Beaux-Arts	Relevé des recettes et des dépenses effectuées au cours du dernier exercice clos par la réunion des musées nationaux et par le musée Rodin (loi de finances du 29 juin 1918, art. 59).	Idem.
Enseignement technique.	Relevé des recettes et des dépenses effectuées au cours du dernier exercice clos par le Conservatoire national des arts et métiers (loi de finances du 29 juin 1918, art. 59).	Idem.
Ministère du commerce et de l'industrie.	Relevé des recettes et des dépenses effectuées au cours du dernier exercice clos par l'Office national de la propriété industrielle et l'Office national du commerce extérieur (loi de finances du 29 juin 1918, art. 59).	Idem.

MINISTÈRES et SERVICES.	NATURE DES RENSEIGNEMENTS À FOURNIR.	ÉPOQUE À LAQUELLE les RENSEIGNEMENTS doivent être fournis.
Ministère des colonies...	Projet de budget de l'Indo-Chine et situations provisoires ou définitives des budgets antérieurs (loi du 26 décembre 1890, art. 49 et loi du 16 avril 1895, art. 58).	A l'appui de chaque projet de budget.
Idem....................	Projet de budget de Madagascar et situations provisoires ou définitives de chaque exercice (loi du 5 avril 1898).	Idem.
Idem....................	Relevé des recettes et des dépenses effectuées au cours du dernier exercice clos par l'Office colonial et l'École coloniale (loi de finances du 29 juin 1918, art. 59).	Idem.
Ministère de l'agriculture.	État détaillé des opérations de recettes et de dépenses, y compris les dépenses d'administration, faites pendant l'année précédente au moyen des prélèvements effectués sur les sommes versées au pari mutuel en faveur des travaux communaux d'adduction d'eau potable (loi du 31 mars 1903); ainsi que le relevé des engagements pris tant sur l'exercice écoulé que sur les exercices suivants (loi de finances du 13 juillet 1911, art. 177).	Idem.
Idem....................	Compte des opérations faites au moyen des fonds du pari mutuel affectés aux travaux d'adduction d'eau potable dans les régions libérées (loi de finances du 12 août 1919).	Idem.
Idem....................	Emploi des fonds provenant du prélèvement opéré sur le pari mutuel en faveur des établissements d'enseignement agricole (loi du 5 août 1920).	Idem.
Ministère des travaux publics et des transports.	Documents visés par l'article 37 de la loi de finances du 30 mai 1899.	Avant le 1er novembre de chaque année.
Idem....................	État des autorisations de surtaxes locales (gares) [lois des 26 octobre 1897, art. 5, et 17 avril 1906, art. 64].	A l'appui de chaque projet de budget.
Idem....................	Budget de l'École nationale supérieure des mines (loi du 25 février 1901, art. 58).	Idem.
Idem....................	Budget de l'École nationale des mines de Saint-Étienne (loi du 30 juillet 1907, art. 76).	Idem.
Idem....................	Relevé des recettes et des dépenses effectuées au cours du dernier exercice clos par l'École nationale supérieure des mines et par l'École nationale des mines de Saint-Étienne (loi de finances du 29 juillet 1918, art. 59).	Idem.
Postes et télégraphes	Relevé des recettes et des dépenses effectuées au cours du dernier exercice clos par l'Office national de la navigation (loi de finances du 29 juin 1918, art. 59).	Idem.
Idem....................	Relevé des recettes et des dépenses effectuées au cours du dernier exercice clos par l'Office national du tourisme (loi de finances du 29 juin 1918, art. 59).	Idem.
Idem....................	Budget de l'école nationale des ponts et chaussées (loi du 29 avril 1921, art. 46).	Idem.
Ports, marine marchande et pêches.	Situation des réseaux téléphoniques construits à l'aide d'avances faites par les villes, chambres de commerce, syndicats, etc. (loi du 16 juillet 1889, art. 1er).	Idem.

MINISTÈRES et SERVICES.	NATURE DES RENSEIGNEMENTS À FOURNIR.	ÉPOQUE À LAQUELLE les RENSEIGNEMENTS doivent être fournis.
Ministère des pensions, des primes et des allocations de guerre.	Relevé des recettes et des dépenses effectuées au cours du dernier exercice clos par l'Office national des mutilés et réformés de la guerre (loi de finances du 29 juin 1918, art. 59).	A l'appui de chaque projet de budget.
Ministère de l'hygiène, de l'assistance et de la prévoyance sociales.	État détaillé des attributions faites pendant l'année précédente au moyen des fonds du pari mutuel affectés à la construction des hôpitaux pour l'application de la loi du 15 juillet 1893, y compris les dépenses d'administration, et situation du compte.	Idem.
Idem	Relevé des recettes et des dépenses effectuées au cours du dernier exercice clos par l'hospice national des Quinze-Vingts, l'institution nationale des jeunes aveugles, la maison nationale de santé de Saint-Maurice, l'institution nationale des sourds-muets de Paris, l'institution nationale des sourds-muets de Chambéry, l'institution nationale des sourdes-muettes de Bordeaux (loi de finances du 29 juin 19.8, art. 59).	Idem.
Idem.	État détaillé des opérations faites pendant l'année précédente au titre du fonds de dotation des sociétés de secours mutuels, y compris les dépenses d'administration et situation de ce fonds en capital et en intérêts.	Idem.
Budget annexe de la Légion d'honneur.	Liste des élèves gratuites admises dans les maisons d'éducation de la Légion d'honneur pendant l'année scolaire précédente.	Idem.

LOI

PORTANT OUVERTURE SUR L'EXERCICE 1922 DE CRÉDITS PROVISOIRES AU TITRE DU BUDGET SPÉCIAL DES DÉPENSES RECOUVRABLES SUR LES VERSEMENTS À RECEVOIR EN EXÉCUTION DES TRAITÉS DE PAIX ET APPLICABLES AU MOIS DE JANVIER 1922.

(Loi du 31 décembre 1922.)

LE SÉNAT ET LA CHAMBRE DES DÉPUTÉS ont adopté,

LE PRÉSIDENT DE LA RÉPUBLIQUE promulgue la loi dont la teneur suit :

BUDGET SPÉCIAL DES DÉPENSES

RECOUVRABLES SUR LES VERSEMENTS À RECEVOIR EN EXÉCUTION DES TRAITÉS DE PAIX.

§ 1er. — *Crédits ouverts.*

ARTICLE 1er. — Il est ouvert au Ministre des finances, dans les conditions fixées par l'article 140 de la loi de finances du 31 juillet 1920, en vue de faire face aux dépenses du budget spécial des dépenses recouvrables sur les versements à recevoir en exécution des traités de paix, des crédits s'élevant à la somme globale de 553,536,743 francs et applicables au mois de janvier 1922.

§ 2. — *Autorisation de perception.*

2. — La perception des produits affectés au budget spécial des dépenses recouvrables en exécution des traités de paix continuera d'être opérée, pendant le mois de janvier 1922, conformément aux lois en vigueur.

§ 3. — *Services spéciaux.*

3. — Il est ouvert aux Ministres des affaires étrangères et de la guerre, pour l'exercice 1922, au titre du compte spécial : Entretien des troupes d'occupation en pays étrangers, dans les conditions fixées par l'article 59 de la loi du 31 décembre 1920, des crédits provisoires s'élevant ensemble à la somme de 46,852,000 francs et applicables au mois de janvier 1922.

§ 4. — *Dispositions diverses.*

4. — Les crédits ouverts par les articles 1er et 3 ci-dessus seront répartis, par chapitre, au moyen d'un décret du Président de la République.

Ils se confondront avec les crédits qui seront accordés, pour l'année entière, par la loi de finances portant fixation, pour l'exercice 1922, du budget spécial des dépenses recouvrables sur les versements à recevoir en exécution des traités de paix.

5. — Le montant des engagements que le Ministre des finances peut prendre pour le payement au moyen d'annuités, dans les conditions prévues par les articles 152 à 158 de la loi de finances du 31 juillet 1920, des indemnités de dommages de guerre ou des avances sur ces indemnités est fixé, pour le mois de janvier 1922, à 1 milliard de francs.

Cette autorisation d'engagement se confondra avec celle qui sera accordée pour l'année entière par la loi de finances portant fixation, pour l'exercice 1922, du budget spécial des dépenses recouvrables sur les versements à recevoir en exécution des traités de paix.

6. — Les dispositions de l'article 7 de la loi du 16 juillet 1921 relative au régime fiscal transitoire applicable dans les régions libérées sont complétées ainsi qu'il suit :

La prescription des coupons et arrérages des emprunts des départements, communes et établissements publics non prescrits le 1er août 1914 ne pourra être opposée aux obligataires et prêteurs avant le 1er janvier 1923, dans le cas où, faute de ressources suffisantes, les collectivités et établissements débiteurs auront été amenés à refuser le payement desdits coupons et arrérages depuis l'entrée en vigueur de la loi du 16 juillet 1921.

7. — Dans la limite des crédits qui lui sont alloués, le Ministre des pensions, primes et allocations de guerre est autorisé à employer jusqu'au 31 ja .-

vier 1922 des fonctionnaires de l'intendance de complément et des officiers d'administration de l'intendance de complément, jusqu'à concurrence d'un maximum de 25 fonctionnaires de l'intendance et de 25 officiers d'administration.

8. — Il est ouvert au Ministre des pensions, des primes et des allocations de guerre, pour l'inscription au Trésor public des pensions à liquider dans le courant du mois de janvier 1922, des crédits s'élevant à 93 millions 425,500 francs, ainsi répartis :

Pensions des victimes civiles de la guerre (loi du 24 juin 1919)..	330,000f
Pensions militaires des troupes métropolitaines et coloniales et des fonctionnaires coloniaux et pensions de la marine militaire et de la marine marchande (loi du 31 mars 1919).	93,095,500
TOTAL ÉGAL................	93,425,500

Ces crédits se confondront avec ceux qui seront accordés pour l'année entière par la loi de finances portant fixation, pour l'exercice 1922, du budget spécial des dépenses recouvrables sur les versements à recevoir en exécution des traités de paix.

9. — La nomenclature des services votés, pour lesquels il peut être ouvert, par décrets rendus en Conseil d'État, des crédits supplémentaires pendant la prorogation des Chambres, en exécution de l'article 5 de la loi du 14 décembre 1879, est fixée pour le mois de janvier 1922, en ce qui concerne le budget spécial des dépenses recouvrables sur les versements à recevoir en exécution des traités de paix, conformément à l'état C annexé à la loi des finances du 31 mai 1921.

La présente loi, délibérée et adoptée par le Sénat et par la Chambre des députés, sera exécutée comme loi de l'État.

Fait à Paris, le 31 Décembre 1921.

Signé : A. MILLERAND.

Par le Président de la République :
Le Ministre des finances,
Signé : Paul DOUMER.

LOI

PORTANT OUVERTURE SUR L'EXERCICE 1922 DE CRÉDITS PROVISOIRES AU TITRE DU BUDGET SPÉCIAL DES DÉPENSES RECOUVRABLES SUR LES VERSEMENTS À RECEVOIR EN EXÉCUTION DES TRAITÉS DE PAIX ET APPLICABLES AU MOIS DE FÉVRIER 1922.

Loi du 31 janvier 1922.

(Promulguée au *Journal officiel* du 1ᵉʳ février 1922.)

———

LE SÉNAT ET LA CHAMBRE DES DÉPUTÉS ont adopté,

LE PRÉSIDENT DE LA RÉPUBLIQUE promulgue la loi dont la teneur suit :

BUDGET SPÉCIAL

DES DÉPENSES RECOUVRABLES SUR LES VERSEMENTS À RECEVOIR
EN EXÉCUTION DES TRAITÉS DE PAIX.

———

§ 1ᵉʳ. — *Crédits ouverts.*

ARTICLE 1ᵉʳ. — Il est ouvert au Ministre des finances, dans les conditions fixées par l'article 140 de la loi de finances du 31 juillet 1920, en vue de faire face aux dépenses du budget spécial des dépenses recouvrables sur les versements à recevoir en exécution des traités de paix, des crédits s'élevant à la somme globale de 532,735,536 francs et applicables au mois de février 1922.

§ 2. — *Autorisation de perception.*

2. — La perception des produits affectés au budget spécial des dépenses recouvrables en exécution des traités de paix continuera d'être opérée, pendant le mois de février 1922, conformément aux lois en vigueur.

§ 3. — *Services spéciaux.*

3. — Il est ouvert aux Ministres des affaires étrangères et de la guerre, pour l'exercice 1922, au titre du compte spécial : *Entretien des troupes d'occupation en pays étrangers*, dans les conditions fixées par l'article 59 de la loi du 31 décembre 1920, des crédits provisoires s'élevant ensemble à la somme de 46.852,000 francs, et applicables au mois de février 1922.

§ 4. — *Dispositions diverses.*

4. — Les crédits ouverts par les articles 1ᵉʳ et 3 ci-dessus seront répartis, par chapitre, au moyen d'un décret du Président de la République.

Ils se confondront avec les crédits qui seront accordés, pour l'année entière, par la loi de finances portant fixation, pour l'exercice 1922, du budget spécial des dépenses recouvrables sur les versements à recevoir en exécution des traités de paix.

5. — Le montant des autorisations que le Ministre des finances pourra donner au Crédit national, pendant l'année 1922, pour l'émission d'obligations dans les conditions fixées par l'article 4 de la loi du 10 octobre 1919, en vue du payement des avances et acomptes sur indemnités de dommages de guerre, est fixé à 8 milliards de francs.

6. — Dans la limite des crédits qui lui sont alloués, le Ministre de la guerre et des pensions est autorisé à employer jusqu'au 28 février 1922 des fonctionnaires de l'intendance de complément et des officiers d'administration de l'intendance de complément, jusqu'à concurrence d'un maximum de 25 fonctionnaires de l'intendance et de 25 officiers d'administration.

7. — Il est ouvert au Ministre de la guerre et des pensions, pour l'inscription au Trésor public des pensions à liquider dans le courant du mois de février 1922, des crédits s'élevant à 93,425,500 francs, ainsi répartis :

Pensions des victimes civiles de la guerre (loi du 24 juin 1919)   330,000

Pensions militaires des troupes métropolitaines et coloniales et des fonctionnaires coloniaux et pensions de la marine militaire et de la marine marchande (loi du 31 mars 1919). . . .   93,095,500

Total égal.   93,425,500

Ces crédits se confondront avec ceux qui seront accordés pour l'année entière par la loi de finances portant fixation, pour l'exercice 1922, du budget spécial des dépenses recouvrables sur les versements à recevoir en exécution des traités de paix.

8. — La nomenclature des services votés, pour lesquels il peut être ouvert, par décrets rendus en Conseil d'État, des crédits supplémentaires pendant la prorogation des Chambres en exécution de l'article 5 de la loi du 14 décembre 1879, est fixée pour le mois de février 1922, en ce qui concerne le budget spécial des dépenses recouvrables sur les versements à recevoir en exécution des traités de paix, conformément à l'État C annexé à la loi du 31 mai 1921.

Fait à Paris, le 31 Janvier 1922.

A. MILLERAND.

Par le Président de la République :

Le Ministre des finances,
CH. DE LASTEYRIE.

Le Président de la République française,

Vu la loi du 31 janvier 1922, qui a ouvert aux Ministres des crédits provisoires sur l'exercice 1922 pour les dépenses de leur département pendant le mois de février 1922;

Sur la proposition du Ministre des finances,

Décrète :

Article 1er. — Le crédit provisoire montant à 532,735,536 francs, ouvert au Ministre des finances, sur l'exercice 1922, par l'article 1er de la loi susvisée du 31 janvier 1922, au titre du budget spécial des dépenses recouvrables sur les versements à recevoir en exécution des traités de paix, est réparti, par chapitre, conformément à l'État A ci-annexé.

2. — Le crédit provisoire montant à 46,852,000 francs, ouvert aux Ministres des affaires étrangères et de la guerre, sur l'exercice 1922, par l'article 2 de la loi susvisée du 31 janvier 1922, au titre du compte spécial « Entretien des troupes d'occupation en pays étrangers », est réparti, par chapitre, conformément à l'État B ci-annexé.

3. — Le Ministre des finances et les Ministres des autres départements ministériels sont chargés, chacun en ce qui le concerne, de l'exécution du présent décret, qui sera publié au *Journal officiel* de la République française et inséré au *Bulletin des lois*.

Fait à Paris, le 31 Janvier 1922.

A. MILLERAND.

Par le Président de la République :
Le Ministre des finances,
Ch. DE LASTEYRIE.

ÉTATS ANNEXES.

BUDGET SPÉCIAL DES DÉPENSES RECOUVRABLES SUR LES VERSEMENTS À RECEVOIR EN EXÉCUTION DES TRAITÉS DE PAIX.

ÉTAT A.

TABLEAU, par ministère et par chapitre, des crédits provisoires applicables au mois de février 1922.

CHAPITRES SPÉCIAUX.	MINISTÈRE ET SERVICES.	MONTANT des CRÉDITS accordés.
		francs.
	MINISTÈRES DES FINANCES.	
	SERVICES RELEVANT DU MINISTÈRE DES FINANCES.	
1	Service des emprunts autorisés par la loi du 10 octobre 1919.......	3,617,779
2	Service des emprunts effectués dans les conditions prévues par les articles 152 à 159 de la loi du 31 juillet 1920	"
3	Pensions militaires de la guerre (loi du 31 mars 1919)	283,641,668
4	Pensions militaires de la marine (loi du 31 mars 1919).............	4,625,000
5	Pensions militaires des colonies (loi du 31 mars 1919).............	8,333
6	Versements aux veuves de guerre remariées de trois années d'arrérages (loi du 31 mars 1919)..............................	25,000
7	Pensions aux victimes civiles de la guerre (loi du 24 juin 1819).....	1,701,666
8	Services des pensions et des dommages de guerre. — Traitements du personnel	100,000
9	Services des pensions et des dommages de guerre. — Rémunérations du personnel auxiliaire................................	683,333
10	Services des pensions et des dommages de guerre. — Indemnités et travaux supplémentaires................................	283,833
11	Services des pensions et des dommages de guerre. — Matériel, impressions, frais divers................................	198,500
12	Services des pensions et des dommages de guerre. — Allocations pour charges de famille................................	12,500
12 bis	Services des pensions et des dommages de guerre. — Indemnité exceptionnelle de cherté de vie................................	126,666
13	Frais de reconstitution des documents cadastraux détruits au cours de la guerre................................	25,000
14	Réinstallation des services administratifs dans les régions libérées...	51,550
	TOTAL pour les services relevant du ministère des finances...	295,100,828
	SERVICES RELEVANT DU MINISTÈRE DE LA JUSTICE.	
	1re SECTION — SERVICES JUDICIAIRES.	
15	Frais de reconstitution d'actes de l'état civil et de registres d'hypothèques détruits par suite de faits de guerre	833
	2e SECTION. — SERVICES PÉNITENTIAIRES.	
16	Remise en état des bâtiments de la maison centrale de Loos et de l'école de préservation de Doullens et remplacement du mobilier de ces établissements..	25,000

CHAPITRES SPÉCIAUX.	MINISTÈRES ET SERVICES.	MONTANT des CRÉDITS accordés.
		francs.
	SERVICES RELEVANT DU MINISTÈRE DE LA GUERRE ET DES PENSIONS. — SERVICES DE LA GUERRE.	
17	Restauration ou reconstruction de bâtiments ou d'établissements militaires endommagés ou détruits dans les régions dévastées.........	991,870
18	Destruction et enlèvement des munitions dans les régions dévastés..	1,666,670
19	Entretien des commissions prévues par les traités de paix...........	2,066,030
	TOTAL pour les services relevant du ministère de la guerre ..	4,724,570
	SERVICES RELEVANT DU MINISTÈRE DE LA MARINE.	
20	Compléments de pécule et majorations pour enfants sur le pécule des marins décédés ou disparus.............................	»
	SERVICES RELEVANT DU MINISTÈRE DE L'INSTRUCTION PUBLIQUE ET DES BEAUX-ARTS.	
	1re SECTION. — INSTRUCTION PUBLIQUE.	
21	Office national et office départementaux des pupilles de la nation. — Personnel.................................	140,436
22	Office national des pupilles de la nation. — Personnel. — Indemnités.................................	2,283
23	Office national et offices départementaux des pupilles de la nation. — Matériel.................................	76,750
24	Pupiles de la nation. — Secours divers (études, apprentissage, trousseaux, bourses, etc.).........................	20,000,000
25	Pupilles de la nation. — Bourses nationales et exonération de frais d'études ou de pension dans les universités, lycées, collèges, cours secondaires et écoles primaires supérieures....................	750
	TOTAL pour les services relevant du ministère de l'instruction publique (1re section. — Instruction publique)...........	20,220,210
	2e SECTION. — BEAUX-ARTS.	
26	Protection et réparation des monuments historiques et édifices endommagés par les opérations de guerre. — Personnel...........	10,415
27	Protection et réparation des monuments historiques et édifices endommagés par les opérations de guerre. — Allocations et indemnités diverses, frais de voyage et de missions.................	19,635
28	Protection et réparation des monuments historiques et édifices endommagés par les opérations de guerre....................	2,250,000
	TOTAL pour les services relevant du ministère de l'instruction publique (2e section. — Beaux-arts).....................	2,280,050
	3e SECTION. — ENSEIGNEMENT TECHNIQUE.	
29	Bourses au pupiles de la nation.............................	63,458
	SERVICES RELEVANT DU MINISTÈRE DU TRAVAIL.	
30	Services de la main-d'œuvre étrangère. — Missions de recrutement de la main-d'œuvre à l'étranger pour les régions libérées. — Services d'immigration et de contrôle à l'intérieur. — Dépenses de personnel..................................	16,033

CHAPITRES SPÉCIAUX.	MINISTÈRES ET SERVICES.	MONTANT des CRÉDITS accordés.
		francs.
31	Services de la main-d'œuvre étrangère. — Missions de recrutement de la main-d'œuvre à l'étranger pour les régions libérées. — Services d'immigration et de contrôle à l'intérieur. — Frais de déplacement du personnel....................	4,800
32	Services de la main-d'œuvre étrangère. — Frais de recrutement à l'étranger, transport, réception, hébergement, rapatriement et inspection de la main-d'œuvre étrangère......................	395,833
	TOTAL pour les services relevant du ministère du travail.......	416,666
	SERVICES RELEVANT DU MINISTÈRE DES COLONIES.	
33	Soins médicaux aux victimes de la guerre (loi du 31 mars 1919)....	25,000
34	Indemnités aux membres des commissions cantonales et des tribunaux de dommages de guerre	2,250
	TOTAL pour les services relevant du ministère des colonies....	27,250
	SERVICES RELEVANT DU MINISTÈRE DE L'AGRICULTURE.	
35	Bourses aux pupilles de la nation......................	13,500
36	Reconstruction et réparation d'immeubles endommagés au cours des hostilités (école des industries agricoles de Douai et écoles d'agriculture de Crézancy et de Rethel)......................	168,666
37	Restauration des forêts domaniales dévastées par les faits de guerre..	304,166
38	Travaux de déblaiement et de remise en état du sol dans les bois communaux et particuliers dévastés par les faits de guerre et travaux de reconstitution forestière à effectuer par l'État, à titre d'avances remboursables, dans les même bois..................	250,000
39	Contrôle des réceptions, en Allemagne, des fournitures intéressant le service des eaux et forêts, livrées en exécution du traité de paix...	8,334
40	Services de la main-d'œuvre agricole étrangère à destination des régions libérés. — Dépenses de personnel......................	"
41	Services de la main-d'œuvre agricole étrangère à destination des régions libérées. — Frais de déplacement du personnel..........	"
42	Service de la main-d'œuvre agricole. — Frais de recrutement à l'étranger et de transport de la main-d'œuvre étrangère	"
	TOTAL pour les services relevant du ministère de l'agriculture.	742,666
	SERVICES RELEVANT DU MINISTÈRE DES TRAVAUX PUBLICS.	
	1re SECTION. — TRAVAUX PUBLICS.	
43	Réfection des chaussées et ouvrages d'art, des routes et chemins dans les régions libérées et l'ancienne zone des armées. — Traitements du personnel....................	147,833
44	Réfection des chaussées et ouvrages d'art, des routes et chemins dans les régions libérées et l'ancienne zone des armées. — Allocations et indemnités du personnel....................	3,491
45	Travaux de remise en état des routes et chemins dans les dix départements des régions libérées et les neuf départements de l'ancienne zone des armées.....................	16,666,666
46	Travaux de reconstruction et de réparation d'ouvrages dans les dix départements des régions libérées et les neuf départements de l'ancienne zone des armées.....................	4,941,666
47	Fonctionnement des cylindres compresseurs et des véhicules automobiles de transport de matériel et de transport de personnel pour le service des routes et chemins (zone comprenant les dix départements des régions libérées et les neuf départements de l'ancienne zone des armées) et pour le service de reconstruction des voies navigables dans les régions libérées....................	1,766,666

CHAPITRES spéciaux.	MINISTÈRES ET SERVICES.	MONTANT des crédits accordés.
		francs.
48	Distribution d'énergie électrique dans les régions libérées. — Reconstitution et exploitation provisoire............................	4,166,666
49	Réfection des voies navigables dans les régions libérées..............	7,041,666
50	Reconstitution des voies ferrées d'intérêt local détruites ou endommagées par faits de guerre (loi du 31 décembre 1917)............	10,833,333
51	Reconstitution des voies ferrées d'intérêt général détruites ou endommages par faits de guerre (lois des 29 juin et 31 décembre 1917) et rétablissement des réseaux du Nord et de l'Est dans leur état d'entretien d'avant guerre (loi du 10 janvier 1919)................	20,833,333
52	Reconstitution des bureaux des ingénieurs des mines dans les régions libérées..	3,333
	Total pour les services relevant du ministère des travaux publics)......................................	66,404,653
	2ᵉ SECTION. — POSTES ET TÉLÉGRAPHES.	
53	Reconstitution des services postal, télégraphique et téléphonique dans les régions libérées....................................	1,482,500
54	Payement des pensions des anciens fonctionnaires des postes et télégraphes d'Alsace et Lorraine................................	37,917
	Total pour les services relevant du ministère des travaux publics. (2ᵉ section. — Postes et télégraphes.)...............	1,520,417
	3ᵉ SECTION. — PORTS, MARINE MARCHANDE ET PÊCHES.	
55	Réparation des dommages de guerre subis par le service des ports maritimes......................................	375,000
56	Réparation des dommages de guerre subis par les immeubles de l'inscription maritime..............................	"
	Total pour les services relevant du ministère des travaux publics. (3ᵉ section. — Ports, marine marchande et pêches.).	375,000
	SERVICES RELEVANT DU MINISTÈRE DES RÉGIONS LIBÉRÉES.	
57	Traitements du Ministre et du sous-secrétaire d'État. — Traitements, allocations et salaires du personnel des services de l'administration centrale.....	1,153,464
58	Traitements et salaires du personnel du service intérieur..........	35,400
59	Indemnités du personnel des services de l'administration centrale....	21,583
60	Indemnités du personnel du service intérieur.....................	2,383
61	Allocations au personnel (chargés de missions et auxiliaires temporaires) relevant des services centraux en liquidation et de la direction générale des services techniques. — Conseils et commissions..	140,033
62	Frais de déplacement et de mission des fonctionnaires et agents des services centraux....................................	33,333
63	Personnel des services départementaux autres que le service de liquidation générale des services techniques d'exécution..............	3,825,000
64	Frais de déplacement et de mission des fonctionnaires et agents des services départementaux autres que le service de liquidation générale des services techniques d'exécution.....................	80,833
65	Dépenses de matériel afférentes aux services centraux.............	166,667
66	Dépenses de matériel des services départementaux autres que le service de liquidation générale des services techniques d'exécution...	458,333
67	Dépenses afférentes aux restitutions et aux prestations en nature à recevoir de l'Allemagne en exécution du traité de paix. — Dépenses de personnel..	40,614
68	Dépenses afférentes aux restitutions et aux prestations en nature à recevoir de l'Allemagne en exécution du traité de paix. — Dépenses autres que celles du personnel..............................	"
69	Secours et allocations aux habitants des régions libérées............	2,458,333
70	Dépenses résultant des améliorations apportées à l'hygiène publique des agglomérations atteintes par les faits de guerre (art. 62 de la loi du 17 avril 1919 sur les dommages de guerre)...............	833,333

CHAPITRES SPÉCIAUX.	MINISTÈRES ET SERVICES.	MONTANT des CRÉDITS accordés.
		francs.
71	Payement des indemnités de dommages de guerre. — Avances en espèces pour reconstitution du mobilier et constitution de dossiers.	14,000,000
72	Avances pour compensation (art. 46, § 8 de la loi du 17 avril 1919).	20,000,000
73	Payement en rentes sur l'État de certaines indemnités de dommages (loi du 30 avril 1921, art. 10 et loi du 23 juillet 1921)...........	Mémoire.
74	Contre-valeur des répartitions faites aux sinistrés, à charge d'imputation sur leur indemnité de dommages de guerre, des prestations en nature à recevoir de l'Allemagne...........................	Mémoire.
75	Réparations de dommages résultant d'explosions ou d'accidents analogues (loi du 3 mai 1921).............................	166,667
76	Frais postaux afférents au payement des avances sur indemnités des dommages de guerre.............................	58,333
77	Frais d'évaluation administrative de dommages de guerre.	3,333,333
78	Frais d'administration des commissions cantonales et des tribunaux de dommages de guerre. — Personnel. — Indemnités, frais de déplacement et de séjour................................	3,550,833
79	Frais d'administration des commissions cantonales et des tribunaux de dommages de guerre. — Matériel.....................	375,417
80	Expertises et mesures d'instruction ordonnées par les commissions cantonales et les tribunaux de dommages de guerre.............	750,000
81	Dépenses d'étude et de vulgarisation des meilleurs plans et procédés de reconstruction des localités et immeubles détruits.........	
82	Dépenses d'établissement des projets d'aménagement des villes et villages et application des plans d'alignement.....................	1,083,333
83	Service de reconstitution foncière et de réfection du cadastre. — Personnel des services départementaux.......................	762,500
84	Service de reconstitution foncière et de réfection du cadastre. — Dépenses autres que celles du personnel........................	679,167
85	Liquidation générale des services techniques d'exécution dans les départements. — Personnel.............................	2.000,000
86	Liquidation générale des services techniques d'exécution dans les départements. — Matériel.............................	166,667
87	Déblaiement et remise en état du sol (art. 60 de la loi du 17 avril 1919). .... Travaux à l'entreprise (art. 60 de la loi du 17 avril 1919)...........	16,875,000
88	Déblaiement et remise en état du sol. — Travaux urgents à exécuter en régie..............................	625,000
89	Remise du sol en état de culture par les sinistrés ou groupement de sinistrés.................................	6,666,667
90	Dénoyage des mines.............................	6,666,667
91	Constructions provisoires.............................	6,250,000
92	Liquidation des marchés de matériaux antérieurs à 1921............	1,666,666
93	Subventions aux sociétés coopératives de reconstruction............	2,000,000
94	Transports généraux.............................	6,083,333
95	Frais de transports automobiles des fonctionnaires et agents des divers services de reconstitution dans les régions libérées........	1,166,667
96	Office de reconstitution industrielle des départements victimes de l'invasion (en liquidation). — Personnel.....................	208,333
97	Office de reconstitution industrielle des départements victimes de l'invasion (en liquidation). — Matériel.....................	41,667
98	Office de reconstitution agricole des départements victimes de l'invasion (en liquidation). — Personnel.....................	25,000
99	Office de reconstitution agricole des départements victimes de l'invasion (en liquidation). — Dépenses autres que celles de personnel.............................	4,500
100	Personnel du service central de la motoculture (en liquidation)....	6,781
101	Frais de matériel du service administratif de la motoculture (en liquidation).............................	1,500
102	Avances remboursables aux fonctionnaires en instance de pension (application de l'art. 28 de la loi du 31 décembre 1920)..... ...	833
103	Attribution aux personnels administratifs de l'État d'allocations pour charges de famille.............................	474,400
103 bis.	Indemnité exceptionnelle de cherté de vie........................	500,000
104	Indemnités de résidence.............................	1,123,333
	TOTAL pour les services relevant du ministère des régions libérées.............................	106,561,909

CHAPITRES SPÉCIAUX.	MINISTÈRES ET SERVICES.	MONTANT des CRÉDITS ouverts.
		francs.
	SERVICES RELEVANT DU MINISTÈRE DE LA GUERRE ET DES PENSIONS. — SERVICES DES PENSIONS.	
105	Traitements du Ministre et du personnel de l'administration centrale.	1,493,000
106	Indemnités au cabinet du Ministre. — Indemnités, allocations diverses, secours, frais de déplacement du personnel de l'administration centrale............................	437,500
107	Traitements du personnel du service intérieur..............	3,400
108	Indemnités, allocations diverses et secours au personnel du service intérieur......................................	1,150
109	Matériel et dépenses diverses de l'administration centrale..........	100,000
110	Impressions, souscriptions aux publications, abonnements, autographies de l'administration centrale.	60,000
111	Frais de correspondance télégraphique.......................	3,300
112	Missions d'inspection et de contrôle. — Frais de déplacements et de séjour des personnels extérieurs........................	33,000
113	Compléments de pécule et majorations pour enfants sur le pécule des militaires décédés ou disparus........................	125,000
114	Avances sur pensions et gratifications de réforme.	15,000,000
115	Secours immédiats.......................................	41,600
116	Allocations aux victimes civiles de la guerre..................	83,200
117	Frais de fonctionnement dans les départements du service des pensions et allocations aux victimes civiles de la guerre	2,080
118	Fonctionnement des centres spéciaux de réforme et des centres d'appareillage des mutilés................................	4,040,000
119	Personnel des services extérieurs...........................	3,300,000
120	Matériel des services extérieurs............................	211,250
121	Frais divers résultant de l'application de la loi du 31 mars 1919 sur les pensions de guerre..................................	6,200,000
122	Subventions à l'office national des mutilés et réformés de guerre...	2,093,330
123	Attribution aux personnels administratifs de l'État d'allocations pour charges de famille......................................	237,500
123 *bis*	Indemnité exceptionnelle de cherté de vie.	325,000
124	Indemnités spéciales aux personnels civils en résidence dans les régions dévastées........	60,000
	TOTAL pour les services relevant du ministère des pensions, primes et allocations de guerre........................	33,850,810
	SERVICES RELEVANT DU MINISTÈRE DE L'HYGIÈNE DE L'ASSISTANCE ET DE LA PRÉVOYANCE SOCIALES.	
125	Soins médicaux assurés aux victimes de la guerre par les sociétés de secours mutuels (loi du 31 mai 1921)........................	416,666
126	Service des soins médicaux assurés aux victimes de la guerre par les sociétés de secours mutuels. — Emoluments du personnel........	2,500
127	Services des soins médicaux assurés aux victimes de la guerre par les sociétés de secours mutuels. — Indemnités du personnels et allocations pour charges de famille.....................	875
128	Services des soins médicaux assurés aux victimes de la guerre par les sociétés de secours mutuels. — Matériel et dépenses diverses	1,666
	TOTAL pour les services relevant du ministère de l'hygiène, de l'assistance et de la prévoyance sociale....................	421,707
	DÉPENSES D'ORDRE, D'EXERCICE CLOS ET D'EXERCICES PÉRIMÉS.	
129	Emploi de fonds provenant de legs ou de donations..............	Mémoire.
130	Dépenses des exercices périmés non frappées de déchéance.........	Mémoire.
131	Dépenses de l'exercice 1914 (créances visées par les lois des 29 juin et 29 novembre 1915).....................................	Mémoire.
132	Dépenses des exercices clos...............................	Mémoire.
133	Rappel d'arrérages de pensions d'exercices clos	Mémoire.

CHAPITRES spéciaux.	MINISTÈRES ET SERVICES.	MONTANT des crédits accordés.
		francs.
	RÉCAPITULATION.	
	Services relevant du ministère des finances............................	295,100,828
	Services relevant du ministère de la justice :	
	Services judiciaires..	833
	Services pénitentiaires..	25,000
	Services relevant du ministère de la guerre et des pensions. — Services de la guerre..	4,724,570
	Services relevant du ministère de la marine :	"
	Services relevant du ministère de l'instruction publique et des beaux-arts :	
	Instruction publique...	20,220,219
	Beaux-arts...	2,280,050
	Enseignement technique..	63,458
	Services relevant du ministère du travail............................	416,666
	Services relevant du ministère des colonies..........................	27,250
	Services relevant du ministère de l'agriculture......................	742,666
	Services relevant du ministère des travaux publics :	
	Travaux publics...	66,404,653
	Postes et télégraphes...	1,520,417
	Ports, marine marchande et pêches....................................	375,000
	Service relevant du ministère des régions libérées..................	100,561,909
	Services relevant du ministère de la guerre et des pensions. — Services des pensions...	33,850,310
	Services relevant du ministère de l'hygiène, de l'assistance et de la prévoyance sociales...	421,707
	TOTAL de l'état A.........................	532,735,536

ÉTAT B.

TABLEAU, par chapitre, des crédits provisoirs applicables au mois de février 1922 au compte des services spéciaux du Trésor : « Entretien des troupes d'occupation en pays étrangers.

CHAPITRES spéciaux.	MINISTÈRES ET SERVICES.	MONTANT des crédits accordés.
		francs.
1	MINISTÈRE DES AFFAIRES ÉTRANGÈRES.	
	Haut commissariat de la République française dans les provinces du Rhin..	1,413,300
	MINISTÈRE DE LA GUERRE.	
2	Troupes d'occupation des pays rhénans................................	38,074,260
3	Troupes d'occupation des régions soumises au plébiscite (Memel)...	7,164,440
	TOTAL pour le ministère de la guerre..................	45,438,700
	RÉCAPITULATION.	
	Ministère des affaires étrangères....................................	1,413,300
	Ministère de la guerre...	45,438,700
	TOTAL pour le compte spécial : Entretien pour les troupes d'occupation en pays étrangers.................................	46,852,000

Vu pour être annexé au décret du 31 janvier 1922.

Le Ministre des Finances,
CH. DE **LASTEYRIE.**

LOI

PORTANT OUVERTURE SUR L'EXERCICE 1922 DE CRÉDITS PROVISOIRES AU TITRE DU BUDGET SPÉCIAL DES DÉPENSES RECOUVRABLES SUR LES VERSEMENTS À RECEVOIR EN EXÉCUTION DES TRAITÉS DE PAIX ET APPLICABLES AU MOIS DE MARS 1922.

Loi du 28 février 1922.

(Promulguée au *Journal officiel* du 1er mars 1922.)

Le Sénat et la Chambre des députés ont adopté,

Le Président de la République promulgue la loi dont la teneur suit :

BUDGET SPÉCIAL

DES DÉPENSES RECOUVRABLES SUR LES VERSEMENTS À RECEVOIR
EN EXÉCUTION DES TRAITÉS DE PAIX.

---

§ 1er. — *Crédits ouverts.*

Article 1er. — Il est ouvert au Ministre des finances, dans les conditions fixées par l'article 140 de la loi de finances du 31 juillet 1920, en vue de faire face aux dépenses du budget spécial des dépenses recouvrables sur les versements à recevoir en exécution des traités de paix, des crédits s'élevant à la somme globale de 634,810,473 francs et applicables au mois de mars 1922.

§ 2. — *Autorisation de perception.*

2. — La perception des produits affectés au budget spécial des dépenses recouvrables en exécution des traités de paix continuera d'être opérée, pendant le mois de mars 1922, conformément aux lois en vigueur.

§ 3. — *Services spéciaux.*

3. — Il est ouvert aux ministres des affaires étrangères et de la guerre, pour l'excercice 1922, au titre du compte spécial : *Entretien des troupes d'occupation en pays étrangers*, dans les conditions fixées par l'article 59 de la loi du 31 décembre 1920, des crédits provisoires s'élevant ensemble à la somme de 46,852,000 francs, et applicables au mois de mars 1922.

§ 4. — *Dispositions diverses.*

4. — Les crédits ouverts par les articles 1er et 3 ci-dessus seront répartis, par chapitre, au moyen d'un décret du Président de la République.

Ils se confondront avec les crédits qui seront accordés, pour l'année entière, par la loi de finances portant fixation, pour l'exercice 1922, du budget spécial des dépenses recouvrables sur les versements à recevoir en exécution des traités de paix.

5. — Dans la limite des crédits qui lui sont alloués, le Ministre de la guerre et des pensions est autorisé à employer jusqu'au 31 mars 1922 des fonctionnaires de l'intendance de complément et des officiers d'administration de l'intendance de complément, jusqu'à concurrence d'un maximum de 25 fonctionnaires de l'intendance et de 25 officiers d'administration.

6. — Il est ouvert au Ministre de la guerre et des pensions, pour l'inscription au Trésor public des pensions à liquider dans le courant du mois de mars 1922, des crédits s'élevant à 93,425.500 francs, ainsi répartis :

Pensions des victimes civiles de la guerre (loi du 24 juin 1919). 330,000

Pensions militaires des troupes métropolitaines et coloniales et des fonctionnaires coloniaux et pensions de la marine militaire et de la marine marchande (loi du 31 mars 1919). 93,095,500

TOTAL ÉGAL. 93,425,500

Ces crédits se confondront avec ceux qui seront accordés pour l'année entière par la loi de finances portant fixation, pour l'exercice 1922, du budget spécial des dépenses recouvrables sur les versements à recevoir en exécution des traités de paix.

7. — La nomenclature des services votés. pour lesquels il peut être ouvert, par décrets rendus en Conseil d'État, des crédits supplémentaires pendant la prorogation des Chambres en exécution de l'article 5 de la loi du 14 décembre 1879, est fixée pour le mois de mars 1922, en ce qui concerne le budget spécial des dépenses recouvrables sur les versements à recevoir en exécution des traités de paix, conformément à l'état C annexé à la loi du 31 mai 1921.

Fait à Paris, le 28 Février 1922.

A. MILLERAND.

Par le Président de la République :

Le Ministre des Finances,

CH. DE LASTEYRIE.

Le Président de la République française,

Vu la loi du 28 février 1922, qui a ouvert aux Ministres des crédits provisoires sur l'exercice 1922 pour les dépenses de leur département pendant le mois de mars 1922;

Sur la proposition du Ministre des finances,

Décrète :

Article 1er. — Le crédit provisoire montant à 634,810,473 francs, ouvert au Ministre des finances, sur l'exercice 1922, par l'article 1er de la loi susvisée du 28 février 1922, au titre du budget spécial des dépenses recouvrables sur les versements à recevoir en exécution des traités de paix, est réparti, par chapitre, conformément à l'état A ci-annexé.

2. — Le crédit provisoire montant à 46,852,000 francs, ouvert aux Ministres des affaires étrangères et de la guerre, sur l'exercice 1922, par l'article 3 de la loi susvisée du 28 février 1922, au titre du compte spécial « Entretien des troupes d'occupation en pays étrangers », est réparti, par chapitre, conformément à l'état B ci-annexé.

3. — Le Ministre des finances et les Ministres des autres départements ministériels sont chargés, chacun en ce qui le concerne, de l'exécution du présent décret, qui sera publié au *Journal officiel* de la République française et inséré au *Bulletin des lois*.

Fait à Paris, le 28 Février 1922.

A. MILLERAND.

Par le Président de la République :

Le Ministre des Finances,
Ch. de LASTEYRIE.

ÉTATS ANNEXÉS.

BUDGET SPÉCIAL DES DÉPENSES RECOUVRABLES SUR LES VERSEMENTS A RECEVOIR EN EXÉCUTION DES TRAITÉS DE PAIX.

ÉTAT A.

TABLEAU, par ministère et par chapitre, des crédits provisoires applicables au mois de mars 1922.

CHAPITRES SPÉCIAUX.	MINISTÈRES ET SERVICES.	MONTANT des CRÉDITS accordés.
		francs.
	MINISTÈRE DES FINANCES.	
	SERVICES RELEVANT DU MINISTÈRE DES FINANCES.	
1	Service des emprunts autorisés par la loi du 10 octobre 1919.........	13,848,539
2	Service des emprunts effectués dans les conditions prévues par les articles 152 à 159 de la loi du 31 juillet 1920.....................	89,000,000
3	Pensions militaires de la guerre (loi du 31 mars 1919)...............	289,683,333
4	Pensions militaires de la marine (loi du 31 mars 1919)..............	4,625,000
5	Pensions militaires des colonies (loi du 31 mars 1919).............	8,333
6	Versement aux veuves de guerre remariées de trois années d'arrérages (loi du 31 mars 1919).....................	25,000
7	Pensions aux victimes civiles de la guerre (loi du 24 juin 1919)......	1,701,666
8	Services des pensions et des dommages de guerre. — Traitements du personnel.....................	100,000
9	Services des pensions et des dommages de guerre. — Rémunération du personnel auxiliaire.....................	683,333
10	Services des pensions et des dommages de guerre. — Indemnités et travaux supplémentaires.....................	283,833
11	Services des pensions et des dommages de guerre. — Matériel, impressions, frais divers.....................	198,500
12	Services des pensions et des dommages de guerre. — Allocations pour charges de famille.....................	12,500
12 bis	Services des pensions et des dommages de guerre. — Indemnité exceptionnelle de cherté de vie.....................	126,666
13	Frais de reconstitution des documents cadastraux détruits au cours de la guerre.....................	25,000
14	Réinstallation des services administratifs dans les régions libérées....	51,550
	TOTAL pour les services relevant du ministère des finances.....................	400,373,253
	SERVICES RELEVANT DU MINISTÈRE DE LA JUSTICE.	
	1re SECTION. — SERVICES JUDICIAIRES.	
15	Frais de reconstitution d'actes de l'état civil et de registres d'hypothèques détruits par suite de frais de guerre...................	833
	2º SECTION. — SERVICES PÉNITENTIAIRES.	
16	Remise en état des bâtiments de la maison centrale de Loos et de l'école de préservation de Doullens et remplacement du mobilier de ces établissements.....................	25,000

CHAPITRES spéciaux.	MINISTÈRES ET SERVICES.	MONTANT des CRÉDITS accordés.
		francs.
	SERVICES RELEVANT DU MINISTÈRE DE LA GUERRE ET DES PENSIONS. — SERVICES DE LA GUERRE.	
17	Restauration ou reconstruction de bâtiments ou d'établissements militaires endommagés ou détruits dans les régions dévastées.......	991,870
18	Destruction et enlèvement des munitions dans les régions dévastées..	1,666,670
19	Entretien des commissions prévues par les traités de paix..........	2,066,030
	TOTAL pour les services relevant du ministère de la guerre...	4,724,570
	SERVICES RELEVANT DU MINISTÈRE DE LA MARINE.	
20	Compléments de pécule et majorations pour enfants sur le pécule des marins décédés ou disparus.............................	"
	SERVICES RELEVANT DU MINISTÈRE DE L'INSTRUCTION PUBLIQUE ET DES BEAUX-ARTS.	
	1re SECTION. — INSTRUCTION PUBLIQUE.	
21	Office national et offices départementaux des pupilles de la nation. — Personnel....	140,436
22	Office national des pupilles de la nation. — Personnel. — Indemnités....	2,283
23	Office national et offices départementaux des pupilles de la nation. — Matériel....	76,750
24	Pupilles de la nation. — Secours divers (études, apprentissage, trousseaux, bourses, etc.)....	"
25	Pupilles de la nation. — Bourses nationales et exonération de frais d'études ou de pension dans les universités, lycées, collèges, cours secondaires et écoles primaires supérieures....	"
	TOTAL pour les services relevant du ministère de l'instruction publique (1re section. — Instruction publique)....	219,469
	2e SECTION. — BEAUX-ARTS.	
26	Protection et réparation des monuments historiques et édifices endommagés par les opérations de guerre. — Personnel....	10,415
27	Protection et réparation des monuments historiques et édifices endommagés par les opérations de guerre. — Allocations et indemnités diverses, frais de voyages et de missions....	19,635
28	Protection et réparation des monuments historiques et édifices endommagés par les opérations de guerre....	2,250,000
	TOTAL pour les services relevant du ministère de l'instruction publique (2e section. — Beaux-Arts).	2,280,050
	3e SECTION. — ENSEIGNEMENT TECHNIQUE.	
29	Bourses aux pupilles de la nation....	63,458
	SERVICES RELEVANT DU MINISTÈRE DU TRAVAIL.	
30	Services de la main-d'œuvre étrangère. — Missions de recrutement de la main-d'œuvre à l'étranger pour les régions libérées. — Services d'immigration et de contrôle à l'intérieur. — Dépenses de personnel....	6,034
31	Services de la main-d'œuvre étrangère. — Missions de recrutement de la main-d'œuvre à l'étranger pour les régions libérées. — Services d'immigration et de contrôle à l'intérieur. — Frais de déplacement du personnel....	"

CHAPITRES SPÉCIAUX.	MINISTÈRES ET SERVICES.	MONTANT des CRÉDITS accordés.
		francs.
32	Services de la main-d'œuvre étrangère. — Frais de recrutement à l'étranger, transport, réception, hébergement, rapatriement et inspection de la main-d'œuvre étrangère....................	"
	TOTAL pour les services relevant du ministère du travail................................... .	6,034
	SERVICES RELEVANT DU MINISTÈRE DES COLONIES.	
33	Soins médicaux aux victimes de la guerre (loi du 31 mars 1919)....	25,000
34	Indemnités aux membres des commissions cantonales et des tribunaux de dommages de guerre....................	2,250
	TOTAL pour les services relevant du ministère des colonies....................	27,250
	SERVICES RELEVANT DU MINISTÈRE DE L'AGRICULTURE.	
35	Bourses aux pupilles de la nation	13,500
36	Reconstruction et réparation d'immeubles endommagés au cours des hostilités (école des industries agricoles de Douai et écoles d'agriculture de Crézancy et de Rethel)....................	83,333
37	Restauration des forêts domaniales dévastées par les faits de guerre..	304,106
38	Travaux de déblaiement et de remise en état du sol dans les bois communaux et particuliers dévastés par les faits de guerre et travaux de reconstitution forestière à effectuer par l'État, à titre d'avances remboursables, dans les mêmes bois....................	250,000
39	Contrôle des réceptions, en Allemagne, des fournitures intéressant le service des eaux et forêts, livrées en exécution du traité de paix et contrôle des livraisons par l'Allemagne des sulfates d'ammoniaque....................	18,334
40	Services de la main-d'œuvre agricole étrangère à destination des régions libérées. — Dépenses de personnel....................	"
41	Services de la main-d'œuvre agricole étrangère à destination des régions libérées. — Frais de déplacement du personnel....................	"
42	Services de la main-d'œuvre agricole étrangère à destination des régions libérées. — Frais de recrutement à l'étranger et de transport de la main-d'œuvre étrangère....................	"
	TOTAL pour les services relevant du ministère de l'agriculture....................	669,333
	SERVICES RELEVANT DU MINISTÈRE DES TRAVAUX PUBLICS.	
	1re SECTION. — TRAVAUX PUBLICS.	
43	Réfection des chaussées et ouvrages d'art, des routes et chemins dans les régions libérées et l'ancienne zone des armées. — Traitements du personnel....................	147,833
44	Réfection des chaussées et ouvrages d'art, des routes et chemins dans les régions libérées et l'ancienne zone des armées. — Allocations et indemnités du personnel....................	3,491
45	Travaux de remise en état des routes et chemins dans les dix départements des régions libérées et les neuf départements de l'ancienne zone des armées....................	16,666,666
46	Travaux de reconstruction et de réparation d'ouvrages d'art dans les dix départements des régions libérées et les neuf départements de l'ancienne zone des armées....................	4,941,666
47	Fonctionnement des cylindres compresseurs et des véhicules automobiles de transport de matériel et de transport de personnel pour le service des routes et chemins (zone comprenant les dix départements des régions libérées et les neuf départements de l'ancienne zone des armées) et pour le service de reconstruction des voies navigables dans les régions libérées....................	1,766,666

CHAPITRES SPÉCIAUX.	MINISTÈRES ET SERVICES.	MONTANT des CRÉDITS accordés.
		francs.
48	Distribution d'énergie électrique dans les régions libérées. — Reconstitution et exploitation provisoire....................	4,166,666
49	Réfection des voies navigables dans les régions libérées............	7,041,666
50	Reconstitution des voies ferrées d'intérêt local détruites ou endommagées pour faits de guerre (loi du 30 décembre 1917)...........	10,833,333
51	Reconstitution des voies ferrées d'intérêt général détruites ou endommagées par faits de guerre (lois des 29 juin et 31 décembre 1917) et rétablissement des réseaux du Nord et de l'Est dans leur état d'entretien d'avant-guerre (loi du 10 janvier 1919)..........	20,833,333
52	Reconstitution des bureaux des ingénieurs des mines dans les régions libérées....................	3,333
	TOTAL pour les services relevant du ministère des travaux publics (1re section. — Travaux publics).	66,404,653

2ᵉ SECTION. — POSTES ET TÉLÉGRAPHES.

CHAPITRES SPÉCIAUX.	MINISTÈRES ET SERVICES.	MONTANT des CRÉDITS accordés.
53	Reconstitution des services postal, télégraphique et téléphonique dans les régions libérées....................	562,500
54	Payement des pensions des anciens fonctionnaires des postes et télégraphes d'Alsace et Lorraine....................	37,917
	TOTAL pour les services relevant du ministère des travaux publics. (2ᵉ section. — Postes et télégraphes).	600,417

3ᵉ SECTION. — PORTS, MARINE MARCHANDE ET PÊCHES.

CHAPITRES SPÉCIAUX.	MINISTÈRES ET SERVICES.	MONTANT des CRÉDITS accordés.
55	Réparation des dommages de guerre subis par le service des ports maritimes....................	375,000
56	Réparation des dommages de guerre subis par les immeubles de l'inscription maritime....................	"
	TOTAL pour les services relevant du ministère des travaux publics (3ᵉ section. — Ports, marine marchande et pêches)....................	375,000

SERVICES RELEVANT
DU MINISTÈRE DES RÉGIONS LIBÉRÉES.

CHAPITRES SPÉCIAUX.	MINISTÈRES ET SERVICES.	MONTANT des CRÉDITS accordés.
57	Traitements du Ministre et du sous-secrétaire d'État. — Traitements, allocations et salaires du personnel des services de l'administration centrale....................	1,145,131
58	Traitements et salaires du personnel du service intérieur...........	35,400
59	Indemnités du personnel des services de l'administration centrale....	19,167
60	Indemnités du personnel du service intérieur....................	2,383
61	Allocations au personnel (chargés de missions et auxiliaires temporaires) relevant des services centraux en liquidation et de la direction générale des services techniques. — Conseils et commissions.	75,762
62	Frais de déplacement et de mission des fonctionnaires et agents des services centraux....................	25,000
63	Personnel des services départementaux autres que le service de liquidation générale des services techniques d'exécution	3,500,000
64	Frais de déplacement et de mission des fonctionnaires et agents des services départementaux autres que le service de liquidation générale des services techniques d'exécution	80,833
65	Dépenses de matériel afférentes aux services centraux	170,833
66	Dépenses de matériel des services départementaux autres que le service de liquidation générale des services techniques d'exécution...	458,333
67	Dépenses afférentes aux restitutions et aux prestations en nature à recevoir de l'Allemagne en exécution du traité de paix. — Dépenses de personnel....................	20,307
68	Dépenses afférentes aux restitutions et aux prestations en nature à recevoir de l'Allemagne en exécution du traité de paix. — Dépenses autres que celles du personnel	"
69	Secours et allocations aux habitants des régions libérées...........	2,458,333

CHAPITRES SPÉCIAUX.	MINISTÈRES ET SERVICES.	MONTANT des CRÉDITS accordés.
		francs.
70	Dépenses résultant des améliorations apportées à l'hygiène publique des agglomérations atteintes par les faits de guerre (art. 62 de la loi du 17 avril 1919 sur les dommages de guerre)...............	833,333
71	Payements des indemnités de dommages de guerre. — Avances en espèces pour reconstitution du mobilier et constitution de dossiers.	14,000,000
72	Avances pour compensation (art. 46, § 8, de la loi du 17 avril 1919).	40,000,000
73	Payements en rentes sur l'État de certaines indemnités de dommages (loi du 30 avril 1921, art. 10, et loi du 23 juillet 1921)...........	Mémoire.
74	Contre-valeur des répartitions faites aux sinistrés, à charge d'imputation sur leur indemnité de dommages de guerre, des prestations en nature à recevoir de l'Allemagne......	Mémoire.
75	Réparations de dommages résultant d'explosions ou d'accidents analogues (loi du 3 mai 1921)..................................	166,667
76	Frais postaux afférents au payement des avances sur indemnités des dommages de guerre....................................	58,333
77	Frais d'évaluation administrative de dommages de guerre............	3,333.333
78	Frais d'administration des commissions cantonales et des tribunaux de dommages de guerre. — Personnel. — Indemnités, frais de déplacement et de séjour	3,600,000
79	Frais d'administration des commissions cantonales et des tribunaux de dommages de guerre. — Matériel...................	375,417
80	Expertises et mesures d'instruction ordonnée par les commissions cantonales et les tribunaux de dommages de guerre............	750,000
81	Dépenses d'étude et de vulgarisation des meilleurs plans et procédés de reconstruction des localités et immeubles détruits...........	"
82	Dépenses d'établissement des projets d'aménagement des villes et villages et application des plans d'alignement................	1,083,333
83	Service de reconstitution foncière et de réfection du cadastre. — Personnel des services départementaux........................	762,500
84	Service de reconstitution foncière et de réfection du cadastre. — Dépenses autres que celles de personnel..................	679,167
85	Liquidation générale des services techniques d'exécution dans les départements. — Personnel..........................	1,700,000
86	Liquidation générale des services techniques d'exécution dans les départements. — Matériel..........................	166,667
87	Déblaiement et remise en état du sol. — Travaux à l'entreprise (art. 60 de la loi du 17 avril 1919)........................	16,875,000
88	Déblaiement et remise en état du sol. — Travaux urgents à exécuter en régie...................................	625,000
89	Remise du sol en état de culture par les sinistrés ou groupements de sinistrés.....................................	6,666,670
90	Dénoyage des mines..................................	6,666,667
91	Constructions provisoires.............................	6,250,000
92	Liquidation des marchés de matériaux antérieurs à 1921............	1,666,667
93	Subventions aux sociétés coopératives de reconstruction...........	2,000,000
94	Transports généraux.................................	6,083,333
95	Frais de transports automobiles des fonctionnaires et agents des divers services de reconstitution dans les régions libérées	1,166,667
96	Office de reconstitution industrielle des départements victimes de l'invasion (en liquidation). — Personnel...............	208,333
97	Office de reconstitution industrielle des départements victimes de l'invasion (en liquidation). — Matériel	41,667
98	Office de reconstitution agricole des départements victimes de l'invasion (en liquidation). — Personnel................	25,000
99	Office de reconstitution agricole des départements victimes de l'invasion (en liquidation). — Dépenses autres que celles de personnel..	4,500
100	Personnel du service central de la motoculture (en liquidation).....	6,781
101	Frais de matériel du service administratif de la motoculture (en liquidation	1,200
102	Avances remboursables aux fonctionnaires en instance de pension (application de l'article 28 de la loi du 31 décembre 1920)........	833
103	Attribution aux personnels administratifs de l'État d'allocations pour charges de famille.............	474,400
103 *bis*	Indemnité exceptionnelle de cherté de vie......................	500,000
104	Indemnités de résidence.................................	1,000,000
	TOTAL pour les services relevant du ministère des régions libérées...................................	125,762,950

CHAPITRES SPÉCIAUX.	MINISTÈRES ET SERVICES.	MONTANT des CRÉDITS accordés.
		francs.
	SERVICES RELEVANT DU MINISTÈRE DE LA GUERRE ET DES PENSIONS. — SERVICES DES PENSIONS.	
105	Traitements du Ministre et du personnel de l'administration centrale.	1,274,630
106	Indemnités au cabinet du Ministre. — Indemnités, allocations diverses, allocations diverses, secours, frais de déplacement du personnel de l'administration centrale....................	386,350
107	Traitements du personnel du service intérieur.....................	3,400
108	Indemnités, allocations diverses et secours au personnel du service intérieur...........................	1,150
109	Matériel et dépenses diverses de l'administration centrale.............	100,000
110	Impressions, souscriptions aux publications, abonnements, autographies de l'administration centrale....................	60,000
111	Frais de correspondance télégraphique.....................	3,500
112	Missions d'inspection et de contrôle. — Frais de déplacements et de séjour des personnels extérieurs....................	33,000
113	Compléments de pécule et majorations pour enfants sur le pécule des militaires décédés ou disparus....................	125,000
114	Avances sur pensions et gratifications de réforme....................	15,000,000
115	Secours immédiats........................	41,600
116	Allocations aux victimes civiles de la guerre....................	83,200
117	Frais de fonctionnement dans les départements du service des pensions et allocations aux victimes civiles de la guerre..............	2,080
118	Fonctionnement des centres spéciaux de réforme et des centres d'appareillage des mutilés....................	4,040,000
119	Personnel des services extérieurs.....................	2,581,540
120	Matériel des services extérieurs.....................	211,250
121	Frais divers résultant de l'application de la loi du 31 mars 1919 sur les pensions de guerre....................	6,200,000
122	Subvention à l'office national des mutilés et réformés de la guerre...	2,093,330
123	Attribution aux personnels administratifs de l'État d'allocations pour charges de famille....................	237,500
123 *bis*	Indemnité exceptionnelle de cherté de vie....................	325,000
124	Indemnités spéciales aux personnels civils en résidence dans les régions dévastées........................	51,166
	TOTAL pour les services relevant du ministère des pensions, primes et allocations de guerre......	32,856,496
	SERVICES RELEVANT DU MINISTÈRE DE L'HYGIÈNE, DE L'ASSISTANCE ET DE LA PRÉVOYANCE SOCIALES.	
125	Soins médicaux assurés aux victimes de la guerre par les sociétés de secours mutuels (loi du 31 mai 1921)....................	416,666
126	Service des soins médicaux assurés aux victimes de la guerre par les sociétés de secours mutuels. — Émoluments du personnel.......	2,500
127	Service des soins médicaux assurés aux victimes de la guerre par les sociétés de secours mutuels. — Indemnités du personnel et allocations pour charges de famille....................	875
128	Service des soins médicaux assurés aux victimes de la guerre par les sociétés de secours mutuels. — Matériel et dépenses diverses......	1,666
	TOTAL pour les services relevant du ministère de l'hygiène, de l'assistance et de la prévoyance sociales........................	421,707
	DÉPENSES D'ORDRE, D'EXERCICES CLOS ET D'EXERCICES PÉRIMÉS.	
129	Emploi de fonds provenant de legs ou de donations..............	Mémoire.
130	Dépenses des exercices périmés non frappées de déchéance..........	Mémoire.
131	Dépenses de l'exercice 1914 (créances visées par les lois des 29 juin et 29 novembre 1915)....................	Mémoire.
132	Dépenses des exercices clos.....................	Mémoire.
133	Rappel d'arrérages de pensions d'exercices clos....................	Mémoire.

CHAPITRES SPÉCIAUX.	MINISTÈRES ET SERVICES.	MONTANT des CRÉDITS accordés.
		francs.
	RÉCAPITULATION.	
	Services relevant du ministère des finances....................	400,373,253
	Services relevant du ministère de la justice :	
	Services judiciaires....................	833
	Services pénitentiaires....................	25,000
	Services relevant du ministère de la guerre et des pensions. — Services de la guerre....................	4,724,570
	Services relevant du ministère de la marine....................	"
	Services relevant du ministère de l'instruction publique et des beaux-arts :	
	Instruction publique....................	219,469
	Beaux-arts....................	2,280,050
	Enseignement technique....................	63,458
	Services relevant du ministère du travail....................	6,034
	Services relevant du ministère des colonies....................	27,250
	Services relevant du ministère de l'agriculture....................	669,333
	Services relevant du ministère des travaux publics :	
	Travaux publics....................	66,404,653
	Postes et télégraphes....................	600,417
	Ports, marine marchande et pêches....................	375,000
	Services relevant du ministère des régions libérées....................	125,762,950
	Services relevant du ministère de la guerre et des pensions. — Services des pensions....................	32,856,496
	Services relevant du ministère de l'hygiène, de l'assistance et de la prévoyance sociales....................	421,707
	TOTAL de l'état A....................	631,810,473

ÉTAT B.

TABLEAU, par chapitre, des crédits provisoires applicables au mois de mars 1922 au compte des services spéciaux du Trésor :
« Entretien des troupes d'occupation en pays étrangers ».

CHAPITRES SPÉCIAUX.	MINISTÈRES ET SERVICES.	MONTANT sur CRÉDITS accordés.
		francs.
	MINISTÈRE DES AFFAIRES ÉTRANGÈRES.	
1	Haut commissariat de la République française dans les provinces du Rhin....................	1,413,300
	MINISTÈRE DE LA GUERRE.	
2	Troupes d'occupation des pays rhénans....................	38,274,260
3	Troupes d'occupation des régions soumises au plébiscite (Memel)...	7,164,440
	TOTAL pour le ministère de la guerre....................	45,438,700
	RÉCAPITULATION.	
	Ministère des affaires étrangères....................	1,413,300
	Ministère de la guerre,....................	45,438,700
	TOTAL pour le compte spécial : Entretien des troupes d'occupation en pays étrangers....................	46,852,000

Vu pour être annexé au décret du 28 février 1922.

Le Ministre des Finances,
CH. DE LASTEYRIE.

LOI

PORTANT FIXATION DU BUDGET SPÉCIAL POUR L'EXERCICE 1922, DE DÉPENSES RECOUVRABLES EN EXÉCUTION DES TRAITÉS DE PAIX.

Loi du 31 mars 1922.

(Promulguée au *Journal officiel* du 1er avril 1922.)

Le Sénat et la Chambre des députés ont adopté,

Le Président de la République promulgue la loi dont la teneur suit :

TITRE PREMIER.

CRÉDITS OUVERTS.

Article 1er. — Il est ouvert au Ministre des finances, sur l'exercice 1922, au titre du budget spécial des dépenses recouvrables en exécution des traités de paix, des crédits s'élevant à la somme totale de 10 milliards 558.534,377 fr. et répartis par chapitre conformément à l'état A annexé à la présente loi.

TITRE II.

VOIES ET MOYENS.

2. — Il sera pourvu pour l'exercice 1922 aux dépenses du budget spécial des dépenses recouvrables au moyen :

1° Du produit des versements à recevoir de l'Allemagne en numéraire ou en nature, en exécution des traités de paix ;

2° Du produit éventuel de la négociation d'obligations remises par l'Allemagne ;

3° Du produit net de l'exploitation des mines de la Sarre ;

4° Du produit des recettes d'ordre et produits divers énumérés à l'état B ;

5° En cas d'insuffisance, au moyen d'un prélèvement sur ressources d'emprunt.

Est autorisée, pour l'exercice 1922, la perception des recettes et produits énumérés ci-dessus.

3. — Les dispositions de l'article 4 de la loi du 31 mars 1921, relatives à l'imputation de certaines recettes du budget spécial des dépenses recouvrables, cesseront d'être applicables à partir du 1er janvier 1922.

TITRE III.

SERVICES SPÉCIAUX.

4. — Il est ouvert aux Ministres des affaires étrangères et de la guerre, pour l'exercice 1922, au titre du compte spécial : « Entretien des troupes d'oc-

cupation en pays étrangers », dans les conditions fixées par l'article 59 de la loi du 31 décembre 1920, des crédits s'élevant ensemble à la somme de 520,816,700 francs et répartis par ministère et par chapitre conformément à l'état C annexé à la présente loi.

5. — Les sommes à porter au crédit des comptes de l'office de reconstitution agricole du fait de remboursement de délégations sur les crédits budgétaires ouverts par la présente loi, aux chapitres 72 et 73, ne pourront être utilisés que pour le remboursement au Trésor du fonds de roulement de ces offices.

TITRE IV.

DISPOSITIONS SPÉCIALES.

6. — Il sera publié chaque année, en annexe à l'exposé des motifs du budget spécial des dépenses recouvrables en exécution des traités de paix, un tableau comprenant :

1° Le montant des payements effectués par le Crédit national ;

2° Le montant des emprunts réalisés par les sinistrés en vertu des articles 150 à 159 de la loi du 31 juillet 1920 ;

3° Le montant des payements en titre de rente effectués en vertu de la loi du 30 avril 1921 (art. 10) et de la loi du 23 juillet 1921.

7. — La valeur des rentes que le Ministre des finances émettra en exécution des lois du 30 avril 1921 (article 10) et 23 juillet 1921 (article unique), pour le payement en 1922 des indemnités de dommages de guerre sera inscrite en fin d'exercice à une ligne de recettes et à un chapitre de dépenses ouverts pour mémoire au présent budget.

8. — En ce qui concerne les communes directement atteintes par les évènements de guerre, dans lesquelles le recensement de 1921 fait apparaître une diminution du nombre d'habitants, il continuera à être fait des résultats du recensement de 1911, pour la répartition des sommes perçues pendant les années 1922 et suivantes, au titre du décime additionnel à l'impôt sur le chiffre d'affaires institué par l'article 63 de la loi du 25 juin 1920, ainsi que du fonds commun des boissons établi par la loi du 23 février 1918.

Dans les mêmes conditions, il continuera à être fait état des résultats du recensement de 1911 pour la détermination de la catégorie à laquelle appartient la commune au point de vue de l'application du tarif général des octrois.

9. — Jusqu'au 31 décembre 1927 seront dispensés de tout droit de mutation à titre gratuit les dons et legs faits aux communes et départements envahis ou situés sur la ligne de feu compris dans la zone délimitée par le décret du 5 octobre 1921, en tant que ces dons et legs sont affectés par la volonté expresse du donateur ou du testateur à des œuvres de reconstitution par suite de dommages de guerre.

Il est statué sur le caractère de cette affectation par la décision de l'autorité compétente pour autoriser l'acceptation.

Ces dispositions sont applicables aux libéralités consenties antérieurement à la promulgation de la présente loi, à la condition que les décisions qui ont autorisé l'acceptation soient régularisées, le cas échéant, dans le sens de l'alinéa qui précède.

10. — Des sociétés coopératives de reconstruction pourront se constituer dans les conditions prévues par les lois des 15 août 1920 et 12 juillet 1921 pour reconstruire ou réparer les bateaux de navigation fluviale ou les bateaux armés à la petite pêche qui ont subi des dommages de guerre.

11. — Les unions de sociétés coopératives de reconstruction approuvées, constituées dans les conditions fixées par les lois des 15 août 1920 et 12 juillet 1921 peuvent se grouper en confédération générale, suivant les mêmes règles pour effectuer des achats en commun et s'aider mutuellement dans la gestion de leurs intérêts collectifs.

Cette confédération jouit de la personnalité civile.

Un décret rendu sur la proposition du Ministre des finances et du Ministre des régions libérées, déterminera les diverses mesures relatives à l'application du présent article.

12. — L'article 2 de la loi du 4 mars 1919 est complété comme suit :

« Par contre, s'il existe, dans une commune, deux groupes de lotissement nettement distincts au point de vue de la nature et de la destination des propriétés qui les composent, il pourra être constitué deux commissions comprenant, l'une et l'autre, les mêmes membres de droit. Les six propriétaires seront désignés, dans chaque commission, selon le mode indiqué à l'article 1er; il sera soumis au préfet, à cet effet, deux listes de proposition de douze propriétaires chacune. »

13. — Dans la limite des crédits qui lui sont alloués, le Ministre de la guerre et des pensions est autorisé à employer, jusqu'au 31 décembre 1922, des fonctionnaires de l'intendance de complément et des officiers d'administration de l'intendance de complément jusqu'à concurrence d'un maximum de 25 fonctionnaires de l'intendance d'administration.

14. — Dans le cas où des sinistrés, pour bénéficier d'emprunts émis sur le gage d'annuités servies par l'État, conformément aux dispositions des articles 152 et suivants de la loi du 31 juillet 1920 et 67 de la loi du 31 décembre 1920, sont amenés à se grouper dans les conditions prévues auxdits articles, ils peuvent transporter, déléguer ou remettre en nantissement aux groupements ainsi constitués, les titres définitifs d'indemnités dont ils sont titulaires, sans que soit obligatoire l'autorisation du tribunal civil prévue par l'article 43 de la loi du 17 avril 1919.

15. — Tout sinistré qui, ayant emprunté sur le gage d'annuités de l'Etat, émises en exécution des lois des 31 juillet 1920, 31 décembre 1920 et 24 mars 1921, a affecté à la reconstitution de ses biens endommagés la totalité du produit net de son emprunt, est considéré comme ayant totalement remployé le montant nominal du titre d'annuités mobilisé par cet emprunt, à condition que le produit net en question ne soit pas inférieur de plus de 10 p. 100 au montant nominal du titre d'annuités.

Si cette dernière condition n'est pas remplie, le remploi ne sera considéré comme effectué qu'après une dépense totale de reconstitution égale aux 90 p. 100 du montant nominal du titre d'annuités.

16. — Le deuxième paragraphe de l'article 155 de la loi du 31 juillet 1920 est complété comme suit :

« Toutefois, l'emprunteur pourra, sans justification, prélever sur les sommes empruntées une première tranche qui ne pourra en aucun cas excéder le cinquième du total de ces sommes.

« Il pourra obtenir à concurrence de la justification d'emploi une deuxième tranche dans les mêmes conditions, et ainsi de suite, jusqu'à ce que les huit dixièmes des sommes empruntées lui aient été payés.

« Il ne pourra obtenir le versement du solde que sur justification complète portant sur l'ensemble de la dépense restant à justifier, y compris le montant du premier cinquième. »

TITRE V.

MOYENS DE SERVICE ET DISPOSITIONS ANNUELLES.

17. — Le Ministre des finances est autorisé à pourvoir aux besoins du budget spécial, pour l'exercice 1922, des dépenses recouvrables en exécution des traités de paix et du compte spécial : « Entretien des troupes d'occupation en pays étrangers », en attendant la réalisation des ressources qui leur sont propres, au moyen de l'émission en 1922, jusqu'à concurrence d'un capital de 6 milliards de francs de bons du Trésor et d'obligations à court terme payables à une échéance qui ne pourra pas excéder dix années.

18. — Le Ministre des finances est autorisé à prendre des engagements à concurrence de 4 milliards de francs, pendant l'année 1922, pour le payement au moyen d'annuités, dans les conditions prévues par les articles 152 à 158 de la loi de finances du 31 juillet 1920 des indemnités de dommages de guerre ou des avances sur ces indemnités.

19. — Le montant maximum des dépenses que le Ministre des régions libérées est autorisé à engager au cours de l'exercice 1922, pour les améliorations apportées à l'hygiène publique des agglomérations, en exécution de l'article 62 de la loi du 17 avril 1919, est fixé à 20 millions de francs.

20. — Il est ouvert au Ministre de la guerre et des pensions, pour l'inscription au Trésor public des pensions à liquider dans le courant de l'année 1922 un crédit de 1,121,106,000 francs, ainsi réparti :

Pensions des victimes civiles de la guerre (loi du 24 juin 1919)................................... 3,960,000

Pensions militaires des troupes métropolitaines et coloniales et des fonctionnaires coloniaux, et pensions de la marine militaire et de la marine marchande (loi du 31 mars 1919)................................... 1,117,146,000

TOTAL ÉGAL................ 1,121,106,000

21. — La nomenclature des services votés pour lesquels il peut être ouvert par décrets rendus en conseil d'État, des crédits supplémentaires pendant la prorogation des Chambres, en exécution de l'article 9 de la loi du 14 décembre 1879, est fixée pour l'exercice 1922, en ce qui concerne le budget spécial des dépenses recouvrables, en exécution des traités de paix, conformément à l'état D annexé à la présente loi.

La présente loi, délibérée et adoptée par le Sénat et par la Chambre des députés, sera exécutée comme loi de l'État.

Fait à la Rochelle, le 31 Mars 1922.

[TABLEAU]

ÉTATS ANNEXÉS.

État A.

Budget spécial des dépenses recouvrables en exécution des Traités de paix.

CHAPITRES SPÉCIAUX.	MINISTÈRES ET SERVICES.	MONTANT des CRÉDITS accordés.
		francs.
	MINISTÈRE DES FINANCES.	
	SERVICES RELEVANT DU MINISTÈRE DES FINANCES.	
1	Service des emprunts autorisés par la loi du 10 octobre 1919.......	1,120,651,333
2	Service des emprunts effectués dans les conditions prévues par les articles 152 à 159 de la loi du 31 juillet 1920..................	300,000,000
3	Pensions militaires de la guerre (loi du 31 mars 1919)..............	3,476,200,000
4	Pensions militaires de la marine (loi du 31 mars 1919).............	55,500,000
5	Pensions militaires des colonies (loi du 31 mars 1919).............	100,000
6	Versement aux veuves de guerre remariées de trois années d'arrérages (loi du 31 mars 1919)................................	600,000
7	Pensions aux victimes civiles de la guerre (loi du 24 juin 1919).....	20,420,000
8	Services des pensions et des dommages de guerre. — Traitements du personnel....................................	1,160,000
9	Service des pensions et des dommages de guerre. — Rémunération du personnel auxiliaire................................	8,000,000
10	Service des pensions et des dommages de guerre. — Indemnités et travaux supplémentaires................................	3,300,000
11	Service des pensions et des dommages de guerre. — Matériel, impressions, frais divers................................	2,100,000
12	Service des pensions et des dommages de guerre. — Allocations pour charges de famille................................	150,000
13	Services des pensions et des dommages de guerre. — Indemnité exceptionnelle de cherté de vie................................	760,000
14	Frais de reconstitution des documents cadastraux détruits au cours de la guerre................................	300,000
15	Réinstallation des services administratifs dans les régions libérées...	628,000
	Total pour les services relevant du Ministère des Finances................................	4,980,869,333
	SERVICES RELEVANT DU MINISTÈRE DE LA JUSTICE.	
	1re section. — Services judiciaires.	
16	Frais de reconstitution d'actes de l'état civil et de registres d'hypothèques détruits par suite de faits de guerre..................	45,000
17	Frais de reconstitution du mobilier des cours d'appel d'Amiens et de Douai détruit par suite de faits de guerre......................	58,000
	Total pour les services relevant du Ministère de la Justice : 1re section. — Services judiciaires..............	103,000

CHAPITRES SPÉCIAUX.	MINISTÈRES ET SERVICES.	MONTANT des CRÉDITS accordés.
		frncs.
	2ᵉ section. — Services pénitentiaires.	
18	Remise en état des bâtiments de la maison centrale de Loos et de l'école de préservation de Doullens et remplacement du mobilier de ces établissements............................	720,000
	SERVICES RELEVANT DU MINISTÈRE DE LA GUERRE.	
19	Restauration ou reconstruction de bâtiments ou d'établissements militaires endommagés ou détruits dans les régions dévastées.......	14,000,000
20	Destruction et enlèvement des munitions dans les régions dévastées.	18,000,000
21	Entretien des commissions prévues par les Traités de paix..........	20,000,000
	TOTAL pour les services relevant du Ministère de la Guerre....................................	52,000,000
	SERVICE RELEVANT DU MINISTÈRE DE LA MARINE.	
22	Compléments de pécule et majorations pour enfants sur le pécule des marins décédés ou disparus..............................	5,000
	SERVICES RELEVANT DU MINISTÈRE DE L'INSTRUCTION PUBLIQUE ET DES BEAUX-ARTS.	
	1ʳᵉ section. — Instruction publique.	
23	Office national, offices départementaux et sections cantonales des pupilles de la nation. — Personnel..........................	1,600,000
24	Office national des pupilles de la nation. — Personnel. — indemnités..	20,360
25	Office national et offices départementaux des pupilles de la nation. — Matériel..............................	900,000
26	Pupilles de la nation. — Secours divers (études, apprentissage, trousseaux, bourses, etc.)............................	100,000,000
27	Pupilles de la nation. — Bourses nationales et exonération de frais d'études ou de pension dans les universités, lycées, collèges, cours secondaires et écoles primaires supérieures................	4,360,000
	TOTAL pour les services relevant du Ministère de l'Instruction publique (1ʳᵉ section. — Instruction publique.)............................	106,880,360
	2ᵉ section. — Beaux-arts.	
28	Protection et réparation des monuments historiques et édifices endommagés par les opérations de guerre. — Personnel..........	115,000
29	Protection et réparation des monuments historiques et édifices endommagés par les opérations de guerre. — Allocations et indemnités diverses, frais de voyages et de missions................	225,000
30	Protection et réparation des monuments historiques et édifices endommagés par les opérations de guerre.....................	25,000,000
	TOTAL pour les services relevant du Ministère de l'Instruction publique (2ᵉ section. — Beaux-Arts)......	25,340,000

CHAPITRES SPÉCIAUX.	MINISTÈRES ET SERVICES.	MONTANT des CRÉDITS accordés.
		francs.
	3ᵉ section. — Enseignement technique.	
31	Bourses aux pupilles de la nation............................	1,046,500
	SERVICES RELEVANT DU MINISTÈRE DU TRAVAIL.	
32	Service de la main-d'œuvre étrangère. — Missions de recrutement de la main-d'œuvre à l'étranger pour les régions libérées. — Services d'immigration et de contrôle à l'intérieur. — Dépenses de personnel............................	152,400
33	Services de la main-d'œuvre étrangère. — Missions de recrutement de la main-d'œuvre à l'étranger pour les régions libérées. — Services d'immigration et de contrôle à l'intérieur. — Frais de déplacement du personnel............................	37,600
34	Services de la main-d'œuvre étrangère. — Frais de recrutement à l'étranger, transport, réception, hébergement, rapatriement et inspection de la main-d'œuvre étrangère............................	4,550,000
	Total pour les services relevant du Ministère du Travail............................	4,740,000
	SERVICES RELEVANT DU MINISTÈRE DES COLONIES.	
35	Soins médicaux aux victimes de la guerre (loi du 31 mars 1919)....	300,000
36	Indemnités aux membres des commissions cantonales et des tribunaux de dommages de guerre............................	26,900
	Total pour les services relevant du Ministère des Colonies............................	326,900
	SERVICES RELEVANT DU MINISTÈRE DE L'AGRICULTURE.	
37	Bourses aux pupilles de la nation............................	162,000
38	Reconstruction et réparation d'immeubles endommagés au cours des hostilités (école des industries agricoles de Douai et écoles d'agriculture de Crézancy et de Bethel); dépôt d'étalons de Compiègne.	1,035,000
89	Restauration des forêts domaniales dévastées par les faits de guerre.	3,650,000
40	Travaux de déblaiement et de remises en état du sol dans les bois communaux et particuliers dévastés par les faits de guerre et travaux de reconstitution forestière à effectuer par l'État, à titre d'avances remboursables, dans les mêmes bois............................	5,000,000
41	Contrôle des réceptions, en Allemagne, des fournitures intéressant le service des eaux et forêts, livrées en exécution du Traité de paix et contrôle des livraisons par l'Allemagne des sulfates d'ammoniaque............................	140,000
42	Service de la main-d'œuvre étrangère à destination des régions libérées. — Frais d'hébergement et de rapatriement de la main-d'œuvre étrangère et frais de transport des membres non travaillants des familles d'ouvriers étrangers............................	375,000
	Total pour les services relevant du Ministère de l'Agriculture............................	10,362,000

CHAPITRES SPÉCIAUX.	MINISTÈRES ET SERVICES.	MONTANT des CRÉDITS accordés.
		francs.
	SERVICES RELEVANT DU MINISTÈRE DES TRAVAUX PUBLICS.	
	1re section. — Travaux publics.	
43	Réfection des chaussées et ouvrages d'art, des routes et chemins dans les régions libérées et l'ancienne zone des armées. — Traitement du personnel.	2,384,000
44	Réfection des chaussées et ouvrages d'art, des routes et chemins dans les régions libérées et l'ancienne zone des armées. — Allocations et indemnités du personnel.	41,900
45	Travaux de remise en état des routes et chemins dans les dix départements des régions libérées et les neuf départements de l'ancienne zone des armées.	200,000,000
46	Travaux de reconstruction et de réparation d'ouvrages dans les dix départements des régions libérées et les neuf départements de l'ancienne zone des armées.	58,000,000
47	Fonctionnement des cylindres compresseurs et des véhicules automobiles de transport de matériel et de transport de personnel pour le service des routes et chemin (zone comprenant les dix départements de l'ancienne zone des armées) et pour le service de reconstruction des voies navigables dans les régions libérées.	20,000,000
48	Distribution d'énergie électrique dans les régions libérées. — Reconstitution et exploitation provisoire.	45,000,000
49	Réfection des voies navigables dans les régions libérées.	83,000,000
50	Reconstitution des voies ferrées d'intérêt local détruites ou endommagées par faits de guerre (loi du 30 décembre 1917).	130,000,000
51	Reconstitution des voies ferrées d'intérêt général détruites ou endommagées par faits de guerre (lois des 29 juin et 31 décembre 1917) et rétablissement des réseaux du Nord et de l'Est dans leur état d'entretien d'avant-guerre (loi du 10 janvier 1919).	200,000,000
52	Reconstitution des bureaux des ingénieurs des mines dans les régions libérées.	60,000
	TOTAL pour les services relevant du Ministère des Travaux publics (1re section. — Travaux publics).	768,485,900
	2e section. — Postes et télégraphes.	
53	Reconstitution des services postal, télégraphique et téléphonique dans les régions libérées.	12,000,000
54	Payement des pensions des anciens fonctionnaires des postes et télégraphes d'Alsace et Lorraine.	455,000
	TOTAL pour les services relevant du Ministère des Travaux publics (2e section. — Postes et télégraphes).	12,455,000
	3e section. — Ports, marine marchande et pêches.	
55	Réparation des dommages de guerre subis par le service des ports maritimes.	4,500,000
56	Réparation des dommages de guerre subis par les immeubles de l'inscription maritime.	60,000.
	TOTAL pour les services relevant du Ministère des Travaux publics (3e section. — Ports, marine marchande et pêches).	4,560,000

CHAPITRES SPÉCIAUX.	MINISTÈRES ET SERVICES.	MONTANT des CRÉDITS accordés.
		francs.
	SERVICES RELEVANT DU MINISTÈRE DES RÉGIONS LIBÉRÉES.	
57	Traitements du ministre et du sous-secrétaire d'État. — Traitements, allocations et salaires du personnel des services de l'administration centrale............	13,000,000
58	Traitements et salaires du personnel du service intérieur............	414.800
59	Indemnités du personnel des services de l'administration centrale...	230,000
60	Indemnités du personnel du service intérieur............	20,000
61	Allocations au personnel (chargés de missions et auxiliaires temporaires) relevant des services centraux en liquidation et de la direction générale des services techniques. — Conseils et commissions............	869,150
62	Frais de déplacement et de mission des fonctionnaires et agents des services centraux............	250,000
63	Personnel des services départementaux autres que le service de liquidation générale des services techniques d'exécution............	38,000,000
64	Frais de déplacement et de mission des fonctionnaires et agents des services départementaux outres que le service de liquidation générale des services techniques d'exécution............	950,000
65	Dépenses de matériel afférentes aux services centraux............	1,975,000
66	Dépenses de matériel des services départementaux autres que le service de liquidation générale des services techniques d'exécution...	5,250,000
67	Dépenses afférentes aux restitutions et aux prestations en nature à recevoir de l'Allemagne en exécution du Traité de paix. — Dépenses de personnel............	1,199,680
68	Dépenses afférentes aux restitutions et aux prestations en nature à recevoir de l'Allemagne en exécution du Traité de paix. — Dépenses autres que celles de personnel............	10,000,000
69	Secours et allocations aux habitants des régions libérées............	17,500,000
70	Dépenses résultant des améliorations apportées à l'hygiène publique des agglomérations atteintes par les frais de guerre (art. 62 de la loi du 17 avril 1919 sur les dommages de guerre)............	15,000,000
71	Payement des indemnités de dommages de guerre. — Avances en espèces pour reconstitution du mobilier et constitution de dossiers............	120,000,000
72	Payement des indemnités de dommages de guerre. — Remboursement à l'office de reconstitution industrielle de délégations pour avances en nature............	900,000,000
73	Payement des indemnités de dommages de guerre. — Remboursement à l'office de reconstitution agricole de délégations pour avances en nature............	250,000,000
74	Avances pour compensations (art. 46, § 8 de la loi du 17 avril 1919)............	200,000,000
75	Payement en rentes sur l'État de certaines indemnités de dommages (loi du 30 avril 1921, art. 10 et loi du 23 juillet 1921)............	Mémoire.
76	Contre-valeurs des répartitions faites aux sinistrés, à charge d'imputation sur leur indemnité de dommages de guerre, des prestations en nature à recevoir de l'Allemagne............	Mémoire.
77	Réparation de dommages résultant d'explosions ou d'accidents analogues (loi du 3 mai 1921)............	2,000,000
78	Frais postaux afférents au payement des avances sur indemnités de dommages de guerre............	700,000
79	Frais d'évaluation administrative de dommages de guerre.........	35.000,000
80	Frais d'administration des commissions cantonales et des tribunaux de dommages de guerre. — Personnel. — Indemnités, frais de déplacement et de séjour............	38,450,000
81	Frais d'administration des commissions cantonales et des tribunaux de dommages de guerre. — Matériel............	4,000,000
82	Expertises et mesures d'instruction ordonnées par les commissions cantonales et les tribunaux de dommages de guerre............	9,000,000
83	Dépenses d'établissement des projets d'aménagement des villes et villages et application des plans d'alignement............	48,000,000
84	Service de reconstitution foncière et de réfection du cadastre. — Personnel des services départementaux............	9,150,000

CHAPITRES SPÉCIAUX.	MINISTÈRES ET SERVICES.	MONTANT des CRÉDITS accordés.
		francs.
85	Service de reconstitution foncière et de réfection du cadastre. — Dépenses autres que celles de personnel....................	8,150,000
86	Liquidation générale des services techniques d'exécution dans les départements. — Personnel....................	13,000,000
87	Liquidation générale des services techniques d'exécution dans les départements. — Matériel....................	1,900,000
88	Déblaiement et remise en état du sol. — Travaux à l'entreprise (art. 60 de la loi du 17 avril 1919)....................	202,500,000
89	Déblaiement et remise en état du sol. — Travaux urgents à exécuter en régie....................	7,500,000
90	Remise du sol en état de culture par les sinistrés ou groupements de sinistrés....................	200,000,000
91	Dénoyage des mines....................	80,000,000
92	Constructions provisoires....................	75,000,000
93	Liquidation des marchés de matériaux antérieurs à 1921....................	75,000,000
94	Subventions aux sociétés coopératives de reconstructions et aux unions de ces sociétés....................	25,000,000
95	Transports généraux....................	70,000,000
96	Frais de transports automobiles des fonctionnaires et agents des divers services de reconstitution dans les régions libérées........	14,000,000
97	Office de reconstitution industrielle des départements victimes de l'invasion (en liquidation). — Personnel....................	2,300,000
98	Office de reconstitution industrielle des départements victimes de l'invasion (en liquidation). — Matériel....................	400,000
99	Office de reconstitution agricole des départements victimes de l'invasion (en liquidation). — Personnel....................	300,000
100	Office de reconstitution agricole des départements victimes de l'invasion (en liquidation). — Dépenses autres que celles de personnel....................	54,000
101	Personnel du service central de la motoculture (en liquidation)....	70,000
102	Frais de matériel du service administratif de la motoculture (en liquidation)........	10,000
103	Avances remboursables aux fonctionnaires en instance de pension (application de l'article 28 de la loi du 31 décembre 1920)........	10,000
104	Attribution aux personnels civils de l'État d'allocations pour charges de famille....................	5,692,800
105	Indemnité exceptionnelle de cherté de vie....................	2,950,000
106	Indemnité de résidence....................	7.500,000
107	Remboursement à l'office de reconstitution industrielle de délégations pour avances en nature en surplus des sommes nécessaires au remboursement des fonds de roulement....................	1,549,999,900
108	Remboursement à l'office de reconstitution agricole et au service de la motoculture de délégations pour avances en nature en surplus des sommes nécessaires au remboursement partiel des fonds de roulement....................	100,000,000
	TOTAL pour les services relevant du Ministère des Régions libérées....................	4,162,295.330

SERVICES RELEVANT DU MINISTÈRE DES PENSIONS, PRIMES ET ALLOCATIONS DE GUERRE.

CHAPITRES SPÉCIAUX.	MINISTÈRES ET SERVICES.	MONTANT des CRÉDITS accordés.
109	Traitements du ministre et du personnel de l'administration centrale....................	15,229,564
110	Indemnités au cabinet du ministre. — Indemnités, allocations diverses, secours, frais de déplacement du personnel de l'administration centrale....................	4,586,240
111	Traitements du personnel du service intérieur....................	41,750
112	Indemnités, allocations diverses et secours au personnel du service intérieur....................	13,800

CHAPITRES SPÉCIAUX.	MINISTÈRES ET SERVICES.	MONTANT des CRÉDITS accordés.
		francs.
113	Matériel et dépenses diverses de l'administration centrale...........	1,000,000
114	Impressions, souscriptions aux publications, abonnements, autographies de l'administration centrale.......................	1,000,060
115	Frais de correspondance télégraphique........................	40,000
116	Missions d'inspection et de contrôle. — Frais de déplacements et de séjour des personnels extérieurs.......................	400,000
117	Compléments de pécule et majorations pour enfants sur le pécule des militaires décédés ou disparus......................	1,200,000
118	Avances sur pensions et gratifications de réforme................	189,445,000
119	Secours immédiats...........................	450,000
120	Allocations aux victimes civiles de la guerre...................	1,000,000
121	Frais de fonctionnement dans les départements du service des pensions et allocations aux victimes civiles de la guerre............	25,000
122	Fonctionnement des centres spéciaux de réforme et des centres d'appareillage des mutilés........................	47,609,000
123	Personnel des services extérieurs.........................	30,978,500
124	Matériel de services extérieurs.........................	2,935,000
125	Frais divers résultant de l'application de la loi du 31 mars 1919 sur les pensions de guerre........................	74,367,000
126	Subvention à l'office national des mutilés et réformés de la guerre..........................	25,120,000
127	Attribution aux personnels administratifs de l'État d'allocations pour charges de famille.......................	2,850,000
128	Indemnité exceptionnelle de cherté de vie	1,950,000
129	Indemnités spéciales aux personnels civils en résidence dans des localités dévastées........................	610,000
	TOTAL pour les services relevant du Ministère des Pensions, Primes et Allocations de guerre................	401,750,854

SERVICES RELEVANT DU MINISTÈRE DE L'HYGIÈNE
DE L'ASSISTANCE ET DE LA PRÉVOYANCE SOCIALES.

CHAPITRES SPÉCIAUX.	MINISTÈRES ET SERVICES.	MONTANT des CRÉDITS accordés.
130	Soins médicaux assurés aux victimes de la guerre par les sociétés de secours mutuels (loi du 31 mai 1921).......................	5.000,000
131	Service des soins médicaux assurés aux victimes de la guerre par les sociétés de secours mutuels. — Émoluments du personnel........	30,000
132	Service des soins médicaux assurés aux victimes de la guerre par les sociétés de secours mutuels. — Indemnités du personnel et allocations pour charges de famille,..................	10,500
133	Service des soins médicaux assurés aux victimes de la guerre par les sociétés de secours mutuels. — Matériel et dépenses diverses......	20,000
134	Service d'hygiène dans les régions libérées. — Émoluments du personnel de l'administration centrale...................	4,500
135	Service d'hygiène dans les régions libérées. — Personnel des services départementaux.......................	1,200,000
136	Service d'hygiène dans les régions libérées. — Frais de déplacement des fonctionnaires et agents départementaux.................	20,000
137	Fonctionnement des services d'hygiène et de protection de la santé publique dans les régions libérées. — Prévention de la tuberculose........................	11,189,200
138	Service d'hyhiène dans les régions libérées. — Indemnités de résidence	120,000
	TOTAL pour les services relevant du Ministère de l'Hygiène, de l'Assistance et de la Prévoyance sociales........................	17,594,200

CHAPITRES SPÉCIAUX.	MINISTÈRES ET SERVICES.	MONTANT des CRÉDITS accordés.
		francs.
	DÉPENSES D'ORDRE, D'EXERCICES CLOS ET D'EXERCICES PÉRIMÉS.	
139	Emploi de fonds provenant de legs ou de donations..............	Mémoire.
140	Dépenses des exercices périmés non frappées de déchéance..........	Mémoire.
141	Dépenses de l'exercice 1914 (créances visées par les lois des 29 juin et 20 novembre 1915)....................	Mémoire.
142	Dépenses des exercices clos.	Mémoire.
143	Rappel d'arrérages de pensions d'exercices clos....................	Mémoire.
	RÉCAPITULATION.	
	Services relevant du Ministère des Finances....................	4,989,869,333
	Services relevant du Ministère de la Justice :	
	Services judiciaires....................	103,000
	Services pénitentiaires....................	720,000
	Services relevant du Ministère de la Guerre....................	52,000,000
	Services relevant du Ministère de la Marine....................	5,000
	Services relevant du Ministère de l'Instruction publique et des Beaux-Arts :	
	Instruction publique....................	106,880,360
	Beaux-Arts....................	25,340,000
	Enseignement technique....................	1,046,500
	Services relevant du Ministère du Travail....................	4,740,000
	Services relevant du Ministère des Colonies....................	326,900
	Services relevant du Ministère de l'Agriculture....................	10,362,000
	Services relevant du Ministère des Travaux publics :	
	Travaux publics....................	768,445,900
	Postes et Télégraphes....................	12,455,000
	Ports, Marine marchande et Pêches....................	4,560,000
	Services relevant du Ministère des Régions libérées....................	4,162,295,330
	Services relevant du Ministère des Pensions, Primes et Allocations de guerre....................	401,750,854
	Services relevant du Ministère de l'Hygiène, de l'Assistance et de la Prévoyance sociales....................	17,594,200
	TOTAL de l'État A....................	10,558,534,377

ÉTAT B.

TABLEAU des voies et moyens applicables au budget spécial pour l'exercice 1922 des dépenses recouvrables en exécution des Traités de paix.

DÉSIGNATION DES PRODUITS.	MONTANT des RECETTES PRÉVUES.
	francs.
§ 1er. — PRODUITS DES VERSEMENTS À RECEVOIR DE L'ALLEMAGNE, EN NUMÉRAIRE OU EN NATURE, EN EXÉCUTION DES TRAITÉS DE PAIX............................	Mémoire.
§ 2. — PRODUIT ÉVENTUEL DE LA NÉGOCIATION D'OBLIGATIONS REMISES PAR L'ALLEMAGNE..	Mémoire.
§ 3. — PRODUIT NET DE L'EXPLOITATION DES MINES DE LA SARRE.................	Mémoire.
§ 4. — RECETTES D'ORDRE.	
1° Recettes en atténuation de dépenses.	
Participation des employeurs aux frais généraux de recrutement de la main-d'œuvre étrangère pour les régions libérées............................	1,800,000
Reversements de fonds sur les dépenses des ministères......................	Mémoire.
TOTAL pour les dépenses en atténuation des dépenses..........	1,800,000
2° Recettes d'ordre proprement dites.	
Remboursement des avances consenties aux fonctionnaires en instance de pension, en exécution de l'article 28 de la loi du 31 décembre 1920....................	5,000
Remboursement partiel de l'indemnité pour dommages de guerre allouée aux sociétés dont une partie du capital social était détenue, au 1er août 1914, par des nationaux de puissances ennemies (loi du 17 avril 1919, art. 3, § 2)......	5,000,000
Remboursement des avances faites aux sinistrés sur la dépréciation pour vétusté d'immeubles (loi du 17 avril 1919, art. 5, § 5)............................	1,000,000
Récupération des sommes déboursées en réparation des dommages de guerre causés aux offices publics et ministériels (loi du 17 avril 1919, art. 15, § 4 à 6)..	Mémoire.
Recouvrement de la plus-value mise à la charge des officiers ministériels ayant bénéficié de la suppression d'un office dans les régions libérées (loi du 17 avril 1919, art. 15, § 9 à 12).....................................	Mémoire.
Remboursement d'indemnités pour dommages de guerre indûment cédées ou perçues par les attributaires. (Loi du 17 avril 1919, art. 53)....................	Mémoire.
Valeur des rentes émises pour le payement des indemnités de dommages de guerre (exécution des lois des 30 avril et 23 juillet 1921).........................	Mémoire.
Remboursement du fonds de roulement de l'office de reconstitution industrielle..	900,000,000
Remboursement du fonds de roulement de l'office de reconstitution agricole.....	250,000,000
Fonds de concours pour dépenses d'intérêt public..........................	Mémoire.
Produit de legs ou de donations attribués à l'État ou à diverses administrations publiques..	Mémoire.
TOTAL pour les recettes d'ordre proprement dites..........	1,156,005,000
TOTAL du paragraphe 4 (recettes d'ordre)....................	1,157,805,000
§ 5. — PRODUITS DIVERS.	
Intérêts à percevoir en exécution de l'article 5 de la loi du 17 avril 1919 sur la réparation des dommages de guerre......................................	50,000
Intérêts à percevoir en vertu de l'article 15 de la loi du 17 avril 1919 sur la réparation des dommages de guerre..	Mémoire.
Produit des aliénations d'objets et matériaux provenant du Ministère des Régions libérées (art. 160 de la loi de finances du 31 juillet 1920)...................	140,000,000
Produit des locations des maisons provisoires occupées par les sinistrés..........	12,000,000
Recettes accidentelles à différents titres.................................	Mémoire.
TOTAL du paragraphe 5 (Produits divers)...................	152,050,000

DÉSIGNATION DES PRODUITS.	MONTANT des RECETTES PRÉVUES.
	francs.
§ 6. — RESSOURCES EXCEPTIONNELLES.	
Versements supplémentaires en nature effectués par l'Allemagne...............	Mémoire.
Prélèvements sur ressources d'emprunt....................................	9,250,000,000
TOTAL du paragraphe 6. (Ressources exceptionnelles)..........	9,250,000,000
RÉCAPITULATION.	
§ 1er. — Versements à recevoir en exécution des Traités de paix.............	Mémoire.
§ 2. — Négociation d'obligations émises par l'Allemagne.....................	Mémoire.
§ 3. — Produit net de l'exploitation des mines de la Sarre..................	Mémoire.
§ 4. — Recettes d'ordre...	1,157.805,000
§ 5. — Produits divers...	152,050,000
§ 6. — Ressources exceptionnelles......................................	9,250,000,000
TOTAL des voies et moyens du budget spécial, pour l'exercice 1922, des dépenses recouvrables en exécution des Traités de paix..	10,559,855,000

ÉTAT C.

TABLEAU, par ministère et par chapitre, des crédits ouverts pour l'exercice 1922 au compte de services spéciaux du Trésor : « Entretien des troupes d'occupation en pays étrangers.

CHAPITRES.	DÉSIGNATION DES CHAPITRES.	MONTANT des CRÉDITS.
		francs.
	MINISTÈRE DES AFFAIRES ÉTRANGÈRES.	
1	Haut commissariat de la République française dans les provinces du Rhin..	16,960,000
	MINISTÈRE DE LA GUERRE.	
2	Troupes d'occupation des pays rhénans..........................	460,103,700
3	Troupes d'occupation des régions soumises au plébiscite (Haute-Silésie et Memel)..	43,753,000
	TOTAL pour le Ministère de la Guerre...........	503,856,700
	RÉCAPITULATION.	
	Ministère des Affaires étrangères..............................	16,960,000
	Ministère de la Guerre.......................................	503,856,700
	TOTAL pour le compte spécial : « Entretien des troupes d'occupation en pays étrangers ».......	520,816,700

ÉTAT D.

Nomenclature des services pouvant seuls donner lieu à ouverture de crédits supplémentaires, par décrets, pendant la prorogation des Chambres, pour l'exercice 1922, en ce qui concerne le budget spécial des dépenses recouvrables en exécution des Traités de paix.

Tous les services	Service des indemnités exceptionnelles de cherté de vie, des indemnités de résidence, des allocutions pour charges de de famille et des indemnités spéciales aux fonctionnaires en résidence dans les localités dévastées.
Services relevant du ministère des finances	1° Pensions militaires de la guerre, de la marine et des colonies (loi du 31 mars 1919); 2° Versement aux veuves de guerre remariées de trois années d'arrérages; 3° Exécution de la loi du 31 mars 1919 sur les pensions; 4° Exécution de la loi du 17 avril 1919 relative aux dommages causés par les faits de guerre; 5° Pensions aux victimes civiles de la guerre.
Services relevant du ministère de la marine	Compléments de pécule et majorations pour enfants sur le pécule des militaires décédés ou disparus.
Services relevant du ministère des colonies.	Soins médicaux aux victimes de la guerre (loi du 31 mars 1919).
Services relevant du ministère de l'agriculture	Travaux de reconstitution forestière à effectuer par l'État à titre d'avances remboursables dans les bois domaniaux et particuliers dévastés par les faits de guerre.
Services relevant du ministère des travaux publics	1° Travaux publics. — Remises en état des routes, ponts et voies navigables; 2° Postes et télégraphes. — Pensions des fonctionnaires d'Alsace-Lorraine.
Services relevant du ministère des régions libérées	1° Fonctionnement des services administratifs de reconstitution et de règlement de dommages; 2° Reconstitution foncière et réfection du cadastre; 3° Reconstitution immobilière; 4° Reconstitution industrielle; 5° Travaux pris en charge par l'État; 6° Secours d'extrême urgence.
Services relevant du ministère des pensions, des primes et des allocations de guerre . . .	1° Soins médicaux aux victimes de la guerre (loi du 31 mars 1919); 2° Compléments de pécules et majorations pour enfants sur le pécule des militaires décédés ou disparus.
Services relevant du ministère de l'hygiène, de l'assistance et de la prévoyance sociales .	Soins médicaux aux victimes de la guerre (loi du 31 mars 1919).

Vu pour être annexé à la loi du 31 mars 1922, délibérée et annexée par le Sénat et par la Chambre des Députés.

Le Président de la République française,
A. MILLERAND.

Le Ministre des Finances,
CH. DE LASTEYRIE.